인구가 바꾼 역동의 세계사

강대국을 만드는 힘은 어디에서 오는가

인구가 바꾼 역동의 세계사

Human Tide

폴 몰런드Paul Moralnd 지음,
서정아 옮김

미래의창

차례

Part 1

인구와 역사

1

서문

The Human Tide

1754년, 런던 첼시 지구에 살고 있던 조앤 럼볼드는 19살에 존 필립스를 만났다. 3년 후 그녀는 필립스의 아기를 임신하고 임질에 걸린 상태였지만 버림받아 의지할 곳이 없었기에 구빈원에 들어갔다. 이후 하녀 일자리가 나오자 구빈원은 그녀를 브롬턴 근처로 보냈고 구빈원에 홀로 남겨진 아들 존은 2년 후 세상을 떠났다. 그 당시만 해도 절망, 버림, 영아 사망이 전혀 특이하지 않은 일이었지만 이와 비슷한 일이 오늘날의 선진국에서 일어난다면 사회적으로 큰 문제가 되고 사회 복지기관과 언론 양측에서 자성과 지탄의 목소리가 쏟아져 나올 것이다. 그러나 럼볼드가 겪은 일은 18세기 영국뿐만 아니라 그 시대 어느 지역에서든 일어날 수 있는 지극히 흔한 일이었다. 인류 역사가 시작된 이래로 그러했다. 그 시대든 그 이전 시대든 비슷한 사연이 있는 여성들은 유럽에만도 수십만 명이었고 전 세계적으로는 수백만 명에 달했다. 그 시대의 삶은 물질적으로 궁핍했고 대부분의 사람들에게 기근이나 질병을 비롯한 갖가지 재난과의 투쟁은 일상이었다.

역사를 돌이켜볼 때 바로 얼마 전까지만 해도 인간의 삶은 열악하고 야만적이며 짧았다. 식생활에서부터 주거 환경, 출생과 죽음의 모습, 무지, 열악한 위생과 건강에 이르기까지 산업화 이전이나 산업화 초기 사회에 살았던 보통 사람의 생활상은 오늘날의 독자를 충격에 빠뜨리기에 충분하다. 이를테면 스페인 포도주 생산 지역의 농가 같은 경우에는 해마다 농번기가 닥치면 어린아이를 둔 여성을 비롯한 모든 일손이 동원되었다. 그 때문에 아이들은 '악취 나는 기저귀를 찬 채로 홀로 울고불고 배고파하는' 상태로 방치되곤 했다. 혼자 남은 아이가 집 안팎을 돌아다니던 닭에게 눈을 쪼이거나 돼지에게 손을 물어뜯기거나 '불구덩이에 떨어지고 무심코 문간에 놓아둔 양동이와 물통에 빠져 죽는' 일은 다반사였다. 그러니 18세기 스페인에서 첫돌을 맞이하기 전에 목숨을 잃은 영아가 25~30%에 달한 것도 그리 놀라운 일이 아니다.

피레네 산맥 너머 프랑스의 (인구 과반수를 차지하던) 일반 농민 역시 그리 나을 것 없는 삶을 살았다. 카약과 송어 낚시로 유명한 프랑스의 로제르Lozére 주는 18세기에는 주민 대다수가 누더기 차림으로 누추한 오두막에서 지독한 악취를 풍기는 '분변에 둘러싸여'

살았다. 대부분의 오두막에는 창문이 없었고 바닥은 침대 역할을 하는 투박한 천과 지저분한 양털로 뒤덮여 있었는데 그 위에 '쇠약한 노인, 신생아, 건강한 사람, 환자, 죽어가는 사람'이 나란히 누웠고 방금 죽은 사람이 그 옆에 방치될 때도 많았다. 이처럼 불결하고 궁핍한 생활상은 1만여 년 전쯤 인류가 농경을 시작한 이래로 지구상 거의 모든 지역에서 볼 수 있었다.

과거의 전원생활을 찬양하는 목가는 사회의 도시화가 오랫동안 진행되어 산업화 이전 농촌의 삶에 대한 기억이 희미해졌을 때에나 가능한 이야기다. 제인 오스틴Jane Austen 소설의 여주인공들은 남편감으로 부유한 귀족 후계자를 찾아나섰고 어떻게 해서든 가난한 삶을 피하려고 안간힘을 다했다. 자기 자신은 당장 벗어날 가망이 없더라도 자식이나 손주에게만큼은 궁핍한 삶을 물려주지 않으려 했던 것이었다. 그만큼 세상은 무자비하고 경제적·사회적으로 더 나아질 가능성은 보이지 않았고 복지제도 또한 제대로 갖추어지지 않았다.

오늘날 세계 대다수 지역의 농촌 생활은 18세기 스페인이나 프랑스의 시골 주민들이 살았던 삶과는 판이하다. 19세기까지만 해도 세계 최고 선진국의 도시에서조차 비참한 생활이 일상이었지만 지금은 그때와 비교할 수 없이 개선되었다. 그때의 생활상은 버지니아 울프Virginia Woolf의 남편으로 더 유명한 레너드 울프Leonard Woolf의 회고록에 생생하게 담겨 있다. 울프는 1880년에 태어나 1969년에 죽기까지 실론(현재의 스리랑카)에서 식민지 행정관으로 일한

10년을 제외하고는 영국 잉글랜드 남동부에서 일생을 보내면서 그곳의 생활환경이 변화하는 과정을 지켜보았다. 생애 말년에 이르러 그는 자기가 살아 있는 동안에 런던은 물론 영국 대부분이 "미개 사회에서 문명사회로 엄청난 변화"를 겪은 것에 깜짝 놀랐다고 쓰면서 "경제와 교육이 행한 기적"에서 그 원인을 찾았다. 울프는 빈민굴과 그로 인해 발생한 "무시무시한 산물"이 더 이상 존재하지 않는다고 썼으며 20세기 중반이 되면 "가축우리에서 가난, 오물, 만취, 야만성" 속에 찌들어 살았던 1880년대 빈민의 생활상은 상상조차 하기 어려운 것이 되리라고 내다보았다.

이러한 변화는 영국뿐만 아니라 다른 곳에서도 시작되고 있었다. 레너드 울프와 비슷한 시기에 오스트리아 빈에서 태어난 소설가 슈테판 츠바이크Stefan Zweig는 제1차 세계대전 이전 몇 년 동안의 뚜렷한 발전에 주목했다. 한때 어두침침했던 거리는 전깃불이 밝게 비추었고, 좀 더 산뜻하고 좀 더 다양한 제품을 구비해둔 상점이 "유혹적이고 기발한 신제품"을 진열했으며, 전화라는 문명의 이기가 등장했는가 하면 한때 상류층의 전유물이었던 쾌적한 설비와 사치품이 중산층으로 전파되었다. 더 이상 물을 우물에서 길어 올리지 않아도 되었고 더 이상 불을 "수고롭게 벽난로에서 지필" 필요가 없어졌다. 위생이 개선되었고 오물이 자취를 감추었으며 기본적인 생활수준이 해를 거듭하며 향상하여 "대중의 빈곤이라는 궁극적인 문제마저 이제는 극복할 수 있을 것처럼 보였다."

물론 개발도상국의 가장 열악한 빈민가나 농촌의 환경이 개선되지 않은 지역에서는 아직까지도 물질적 궁핍으로 인한 비참한 생활을 목격할 수 있다. 그러나 전 세계 대다수 사람에게 그러한 일은 있다손 치더라도 과거지사로 기억될 뿐이다. 물론 까마득한 과거의 일로 받아들이느냐, 그리 멀지 않은 과거의 일로 받아들이는가는 지역에 따라 다를 것이다.

19세기 초를 기점으로 대부분의 지역에서 물질적 환경, 영양, 주거지, 건강, 교육이 크게 개선된 것은 분명 경제적인 현상이었지만 인구학적인 현상이기도 했다. 사람들이 생산하고 소비하는 방식뿐만 아니라 성년기까지 생존할 확률, 그때까지 생존한 사람들이 낳을 자녀의 숫자, 사망하는 나이, 다른 지역이나 나라나 대륙으로 이주할 가능성 등과도 관련이 있었다는 뜻이다. 생활수준 향상은 인구 데이터와 그 가운데서도 출생률과 사망률에 반영된다.

간단히 말해 오늘날 대다수의 사람들이 사는 사회가 조앤 럼볼드와 그녀의 불행한 아들이 살았던 1757년의 사회와 크게 다른 점은 현저히 낮아진 영아 사망률이다. 영아나 유아가 사망하는 일이 크게 줄어들었고 거의 모든 출생자가 최소한 어른이 될 때까지는 생존하는 데 따른 결과다. 그 이외에도 기대수명life expectancy이 대체로 연장된 것도 차이점이다. 기대수명의 연장은 영아 사망률과 아동 사망률뿐 아니라 중년 사망률까지 크게 하락하고 노년기는 물론 100~200년 전이라면 상상하지도 못했을 나이까지 생존하는 노인들의 숫자가 늘어난 데서 비롯되었다. 그뿐만 아니라 현대 사회의 여성들은 교육과 선택의 수단을 제공받으면서 전보다 자녀를 적게 낳고 있다. 19세기 중반까지만 해도 영국 여성들은 6명 이상의 자녀를 두는 것이 일반적이었으나 오늘날에는 이러한 일이 매우 드물고 자녀를 전혀 낳지 않는 여성도 많다. 조앤 럼볼드가 살던 시대부터 오늘날까지의 인구 변화를 살펴보면 엄청난 인구 성장이 눈에 띈다. 18세기만 해도 세계 인구는 10억 명도 되지 않았지만 오늘날에는 70억 명이 넘는다. 현재의 정치·경제·사회가 과거와 속속들이 다르듯이 인구 역시 그때와 매우 다르다.

이러한 추세는 1800년경에 영국제도와 미국에서 시작되었으며 유럽으로 확산되더니 전 세계로 퍼져나갔다. 아프리카의 대다수 국가는 여전히 과도기를 거치고 있지만 전반적으로 순조로이 진행하는 중이다. 현재 아프리카 사하라 사막 이남을 제외하면 전 세계적으로 여성 한 명당 자녀 수가 비교적 최근인 1970년대의 세계 평균(4명)을 웃도는 나라는 6개국도 되지 않는다. 또한 아프리카를 제외하면 기대수명이 60년에 미치지 못하는 지역은 한 군데도 없다. 참고로 기대수명 60년은 1970년대 세계 표준이자 그 얼마 전인 1950년대의 유럽 표준에 가까운 수치다.

20세기 중반에 최고로 잘 살던 지역이 거둔 성과가 수십 년 만에 전 세계 평균이 되었고, 수십 년 전의 세계 평균이 현재는 세계 대다수 지역의 최저 기준치가 된 셈이다. 손 씻기 확산, 수질이 개선된 식수 공급, 임신이나 출산 시 필요한 기본적인 의료 조치, 건강과 식생활의 전반적인 향상을 비롯하여 가장 기본적인 수단이 다양하게 결합되어 이루어진 성과다. 그러나 교육이 없었다면 전 세계적으로 이러한 성과를 거둘 수 없었을 것이다. 특히 교육받은 여성이 증가한 덕분에 생명을 지키는 방법이 널리 보급되고 실행될 수 있었다. 그뿐만 아니라 농업경제학에서 운송에 이르기까지 과학과 기술이 이룬 성취도 변화에 한몫했다.

역사철학자들은 역사적인 사건을 일으키는 기본 요소에 대해 오랫동안 논의해왔다. 어떤 학자는 물질의 어마어마한 힘이 (인류 역사의 세부사항까지는 아니더라도) 대체적인 윤곽을 결정하기 때문에 가장 중요하다고 주장한다. 어떤 이는 사상의 전개 과정이 역사의 핵심을 이룬다고 본다. 그러나 일각에서는 돌발 사고와 우연이 역사를 좌지우지하므로 전개되는 사건의 배후에서 큼직큼직한 원인을 찾는 일이 무의미하다고 주장한다. 역사학자들이 역사를 '위인들의 창조물'로 보던 때도 있었다. 이 가운데 그 어떠한 접근법도 충분한 설득력을 지니지 못하며 역사에 대해 타당한 설명을 내놓지 못한다. 오랜 시간과 다양한 공간에서 일어난 인류의 상호작용은 너무도 방대하고 복잡하여 이론가 한 사람이 요약할 성질의 것이 아니다. 과거를 이해하려면 물질의 힘, 사상, 운명은 물론 위인과 위인 간의 상호작용까지도 전부 이해해야 한다.

지난 200여 년에 걸쳐 진행된 인구 혁명은 세계를 바꾸어 놓았다. 인구 혁명은 국가의 흥망성쇠나 권력과 경제의 대대적인 전환에도 관여했을 뿐 아니라 개인의 삶에도 변화를 일으켰다. 인구 혁명의 이야기는 한 세대 만에 낳은 자녀 대부분이 성년기 이전에 죽을지도 모른다는 걱정을 더 이상 하지 않게 된 영국 여성들의 이야기이자, 평생 한 번도 아

이를 낳아본 적 없이 아파트에서 고독사하는 일본 노인들의 이야기이자, 기회를 찾아 지중해를 건너가는 아프리카 어린이들의 이야기이기도 하다.

이 가운데 영국의 영아 사망률 하락과 같은 몇몇 현상은 이미 예전에 시작된 일이다. 많은 일본인이 자녀 없이 고독사하고 아프리카 어린이가 유럽으로 향하는 등의 현상은 현재에도 진행 중이며 갈수록 심화될 가능성이 크다. (인구 변화의 속도가 계속해서 빨라질 때 나타나는) 인구 혁명의 소용돌이는 지구 이 지역 저 지역을 휩쓸면서 전통적인 생활방식을 해체하고 새로운 생활방식으로 바꾸고 있다. 이 책은 인구 물결human tide에 대한 이야기로 인류의 거대한 물결이 한 곳에서 고조되었다가 다른 곳에서 잦아드는 과정과 이러한 변화가 역사의 경로에 미친 영향에 대해 다룬다. 그 영향은 실로 엄청나지만 간과되거나 과소평가되는 경향이 있다.

수십억 명의 삶이 상상할 수 없을 정도로 개선되었으며 세계가 70억 명을 넘어 계속해서 성장하고 있는 인구를 어떻게든 부양하고 있다고 해서 인구 물결의 어두운 부분을 외면할 수는 없다. 서구 세계는 수많은 사람이 초년기를 무사히 넘겨 생존하고 물질적인 풍요를 이룰 수 있게 된 환경을 조성한 것에 자부심을 가져도 좋다. 서구를 비판하는 사람 중 상당수는 의약품과 비료에서 비누와 하수 처리 시설에 이르는 과학적·기술적 진보가 없었다면 오늘날까지 살아 있지도, 유복한 삶과 교육의 혜택을 누리지도 못했을 것이다. 그러나 이처럼 굉장한 업적 때문에 사회적 소외, 비유럽인을 상대로 자행되어온 인종 학살, 미 대륙에서 태즈메이니아까지 이어진 원주민 절멸, 흑인을 일회용 소모품처럼 취급했던 산업 규모의 대서양 노예무역 등을 외면해서는 안 된다.

19세기 영국의 기대수명 연장은 위대한 성과지만 그렇다고 아일랜드 대기근을 망각해서는 안 된다. 20세기 초 유럽의 아동 사망률 하락은 기념해야 할 일이지만 그러한 성과로 두 번의 세계대전과 홀로코스트Holocaust 같은 야만적인 행위가 면죄될 수는 없다. 최근 중동에서도 영아 사망률이 떨어지고 있으며 영아 사망률 하락으로 인한 젊은 층의 증가로 사회가 젊어졌지만 노동시장에 편입하지 못한 수많은 청년들이 근본주의와 폭력에 빠져드는 등 문제가 발생하기도 했다. 최근 아프리카 사하라 사막 이남의 각국이 달성한 기대수명 연장은 환영할 만한 일이지만 그 때문에 1994년에 일어난 르완다 학살이나 그 직후 몇 년 동안 막대한 인명 손실을 일으킨 콩고 전쟁을 망각해서는 안 된다. 인구 성장으로 발생한 현재와 미래의 환경 피해 역시 염두에 두어야 한다. 또한 인구 물결의 이야기는 낙관론으로 치달아서도 안 된다. 물론 세계에서 가장 부유하고 강한 나라로 떠올랐던 19세기 영국의 지식인들이 역사를 더 밝은 전망을 향한 끊임없는 진보라고 여기는 낙관론에 빠져든 것은 당연한 일이다. 오늘날에는 그렇지 않다는 것을 알게 되었지만 말이다.

이 모든 경고에도 불구하고 위대한 업적은 제대로 인정받을 가치가 있다고 생각한다. 인류의 숫자가 기하급수적으로 늘어나고 수십억 인구가 이전 시대의 최고 부유층도 부러워할 수준의 생활, 의료, 교육을 향유하게 된 것은 분명 대단한 성과다. 노예선과 독가스실이 잊혀서는 안 되지만 그 참상 때문에 오늘날의 수많은 부모들이 조앤 럼볼드와는 달리 자녀의 건강을 크게 불안해하지 않아도 된다는 사실과 파타고니아에서 몽골에 이르는 지역의 수십억 명이 얼마 전까지의 기준으로 보면 깜짝 놀랄 정도로 풍요롭고 장수하는 삶을 향유할 수 있다는 사실을 간과해서는 안 된다. 인구의 성장은 인간이 지닌 창의성과 독창성의 폭을 넓혀 백신, 달 착륙, (미완이기는 하지만) 민주주의와 인권 확산 같은 위업 달성에 기여했다.

이 책의 내용과 취지

이 책은 역사 속에서 인구 변화가 어떠한 영향력을 발휘했는지 추적한 책이다. 출생률과 사망률의 상승과 하락, 인구 규모의 팽창과 위축, 이민의 급증과 감소 같은 중요한 인구 추세가 역사를 결정짓는다고 주장하려는 것은 아니다. 이 책은 인구가 운명의 일부이지만 전부는 아니라는 주장을 담고 있다. 단순하고 일원론적이며 결정론적 역사관을 내세우지 않는다. 인구가 어떤 면으로는 주요 원인이자 원동력이며 역사에 파장과 영향을 일으키는 독자적이고도 외부적인 현상이지만 그에 선행하는 원인이 아니라고 단정하는 것도 아니다. 그보다는 인구 자체가 원인이며 물질적이든 정신적이든 우발적이든 다른 무수하고도 복합적인 요소를 원동력으로 한다는 점에 초점을 맞춘다. 인구의 결과는 다양하고 지속적이며 심층적이지만 그 원인 역시 마찬가지다.

인구 문제는 삶에 깊숙이 스며들어 있다. 어떤 면에서 인구는 삶의 시작과 끝이라 할 수 있다. 인구는 기술 혁신, 경제 발전, 신앙과 이념의 변화 같은 원인 요소와 나란히 이해해야 할 사안이지만 인구로 많은 것을 설명할 수는 없다. 페미니즘의 이념과 관점을 예로 들어보자. 페미니즘 운동이 인구 변화의 전조인지, 원인인지, 아니면 그 결과물인지 확실히 말하기란 불가능하다. 그러나 페미니즘과 인구 변화가 어떠한 상호작용을 나누었는지 도표를 그릴 수는 있다. 오늘날 페미니즘 이념은 (여전히 불균형을 탈피하지 못한) 사회와 경제 전반에 스며들고 있다. 혼전 성관계의 용인이나 여성의 노동시장 참여가 그 단적인 예다.

성관계와 성별에 대한 사회의 인식에 일대 혁명이 일어난 것은 경구피임약이 발명되고 그에 따라 출산 선택이 가능해졌기 때문이다. 그러나 결국 경구 피임약 역시 여러 남녀의 독창성과 투지가 낳은 산물일 뿐 아니라 성생활, 성적 취향, 성별에 대한 인식 변화의 산물이기도 하다. 성에 대한 연구가 학계에서 용인될 뿐 아니라 기업과 비영리 단체의 자금 지원을 받을 수 있게 된 까닭도 그 때문이다. 페미니즘 사상, 피임 기술, 성관계와 출산에 대한 사회적 인식 변화 모두가 출산율 저하에 일조했다. 또한 출산율 저하는 사회, 경제, 정치, 역사의 흐름에 지대한 영향을 끼쳤다. 사회의 의지와 경구 피임약 중 무엇이 먼저 나타났냐는 질문은 닭과 달걀 중에 무엇이 먼저냐는 질문과도 비슷하다. 이와 같이 다양한 힘의 상호작용에 대한 이야기를 들려주는 것은 가능하지만 그 가운데 하나를 '일차적' 또는 '궁극적' 원인으로 띄우고 다른 힘들은 결과에 불과하다며 깎아내리는 것은 무의미한 짓이다.

마찬가지로 인구학을 유사pseudo 마르크스주의적인 역사관과 혼동하여 세계 모든 역사의 숨겨진 요소를 '계층'에서 '인구'로 대체하려는 것도 그릇된 시도다. 인구학만을 분리하여 보는 태도는 지난 200년 동안의 세계사에서 가장 중요하게 작용한 요소를 놓치는 길이기도 하다. 인구의 꾸준한 성장 추세가 역병, 기근, 전쟁으로 역전되는 암담한 이야기는 수천 년에 걸쳐 되풀이되었다. 그러나 1800년경부터 인류는 자신들의 숫자를 좌지우지할 수 있는 능력을 키워나가기 시작했고 그로써 아주 멋진 결과를 얻었다. 인구학은 가장 느리게 변화하는 학문에서 가장 빠르게 변화하는 학문으로 바뀌었다. 인구 추세는 더 이상 달팽이처럼 느린 속도로 움직이지 않으며 이따금씩 등장하는 흑사병 같은 돌발적인 장애물의 방해를 받는 일도 없다. 출산율과 사망률의 하락 속도는 점점 더 빨라지고 있으며 한때는 몇 세대씩 걸렸던 전환이 이제는 수십 년 만에 이루어진다.

2

숫자의 중요성

The Human Tide

자동차 한 대가 계속해서 같은 속도로 가다가 서서히 속도를 높이더니 몇 킬로미터 지난 후에는 갑자기 가속하여 등골이 서늘할 정도로 무시무시한 속도로 달린다. 그렇게 비교적 짧은 거리를 쏜살같이 달리던 자동차는 급제동하여 순식간에 속도를 줄인다. 1800년 이후 세계 인구 성장의 패턴이 바로 이러하다.

이쯤에서 의문이 든다. 어째서 지난 200년일까? 어째서 1800년이 출발점일까? 그 까닭은 18세기 말과 19세기 초에 인구 역사의 연속성이 끊기는 대변혁이 일어났기 때문이다. 물론 인류는 그 이전에도 인구에 변화를 일으킨 커다란 사건을 겪은 적이 있다. 대개는 역병이나 학살 등 사망률에 영향을 끼치는 사건들이었다. 그러나 이런 사건들은 장기적인 추세라기보다는 일시적인 현상에 불과했다. 유럽을 비롯한 세계 전반에서 장기적인 인구 성장 추세가 나타났다고는 해도 완만한 성장에 그쳤고 기근이나 전쟁, 학살 같은 불행한 사건 때문에 그 흐름이 중단되곤 했다.

1800년경에 (본질적으로 영국인과 미국인을 가리키는) '앵글로색슨인Anglo-Saxons'들은 영국의 성직자이자 작가이자 사상가인 토머스 맬서스Thomas Malthus가 발견하고 규정한 인구 성장의 한계를 벗어나기 시작했다. 18세기 후반에서 19세기 초반까지 살았던 맬서스에 관해서는 뒷부분에서 더 자세히 알아보기로 하자. 어쨌든 역설적이게도 생산 능력의 제약으로 일정 수준 이상의 인구 성장은 불가능하다는 이론이 나오자마자 사람들은 그 제약에서 벗어나고 있었다. 인구사에 있어서 분수령이라고 할 수 있는 이 시기는 지리적으로나 역사적으로나 전 세계적이고 영구적인 변화가 일어난 기념비적 시대로, 이 모든 것은 산업혁명의 결과라고 할 수 있다. 산업화를 바탕으로 한 인구 폭발은 군사적·경제적 권력의 팽창제가 되었고 정착해 살던 사람들의 대량 이주를 불러왔다. 이와 같이 인구 변화에서 비롯된 사건들이 일정한 패턴을 형성하여 기존 질서를 위협하고 혼란에 빠뜨리는가 하면 심지어 전복하는 경우도 있었다.

인구의 대변혁

지난 200년 동안의 변화가 얼마만큼 철저하게 혁명적이었는지 가늠한다면 인구학을 장기적인 관점으로 바라보는 데 도움이 될 것이다. **기원전 47년에 율리우스 카이사르**Julius Caesar**가 로마 공화정의 종신 집정관에 임명되었을 때 로마의 영토는 현재의 스페인에서 그리스, 멀리 북쪽에 있는 프랑스 노르망디와 오늘날 30여 개국이 자리 잡은 지중해 연안 대부분으로 확장되었다. 이 광대한 영토의 인구는 대략 5,000만 명으로 그 당시 세계 인구였던 2억 5,000만 명의 20%에 해당했다. 그로부터 1,800여 년 후 빅토리아 여왕이 영국의 왕위에 오른 1837년, 세계 인구는 카이사르 당시보다 4배 성장한 10억 명대에 달했다. 그러나 빅토리아 여왕의 즉위 이후 200년도 되지 않아 세계 인구는 7배 더 성장했으니 10분의 1 기간 동안에 2배 가까이 성장한 셈이다.** 이 가운데 마지막으로 일어난 인구 성장은 놀랄 만큼 속도가 빨랐으며 전 세계에 획기적인 변화를 일으켰다.

빅토리아 여왕 이전의 앤 여왕은 1714년에 49세로 세상을 떠났다. 그녀는 열여덟 번 임신했으나 불행하게도 그녀의 아이들은 단 한 명도 어머니보다 오래 살지 못했다. 하지만 빅토리아 여왕은 1840년부터 1857년 사이에 아홉 명의 자녀를 출산했고 모두 성년기까지 생존했다. 빅토리아 여왕의 서거로부터 불과 29년 지난 1930년, (조지 6세의 왕비인) 엘리자베스 모후가 낳은 자녀는 엘리자

빅토리아 여왕과 앨버트 공 그리고 아홉 명의 자녀들. 빅토리아 여왕의 자녀들은 모두 성년기까지 생존했다. 이는 영아 사망률의 급격한 하락을 의미한다.

베스(현 여왕)와 마거릿 둘뿐이었다. 앤 여왕, 빅토리아 여왕, 엘리자베스 모후의 출산과 관련된 사실은 18세기부터 20세기까지 영국에서 시작하여 결과적으로 전 세계로 확산된 인구 물결의 두 가지 큰 흐름을 반영한다.

첫 번째 흐름은 영아 사망률의 급격한 하락이다. 다행히도 부모들이 일상다반사로 겪었던 아이의 죽음이 이제는 예외적인 일이 되었다. 두 번째 흐름은 여성 한 명이 낳는 자녀의 수가 큰 폭으로 감소한 것이다. 앤 여왕의 시대에는 자녀를 연이어 잃는 것이 일반적이었고 빅토리아 여왕 중기에는 자녀를 많이 갖는 것이 표준이었다. 이 시대에는 아이가 성년기까지 생존하는 일이 흔치 않았다. (그러한 점에서 빅토리아 여왕은 막대한 부와 함께 행운까지 가진 사람이었다.)

그러다가 얼마 지나지 않아 아이가 성년기까지 생존하는 것이 표준으로 자리 잡았다. 20세기 전간기interwar years (제1차 세계대전 종전 후부터 제2차 세계대전 발발 이전까지의 기간 - 역주)에 이르면 적어도 영국에서만큼은 엘리자베스 모후가 자신의 두 딸이 성년기까지 생존하리라 기대하더라도 전혀 이상할 것이 없었다.

1819년 빅토리아 여왕이 태어났을 때 호주에 사는 유럽인은 소수(대략 3만 명)에 지나지 않았다. 그 당시 호주 원주민의 숫자는 불분명하지만 30만 명에서 100만 명 사이로 추산된다. 빅토리아 여왕이 20세기 초에 세상을 떠났을 때 호주 원주민의 숫자는 10만 명에 미치지 못한 반면 유럽 출신 호주인은 80년 전보다 자그마치 100배 성장한 400만 명에 이르렀다. 오세아니아 대륙 인구의 규모와 구성은 고작 한 사람의 생애에 해당하는 기간 동안에 크나큰 변화를 겪었다. 그로 인해 호주에는 돌이킬 수 없는 변화가 속속들이 일어났다. 그 후 호주가 제1, 2차 세계대전에서 영국의 전쟁활동에 보급과 병력 조달 등의 중요한 역할을 담당하게 됨에 따라 호주의 인구 변화는 바깥 세계에까지 영향을 끼쳤다. 캐나다와 뉴질랜드에서도 비슷한 일이 일어났다.

빠른 인구 성장 속도와 선택적인 가속화, 영아 사망의 급감, 19세기 유럽 인구의 대량 이탈 등과 같은 놀라운 사실은 서로 연관되어 있다. 이는 모두 산업혁명에 뒤이은 근본적인 사회 변화에서 비롯되었으며 역사의 흐름에 크나큰 영향을 끼쳤다. 이러한 인구 변화 추세와 다른 곳의 희생으로 더 큰 힘을 얻은 나라와 공동체가 생겨났고 경제와 제국의 운명이 정해졌으며 오늘날 우리가 사는 세계의 근간이 형성되었다. 1945년 이후에는 이러한 인구 추세가 본격적으로 세계화되면서 19세기의 변혁과 유사한 소용돌이와 파도가 더 빠르고 격렬하게 몰아쳐 훨씬 더 어마어마한 인구 물결이 나타났다.

과거와 현재의 인구 추세

19세기 영국에서 시작된 인구 성장의 가속화에는 복잡한 이야기가 숨겨져 있다. 세계 인구가 10억 명에 도달하기까지는 인류 여명기에서 19세기 초까지 수십만 년이 걸렸지만 그로부터 70억 명에 도달하는 데까지는 불과 수백 년밖에 걸리지 않았다. 그러나 현재는 성장 속도가 느려지는 추세다. 1960년대 후반부터는 세계 인구가 30년마다 대략 2배씩 성장했으나 오늘날은 60년마다 2배씩 성장하고 있다. 21세기 말에 이르면 세계 인구의 성장 추세가 완전히 멈출 것으로 예상되며, 일부 국가에서는 벌써부터 인구가 감소하고 있다.

인구 성장의 가속화와 둔화는 어디에서 일어나든 큰 파장을 불러일으키며 예상할 수 없는 방식으로 일어난다. 예를 들어 서구인들은 태국 여성이 1960년대 후반보다 자녀를 4명 덜 낳는다거나 영국 글래스고의 남성이 팔레스타인 가자 지구의 남성보다 기대수명이 짧다거나 세계 인구가 1970년대 초반에 비해 절반 정도의 속도로 성장하고 있다는 사실을 접하면 깜짝 놀라곤 한다. 이처럼 실제 사례를 통해 인구 성장의 가속화와 둔화를 파악하고 나면 롤러코스터를 탄 듯한 세계 인구 변화 추세와 함께 우리가 전환기의 어느 정도 지점에 와 있는지 대충 감을 잡을 수 있게 된다.

지구라는 큰 그림 안에는 국가와 대륙 사이의 뚜렷한 명암이 존재한다. 예를 들어 1950년에는 유럽 인구가 아프리카 사하라 사막 이남 지역의 인구보다 2~3배 정도 많았다. 그런데 2100년에 이르면 아프리카 인구가 유럽 인구의 6~7배에 달할 가능성이 크다. 또한 150년 전 일본의 인구는 나이지리아보다 2배 더 많았으나 현재는 나이지리아가 2배 더 많다. 이 정도 규모의 인구 변화는 전략 지정학에서 거시경제학까지, 요람에서 무덤까지 발생하는 모든 수요를 뒤바꾼다. 이 사실을 이해하지 못하면 과거도, 현재도 제대로 이해할 수 없다.

인류 인구의 대대적인 변화는 영국제도뿐만 아니라 영국인들이 이주한 북미와 오스트랄라시아Australasia(호주, 뉴질랜드, 태평양 제도를 일컫는 명칭 - 역주)에서도 시작되었다. 이러한 변화의 추세는 곧이어 유럽 각국으로 확산되었고 아시아와 중남미로 이어졌다. 오늘날 인구학적 변화의 강력한 영향력은 전 세계에서 다양한 단계로 관찰할 수 있다. 특히 아프리카에서 여러 단계가 나타나고 있는데 이는 10만여 년 전에 출현하여 다른 곳으로 모험을 떠났던 아프리카 인류에 큰 변화를 일으키고 있다. 즉, 인류의 고향이 다시 한 번 대규모 인구학적 변화를 겪고 있는 것이다.

이 책은 출발점인 북서 유럽에서 이야기를 시작하여 세계 곳곳에 나타난 역사상 유례없이 빠르고 갑작스러운 인구 변화를 더듬어 나갈 것이다. 우선 인구학적 변화가 맨 처음 일어난 지역에 초점을 맞출 것이다. 인구 물결이 전 세계적인 현상이 되기까지의 궤도를 따라가다 보면 유럽을 벗어나 중국과 일본을 거쳐 중동, 중남미, 남아시아, 그러다가 마침내 아프리카에 도달할 것이다. 각 지역에 관한 배경 정보를 제공하겠지만 이 이야기의 출발점은 낡은 인구 질서가 무너지고 새로운 질서로 대체된 시기로 어떤 지역에서는 다른 지역보다 더 일찍이 새로운 인구 질서가 나타났다.

인구 방정식

영아 사망률 감소보다 더 확실한 인구 성장의 원동력은 없다. 빅토리아 여왕은 그 시대로서는 가장 극진한 보살핌을 받아 건강과 부의 혜택을 누렸지만 여왕의 치세가 막바지에 이를 때쯤 영국에서는 6명 중 한 명이 첫돌 전에 목숨을 잃었다. 100여 년이 지난 현재는 첫돌까지 생존하지 못하는 아기가 300명 중 한 명꼴이다. 아프가니스탄이나 앙골라 같은 일부 국가의 영아 생존율은 100년 전 영국보다 그리 나을 것 없는 수준이지만 이런 지역에서조차도 상황은 점차 나아지고 있다. 영국보다 훨씬 더 빠른 변화를 겪고 있는 지역도 있다. 한국에서는 1920년대까지만 해도 첫돌 전에 목숨을 잃는 아기가 대략 10명 중 3명꼴이었지만 현재는 1,000명당 3명에도 미치지 못하니 100년도 안 되는 기간 동안에 영아 생존율이 100배 상승한 셈이다. 이처럼 빠른 변화를 겪으면 대부분의 사람은 진행 중인 변화의 규모를 가늠하기 어려워진다. 즉, 영아 사망률이 현기증 나는 속도로 급격히 하락하면서 인구가 수십 년 만에 4배까지 성장하여 국가의 경제와 환경은 물론 병력을 모으거나 해외로 이민을 보내는 능력에까지 근본적인 변화가 나타날 수 있다.

전쟁, 역병, 자연재해가 없는 상황에서 두 번째 인구 성장의 원동력은 출생자 수다. 이 역시 지난 200년 동안 놀랄 만한 변화를 겪었다. 빅토리아 여왕 치세의 중기 영국에서 여성 한 명당 평균 자녀 수는 5명 정도였다. (그 당시 군주였던 빅토리아 여왕에는 미치지 못하지만 많은 숫자다.) 1930년대에 이르러서는 엘리자베스 모후와 비슷한 수준인 2명 미만으로 감소하였다. 그러나 놀랍게도 제2차 세계대전이 끝난 후 20년 동안 서구 전역에서 출생자 수가 상승해 1950년대 미국에서는 3.7명으로 정점을 찍었고, 1960년대 영국에서는 3명을 조금 웃돌며 정점에 달했다가 다시 감소했다. 그 후 21세기에 들어서면서 출산율은 전 세계적으로 하락하는 추세다. 현재 이란 여성은 프랑스 여성보다 자녀를 덜 낳는 한편 방글라데시 여성이 낳는 자녀 수는 프랑스 여성과 얼추 비슷하다.

출산율은 사회에 엄청난 영향을 미친다. 사회의 평균 연령이 높아지면 학교가 텅 비고 노인 요양원이 꽉 차게 마련이다. 스위스의 평화

로운 분위기는 국민의 평균 연령이 40세 이상이라는 사실과 연관이 있고 예멘의 폭력 사태는 국민의 평균 연령이 20세 미만이라는 사실과 연관이 있다. 물론 다른 요소도 작용했겠지만 (예를 들어 스위스는 매우 부유하고 예멘은 매우 가난하다) 평균 연령이 높은 나라가 낮은 나라보다 훨씬 더 부유한 경향이 있다. 또한 가난한 나라 중 가장 폭력적인 나라는 평균 연령이 가장 낮다. 남아프리카 공화국(남아공)은 마케도니아보다 경제적으로 떨어지지는 않지만 중위 연령median age (전체 인구를 연령 순서대로 세워 균등하게 2등분했을 때 한 가운데에 있는 사람의 연령 - 역주)은 26세 정도이고 마케도니아는 38세 정도다. 그러니 남아공의 살인율이 마케도니아보다 20배 높은 것이 놀랄 일은 아니다. 반면에 엘살바도르와 방글라데시는 남아공과 중위 연령이 27세 정도로 비슷하지만 엘살바도르의 살인율은 남아공의 2배에 달하며, 방글라데시의 살인율은 10분의 1에도 미치지 못한다. 이처럼 예외적으로 평균 연령이 낮아도 살인율이 낮은 나라가 있긴 하지만 대개 평균 연령이 낮으면 살인율이 높다. 그러므로 나이와 폭력성 사이에 강력한 상관관계가 있음을 부인할 수 없다. 하지만 어느 경우든 인구만으로 모든 것을 설명할 수 없고 사회경제적·문화적 요소도 매우 중요하다.

세계를 재편하는 인구 성장 원동력의 세 번째 요소는 이주다. 현대 영국에서 그 단적인 사례를 찾을 수 있다. 한때 (앵글로색슨인, 바이킹, 노르만인 등) 대규모 집단 이주민이 몰려들었던 영국제도가 1066년 (프랑스 노르망디에 근거한 노르만인이 앵글로색슨인이 통치하던 영국을 점령한 연도 - 역주) 이후에는 대규모 집단 이주민에게 문을 걸어 잠갔다. 이후 수백 년에 걸쳐 인구가 꽤 큰 규모로 영국에 유입된 경우는 17세기 말 위그노Huguenot(17세기 종교 박해를 피해 해외로 도피한 프랑스 칼뱅파 개신교도 - 역주)의 이주가 유일하다. (하지만 기껏해야 20만 명이거나 그보다 훨씬 더 적은 숫자로 추산된다.) 반면 1945년까지 해외로 터전을 옮겨 대륙 규모의 새로운 지역에 정착한 영국인은 수백만 명에 달했다. 영국의 이주는 이처럼 거의 해외로의 이동으로 이루어졌다. 한편 동유럽에서 해외로 이주한 유대인의 숫자는 19세기 말과 20세기 초 이민이 최고조에 이르렀을 때도 연간 1만 2,000명을 넘지 못했다.

이제 이러한 추세가 완전히 역전되고 있다. 영국인들은 여전히 해외에 나가 살지만 그들의 목적지는 살기 힘든 캐나다 프레리Prairies(캐나다 중남부에서 미국 텍사스 주까지 이어진 초원 - 역주)가 아니라 스페인 코스타델솔Costa del Sol(스페인 남부의 해안 지역 - 역주)의 은퇴 별장일 것이다. 매년 세계 각국의 이주자 수십만 명이 영국을 찾는다. 역사상 유례없는 대규모 이주에 대한 호불호가 어떠하든 그 특성을 이해하지 못하면 사회가 얼마만큼 속속들이 뒤바뀌게 될지 예측하기가 한층 더 어려워진다. 2011년 영국 인구 조사에서 스스로의 정체성을 '백인 영국인white British'으로 밝히거나 자신의 조상이 최소한 1066년부터 영국제도의 토박이였다고 응답한 이들은 21세기 중반 이후에는 영국의 소수민족이 될 가능성이 높다.

인구의 영향력

인구 물결이 없었다면 역사적 사건 가운데 상당수는 일어나지 않았을 것이다. 물론 이 모든 것은 역사적 가정에 불과하지만 19세기 인구 폭발이 없었다면 영국이 호주를 비롯하여 세계 곳곳의 광활한 영토에 식민지를 세울 수 없었을 테고 그에 따라 영어의 통용이라든가 자유 무역의 일반화 같은 '세계화' 현상이 출현하지 않았을 것이다. 또한 20세기 초 러시아의 영아 사망률이 크게 하락하지 않았다면 히틀러의 군대가 끝도 없이 밀려드는 러시아 군과 맞서 싸우다가 패배하는 일 없이 1941년에 모스크바를 점령하고도 남았을 것이다. 미국이 해마다 수백만 명씩 이민자들을 끌어들이지 못하고 1950년대 이후에 인구를 2배로 늘리지 못했다면 이미 중국에게 경제적으로 잠식당했을지도 모른다. 일본이 20세기에 접어들면서 반세기 넘게 출생률 감소를 경험하지 않았다면 25년씩이나 장기 침체를 겪는 일도 없었을 것이다. 시리아의 평균 연령이 예멘이 아니라 스위스와 비슷했다면 내전으로 무너지지 않았을 가능성이 크며, 레바논은 지난 40년 동안 급속도로 인구 고령화를 겪지 않았더라면 내전에 빠져들었을 것이다.

인구와 군사력

인류 역사에서 사람의 숫자에 가장 크고 확실하게 좌우되는 것은 군사력이다. 소국이나 소규모 군대가 대국이나 대규모 군대에 거둔 승리가 오랫동안 기억되는 까닭은 개인 차원이든 집단 차원이든 더 크고 더 강력한 전투 부대가 우위를 지닌다는 규칙이 깨졌기 때문이다. 그와 달리 규칙을 입증한 전투는 '개가 사람을 물다' 같은 뉴스보다도 흥미를 끌지 못한다. 대국이나 대규모 군대가 소국이나 소규모 군대를 격퇴한 사건은 대부분 오래 전에 잊히거나 고작 역사책의 주석으로나 기록될 뿐이다.

고대의 군사 분쟁에서는 숫자가 그 무엇보다도 큰 영향력을 발휘했다. 물론 고대 문헌에 기록된 숫자를 그대로 믿을 수는 없다. 예를 들어 마케도니아군 1만 7,000명이 페르시아군 60만 명과 그라니코스 전투에서 맞붙었다는 기록은 사실이 아닐 수도 있다. 그러나 알렉산드로스 대왕이 숫자적으로 엄청나게 불리한 상황임에도 불구하고 아시아에서 첫 승리를 거두었다는 데는 의심의 여지가 없다. 중세 시대의 문헌도 고대 문헌과 마찬가지로 대체로 과장이 많으며 어느 정도는 회의적인 시각으로 해석되어야 하겠지만 영국의 병력이 프랑스의 6분의 1이었음에도 불구하고 아쟁쿠르Agincour 전투에서 승리를 거둔 것은 매우 인상적이다.

이러한 전투가 인상적인 까닭은 숫자가 중요하다는 규칙에서 벗어났기 때문이다. 인류의 전쟁 역사를 돌이켜보면 숫자가 결정적 역할을 한 전투가 훨씬 더 많으며 거의 대부분의 전투에서 숫자가 승패를 판가름했다. 실제로 아주 작은 차이의 숫자가 중대한 역할을 하는 것으로 평가된 경우가 많다. 특히 군사의 수준이 비슷하고 대단한 전략적 이점을 활용할 수 없는 경우에 그러했다. 워털루 Waterloo 전투 이전만 해도 웰링턴 공은 나폴레옹의 기선을 제압하겠다는 생각을 하지 못했다. 상대방에게는 7만 4,000병력이 있었지만 그에게는 6만 7,000병력뿐이었기 때문이다. 제1차 세계대전은 소모적이고 예측 가능한 참호전으로 전략적 우위를 발휘할 여지가 거의 없었고 병력의 무기, 교육 수준, 사기가 대체로 비슷한 상태였기 때문에 숫자가 결정적이었다. 독일군이 필사적이었던 까닭도 각국 군대가 서부전선West Front(제1차 세계대전에서 프랑스와 벨기에에 있던 전선 - 역주)에서 싸우느라 기진맥진해진 상황에서 1917~1918년 미국에서 징집된 1차 병력 280만 명이 참전하면 균형추가 완전히 기울어질지도 모른다고 생각했기 때문이었다.

전선에 배치된 병력의 숫자는 사회 전체 구성원의 숫자와 연관이 있다. 1800년에 프랑스의 인구는 유럽 전체 인구의 20%에 육박했다. 프랑스가 유럽 대륙 지배를 시도할 수 있었던 것도 인구와 무관하지 않다. 프랑스의 인구가 유럽 전체 인구의 10% 정도에 달했던 1900년까지도 프랑스는 제2의 강대국의 길로 나아가고 있었다. 무리와 부족끼리 대립하기 시작한 선사시대부터 지금까지 누가 전쟁에서 승리하고 패배하느냐는 출생률과 인구 규모에 달려 있었다.

전투에 투입되는 병력의 숫자는 20~30년 전 요람에 있던 신생아의 숫자로 결정된다. 특히 민족 대이동이나 집단 이주, 전면전의 시대에는 출산율이 승패를 가늠한다.

어떤 사회는 다른 곳에 비해 전시동원에서 뛰어난 능력을 발휘하지만 압도적인 동원율로도 숫자 부족을 보완할 수는 없다. 후방에 남은 남성들은 대개 전쟁 활동을 지원하는 일에 필요하다. 또한 현대에 들어서서는 여성의 숫자가 많을수록 전방에서 사용할 무기를 생산하는 공장에 더 많은 인원을 채용할 수 있다. 인구 우위가 있는 나라나 동맹은 (다시 말해 인구와 전투 가능한 연령의 남성이 더 많은 나라나 동맹은) 일반적으로 전투에서도 뚜렷한 우위를 보인다. 이처럼 인구 가중치가 군사적 우위로 환산됨에 따라 인구학은 세계 역사에 강력한 영향력을 떨치기에 이르렀다.

대부분의 역사문헌에서는 인구학의 흔적을 찾아보기 힘들지만 인구학은 세계정세에서 뚜렷한 존재감을 과시하곤 한다. 그런 만큼 국수주의자들이 출산 장려에 관한 생각과 글을 내세운 역사도 길다. 로마의 역사학자이자 정치인이었던 타키투스Tacitus는 자식을 많이 낳는 게르만인에 비해 식구수가 적은 로마인이 불리하다고 비판했으며 중세 아랍의 역사학자 이븐 칼둔Ibn Khaldun은 인구 감소의 원인을 좌절과 문명의 역전으로 보았다. **루이 14세 시대의 뛰어난 군사 공학자였던 보방Vauban은 무엇이 권력의 궁극적인 원천인지를 정확히 파악하고 있었다. 그는 수비 시설이 아무리 혁신적이라 하더라도 "국왕의 위대함은 (……) 백성의 숫자로 측정된다"라고 단언했다. 나폴레옹**

시대에 살았던 프로이센의 군사학자 클라우제비츠Clausewitz는 숫자의 우위를 "승리의 가장 일반적인 원칙"으로 간주했으며 볼테르Voltaire는 "신은 큰 군대의 편"이라고 주장했다. 애덤 스미스Adam Smith는 "어떤 나라가 부강한지를 가장 결정적으로 나타내는 지표는 주민의 숫자"라고 단언했다. 일설에 따르면 나폴레옹은 어떤 여인을 가장 좋아하느냐는 질문에 "아이를 가장 많이 낳는 여자"라고 대답했다고 한다.

물론 크나큰 기술력 우위가 승패에 결정적인 역할을 한다는 데는 이론의 여지가 없다. 그러나 맥심 기관총이든 원자폭탄이든 적군도 최첨단 무기를 어김없이 채택할 것이므로 기술 우위를 무한정 유지하기란 불가능하다. 그러므로 인구가 관건인 셈이다. 최근 수십 년에 걸쳐 이라크와 아프가니스탄 민병대는 선진국 침략자들에게 성공적으로 대응해왔다. 소련이 1980년대에 감행한 아프가니스탄 점령 시도나 미국이 2000년대에 감행한 이라크와 아프가니스탄 점령 시도가 좌절된 데는 아프가니스탄과 이라크 국민의 중위 연령이 20세 미만인 반면에 소련과 미국의 중위 연령은 30세를 훌쩍 넘었다는 사실이 크게 작용했다. 결국 소련과 미국에 부족했던 요소는 의지가 아니라 숫자였다고 볼 수도 있다.

그러나 아프가니스탄과 이라크는 각각 미국이 침공한 2002년과 2003년 무렵에 막대한 인구 손실을 겪었다. 출산율이 2명 이하인 나라는 7명을 넘거나 5명에 가까운 나라에 비해 민간인이든 군인이든 인구 손실을 받아들이지 못할 가능성이 크다. 출산율이 낮은 나라의 어머니는 더 잃을 아들도 없기 때문이다. 물론 대가족을

"국왕의 위대함은
백성의 숫자로
측정된다."

- 루이 14세 시대의 군사
공학자, 보방

"승리의 가장
일반적인 원칙은
숫자의 우위다."

- 군사학자, 클라우제비츠

거느린 어머니가 자녀의 전사를 더 담담하게 받아들이리라 생각하는 것은 잔인하기 짝이 없지만 실제로 유력한 연구를 통해 소가족이 많은 사회일수록 대체로 호전성이 덜하다는 점이 입증되었다.

인구와 경제력

국력을 가장 크게 결정짓는 요소로는 군사력과 더불어 경제 규모가 있다. 경제는 군사력으로 직결된다. 대규모 병력을 유지하고 특히 현대에는 산업 규모의 무기로 무장하려면 경제력이 필요하기 때문이다. 이처럼 군사력 지원을 통해 간접적으로 국력에 기여할 뿐만 아니라 제품과 서비스의 구매자이자 다른 나라 제품의 시장으로서 세계 시장의 지렛대 역할을 하므로 경제는 그 자체로 국력이다. 경제 규모의 중요성은 이미 오래 전부터 인식되었다. **프로이센의 프리드리히 대왕은 "백성의 숫자가 국부를 만들어낸다"고 거침없이 말했다.**

인구 과반수가 최저 생계 수준 언저리에 머물러 있는 세상에서는 경제 규모가 인구 규모와 매우 밀접하게 연관되어 있다. 인구 대다수가 전반적으로 소득이 동일하고 국가 경제가 개인 소득의 총합보다 많지도 적지도 않으면 각국의 경제 규모는 순전히 인구수에 따라 변동할 것이다. 이러한 상황이 바뀌는 것은 각국의 평균소득이 제각각이 되는 순간이다. 1인당 소득이 천차만별이 되면 인구가 적은 나라는 이례적인 수준으로 경제 규모를 키울 수 있고 인구가 많은 나라는 경제 규모가 축소되어 매우 가난해질 수도 있다.

가장 단적인 사례로는 산업혁명 동안에 영국을 필두로 서유럽 각국과 북미가 경제를 탈바꿈하기 시작하면서 1인당 소득을 지속적으로 끌어올렸던 일을 들 수 있다. 1800년경 서유럽과 미국 동부 연안의 평균소득은 중국 해안 지역과 비슷했지만 100년 후에는 10배 많은 평균소득을 올리게 되었다. 한마디로 영국은 중국보다 인구가 훨씬 더 적었음에도 중국보다 몇 배나 더 큰 경제를 구축했다. 이처럼 일부 경제가 급속도로 발전하고 나머지가 낙후되면서 정비례에 가깝던 인구 규모와 경제 규모의 관련성이 깨졌다.

그러나 산업화는 확산되는 경향이 있으며 특히 중국은 최근 수십 년 동안 그야말로 급격한 산업화를 거쳤다. 경제 성장을 추진하는 기술은 그 어느 때보다도 더 빠른 속도로 보급되고 있으므로, 최근 들어 개발도상국의 경제가 선진국보다 더 빠른 속도로 성장하고 있는 것도 놀랄 일은 아니다. 이러한 현상이 어느 지역에서나 같은 속도로 일어난다는 뜻은 아니지만 1인당 소득 따라잡기는 전 세계적인 추세로 저소득국의 상당수가 급속도로 부유해지고 있는 반면에 고소득국의 대다수는 소득 정체를 겪고 있다. 산업화 이전의 세상에서는 개인 소득이 국가별로 크게 다르지 않았으므로 경제 규모는 인구 규모에 크게 좌우되었다. 마찬가지로 경제 전반이 현대화한 오늘날에도 인구 규모는 경제 규모를 결정짓는 데 중요한 역할을 한다.

그러나 현대화와 인구의 관계는 직접적이지 않다. 여성 대다수가 교육을 받고 인구 대부분이 읍이나 도시에 살며 비교적 높은 생활수준을 누리는 나라에서는 (다시 말해 우리가 말하는 '현대'의 정의에 부합하는 나라에서는) 출산율이 3명을 넘지 않으며 기대수명이 70년을 훌쩍 웃도는 경우가 대부분이다. 대학을 졸업한 여성은 대개 자녀를 7명씩 낳지 않는다. 하수 처리 시설이 딸린 집에 살며 차량을 이용하는 사무 근로자는 들판에서 중노동에 시달렸고 운송 수단은 두 발뿐이었으며 운이 좋아야 신발을 신고 다닐 수 있었던 과거의 농민보다 당연히 더 오래 살 수밖에 없다. 즉, 현대화는 출산율 저하와 기대수명 연장으로 대표되는 인구 전환의 충분조건이므로 현대화만으로도 인구 전환이 일어날 수 있다.

그러나 완전한 현대화가 인구 전환의 필요조건은 아니다. 20세기에 들어서면서 다른 나라에 비해 상대적으로 농업 위주이며 소득과 교육 수준이 낮은 국가에서도 출산율을 떨어뜨리고 기대수명을 연장하는 일이 나타났다. 정부 보조와 국제 원조에 힘입어 가족계획이 시행되고 기초적인 공중보건과 의료시설 역시 국제 원조로 제공됨에 따라 현대화 없이도 인구 전환이 가능해졌다. (2009년까지도 여성 인구 중 절반 이상이 문맹이었던) 모로코 같은 나라가 여성 한 명당 2.5명이라는 낮은 출산율을 기록하게 된 것도 그 때문이다. (1인당 국민소득이 미국의 6분의 1인) 베트남의 기대수명이 미국보다 고작 몇 년 짧은 것도 마찬가지 이유에서다. 저렴한 기술과 민관 원조 사업의 덕을 보면 인구 규모를 경제 규모보다 먼저 키울 수 있다는 뜻이다.

인류가 한꺼번에 현대화에 도달하거나 현대화를 향해 급속도로 이동하기 시작하면 1인당 소득이 증가할 뿐만 아니라 중국, 인도, 인도네시아처럼 인구가 어마어마한 나라들이 상대적으로 작은 경제에 머무는 일이 불가능해지며 영국이나 독일처럼 상대적으로 인구가 작은 나라가 절대적인 경제 규모 측면에서 상위를 유지하기가 힘들어진다. 예를 들어 인도네시아의 인구가 독일보다 3배 더 많다는 점을 감안하면 독일의 1인당 소득이 인도네시아보다 3배 이상 더 높아야 독일은 인도네시아보다 더 큰 경제 규모를 유지할 수 있다. 그러나 독일의 1인당 소득이 인도네시아의 3배에 못 미친다면(비교적 먼 미래에나 일어날 일이기는 하지만 과거에 추측했던 것보다는 훨씬 더 가까운 미래에 실현될 전망이다.) 독일의 1인당 소득이 인도네시아보다 훨씬 더 높다 해도 인도네시아 경제가 독일 경제보다 커질 수밖에 없다. 또한 전 세계적으로 산업 기술과 상업 기술이 널리 보급되어 특정 국가가 큰 우위를 차지하고 유지하기가 어려워졌기 때문에 인구 규모가 다시 한 번 경제의 상대적인 규모에 영향을 끼치기 시작했다.

이러한 시각은 어설프게 경제의 전반적 규모만을 따지고 1인당 소득의 중요성을 간과한다는 비판을 받을 수도 있다. 그에 대해서는 두 가지로 대답할 수 있다. 첫째, 인구의 성장은 그 자체로 개인의 경제 성장을 촉진할 수 있다. 인구가 젊고 성장하는 나라는 노동력과 내수 시장을 확보할 수 있다. 즉, 인구 규모가 큰 나라는 내

수 시장을 큰 규모로 창출할 수 있다. 수많은 역사적 사례에서 보듯이 내수 시장은 국가 시장이 폐쇄될 때 한층 더 중요해진다. 둘째, 개개인의 복지 정책이 아닌 권력과 역사의 원동력이라는 측면에서는 전체 경제 규모가 중요하다. 네덜란드는 18세기와 19세기에도 번영을 지속했지만 인구 규모 면에서 미흡했기에 최전성기를 누렸던 17세기만큼 세계 무대에서 영향력을 떨치지 못했다. 영국이 미국에 우위를 빼앗기기 시작한 때는 인구수에서 미국에 추월당한 19세기 말이다. 현재 유럽에서 가장 부유한 나라 중 하나인 룩셈부르크는 중요성이 가장 떨어지는 나라 가운데 하나이기도 하다. 룩셈부르크 국민 개개인은 부유할지 몰라도 인구가 너무 적기 때문에 경제 규모 면에서는 약소국 수준에 머무를 수밖에 없기 때문이다. 이와 대조적으로 중국은 국민 개인당 소득 면에서 비교적 가난한 편이지만 엄청난 인구수 덕분에 곧 세계 최대 경제 국가가 될 가능성이 있다. (실제로 어떤 척도로는 이미 최대 경제 규모를 달성했다.) 중국이 세계 경제에서 구매자이자 판매자로서 발휘하는 영향력의 원천은 인구다. 그뿐만 아니라 인구 덕분에 군사 강국이 되는 데 필요한 자원을 확보할 수도 있다.

문화 산업 분야에 있어서 '소프트파워soft power(상대방의 행동을 바꿀 수 있는 문화나 정보의 힘 - 역주)'의 문제는 좀 더 민감하며 숫자에 덜 좌우되는 경향이 있다. 그럼에도 불구하고 인구수에 힘입어 세계 문화 현장에서 중요한 역할을 담당하는 나라가 있다. 바로 인도의 영화 산업이다. 인도의 발리우드Bollywood 영화가 세계적인 선

풍을 일으키는 반면에 이를테면 알바니아 영화는 그렇지 못한 데는 인구 규모의 영향도 있다. 영화의 품질이나 대중적인 호소력이 원인일 수도 있지만 각각의 인구 규모도 작용한다. 일본의 인구가 1억 명을 웃돌기는커녕 1,000만 명에도 미치지 않았다면 일본의 디자인이 전 세계에 그처럼 큰 영향을 끼치지 못했을 것이다. 물론 소프트파워의 강도가 군사적·경제적 힘에 좌우되지 않듯이 인구수로 좌우되지도 않는다. 그러나 어떤 경우든 숫자의 무게는 중요하다. 어떤 분야에서는 반드시 중요하며 대부분의 분야에서도 중요할 때가 많은 것이다.

국내 인구 구조의 중요성

인구는 국가 간에 일어나는 일뿐 아니라 국내에서 일어나는 일에도 영향을 끼친다. 미국이 2008년에도 50년 전처럼 백인 일색이었다면 버락 오바마가 대통령이 되는 일은 없었을 것이다. 존 매케인의 백인 득표율이 55%였던 반면에 오바마는 43%에 불과했지만 그는 백인이 아닌 유권자들에게서 과반수 이상의 압도적인 지지를 얻었다. 미국은 더 이상 '유럽인'만의 국가가 아니기에 오바마는 백인 득표율로는 과반수를 넘지 못했지만 당선되었다. 반대로 미국의 2040년 인종 구성 추정을 보면 도널드 트럼프처럼 백인과 블루칼라 미국인의 수호자를 표방하는 후보가 선거에서 승리하기란 거의 불가능할 것이다. 미국의 선거인단 제도는 와이오밍이나 노스다코타처럼 비교적 면적이 작고 농업 위주이며 백인 비율이 90%에 달하는 백인 우세 주에 가중치를 두는 등 부당한 면이 있지만 결과는 달라지지 않을 것 같다.

2016년에는 스스로를 히스패닉Hispanic(미국에 거주하는 중남미 출신 백인이나 혼혈인 - 역주)이 아닌 백인이라 밝힌 이가 미국 인구의 5분의 3을 넘어섰으며 미국 유권자의 71%를 차지했다. **도널드 트럼프는 2016년 대선에서 많은 백인 표를 얻었다. '백인'으로 자기 정체성을 밝힌 유권자 가운데 58%가 그에게 표를 던졌다. (반면에 힐러리 클린턴에게 투표한 사람은 37%에 불과했다.) 백인이 여전히 과반수를 웃돌고 있는 상황을 감안하면 트럼프를 백악관으로 보낸 일등공신은 백인 득표율이다.** 불평등을 가장 큰 문제로 여기는 미국인들보다 이민을 가장 큰 문제로 받아들이는 미국인들이 트럼프에 표를 던졌을 가능성이 더 높다. 급격한 인구 구조 변화에 대한 우려가 2016년 미국 대선의 중심에 있었다는 이야기다. 그러나 백인이 미국 인구의 50% 아래로 떨어지는 21세기 중반에 이르면 백인 득표율이 우세한 후보가 유색인종 득표율이 우세한 후보를 이길 가능성은 줄어들 것이다.

영국의 잉글랜드와 웨일스에서는 스스로를 백인 영국인으로 분류하지 않는 인구의 비중이 1960년대 2%대에서 1990년대 초반 7%대로 상승하더니 2011년에는 20%에 가까워졌다. 영국의 유럽연합 잔류-이탈 국민투표의 결과 예측에서 '이탈' 표와 가장 상관관계가 큰 변인은 (유럽의 통합과 영국 국부의 손실에 대한 우려와 함께) 이민에 대한 개개인의 인식이었다. 투표 데이터를 분석한 결과를 보면 링컨셔 주의 보스턴과 스태퍼드셔 주의 스토크온트렌트처럼 2005~2015년에 이민이 가장 큰 폭으로 증가한 지역이 브렉시트Brexit(영국의 유럽연합 이탈)에 표를 던질 가능성이 가장 컸다. (그러나 흥미롭게도 영국에서 해외 출생 거주자의 비율이 가장 높은 런던 같은 지역은 예외였다.) 이러한 결과는 지역 인구의 민족 구성이 변화할 때 민족 정체성이 투표 결과를 결정짓는 데 상당히 중요한 역할을 한다는 관점을 입증한다.

프랑스의 이슬람 교도가 500만 명대가 아니라 수백 명이나 수천 명이라면 정부가 굳이 부르키니burkini 금지 입법에 나서지 않았을 것이다. 가톨릭을 믿는 프랑스어 구사자가 우세한 퀘벡은 한때 산업 사회치고는 이례적으로 높은 출산율을 기록했다. 1960년대 이후로도 주류 인구가 원래의 높은 출산율을 유지했다면 투표를 통해 캐나다에서 떨어져 나왔을 가능성도 있다. 프랑스어 구사자가 조금만 더 많았다면 고작 5만 4,000표 정도의 차이(겨우 1%p 차이)로 부결된 1995년 퀘벡 분리 독립 투표가 독립으로 가결되었을 것이기 때문이다.

국가의 인종과 민족 구성 변화는 선진국만의 일도, 선거 정치에만 영향을 끼치는 일도 아니다. 이는 사회적인 갈등도 유발한다. 최근 들어 각국의 국내 갈등과 관련하여 인구 문제는 한층 더 중요한 원인이 되고 있다. 장기간에 걸친 인구 변화의 규모와 가속화(인구 소용돌이)가 국내 갈등의 원인 가운데 하나다. 출생률이 장기간에 걸쳐 이례적으로 높은 수준을 기록하고 사망률은 급감하는 동안에는 19세기 영국이 그러했듯이 인구가 빠른 속도로 성장할 수 있다. 실제로 이러한 변화를 나중에 체감한 나라는 영국이 19세기에 달성한 수준을 크게 넘어서는 인구 성장을 경험했다. 이러한 인구 성장이 특정한 민족 집단에만 영향을 끼치는 까닭은 사회 관습, 종교 관습, 사회경제 발전 수준의 차이 때문이다. 민족 집단과 사회 집단의 인구학적 우위가 역사적으로 유례없는 속도로 뒤바뀌고 있다는 점은 의심할 여지가 없으며 이러한 현상은 사회 혼란과 정체성 혼란을 일으킬 가능성이 있다.

이러한 인구학적 변화는 국가 간 현상일 때도 있지만 국내 차원에서 일어날 때도 많다. 대부분의 국가에는 소수민족 또는 인종이 살고 있으며 소수민족 상당수는 주류민족과는 인구학적으로 뚜렷이 다른 행태를 나타내기 때문이다. 유럽의 대표적인 소수민족으로는 러시아의 체첸인, 세르비아(또는 구 세르비아)의 알바니아인, 북아일랜드의 가톨릭교도 등을 꼽을 수 있다. 모두 주류민족보다 출생률이 높아 기존 권력 구도에 변화를 초래하거나 위협을 가하고 있는 소수민족들이다. 물론 남아공의 백인이나 말레이시아 화교와 같이 출생률이 낮은 소수민족이 국내 정치에 영향을 끼치는 경우도 있다.

인구가 과거보다 현재에 더 중요해진 까닭은 프랑스 혁명 이후 근현대에 들어서면서 정치가 점점 민족적인 성격을 띠게 되었기 때문이다. 잉글랜드의 노르만인, 남아공의 백인, 시리아의 알라위트인과 같이 소수 정예 이민족이 다수를 다스리는 시대는 막바지에 다다른 것으로 보인다. 인구의 중요성이 커지는 환경에서는 숫자가 중요하며 정치가 민족적 성격을 띨 때는 민족 집단 간의 상대적인 구성원 숫자가 특히 중요해지기 때문이다.

현대에 들어 국가 간 분쟁이 감소하고 국내 민족 집단 간 분쟁이 증가함에 따라 인구 요소가 중요해지는 까닭은 경쟁 관계인 민족 집단의 인구학적 특징이 서로 극명히 다르기 때문이다. 민족 집단이나 국가 간의 분쟁에서 숫자가 발휘하는 중요성을 감안할 때 분쟁 중인 집단이 자기 집단의 숫자를 늘리거나 경쟁자나 스스로의 숫자까지 줄이는 식으로 자신의 인구학적 강점을 내세울 수 있는 전략을 구사하리라는 것은 충분히 예상 가능한 일이다. 인구 공학demographic engineering으로 통칭되는 해당 전략은 '강제적인hard' 방법과 '유연한soft' 방법 두 가지로 나뉜다.

강제적인 인구 공학은 선택적인 출산 장려 정책, 인종학살, 특정 지역의 인구 유입이나 유출 장려 정책 등을 통하여 인구의 창출, 제거, 이동을 도모한다. 그 사례는 안타깝게도 수없이 많다. 1920년대 미국은 자국의 '앵글로색슨' 성격을 유지하기 위해 남유럽과 동유럽 인구의 추가 유입을 막는 이민 정책을 채택했다. 20세기 중반에 북아일랜드의 개신교 지도자들은 가톨릭교도의 타국 이민을 암묵적으로 부추긴 반면에 가톨릭교도들은 자신들의 숫자를 늘리기 위해 출산을 장려했다. 싱할라인이 지배하는 스리랑카 정부는 비교적 나중에 유입된 남인도 계통의 타밀인을 해외로 이주시킴으로써 스리랑카의 싱할라적 특성을 강화하려고 했다. 공산주의 시절 루마니아에서는 헝가리계 주민이 주류인 루마니아인에 비해 피임기구를 손쉽게 구할 수 있었을 뿐 아니라 낙태도 비교적 용이하게 할 수 있었으며 독일계와 유대계 주민은 한꺼번에 나라를 떠나라는 강요를 받았다. 이 모든 정책들은 루마니아의 루마니아적 성격을 강화한다는 명분 하에서 이루어졌다.

이와 대조적으로 유연한 인구 공학은 특정 집단의 숫자를 상대적으로 늘리는 것을 목표로 하되 국경 재설정, 정체성 조작, 인구 조사 조작, 인구 조사 범주화 등의 수단을 활용한다. 그 사례로는 스리랑카가 칸디아 고지대 주민과 저지대 주민을 싱할라인으로 규정하여 정체성 통일 정책을 추진했다든가 터키가 쿠르드인을 '산악 터키인'으로 재규정하려 든다는 의혹 등이 있다. 이와 같이 인구 공학은 인구를 이용해 국가의 미래를 결정하려는 시도다.

1950년대에는 세계의 분쟁 중 절반 정도가 국가 간에 일어났고 나머지 절반이 국내 분쟁이었던 반면에 1990년대에는 국내 분쟁이 국가 간 분쟁을 6대 1 비율로 앞섰다고 한다. 1945~2008년에 일어난 분쟁 가운데 57%가 민족적 갈등이었던 것에 반하여 2000년부터 2010년까지는 모든 분쟁이 민족적 갈등 때문에 일어났다. 한때 레바논의 주류였던 기독교도는 장기간에 걸쳐 높은 출생률을 유지해왔으며 나라를 떠날 가능성이 적은 이슬람교도에게 밀려 열세가 되었다. 그에 따라 오늘날 레바논의 권력 갈등은 이슬람교도와 기독교도 사이가 아닌 주로 수니파와 시아파라는 이슬람교도 사이에서 일어나고 있다. 내전이든 국민투표든 선거든 숫자가 국내는 물론 해외에서의 우열과 승패를 판가름한다. 어떤 집단이 하늘을 찌를 듯한 출생률이나 높은 인구밀도를 기록하고 다른 집단은 자녀를 적게 낳거나 다른 지역으로 이주할 때, 인구가 공동체, 지역, 국가를 장악하는 세력을 결정하게 된다.

이 시점에서 국가와 민족 집단이 실재하는 개념이며 역사적으로 중요한 역할을 한다는 것을 대략적으로나마 이해할 필요가 있다. 인간은 선천적으로 혼자 살 수 있는 생물종이 아니며 집단을 이룬다. 또한 자기 무리나 종족에게 충성한다. 수렵채취 사회에서는 공통된 조상, 언어, 관습을 공유한다는 인식이 보편적이었다. 이러한 정서가 복잡하고 현대적인 사회에서 어떻게 변모했는지는 학술적인 논의가 있어야겠지만 그 존재 자체는 부정할 수 없는 사실이다. 소속감은 세계 역사의 많은 부분을 설명하며 가까운 과거에 일어난 분쟁이나 선거의 결과에도 작용했다.

많은 사람들이 세계 어느 곳이든 정치는 지극히 민족주의적인 성격을 지닐 수밖에 없다는 사실을 간과하고 다른 민족의 국수주의와 자민족 중심주의를 그대로 놔두더라도 결국에는 사해동포주의가 보편화될 것이라고 믿는다. 그러나 대부분의 지역에서 민족이나 인종은 정치에 중요한 영향을 끼친다. 적어도 최근까지는 거의 모든 지역에서 중요하게 작용했다. 진정으로 탈민족적이고 다문화적인 사회가 (미국 해안 지역이나 런던처럼) 한층 더 도시적이고 범세계적인 지역에 출현하기 시작했을 수도 있다. 그러나 그러한 지역 내에서도 민족주의를 자극하는 포퓰리스트populist(대중주의자)의 반발이 일어난다. 브렉시트와 도널드 트럼프는 모두 그러한 반발의 산물로 볼 수 있다.

인구학 요약

인구가 어떻게 역사의 원동력으로 작용했는지 이해하려면 먼저 변하지 않는 근본적인 요소 세 가지부터 알아볼 필요가 있다. 다행히 상당히 간단한 내용이다. 이 세 요소만이 특정 지역이나 나라의 인구수에 변화를 일으킬 수 있다. 첫째는 출생으로 인구를 더하는 요소다. 둘째는 죽음으로 인구를 줄이는 요소다. 마지막으로 셋째는 이주로 유입이나 유출 등의 최종적인 인구 이동이다.

('조출생률crude birth rate'로도 불리는) 출생률은 간단히 말해 전체 인구 중에서 출생자 수다. ('조사망률crude death rate, crude mortality rate'로도 불리는) 사망률은 전체 인구 중에서 사망자 수다. 예를 들어 2014년 잉글랜드와 웨일스에서는 인구 5,800만 명당 70만 명 정도가 태어나서 조출생률이 1,000명당 12명 정도였다. (이러한 인구 통계가 100명이나 백분율이 아닌 '1,000명'을 단위로 하는 것에 유념해야 한다.) 같은 해에 잉글랜드와 웨일스의 사망자 숫자는 50만 명에 이르러서 조사망률이

1,000명당 8.5명이었다. 이민에 의한 유입이나 유출이 없으면 잉글랜드와 웨일스의 인구 성장률은 1,000명당 3.5명(12명에서 8.5명을 뺀 수치) 또는 0.35%에 머무를 것이다. 이를 환산하면 전체 인구 중 출생자 수와 사망자 수의 차이인 20만 명이 된다. 미국에서는 조출생률이 인구 1,000명당 12.5명 정도이고 조사망률은 1,000명당 8명을 조금 웃돌아서 이민을 배제하더라도 연간 150만 명 정도 인구가 성장하는 결과로 이어진다. 인구가 수년 째 감소 추세인 독일에서는 조출생률이 1,000명당 8명 정도인 반면에 조사망률은 1,000명당 11명에 못 미친다. 따라서 독일 인구는 이민을 받아들이지 않는 한 연간 25만 명 가까이 감소할 것으로 보인다.

아프리카를 포함한 개발도상국에서는 출생률이 매우 높은 반면에 사망률은 하락했다. 아주 기초적인 의료 서비스와 영양 공급만으로도 영아 사망률을 개선하고 기대수명을 연장할 수 있었기 때문에 사망률을 상당한 폭으로 줄일 수 있다. 아프리카 사하라 사막 이남 지역의 전반적인 조출생률은 인구 1,000명당 38명 정도로 11명대에 불과한 유럽과는 상당한 차이를 보인다. 20세기 중반만 해도 아프리카의 조사망률은 30명 이상이었으나 현재는 10명이 되지 않는다.

이라크와 아프가니스탄은 (1,000명당 35명 정도로) 높은 출생률을 보이고 있으며, 두 나라 모두 잦은 유혈사태를 겪었음에도 불구하고 사망률을 떨어뜨리는 데 성공했다. 1990년대 후반에서 2010~2015년까지 아프가니스탄의 사망률은 1,000명당 13명을 웃도는 수치에서 8명 미만으로 하락했다. 이라크의 경우에는 1990년대에도 이미 5.7명에 불과하던 사망률이 5.3명으로 떨어졌다. 이라크의 사망률이 영국보다 낮다는 사실이 매우 놀랍게 느껴질 수 있을 것이다. 이라크의 낮은 사망률이 입증하는 점은 두 가지다. 첫째, 이라크 인구가 젊다는 사실이다. 둘째, 아프가니스탄의 경우와 마찬가지로 우리가 텔레비전 화면으로 보는 유혈사태는 수만 명에서 수십만 명의 인명 손실을 불러오지만 영양과 의료 수준의 향상은 수천만 명에게 영향을 끼친다는 점이다. 마찬가지로 1920년대에 유럽이 치명적인 독감 대유행에 이어 제1차 세계대전의 나락으로 떨어졌을 때에도 유럽 대륙의 인구는 계속해서 성장했다.

조출생률과 조사망률은 인구가 신속하게 증가하거나 감소하는 이유를 단순명료하게 알려주지만 (출생률과 사망률 앞에 '대략'을 뜻하는 '조粗, crude'가 붙는 이유이기도 한데) 나라의 연령 구조를 반영하지 않는다는 단점이 있다. 예를 들어 일본과 아일랜드를 비교해보면 일본처럼 노인 인구가 많은 나라에서는 인구가 상대적으로 젊은 아일랜드보다 인구 대비 더 많은 사망자가 나올 것이라는 예상이 가능하다. 마찬가지로 아일랜드처럼 인구 대비 가임기 여성이 일본에 비해 많은 나라에서는 인구 한 명당 출생자 숫자가 더 많으리라고 예상할 수 있다. 인구 통계학자들은 이러한 단점을 보완하기 위해 합계 출산율과 기대수명을 측정한다. 이러한 지표들은 특정 인구 내 젊은 여성의 숫자와는 무관하게 여성 한 명이 낳을 것으로 예상되는 자녀 수를 알려준다. (그러므로 '출산'은 생물학적 출산 가능성보다는 실제 출산을 뜻한다. 자녀를 한 명 이상 낳을 수 있는 가임 여성이 여러 이유에서 아이를 전혀 낳지 않는 일도 가능하므로 인구 통계학자들이 말하는 출산은 실제로 태어난 아이를 가리킨다.) 이러한 예상은 여성들이 낳은 실제 신생아 수와 연령대별 실제 사망자 수를 기반으로 한다. 좀 더 상세한 내용과 산출 방법은 이 책의 부록을 참조하면 된다.

출산율이 늘 '여성 한 명당per woman'으로 인용되는 이유는 다음과 같다. 첫째, 출생의 경우에는 어머니가 누구인지 거의 확실하지만 아버지가 누구인지는 좀 더 불확실하다. 따라서 아버지 한 명당 출생자 숫자를 집계하면 중복 집계나 누락의 가능성이 있다. 둘째, 여성 한 명당 자녀의 숫자는 0명에서 시작하여 매우 드물기는 하지만 15명 정도까지 가능하다. 남성의 경우에는 (적어도 이론상으로는) 수천 명도 가능하다. 따라서 여성을 기준으로 출산율 통계를 내는 것이 훨씬 더 용이하다. 셋째, 자녀를 낳을 가능성이 높은 여성 코호트cohort(통계적인 동질집단 - 역주)가 남성 코호트보다 그 범위 면에서 좀 더 명확하기 때문이다. 약 45세가 넘는 여성의 출산은 대개 통계에서 제외된다. 그보다 나이 많은 여성이 아이를 낳는 일도 있지만 드문 일이라 통계에 유의미한 영향을 끼치지는 못하기 때문이다. 반대로 남성은 적어도 이론상으로는 말년까지 자녀를 둘 수 있다. 따라서 인구학은 최소한 출생에 있어서만큼은 여성에 초점을 맞출 수밖에 없다. 다만 그럼으로써 여성을 통계 수치나 단위로 보는 경향이 나타나며 심하게는 자녀를 낳았는지 확인하기 위한 수단으로만 여성을 대하는 경향으로까지 이어지기도 한다.

출산은 통계적으로 살펴볼 수 있으며, 실제로 그렇게 되어야 한다. 지역별, 시대별로 비교하고 어떻게 변화하는지 추적해야 한다. 그러나 여성 개개인의 삶과 선택에 초점을 맞추어 출산 변화를 관찰하고 여성들의 열망, 불안감, 결단을 구체적으로 알아본다면 훨씬 더 큰 통찰을 얻을 수 있을 것이다. 인구학은 데이터를 보여주는 데 그쳐서는 안 된다. **여성이 어떻게 해서 그토록 급진적으로 자기 결정권을 확보하고 자기 몸을 제어할 수 있게 되었는지가 지난 200년에 걸친 인구 이야기에서 가장 고무적인 요소임을 알리는 것도 인구학에서는 매우 중요한 부분이다.**

조출생률과 출산율의 차이가 무엇인지 이해하려면 남아공과 이스라엘을 비교해보면 된다. 남아공에서는 여성의 교육수준 향상, 도시화, 정부가 혼신을 다해 시행한 산아 제한 정책 덕분에 출산율이 급격히 하락했다. 그러나 비교적 최근까지도 출산율이 높았기 때문에 전체 인구 대비 청년의 비중이 높은 편이다. 그 이전 세대의 출산이 반영된 것이다. 반대로 이스라엘은 선진국으로서는 드물게 최근 수십 년 동안 여성 한 명당 자녀의 숫자가 증가했다는 점에서 특이한 사례다. 남아공의 출생률은 1,000명당 22명으로 21명인 이스라엘보다 좀 더 높다. 그러나 이것은 남아공 여성이 평균적으로 더 많은 아기를 낳기 때문이 아니라 아기를 낳을 수 있는 젊은 여성이 더 많기 때문이다. 이스라엘 여성의 평균 자녀 수가 3명을 웃도는 반면에 남아공은 2.5명 미만이다. 남아공의 출생률이 소폭 높은 까닭은 (현재는 아니지만) 이전 세대의 높은 출산율 때문이다. 1970년대 후반까지만 해도 남아공의 출산율은 여성 한 명당 5명이었다. 높은 출산율은 젊은 인구를 창출했고 그 결과 가임기 여성이 크게 늘어났지만 남아공 여성들은 이제 자녀를 많이 낳지 않는 선택을 하고 있다. 이와 대조적으로 이스라엘에서는 1970년대의 합계 출산율이 남아공보다 1.5명 낮은 수준이었다. 이처럼 이전 세대의 낮은 출산율로 이스라엘은 전체 인구 대비 가임기 여성이 남아공보다 적었지만 여성 개개인이 더 많은 아이를 낳고 있으므로 (여성 한 명이 낳는 평균 자녀 수를 가리키는) 출산율이 높다. 그러나 (전체 인구 대비 신생아 숫자를 가리키는) 조출생률은 그리 높지 않다.

합계 출산율은 단기간을 측정하기에 적합하며 특정 시점의 출산 현황을 포착하는 척도다. 보다 확실한 척도는 특정 코호트나 세대의 완결 출산율completed fertility이겠지만 출산이 종료된 이후, 다시 말해 코호트의 모든 여성이 가임기를 넘긴 이후에만 측정이 가능하다는 단점이 있다. 예를 들어 1870년대에 태어난 독일 여성이 낳은 자녀의 숫자를 1890년대에 태어난 독일 여성의 자녀 수와 비교하는 일은 가능하다. 그들이 자녀를 더 이상 낳을 일은 없기 때문이다. 그러나 1970년대와 1990년에 태어난 독일 여성의 완결 출산율을 비교하기란 어렵다. 두 집단 모두 아직 출산을 끝내지 않았을지도 모르며 여전히 출산을 앞두고 있을 가능성이 있기 때문이다. 그러므로 현재의 출산 동향을 규명하기에는 합계 출산율이 가장 적합한 척도다.

출생률은 사망률과 마찬가지로 인구 전체를 대상으로 하는 대략적인 척도이며, 출산율은 기대수명과 마찬가지로 구체적인 인구 구조를 감안하여 측정하는 척도다. 일본과 서아프리카의 기니를 예로 살펴보자. 두 나라 모두 조사망률이 1,000명당 10명이다. 그러나 사망률은 비슷하지만 그 원인은 다르다. 일본은 고령 국가지만 기니는 연령층이 매우 젊은 국가다. 두 나라의 기대수명이 같다면 기니의 인구 대비 사망자 숫자가 일본보다 적을 것이므로 사망률 또한 일본보다 훨씬 더 낮아야 한다. 두 나라의 조사망률이 동일하며 기니의 평균 연령이 일본보다 훨씬 더 낮다는 점을 감안하면 기니 국민이 일본 국민보다 훨씬 더 어린 나이에 죽는다는 사실을 알 수 있다. 일본 국민의 기대수명은 80대 중반에 가깝다. 반면 기니 국민 대다수는 그보다 30년 가까이 이른 나이에 사망한다. 각각 1,000명이 거주하는 기숙학교와 노인 요양원을 생각해보자. 특정 연도에 두 시설에서 각각 20명씩 사망한다면 두 시설의 조사망률은 1,000명당 20명으로 동일하지만 실제로는 노인 요양원에 있는 사람들이 기숙학교 학생들보다 평균적으로 훨씬 더 오래 산 것이다.

특정 인구의 연령 구조는 특정 연령 미만의 어린이나 65세 넘는 노인의 비율로 분석할 수도 있다. 가장 간단한 방법은 중위 연령을 측정하는 것이다. 인구 전체를 나이 순서로 줄을 세울 때 가운데에 있는 사람의 나이를 알아보는 방법이다. 기니의 중위 연령은 19세에 못 미치지만 일본은 46세를 넘어간다.

인구와 데이터

인구에 관한 모든 것을 파악하고 추적하려면 반드시 데이터가 있어야 한다. 데이터는 시간과 공간에 따라 달라지기도 하며 균일한 정확도를 보이지 않는다. 일반적으로 더 나중에 나온 데이터와 선진국에서 집계한 데이터의 신뢰도가 높다. 19세기 초에 시작된 영국 인구 조사는 총 인구 규모 측면에서 신뢰할 만하다. 생명보험 산업의 탄생으로 우리는 18세기까지 거슬러 올라가 일부 지역의 사망률과 기대수명까지도 파악할 수 있게 되었다(보험사에서는 특정 나이에 사망할 확률을 계산할 필요가 있었기 때문에 관련 데이터를 집계하였다). 일부 국가에서는 인구학자들이 교구(가톨릭교회나 성공회교회의 지역 단위 - 역주)를 중심으로 한 지역의 기록을 통해 좀 더 광범위한 사회 상황을 능숙하게 추정해낸다.

이러한 인구 조사의 역사는 아주 오래 전으로 거슬러 올라간다. 인구 조사는 국가의 탄생과 거의 시기를 같이 한다. 군사적인 이유나 조세 목적으로 자국민을 파악하는 것이 국가로서는 필수불가결한 조치였기 때문이다. 수천 년 전 고대 이집트와 중국에서도 인구 조사가 있었으며 성경에서도 고대 이스라엘의 인구 조사가 언급된다. 로마와 중국에서도 군사력을 파악하기 위해 인구 조사를 했다. 오스만 제국도 같은 이유로 인구 조사를 했지만 이 인구 조사는 역사학자들의 입장에서 볼 때 다소 문제가 있다. 왜냐하면 특정 연

〈표 1〉 인구통계 데이터: 높은 수치와 낮은 수치

출생률(1,000명당 출생아 숫자)

높음	51.8	아프가니스탄, 1965~1970
영국, 2010~2015	12.4	
낮음	9.0	홍콩, 2005~2010

출산율(여성 1명당 자녀 숫자)

높음	9	이스라엘의 아랍인, 1960년대
영국, 2010~2015	1.9	
낮음	1.4	일본, 2010~2015

사망률(1,000명당 사망자 숫자)

높음	37.3	남수단, 1950~1955
영국 2010~2015	9.0	
낮음	1.5	아랍에미리트연합, 2010~2015

출생 시 기대수명(햇수)

짧은 수명	24	러시아 1750년대
영국 2010~2015	81.0	
긴 수명	83.3	일본, 2010~2015

연간 인구 성장률(%)

높음	3.9	케냐, 1982
유럽	0.20	1000~1800
세계	0.06	기원후 1~1750

령의 이슬람교도 남성만이 오스만 군대에서 싸울 자격이 있었기 때문이다. 시대별로 전체 인구 규모를 알아보려면 외삽법extrapolation(과거의 추세가 미래에도 그대로 지속되리라는 전제 아래 미래를 예측하는 기법 - 역주)과 가정assumption이 필요하다. 인구 조사는 오늘날에도 계속해서 대부분의 선진국에서 시행되고 있다. 최근 들어서는 (이제는 다른 방법으로도 데이터를 얻을 수 있고 정교한 통계 기법을 활용하면 표본 추출로도 충분하며 비용 또한 절감된다면서) 인구 조사를 중단하자는 주장이 나왔지만 열렬한 반대에 부딪혀 좌절되었다.

오늘날 인구학자들은 다양한 출처에서 나온 일련의 표준 척도를 활용하는 행운을 누리고 있다. 1950년대부터 국가와 대륙별로 출생률, 사망률, 출산율, 수명, 중위 연령 등을 집계해왔을 뿐 아니라 21세기 말까지의 인구 통계를 추정하는 유엔UN도 그 출처 가운데 하나다. 완벽한 데이터는 없지만 유엔의 데이터는 비교적 높은 정확도를 자랑하므로 이 책의 후반부는 상당 부분 유엔 데이터를 토대로 한다. 데이터의 신뢰도와 품질에 의심의 여지가 있는 척도의 경우에는 그중 믿을 만한 출처에서 나온 데이터를 이용했지만 해당 주제에 대해서는 상세한 논의를 덧붙이지 않는 방향을 택했다.

〈표 1〉은 높은 수치와 낮은 수치뿐만 아니라 영국의 최근 수치를 함께 보여줌으로써 데이터의 의미에 대한 이해를 돕는다. 인구통계가 흥미로울 뿐 아니라 세계를 이해하는 데 있어 흔히 알려진 것보다 한층 더 효과적인 수단인 까닭은 개별적인 인구통계를

세 가지 방법으로 해석할 수 있기 때문이다. 첫째, 인구통계는 그 자체로 사회의 의미 있는 정보를 은연중에 전달한다. 예를 들어 아랍에미리트연합UAE의 사망률이 이례적으로 낮다는 사실은 다음과 같은 현상이 일어나고 있음을 보여준다. 우선, UAE의 인구는 최근 들어 급속도로 증가했다. (각각 12%와 27%인 전 세계 및 독일 노인의 비율과 비교해보면 인구 가운데 60세 이상이 2%에 불과할 정도로 인구 대비 노인의 숫자가 적다.) 또한 (미국과 비교했을 때 고작 2~3년 정도밖에 차이가 나지 않을 정도로) 유별나게 기대수명이 길다. 마지막으로 의료 서비스와 공공보건 수준이 세계 정상급일 뿐만 아니라 인구 중 이민의 비중이 (90%로) 엄청나다. 이민자 가운데 대다수는 UAE보다는 고향인 남아시아나 유럽으로 돌아가서 사망할 가능성이 크다. 이처럼 데이터 한 가지만 파헤쳐도 오늘날 UAE에 대해 많은 사실을 조명할 수 있다.

둘째, 인구통계를 통해 특이한 변화를 찾아낼 수 있다. 케냐의 인구는 1982년 한 해에 4% 가까이 증가한 것으로 추정되지만 2000년에 이르면 출산율이 7명에서 5명으로 하락해 인구 성장률이 2.5%로 떨어졌다. (그 이후로 케냐의 인구 성장률이 정체 상태인 까닭은 케냐의 인구가 계속해서 빠르게 성장하는 추세이기는 하지만 1980년대보다는 성장 속도가 다소 감소했기 때문이다.)

셋째, 인구 데이터는 수백만 명의 이야기를 종합한 것에 불과하지만 그 누구의 예상보다 오래 산 부모님, 생명의 위기에 처한 아기, 새로운 땅에서 새로운 삶을 살기로 선택한 개인의 이야기들을 모두 담고 있다. 따라서 개인의 이야기에서 데이터를 찾을 수 있지만 데이터에서도 개인의 이야기를 찾을 수 있다. 또한 데이터를 통해 가족의 운명을 사회와 인류 전반의 맥락에서 고찰할 수 있다.

인구를 바라보는 관점

이 책에서 논의한 내용과 상관없이 인구 물결은 앞으로도 계속해서 제 갈 길을 갈 것이다. 이 책은 분석적이라기보다 역사적인 내용을 담고 있다. 따라서 어떤 일이 일어나야 했다든가 과거의 일에 대해 긍정적인지 부정적인지 평가하기보다 이미 일어난 일에 대해 서술할 뿐이다. 그럼에도 이 단계에서 인구에 관한 필자의 가치관을 정리하는 것이 타당하다고 본다. 명시하고자 하는 관점은 두 가지다.

첫째, 인간의 생명은 본질적으로 경이로운 것으로 이를 지키고 연장하는 것은 가치 있는 일이다. 어린이 하나의 생명을 구하는 일만도 훌륭한데 영아 사망률이 하락하면서 수백만 명의 생명을 구하는 뜻깊은 일이 일어났다. 또한 건강하고 안락하게 사는 긴 인생이, 위험하고 야만적이게 사는 짧은 인생보다 낫기에 폭력적이고 비참한 대량 학살은 그 자체로 사악한 행위다. 한 생명을 잃는 것도 안타까운 법인데 여러 생명을 잃는 일은 어떠한 슬픔과도 비할 수 없다. 평등이나 환경주의, 그 외 가치 있지만 추상적인 명분 때문에 내

가족과 친구가 당하지 않았으면 하는 일을 다른 사람에게 강요하거나 바라지 않아야 한다.

둘째, 강제적인 산아 제한은 옳지 않을 뿐 아니라 불필요하다. 대신 여성에게 출산에 대한 선택권을 넘기면 현명한 결정을 내릴 것이다. 예를 들어, 피임에 대한 교육을 받으면 스스로 자녀 계획을 세울 수 있다. 그렇게 되면 경제에서 시장의 보이지 않는 손이 작동하듯이 인구의 보이지 않는 손이 작동하게 된다. 여느 문제와 마찬가지로 인구 문제에서도 교육적·기술적 수단을 갖춘 일반인이 사회와 지구 전체를 위한 가장 옳은 결정을 내릴 수 있는 것이다.

인구학은 삶의 일부이며 어떤 면에서는 삶 그 자체다. 출생, 이주, 결혼, 죽음은 인생의 큼직큼직한 이정표다. 인구학이 그러한 일들을 총체적으로 살펴본다고 해서 인구학의 관찰 대상인 개인의 삶과 경험이 지니는 가치와 고결함이 훼손되지는 않으며 그렇게 되어서도 안 된다. 인구학자와 역사학자는 이 점을 간과해서는 안 된다. 합계를 내고 일반화하는 특권을 지닌 이들에게는 자신들이 다루는 숫자가 모든 개개인이 품는 희망, 사랑, 두려움의 총합 이상도, 이하도 아니라는 사실을 기억해야 할 의무도 따른다.

Part 2

유럽에 밀려드는 인구 물결

3

앵글로색슨인의 승리

The Human Tide

프랭크 맥코핀은 1846년 아일랜드 중부에 있는 롱포드 주에서 태어났다. 같은 해에 지구 반대편에서는 미국이 멕시코령 캘리포니아 북부에 대해 소유권을 주장했다. 훗날 샌프란시스코가 될 이곳의 인구는 500명이 채 되지 않았다. 그러나 맥코핀이 세상을 떠난 1897년에는 주민이 30만 명에 달했다. 맥코핀이 태어나던 1846년에만 해도 사람들은 그가 미국으로 이주해 그 당시에는 제대로 된 도시의 모습도 갖추지 못했던 곳의 시장이 되고, 1848년까지도 미국 영토가 아니던 주를 대표하는 미국 상원의원이 되리라고는 상상하지 못했을 것이다. 그러나 19세기 말이 되어서는 북미 서부의 작지만 활기찬 대도시에 영국과 아일랜드 출신이 많이 거주한다는 사실은 자연스러운 일이었다. 맥코핀처럼 영국제도의 작은 마을에서 살던 사람들이 멀리 떨어진 땅으로 이주하여 새로운 사회의 부유하고 권위 있는 구성원이 되는 성공담은 넘쳐난다. 호주 애들레이드에서 미국 오리건, 남아공 케이프타운에서 미국 시카고에 이르는 지역 어디에서나 그러한 사연을 접할 수 있다. 그들의 이야기는 오늘날의 세계를 만든 인구 폭발의 산물이었다.

영국이 주도한 인구 폭발

전문가들은 산업 생산의 급성장과 인구 급성장 중 어느 현상이 먼저 일어났는지, 어떤 현상이 원인인지에 대해 논쟁을 벌인다. 인구 도약이 산업 도약을 촉진했든, 산업 도약이 인구 도약을 유발했든 한 가지는 확실하다. 이 두 가지 사건이 동시대에 일어났다는 점이다. 어떤 일이 먼저 발생했든 둘 중 하나가 없었으면 나머지도 일어날 수 없었을 것이다. 공장의 직공 집단이 있어야 산업 도약과 세계적 규모의 제조에 노동력을 제공할 수 있으며, 대량 산업 생산과 수출 또한 날로 늘어나는 인구를 지탱하는 동력이었다. 영국에서 시작된 현상은 전 세계를 휩쓸었고 이 나라 저 나라뿐만 아니라 이 대륙 저 대륙의 근간까지 뒤흔들었다. 인구 폭발의 첫 번째 결과는 영국인과 유럽인의 세계 정복이었다. 또한 그들의 몰락을 가져오는

데도 결정적인 역할을 했다. 그야말로 인구가 물결처럼 휘몰아쳤다가 잦아드는 과정이었다. 이번 장에서는 세계적인 현상이 될 첫 번째 물결에 대해서 알아볼 것이다. 그 당시 '앵글로색슨인'으로 불렸던 영국제도 주민과 그 자매 국가 주민 사이에서 일어난 이야기다.

영국제도는 인구 혁명이 시작된 곳이다. 우선 이 사건을 어째서 혁명이라 하는지, 그 전에 일어난 일들과 어떻게 다른지를 알아볼 필요가 있다. 인구가 급속도로 성장한 선례가 없었던 것은 아니지만 18세기 후반 영국(잉글랜드)에서 시작하여 19세기까지 이어진 인구 성장은 산업화와 도시화 이후로는 첫 번째 사례였다. 그러므로 19세기 초의 인구 성장을 머릿수의 증가와 감소가 오래도록 거듭된 역사의 한 사건으로만 보아서는 안 된다. 이때의 인구 성장은 장기적인 추세로 자리 잡은 변혁의 일부이며 곧이어 세계적인 현상이 될 터였다. 이것은 시간과 공간 측면에서 획기적인 일이었다. 시간 측면에서 획기적이었던 이유는 인구 성장이 빠른 속도로 일어났을 뿐 아니라 지속적으로 이루어졌기 때문이다. 공간 측면에서 획기적이었던 이유는 지구 전역에서 전개될 패턴을 구축했기 때문이다. (잉글랜드나 잉글랜드와 웨일스의 데이터는 스코틀랜드까지 포함한 그레이트브리튼의 데이터나 19세기 당시에 아일랜드까지 포함했던 대영제국의 데이터와 구별된다는 점에 유의해야 한다. 입수 가능한 데이터 중에 가장 적합한 것은 잉글랜드의 자료다.)

잉글랜드의 인구 급성장을 객관적으로 분석하려면 수세기 전인 16세기 말로 거슬러 올라갈 필요가 있다. 이때는 엘리자베스

1세 여왕 치세의 후반기이자 셰익스피어가 활동했던 시대다. 스페인의 무적함대가 영국 침략을 감행했으나 실패했고 '음유시인'으로 불렸던 극작가 셰익스피어의 영향력이 극에 달했던 시기로 잉글랜드에는 400만 명 정도가 살고 있었다. 반세기 전인 헨리 8세 치세 말기의 300만 명에 비해 크게 성장한 편이 아니었다. 물론 반세기만에 3분의 1 정도 성장한 것은 (연간 0.5%를 약간 웃도는 성장률로서) 과거 기준으로는 빠른 성장이었다.

튜더 왕조 시대의 잉글랜드는 (종교적인 갈등이 있기는 했지만) 비교적 안정적인 정세와 활발한 국내 상업, 유럽과의 무역 확대 덕분에 대체로 평화와 번영을 누렸다. 그와 동시에 흑사병과 장미 전쟁 같은 암흑기를 비롯한 중세 후기의 여러 가지 참화에서 비롯된 손실을 완전히 복구하지 못한 상태였다. 그와 같은 재난 때문에 인구가 급감함에 따라 흑사병이 잦아들고 어느 정도 안정세에 접어들자 오히려 더 많은 인구를 부양하기에 충분한 토지가 생겨났다. 그런 점에서 보면 '살기 좋은 영국Merry England(중세와 근세 영국을 이상향으로 보는 시각에서 나온 표현 - 역주)'이 노스탤지어에 젖은 빅토리아 시대 상인들의 환상만은 아니었던 것 같다. 인구 성장은 일반적으로 생활환경의 개선을 나타내는 지표이기도 하다. 실제로 튜더 왕조 시대 중에서도 16세기 엘리자베스 여왕 치세의 영국은 살기 좋은 곳이었다. 그 직전에 비해서는 당연히 나았고 그 이후 시대와 비교해도 부족하지 않았다.

17세기에는 인구 성장 추세가 주춤하더니 내란이 일어나고 흑사병이 돌아오면서 다소나마 감소하는 듯했지만 18세기 초반 들어 인구가 다시 성장하기 시작했다. 18세기 전반기의 연평균 인구 성장률은 대략 0.3%였고 후반기에는 0.5%에 가까웠다. 꽤 괜찮긴 했지만 역사적으로는 상당히 일반적인 성장률이었다. 그러나 그 시기를 기점으로 상황은 완전히 바뀌었고 인구 물결은 새로운 경로를 따라 이동하기 시작했다. 19세기 잉글랜드에서는 인구의 대량 이민에도 불구하고 인구 성장이 가속화하여 연평균 1.33%를 넘어섰다. 이민의 영향을 제외한 자연 성장률은 1811~1825년에 정점을 찍어 1.7%를 웃돌았다. 흑사병 이전의 중세 전성기high Middle Ages(11~13세기 - 역주)나 튜더 왕조 치하의 살기 좋은 영국 등의 다른 시대보다 훨씬 더 빠른 성장률 덕택에 영국은 역사상 그 어느 때보다도 많은 인구를 보유하게 되었다. (다른 요소도 마찬가지이지만) 연평균 인구 성장률이 1.33%에 이르면 인구가 대략 50년에 걸쳐 2배로 늘어나고 그 다음 50년 동안에도 2배 더 증가한다. 19세기를 거치는 동안 영국의 인구에도 똑같은 일이 일어났다.

인구 혁명이 진행되던 바로 그 순간에 토머스 맬서스라는 성직자가 인구 성장을 옥죄던 '구체제'의 정체를 파악했다. 맬서스는 영국 남부의 부유한 농촌 지역인 서리에서 영국 국교회 사제로 생활하는 동안에 자신만의 역사적 법칙을 발견했다. 그는 1798년에 집필하고 출판한 이후에 1830년까지 급격한 수정을 거친《인구론Essay on the Principle of Population》에서 인구 성장은 반드시 토지의 인구 부양 능력을 능가하게 마련이며 그 결과 궁핍과 죽음이 불가피하다고 주장했다. 맬서스에 따르면 그러한 상황에서는 전쟁, 기근, 질병만이 인구를 토지가 부양할 수 있는 수준으로 떨어뜨린다. 인구수가 줄어들고 이용 가능한 자원을 공유할 사람이 줄어든 시점에는 생존자 개개인이 좀 더 많은 몫을 차지할 수 있어 형편이 조금이라도 나아지고 더 오래 살 수 있으며 더 많은 자녀를 낳아 오래도록 기를 수 있다. 그러나 인구는 다시 자연이 정한 한도까지 늘어나며 '악습(산아 제한)'이나 '절제(만혼과 성적 금욕)' 같은 억제책 없이는 인류 보편적인 궁핍이 다시 나타날 수밖에 없다. 맬서스는 "인구의 힘은 인간을 부양할 식량을 생산하는 지구의 힘보다 우월한 법이라 인류는 어떤 형태로든 때 이른 죽음을 맞이할 수밖에 없다"라고 전망했다.

맬서스가 인류의 발전상에 대해 기념비적인 저작을 남긴 것은 사실이지만 그가 글을 쓰는 동안에도 세상은 빠르게 변화하고 있었다. 영국에 농업혁명과 산업혁명이 잇따르면서 식량 생산과 상업

"인구 성장은 반드시 토지의 인구 부양 능력을 능가하게 마련이며 그 결과 궁핍과 죽음이 불가피하다."
- 토마스 맬서스, 《인구론》

에 획기적인 변화가 일어나자 인구는 과거의 한계를 훌쩍 뛰어 넘는 수준으로 성장했다. 인구 규모는 더 이상 현지에서 생산 가능한 식량의 제약을 받지 않았다. 공업 국가는 세계 시장에서 제품을 판매할 수 있을 뿐 아니라 세계 곳곳에서 식량을 사들일 수 있는 법이다. 또한 최첨단 농경 기법 덕분에 더 많은 식량을 생산할 수 있었다. 예를 들어 18세기에는 새로운 파종과 윤작 기법의 등장으로 수확량이 증가했으며 19세기에는 농업이 기계화에 돌입했다. 19세기 전반에는 토지 면적당 수확량이 50%가량 증가했으며 19세기 후반에는 캐나다, 미국, 호주의 광대한 개척지에 유럽의 농경 기법이 적용됨에 따라 유럽인들이 신대륙의 농산물을 소비할 수 있게 되었다.

신대륙 정착은 원주민 강제 추방이나 대량 학살 같은 부정적인 측면도 있었다. 그러나 현대적인 농경 기법의 도입과 더불어 영국과 유럽에 농산물을 실어나를 운송 수단의 등장으로 늘어나는 입을 먹여 살릴 토지 수백만 에이커가 생겨나기도 했다. 영국은 신대륙을 개척하고 최첨단 기법을 동원하여 경작함으로써 사실상 인구 성장의 도화선 역할을 했다. 맬서스의 시대에 이르러서야 이처럼 새롭고 한층 더 효율적이며 생산적인 세상이 상상 가능한 영역이 되었다. 맬서스가 산업혁명의 중심지인 맨체스터에서 살면서 설교하거나 신대륙으로 이주하여 그곳의 공동체에서 성직자 생활을 했다면 인류의 새로운 미래를 조금이나마 엿볼 수 있었을지도 모른다. 그러나 농촌인 서리에 살고 있던 그에게는 불가능한 일이었다.

국가 인구의 성장이 누구에게나 국가적인 경사로 환영받은 것은 아니다. 지식인들은 인구 확산과 대중의 문명화가 가시화함에 따라 두려움으로 들끓었다. 1904년 《타임스The Times》는 런던 남부 근교에 "끔찍이도 단조롭고 추악하며 따분한 구역"이 들어서고 있다고 한탄했다. H. G. 웰스H. G. Wells는 "현재 영국 면적의 절반이 여기저기에 흩어져 있는 변두리보다 나을 것이 없게 되었다"라면서 끝없이 긴 거리와 비슷비슷한 주택이 "종양처럼 증식"한다고 좌절 섞인 말을 내뱉었다. D. H. 로런스D. H. Lawrence는 인구 급증에 대한 대응책으로 대량 학살을 노골적으로 언급했다. "내 마음대로 할 수만 있다면 나는 수정궁The Crystal Palace만큼 큰 독가스실을 지을 것이다. (……) 그런 다음에 뒷골목과 대로로 나가서 병자, 절름발이, 불구자를 빠짐없이 데리고 들어와 그곳에 처넣을 것이다."

낮은 계층을 경멸하는 속물적인 시각은 고대 그리스 시대부터 존재해왔다. 그러나 위와 같이 유별나게 역겨워하는 (동시에 우리의 역겨움을 불러일으키는) 정서는 역사상 유례없는 규모의 인구 성장에 대한 반응으로 볼 수도 있다. **독일의 철학자 니체만큼 그러한 정서를 직설적이면서도 무시무시하게 표현한 이는 없었다. 그는 "인류의 대다수는 존재할 권리가 없으며 그저 지체 높은 자들이 떠맡은 불운일 뿐이다"라고 말했다.** 인구가 적고 기껏해야 서서히 성장했던 때라든가 가난한 사람 대다수가 굶어죽기 일보 직전이었을 때는 좀처럼 찾아볼 수 없었던 정서였다.

인구 도약

인구 성장은 왜 일어났으며 어째서 다른 곳도 아니고 영국에서 시작되었는가? 어느 정도까지는 운이 좋아서였다. 17세기에 내란을 겪은 후 영국은 18세기에 들어 다시금 비교적 안전한 나라가 되었다. 유럽 대륙 대부분의 지역과는 대조적으로 영국은 적어도 1745~1746년에 있었던 자코바이트의 난Jacobite rising(왕위에서 쫓겨난 제임스 2세와 그의 자손을 다시 옹립하기 위해 가톨릭교도가 중심이 되어 일으킨 내란 - 역주) 이후로는 전쟁으로 인한 약탈을 겪지 않았다. 흑사병이나 다른 전염병이 대유행하는 빈도도 줄어들었다. 이는 위생과 영양 수준이 향상했기 때문으로 추측된다. 일각에서는 홍차 소비의 증가를 건강 개선의 원인으로 들기도 한다.

인구가 성장하면 둘 중 한 가지 일이 (혹은 둘 다) 일어나게 되어 있다. 첫째, 출생률이 사망률을 넘어서게 된다. 둘째로 나라 안으로 들어오는 이민이 밖으로 나가는 이민을 앞지른다. 그러나 19세기 잉글랜드의 경우에는 두 번째 가능성은 논외로 칠 수 있다. 영국은 예나 지금이나 이민자들의 목적지라고들 하지만 잘못된 통념일 뿐이다. 1800년에서 1900년까지 영국의 인구 성장이 이민과 관련이 없다는 데는 의심의 여지가 없다. 오히려 이 시기에 영국과 아일랜드는 캐나다, 호주, 뉴질랜드 등 광활한 대지를 식민지화하기 위해 사람들을 대량으로 수출했다. 게다가 이 시기 미국에서 최대 규모의 이민 집단은 대부분 영국과 아일랜드 출신이었다. 또한 (그 당시 영국의 일부였던) 아일랜드뿐만 아니라 스코틀랜드에서 잉글랜드로 많은 사람이 이주했고 19세기 말에는 동유럽의 유대인이 대대적으로 유입되었지만 잉글랜드로 들어온 이주자의 숫자는 식민지와 미국으로 떠난 이주자의 숫자에 비하면 미미했다. (기록이 그리 정확치 않으므로) 추정치는 제각각이며 당연히도 나간 사람 가운데 다수가 귀국했기 때문에 제대로 된 상황을 파악하기가 어렵지만 어떤 추정에 따르면 1850년대에만 100만 명이 넘는 사람이 영국을 떠났다고 한다. 이와는 대조적으로 제1차 세계대전까지 100년 동안 이민 유입이 정점에 달했던 때에도 해외에서 영국으로 이주한 사람의 숫자는 고작 1만 2,000명 정도였다.

잉글랜드 밖으로 대량 이주가 발생했음에도 잉글랜드의 인구가 한 세기를 거치면서 4배 가까이 증가했다는 점은 해외 이민을 유발할 정도로 국내 인구가 큰 폭으로 증가했음을 알려준다. 이는 사망자 숫자를 훌쩍 앞서는 출생자 숫자에 그 원인이 있다고 볼 수밖에 없다. 19세기 말에 런던 이스트엔드East End(과거에 빈민가가 있던 동부 지역 - 역주)의 열악하고 비좁은 거리를 가득 메운 유대인들은 영국으로 유입된 대량 이민을 상징하는 존재였지만 캐나다, 미국, 호주, 뉴질랜드 등의 광대한 땅으로 쏟아져나간 영국인들에 비하면 미미한 수준이었다. 사망률을 초과하는 출생률은 인구 성장을 유발하기도 하지만 그 이전에 순 해외 이주율net emigration(해외에서 유입된 이민자와 국외 이주자의 숫자 차이 - 역주)을 벌충하게 마련이었다. 그것이 정확히 그 당시 영국에서 일어난 일이었다.

영국의 인구 혁명과 더불어 변화한 것 가운데 하나는 평균 혼인 연령이었다. 평균 혼인 연령은 18세기 초에서 19세기 중반 사이에 26세에서 23세로 낮아졌다. 결혼이 빨라졌으니 여성의 가임 능력이 최고조에 달하는 기간이 3년 더 늘어난 셈이다. 그와 동시에 혼외 출생자 숫자가 감소했다. (빅토리아 시대의 엄격한 도덕관도 한몫했다.) 그러나 혼외 출생자의 감소는 전반적으로 혼인 관계에 의한 출생자의 증가로 벌충이 되고도 남았다. 혼외 출생자까지 감안한 합계 출산율은 18세기 초에는 4~5명 정도로 상당히 낮은 수준에 머물렀으나 19세기 초에 들어서면서 6명 정도로 증가했다. 합계 출산율의 증가는 잉글랜드의 인구 도약과 그 이후 사례들을 구별하는 차이점이다. 대부분의 경우에 출생률이 높은 수준을 유지하면서 사망률은 감소하는 경향을 보이는데 잉글랜드의 경우에는 출생률이 실질적으로 상승했다.

한편 사람들이 더 일찍 결혼하고 더 많은 자녀를 낳았을 뿐 아니라 장수하기 시작함에 따라 매년 사망자 숫자가 줄어들었다. 전염병이 상당히 흔하고 생활환경이 매우 불결했던 17세기 후반에는 일반인들의 기대수명이 30년을 약간 웃돌았다. 그러다 19세기 초반에 이르러 생활환경이 어느 정도 개선됨에 따라 기대수명이 40년을 넘어서게 되었다. 사망률의 꾸준한 하락은 출생률의 상승보다 나중에 일어났지만 인구 성장의 가장 중요하고 일관되며 지속성 있는 원인이었다. 사망률 하락은 생활수준의 변화에서 비롯되었는데

(현재 기준으로 보면 미미하지만 그 이전과 비교하면 급격한 변화였으며) 그러한 변화는 값싸고 위생적인 의류에서 저렴한 식품에 이르기까지 이어지는 기술의 발전 덕분이었다.

우리 눈에는 빅토리아 여왕 시대의 도시가 열악해보일지 몰라도 조지 왕조Georgian Period(영국 조지 1~3세 치세인 1714~1837년까지의 기간을 뜻함 - 역주)를 전후하여 사망자가 속출했던 런던은 물론 그 이전의 가난에 찌든 마을과 비교하면 이 시대의 생활환경은 크게 '향상'되었고 이것이 인구 폭발에 일조했다. 영국은 유럽에서 흑사병이 가장 일찌감치 자취를 감춘 곳이었고 콜레라가 유행했을 때도 다른 나라보다 피해가 덜했다. 하수도가 건설되었고 그 가운데서도 가장 유명한 것은 조지프 배절제트Joseph Bazalgette가 건설한 런던 하수도였다. 기초 의료가 좀 더 널리 보급되었으며, 철도가 처음 선보인 때이기도 하다. 이점바드 킹덤 브루넬Isambard Kingdom Brunel 같은 선구자들이 영국 전역을 잇는 철도를 설계했고 그로부터 수십 년 만에 다른 나라와 대륙으로 철도가 확장되었다. 증기선이 대양을 가르기 시작했고 노면이 개선되었다. 그렇게 해서 등장한 더 빠르고 값싼 운송수단이 농업의 혁신기술과 결합되자 식량이 풍부해지고 저렴해졌다. 식량을 손쉽고 값싸게 외부에서 조달할 수 있게 되자 기근 때문에 특정 지역에 식량난이 발생할 가능성이 적어졌다.

영국은 곡물법Corn Laws의 폐지 이후에 곡물 시장을 개방함으로써 어디든 수지타산이 맞는 곳에서 식량을 수입하여 자국민에게 제공할 수 있었으며 운송 기술의 발달로 수입 가능한 지역이 한층 더 확대되었다. 영국이 미국에서 수입한 면화와 같은 양을 자국에서 생산하려면 목초지 대부분에 목화만 심어야 했을 것이다. 그렇게 되면 모직이나 육류의 생산에 필요한 땅이 부족해진다. 또한 영국이 1년 동안 소비하는 석탄을 직접 생산하려 했다면 매년 총 삼림 면적의 7배가 넘는 나무를 베어야 했을 것이다. 이와 같이 영국은 공공보건과 개인 건강의 개선과 식생활 변화 덕분에 사망률이 줄어들었고 그 결과 인구의 전체 규모가 커졌다.

영국이 전 세계가 따라할 선례를 세운 것은 사실이지만 영국의 인구 폭발은 사망률이 하락했을 뿐 아니라 출생률이 소폭 상승했다는 점에서 다른 나라와 차이가 있었다. 또 한 가지 특징은 영국의 인구 팽창이 사망률의 전반적인 하락으로 촉진된 것은 분명하지만 신생아 사망률의 하락은 딱히 두드러지지 않았다는 점이다. 이후 다른 나라에서 일어나는 인구 팽창에서는 생활수준이 향상하고 사망자 숫자가 매년 감소함에 따라 일반적으로 가장 질병에 취약한 영아와 유아의 사망이 빠르게 감소했다. 예를 들어 예멘에서는 1950년 이후로 첫돌 이전에 죽는 영아의 숫자가 4명당 한 명에서 20명당 한 명꼴로 줄어들었다. 영아 사망 감소는 500만 명 미만이던 예멘 인구가 1950년 이후로 2,500만 명 이상으로 급증한 원인을 설명하는 주요 요인이다. (적어도 최근에 내전이 발발하기 전까지는 인구가 증가하는 추세였다.) 영국의 경우에는 영아 사망률이 19세기 대부분의 기간에 걸쳐 1,000명당 150명대에서 크게 감소하지 않았으며 1900년 이후에야 큰 폭으로 하락하기 시작했다. 위태로운 아동기를 무사히 넘긴 사람들이 장수함에 따라 사망률이 떨어지고 인구가 증가했지만 인생의 초년기는 적어도 한동안은 위태로운 시기였다.

19세기 영국의 영아 생존율은 도시나 시골이나 차이가 없었다. 현재 경제 개발의 현장에서 일하는 사람이 보면 놀랄 일이다. 예를 들어 오늘날 인도네시아의 수도 자카르타에 사는 가족은 인도네시아 오지 섬에 사는 가족보다 월등한 의료 시설과 편의 시설을 이용할 가능성이 높기 때문에 도시의 영아 사망률은 시골에 비해 낮다. 그러나 적어도 18세기의 영국에 한해서는 상황이 정반대였다. 특히 어린 아이에게 런던은 시골보다 훨씬 더 건강하지 못한 환경이었다. 19세기에 도시의 환경이 개선되기는 했지만 여전히 시골보다 열악했다. 따라서 인구가 시골에서 도시로 이동한 것은 영아 사망률이 상대적으로 낮은 지역에서 높은 지역으로 이동한 셈이었다. 그 결과 영국의 영아 사망률이 하락하기까지는 오랜 시간이 걸렸다. 오늘날 도시화가 진행되는 나라들에서 영아 사망률이 급속도로 하락하고 있는 것과는 대조적이다. 그러나 일반적으로 18세기 후반을 기점으로 영국에서 관찰된 인구 패턴은 전환기에 있는 사회의 전형적인 특징으로 자리 잡았으며 '인구 전환demographic transition'으로 불리게 되었다. 생활수준이 향상한 곳에서는 사람들이 더 오래 살지만 한동안은 6~7명으로 구성된 대가족을 유지하며 시간이 지나서야 가족 규모가 줄어드는 것이다.

유럽 다른 나라와의 비교

영국해협 건너 유럽 대륙에서는 무슨 일이 있었는지 알아보자.

전통적으로 영국의 최대 경쟁국으로 간주되는 프랑스는 지리 면적이 더 클 뿐만 아니라 인구도 더 많았다. 엘리자베스 1세 시대에 잉글랜드의 인구는 프랑스의 5분의 1 수준이었다. 나폴레옹 보나파르트가 권력을 잡고 황제로 즉위했던 1800년까지만 해도 프랑스의 인구는 잉글랜드의 4배에 달했다. 영국은 그 이전 수백 년에 걸쳐 프랑스를 상대로 승리를 거두었으며 그 덕분에 전 세계 최강국 위치를 확보했지만 인구 규모가 승리의 원인은 아니었음을 알 수 있다. 그러나 19세기를 거치면서 프랑스는 산업과 군사뿐 아니라 인구 측면에서도 영국에 뒤지기 시작했다. 잉글랜드보다 4배 많은 인구를 자랑하던 한 세기 전과는 대조적으로 1900년에 이르면 고작 4분의 1 정도 많은 (영국제도 전체로 따지면 더 적은) 수준으로 인구가 급감했다.

1800년부터 1900년까지 잉글랜드는 대량의 이주자가 해외로 빠져나갔던 반면에 프랑스는 해외로 이주한 사람이 많지 않았다는 사실까지 감안하면 한층 더 놀라운 일이다. 프랑스가 1871년에 알자스와 로렌 지방을 상실하기는 했지만 이는 여러 원인 중 한 가지에 불과했다. 한 가지 특이한 사실은 프랑스의 가족 규모가 잉글랜드보다 훨씬 더 작았다는 점이다. 프랑스 여성은 아이를 덜 낳았다.

여기에 대해서는 다양한 가설이 제기되었다. 프랑스의 상속법 때문이라는 주장도 있었고 교회가 자녀가 없는 사제, 수녀, 수사만을 뽑기 때문이라는 가설도 있었다. 그 가운데서도 특이한 것은 어떤 이유에서인지 영국해협 건너편으로 전파되지 않은 피임법을 프랑스 농민들이 활용했다는 가설이다. 그 원인이 무엇이든 프랑스는 19세기에 들어서면서 적어도 인구학적으로는 교착 상태에 빠졌다. 영국에서 인구 팽창, 도시화, 산업화가 발맞춰 일어나는 동안 프랑스에서는 인구가 느린 성장세를 보인 데다가 산업화는 제한적으로만 이루어졌으며 도시화가 진행되지 않아 대부분의 지역이 농촌으로 남아 있었다. 19세기 중반까지 잉글랜드는 인구 과반수가 읍이나 도시에 거주하게 되었다. 그러나 프랑스에서는 20세기 중반까지도 이 같은 일이 실현되지 않았다. 프랑스의 인구 정체와 제한적인 산업화는 세력 상실로 이어졌다. 실제로 프랑스의 인구 정체는 이때부터 시작되었으며 프랑스에서는 수적 열세 때문에 종속까지는 아니더라도 열등한 위치에서 영원히 벗어나지 못할지도 모른다는 두려움이 일어나기 시작했다.

잉글랜드만큼 또는 그에 필적할 정도로 인구가 빠르게 증가한 곳으로는 덴마크와 스코틀랜드가 있었다. 그러나 덴마크는 국제 무대에서 그리 중요하지 않은 나라였으며 스코틀랜드는 영국의 일부로서 잉글랜드에 묶여 있는 처지로 잉글랜드와 같은 산업 도약과 도시화를 경험했으며 해외 이주자의 숫자도 그만큼 많았다.

19세기의 독일을 단일 국가로 보기에는 무리가 있다. 독일은

1871년에야 통일이 되었기 때문이다. 잉글랜드를 비롯한 영국은 훗날 비스마르크의 제국이 될 독일에 비해서도 상대적으로 빠른 인구 성장세를 보였다. 19세기 전반 (잉글랜드, 웨일스, 스코틀랜드를 포함하되 아일랜드를 제외한) 영국의 인구는 통일 국가가 되기 전 독일 인구의 40%에도 미치지 못하는 수준에서 60% 정도로 성장했다. 기본적인 개혁을 단행해야 사망률이 하락하고 인구 규모가 증가하는 법인데 독일은 이러한 측면에서 잉글랜드에 뒤처졌다. 스페인, 이탈리아, 오스트리아-헝가리 제국을 비롯한 유럽의 다른 나라들은 독일보다도 낙후되어 인구 성장 속도가 한층 더 느렸다.

잉글랜드의 빠른 인구 성장은 여러모로 중요한 영향을 끼쳤다. 인구 물결이 예나 지금이나 우리에게 주는 교훈은 사람이 많아질수록 전장에 더 많은 병력을 내보낼 수 있기 때문이든 사람이 많아질수록 같은 자원으로 더 많은 자원을 산출함으로써 경제를 성장시키기 때문이든 숫자가 중요하다는 점이다. **잉글랜드와 영국 전반의 인구 성장은 영국이 19세기를 거치면서 최고 강대국으로 부상하는 데 중요한 역할을 했다. 같은 시기에 유럽 바깥에서도 영국 출신 이주자들이 증가했다는 점까지 감안하면 영국이 세계 최고 강대국으로 우뚝 서는 데 인구 성장이 결정적인 역할을 했음을 알 수 있다.** 그러나 잉글랜드의 인구 혁명이 세계에 끼친 영향을 알아보기 전에 인구학적으로 매우 다르고도 훨씬 더 암울한 이야기가 전개되었던 아일랜드부터 살펴볼 필요가 있다.

예외 속의 예외, 아일랜드

19세기 초반 잉글랜드가 이례적인 인구 성장을 경험하는 동안 아일랜드에서 일어난 인구 감소는 예외적인 상황 속에서 일어난 예외였다. 아일랜드는 농업국가로 감자 재배에 적합한 기후와 토양을 가지고 있었다. 그러나 감자는 엘리자베스 1세 치세에 이르러서야 아일랜드에 들어왔으며 그때부터 인구에 중요한 영향을 끼치기 시작했다. 맬서스가 지적했듯이 토지만 있어도 많은 사람이 먹고 살 수 있다. 그러나 아주 이따금씩 예외적인 일이 발생하여 토지의 인구 부양 능력이 급격히 증대될 수 있다. 아일랜드의 경우에는 신대륙에서 들어온 감자가 그 역할을 했다. 월터 롤리Walter Raleigh가 아메리카에서 감자를 들여왔을 때 아일랜드의 운명도 결정된 셈이었다.

감자가 보급되어 인구에 영향을 주기까지는 꽤 오랜 시간이 걸렸다. 그러나 1600년에 (과거 데이터라 신빙성에 의심은 가지만) 200만 명 정도였던 아일랜드의 인구는 1840년경에 800만 명을 훌쩍 넘는 수준으로 성장했다. 그 이전 수십 년에 걸쳐 상당수가 미국으로 이민을 떠났음에도 불구하고 인구가 급성장한 것이다. 미국으로 이주한 사람들은 대부분 북아일랜드 얼스터 지방의 개신교도로서 애팔래치아 오지에 정착했고 미국인 사이에서 '스코틀랜드계 아일랜드인Scotch-Irish'으로 불리게 되었다.

감자에 의존했던 아일랜드 농민의 삶은 물질적으로 궁핍했지만 그럼에도 그 숫자가 증가하여 억제책이 없는 한 인구는 기하급수적으로 증가한다는 맬서스의 주장을 정확히 입증했다. 발전된 산업이 전혀 존재하지 않는 상황에서 아일랜드가 수출을 통해 식량을 수입할 자금을 마련하기란 불가능했다. 따라서 감자가 없었다면 아일랜드의 인구는 큰 폭으로 증가하지 못했을 것이다. 감자는 습도가 높은 아일랜드 기후에 적합하며 밀이나 보리 등 다른 어떤 작물보다도 생산성이 뛰어나 늘어난 인구를 부양하기에 적당했다.

그러다가 1845년에 감자역병이 아일랜드를 덮쳤다. (인류 역사상 가장 심각하거나 가장 최근에 일어난 기근이 아님에도 유럽인들의 기억에 가장 깊이 박혀 있는 사건 중 하나인) 아일랜드 대기근에서 가장 충격적인 사실은 영국제도 대부분의 지역이 잔인한 맬서스의 덫Malthusian trap에서 빠져나오고 있었을 때 일어난 사건이라는 점이다. 토지의 부양 능력을 넘어설 정도로 늘어난 인구가 자연의 변화와 전쟁에 의해 다시 감소하는 현상을 탈피하여 잉글랜드가 현대로 직행하는 순간, 아일랜드는 중세의 악몽으로 빠져들어갔다.

아일랜드 대기근 당시에 영국 관료 집단이 보인 매정한 태도는 맬서스식 사고방식에 더해 오늘날의 관점에서 보면 이해할 수 없는 인종주의가 결합되었기 때문이다. 그들은 굶주린 대중에게 식량을 주면 그들이 더 큰 숫자로 증식하여 결국에는 토지를 고갈시킨다고 믿었다. 이러한 생각은 밑바닥이 보이지 않는 나락에 빠진 사람들에 대한 인간애(또는 인간혐오)로 포장되었다. 빈민과 그 성가신 자식들을 먹이고 돌봐주어 고통을 경감시키는 일은 빈민의 증가와 한

정된 자원의 고갈로 직결되어 결국 그들을 다시 고통으로 밀어 넣는 결과를 초래한다는 것이었다. (이것은 빅토리아 시대 사람들이 일반적으로 빈민을 대하는 접근법으로서 찰스 디킨스의 작품을 통해 우리에게도 친숙하다. 예를 들어 디킨스는 《올리버 트위스트Oliver Twist》와 《황폐한 집Bleak House》에서 그러한 사고방식을 희화화하고 비난했다.) 동화 《물의 아이들Water Babies》을 썼으며 빅토리아 여왕의 담당 성직자였던 찰스 킹즐리Charles Kingsley는 아일랜드 사람을 "하얀 침팬지"라고 불렀다. 물론 1847년 2월 《일러스트레이티드 런던 뉴스Illustrated London News》에 실린 아일랜드 코크 군에 대한 취재 기사에서 보듯이 좀 더 동정적인 논객들도 있었다.

> 나는 죽어가는 사람, 살아 있는 사람, 죽은 사람이 마구잡이로 뒤섞여 바닥에 누워 있는 광경을 보았다. 차가운 땅바닥 위에는 아무것도 깔려 있지 않았고 형편없는 넝마 몇 조각만이 그들을 덮고 있었다. (……) 500가구 중에서 사망과 열병을 겪지 않은 가구는 한 군데도 없었다. 몇몇 가구는 3~4일에서 최대 6일까지도 시신을 수습하여 무덤에 묻지 않고 죽은 사람 옆에 나란히 누워 지내서 눈길을 끌었다.

대기근은 아일랜드에 파괴적인 영향을 미쳤다. 1845년부터 1852년까지 7년 동안 100만 명 정도가 굶어 죽었고 그 이외에도 100만 명이 굶어 죽기 직전의 비참한 상황에서 벗어나기 위해 해외로 이주했다. 이후 수십 년 동안 추가로 수십만 명이 아일랜드를 떠나 미국으로 이주하여 미국 북동부의 도시들에 변화를 일으켰다. 오늘날 미국에는 아일랜드 혈통이라고 밝히는 사람의 숫자가 남북을 합친 아일랜드 인구의 7배에 달한다. 그 이외에도 수십만 명이 잉글랜드와 스코틀랜드로 이주했는데 주로 규모가 크고 계속해서 성장하고 있던 리버풀, 글래스고, 버밍엄 등의 광역도시로 향했다.

기근과 대량 이주는 빅토리아 시대의 영국이 아일랜드 통합을 강화하는 데 큰 역할을 했다. 1837년부터 1901년까지 아일랜드의 인구는 800만 명에서 400만 명으로 급감했다. 그에 따라 아일랜드 인구가 영국제도 인구에서 차지한 비중도 대략 3분의 1에서 10분의 1에도 못 미치는 수준으로 줄어들었는데 그 까닭은 재난에 가까운 인구 급감뿐만이 아니라 그 외 지역의 인구 성장 때문이기도 했다. 아일랜드 인구 비중의 감소는 장기적으로 상당한 여파를 낳았으며 특히 영국 정치에 많은 영향을 미쳤다.

19세기 동안에 영국은 가톨릭교도를 시작으로 근로자 계층 남성과 농업 노동자까지 참정권을 확대했다. 그로 인해 19세기 말에는 아일랜드 농민들이 선출하여 보내는 의원들 위주로 의회 구성이 뒤바뀌는 일이 여러 차례 발생했다. (비슷한 시기의 인구 급감으로 인한 아일랜드의 과대대표over-representation 현상에 힘입은 바가 크다.) 아일랜드가 민주주의 도입 시기에 영국제도 인구의 10분의 1이 아니라 3분의 1을 차지했더라면 빅토리아 시대 후반기와 에드워드 7세 시대 영국의 큰 현안이었던 아일랜드 자치 문제가 훨씬 더 심각하게 대두되었을 것이다. 아일랜드 국수주의의 자치 요구가 거부하기 어려울 정도로 거세게 일었을 가능성이 크기 때문이다. 그랬다면 독립까지는 아니라도 아일랜드가 훨씬 더 빨리 자치를 달성하고 남북 분할은 애당초 고려조차 되지 않았을지도 모른다.

아일랜드가 영국 내의 예외이듯이 북동부 지역의 얼스터 역시 아일랜드 내의 예외다. 나머지 지역이 농업사회를 탈피하지 못한 가운데 북부에서만큼은 산업화와 도시화가 이루어졌다. 벨파스트의 선박 건조와 런던데리의 셔츠 생산 덕분에 호황을 누린 얼스터 지방은 영국 본토뿐만 아니라 대영제국 경제권에 편입되었다. 훗날 북아일랜드를 형성한 6개 주뿐만 아니라 (그보다 연대감은 희박한 편이었지만) 전통적으로 이 지역을 구성하고 있던 9개 주에서도 개신교도들이 다수세력을 형성함에 따라 외지고 가톨릭교도가 대세인 곳은 아일랜드의 나머지 지역과 비슷한 운명을 맞이했다. 반면에 벨파스트는 북아일랜드 산업화와 개신교도의 상징적인 도시로서 영국 본토는 물론 대영제국과 밀접한 관계를 맺었으며 인구가 2만 명에서 35만 명으로 급증했다.

세계의 공장 — 영국의 경제발전과 인구

19세기 영국의 제국 확장은 영국이 경제발전으로 세계의 공장이 되었기 때문이라고 볼 수 있다. 영국은 세계 최초이자 최고의 산업 강국으로서 의류 생산, 철강 제조, 철도 부설 등에서 선구적인 역할을 했다. 험프리 데이비Humphrey Davy 등의 과학자들의 연구로 광산에서 안전하게 채굴을 할 수 있게 되었고, 헨리 베서머Henry Bessemer 같은 발명가들이 새로운 강철 생산 방식을 개발하여 보다 다양한 분야에서 강철을 사용할 수 있게 되었다. 이와 같은 개개인의 발명품과 그들이 일으킨 생산 방식의 변화가 중요하지 않다고 부정하려는 것은 아니다. 그러나 인구가 빠른 속도로 불어나지 않았다면 그 같은 혁신기술만으로 영국이 세계 최초의 산업 강대국으로 변신하는 일은 불가능했을 것이다. 산업화는 날로 늘어나는 인구를 부양했다. 산업화 덕분에 일자리가 생겨났을 뿐 아니라 식량 수입이 가능해져 인구가 늘어나도 식량 걱정이 없어졌다. 그와 동시에 인구 성장은 교통 인프라 건설 현장과 공장의 생산 현장에 일손을 제공하여 산업화의 원동력이 되었다.

그러나 인구가 적은 나라도 부유해질 수 있고 인구가 많은 나라도 가난해질 수 있다. 따라서 영국이 세계의 공장이 되고 한동안 세계 제1위 경제 대국의 위치를 차지할 수 있었던 까닭이 오로지 인구 성장 때문이라고 하는 것은 지나친 단순화다. 수많은 나라가 인구 급성장을 경험하면서도 가난한 상태를 면하지 못했으며 어떤 나라는 인구 성장 속도가 둔화하면서 부유해지도 했다. 반면에 영국의 인구 성장과 산업 출현이란 두 가지 사건 사이에는 간과할 수 없는 관계가 성립된다. 나라의 인구 규모는 경제적 영향력에 두 가지 방식으로 기여한다. 첫째는 간단하게 말해 숫자의 힘이다. 어떤 지표에 따르면 룩셈부르크인은 미국인보다 2배 더 부유하지만 세계 경제 무대에서 인도나 중국처럼 주요한 국가가 될 수 없다. 룩셈부르크 국민은 개별적으로 높은 소득을 올리며 자국을 부유하고 성공적으로 가꿔왔지만 나라 자체가 너무 작기 때문에 세계 경제 면에서는 영향력이 거의 없다. 물론 인도와 중국처럼 인구가 너무 많기 때문에 극도로 가난해져서 세계 경제 무대에서 영향력을 전혀 발휘하지 못한 경우도 있다. 실제로 두 나라는 20세기 상당 기간 동안에 그러했다. 그러나 인구가 수억 명인 나라에서 본격적인 산업활동이 시작되고 일반 국민들이 절대 빈곤을 탈출하여 적당히 가난한 상태에 이르게 되면 숫자의 힘이 중요해지기 시작한다. 이러한 관점에서 보면 미국이 세계 제1의 경제 대국이 된 까닭은 미국 국민이 유럽 각국이나 일본 국민보다 더 잘 살아서가 아니라 그 나라들보다 인구가 많기 때문이라 볼 수 있다.

둘째로 룩셈부르크처럼 작은 나라가 현재 번영을 누리는 까닭은 자유 무역 지역에 위치해 있으며 유럽연합의 굳건한 일원일 뿐만 아니라 세계 무역 기구를 통해 더 넓은 세계와 교역을 하기 때문이다. 룩셈부르크 국민은 고부가 가치 서비스를 전문적으로 개발하여 높은 소득을 올렸고 그 덕분에 생필품과 사치품을 다른 나라에서 수입할 수 있었다. 만약 룩셈부르크가 자국 내 자원에만 의존해야 했다면 최저 생계 수준을 면치 못했을 것이다. 인구 수십만 명인 나라가 세계 각국과 무역을 하지 못하게 되면 어김없이 그러한 결과를 맞이할 수밖에 없다. 즉, 오늘날 작은 나라가 세계 무대에서 활동할 수 있는 까닭은 자유 무역의 규칙과 규제 덕분이다.

영국이 19세기 초에 인구 도약을 시작했을 때만 해도 세계 경제는 그리 개방적이지 않았다. 무역이 그다지 자유롭지 않은 상황에서는 인구가 많을수록 공장에서 일할 사람도 많아질 뿐 아니라 소비자 숫자도 증가하며 시장도 확대된다. 인구 성장은 공급과 수요 양쪽 측면에서 모두 작용하여 경제를 성장시킨다. 생산과 제조에서 실질적인 규모에 도달하려면 더 넓은 세계 시장을 상대하거나 상당한 규모의 내수 시장을 확보해야 한다.

영국과 프랑스의 인구와 경제를 비교해보면 유용한 정보를 얻을 수 있다. 일반적으로 경제 규모 데이터는 인구 규모 데이터에 비해 논란의 여지가 많은 편이지만 최대한 정확하다고 판단되는 데이터를 살펴볼 때 1700년에 영국 경제는 프랑스 경제의 3분의 1 수준을 밑돌았지만 제1차 세계대전의 발발에 이르러서는 3배 더 큰 규모로 성장했다. 즉, 그 기간 동안 영국 경제는 프랑스에 비해 4배 성장한 셈이다. 같은 기간 동안에 영국 인구는 프랑스 인구의 절반도 안 되던 수준에서 그보다 15% 정도 많은 수준으로 성장했다. 따라서 프랑스 대비 영국의 상대적인 경제 성장은 인구의 상대적인 성장과 관련 있음이 틀림없다.

19세기의 엄청난 인구 성장이 없었다면 영국이 19세기 전반에 세계의 공장으로 발달하거나 후반에 세계 최고의 금융 강국으로 성장하는 일은 불가능했을 것이다. 인구 성장이 시장 확장과 국민 소득 증대에 끼친 영향을 배제하고 경제 규모 확대에 미친 영향만 보

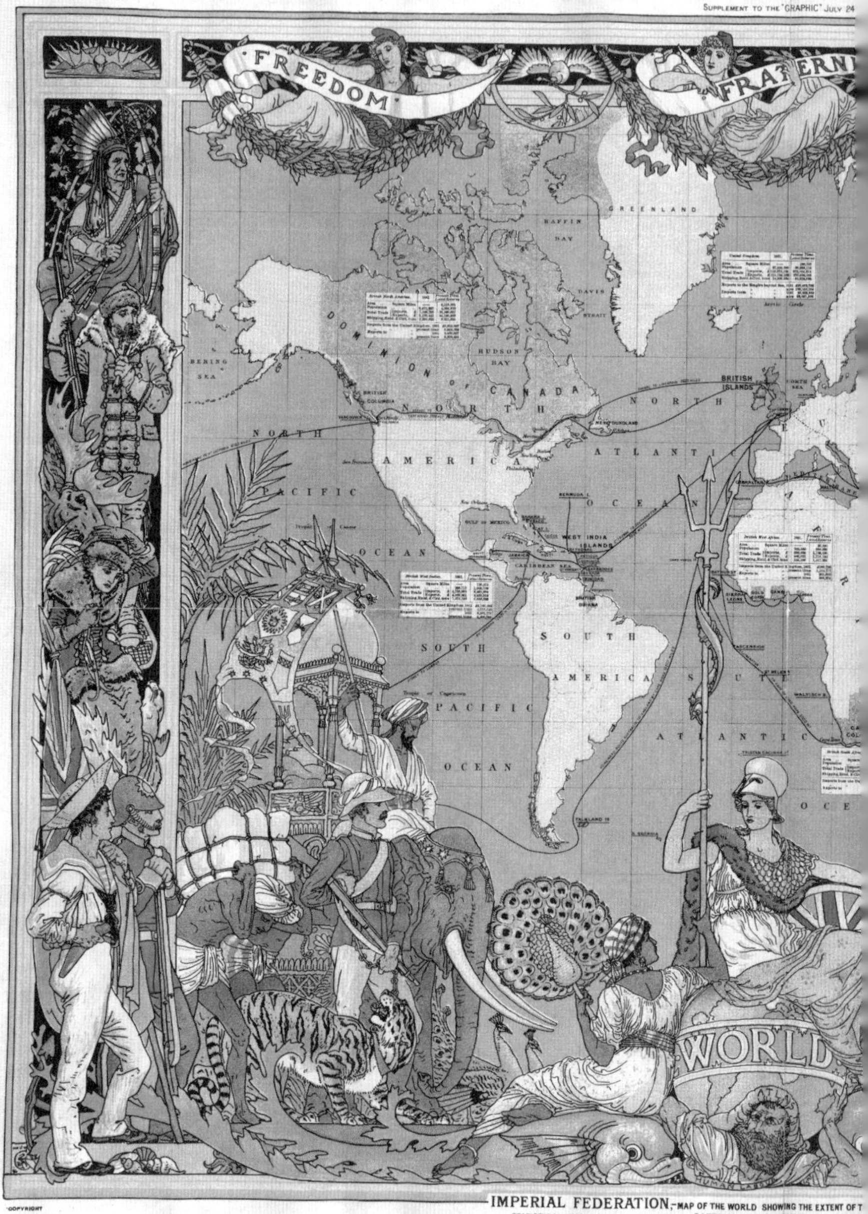

IMPERIAL FEDERATION,- MAP OF THE WORLD SHOWING THE EXTENT OF T
STATISTICAL INFORMATION FURNISHED BY CAPTAIN J.C.R. COLOMB, M.P. FORMERLY R

19세기 영국은 엄청난 인구 성장을 기반으로 세계 경제를 주도하였고, 제국주의의 선두주자가 되어 팍스 브리태니카 시대를 열었다.

더라도 그 당시 영국의 경제 성장 중 절반 정도는 순전히 인구 성장 덕분이었다. 또한 인구 성장이 경제 성장에 기여했듯이 경제 성장 또한 인구 성장으로 이어졌다. 국부가 증가함에 따라 영국은 공공보건 개선에 투자할 여력이 생겼다. 그뿐만 아니라 캐나다 프레리와 호주 오지에 정착한 이주민들과의 교역 덕분에 국민은 제대로 된 식생활을 누릴 수 있었다. 결론적으로 영국은 충분한 인구 규모 덕분에 세계의 공장이 되었고 그렇게 축적한 부에 힘입어 세계의 자본가 역할을 했다. 인구 급성장 없이는 세계 경제를 주도하지도, 제국주의의 선두주자가 되지도 못했을 것이 분명하다.

여왕과 모국을 위하여 — 제국의 식민화

위대한 문화역사학자 페르낭 브로델Fernand Braudel은 스페인이 중남미를 정복할 수는 있었지만 장악하지는 못했다고 말한 바 있다. 브로델의 주장에 따르면 스페인은 명목상으로는 거대한 제국을 건설했지만 실질적으로는 이렇다 할 영향력이나 지배력을 행사하지 못했다. 이러한 상황은 19세기 초에 중남미 식민지 대부분을 상실할 때까지도 달라지지 않았다고 한다. (의도적으로든 아니든) 그 이전부터 그곳에 거주했던 원주민을 몰아내는 데는 성공했지만 정복한 땅을 자국민으로 채우기에는 스페인의 인구가 부족했던 것이다. 미국이 1848년에 멕시코 면적의 절반에 해당하는 (오늘날의 캘리포니아, 애리조나, 뉴멕시코를 포함하는) 북부 지방을 병합했을 때 그 지역을 미국인으로 채울 수 있었던 까닭은 그곳에 살고 있는 스페인인이나 멕시코인이 거의 없었기 때문이다.

스페인의 사례는 제국을 자국민으로 채울 수 있었던 영국과는 극명한 대조를 이룬다. 제국 건설을 위해서는 당연히 사람이 많이 필요했고 영국에는 사람이 차고 넘칠 정도로 많았다. 그 당시에 영국은 식민지와 다른 나라로 수백만 명씩 내보낼 수 있었을 정도로 인구가 폭발적으로 성장했지만 스페인은 그 정도로 인구를 늘리지 못했다. 이것이 바로 두 나라의 결정적인 차이였다.

영국제도에서는 수많은 사람들이 물결처럼 빠져나와 캐나다, 호주, 뉴질랜드 등의 제국 영토에 정착했으며 2~3세기 전에 스페인인들이 중남미에서 그러했듯이 자국의 질병을 들여와 원주민들을 전멸시키다시피 했다. 그와 동시에 영국인의 숫자는 빠른 속도로 늘어났다. 반세기 만에 수백만 명의 이주자들이 호주 같은 거대한 면적의 대륙을 손에 넣었다니 놀라울 만도 하지만 애당초 원주민의 숫자가 상대적으로 적었던 데다가 유럽에서 들어온 질병과 이주민들의 횡포 때문에 그마저도 감소했으며 유럽인들이 이민 유입 없이도 전 세대에 걸쳐 2배씩 인구를 늘렸을 정도로 건강 상태와 생식능력이 좋았다는 점을 감안하면 그리 특이한 일도 아니다. 농경 정착민이 수렵채취인을 대체하는 경우에는 대개 전자의 높은 출생률과 낮은 사망률은 물론 후자의 높은 사망률 같은 인구학적 요소가 작용한다. (그 까닭은 농경 정착민은 새로 경작할 땅을 얻어 일시적으로나마 맬서스의 덫을 탈출할 수 있는 반면에 수렵채취인은 이주해온 사람들이 들여온 질병 때문에 목숨을 잃기도 하고 때로는 인종학살에 희생되기 때문이다.)

이주를 이끈 동기는 (즉, 인구 유입과 유출 요소는) 복합적이며 사례별로 다양하다. 식민지 이주 자체가 인구 폭발보다 시기적으로 수백 년 정도 앞선 것은 사실이다. 그러나 19세기에 나타났던 대규모의 이주는 영국에서 인구 폭발이 진행 중이지 않았다면 영국 인구의 격감으로 이어졌을 것이다. 또한 어느 정도는 인구가 과다해지면서 밖으로 나가려는 압력이 발생한 점도 있었다. 식민지로의 여정은 매우 힘들고 위험했지만 그곳은 기회와 가능성의 땅이었다. 해외에서 실패하여 귀국한 이주자들도 많았고 일부는 이주를 후회했겠지만 성공담도 많았다. 특히 남성이 여성보다 많았던 식민지는 여성들이 희망하는 이주지였다. 1853년에 호주로 이주한 엘렌 클랜시Ellen Clancy가 몇 년 후에 고향에 보낸 편지를 살펴보자.

> 적절한 보호를 받을 수 있고 건강하며 너무 깐깐하거나 '양갓집 규수' 같지 않고 소젖을 짤 수 있으며 버터를 저을 수 있으면 (……) 최악의 경우라고 해도 결혼하여 잉글랜드에서 사는 것보다 스무 배 더 많은 존중과 배려를 받으면서 살 수 있다.

그녀는 여성이 남성에 비해 부족한 덕분에 그곳의 여성이 "십중팔구 자기 뜻대로 살 수 있다"고 덧붙였다.

영국이 인구 덕분에 경쟁국에 비해 어느 정도로 유리한 위치에 섰는지는 아무리 강조해도 지나침이 없다. 영국의 이주자들이 정착한 지역의 원주민들은 여전히 맬서스가 말한 인구 패턴을 따랐다. 그들은 떼로 몰려온 이주자들이 토지와 물 같은 자원을 독차지하는가 하면 때로 폭력을 행사함에 따라 수적으로 열세에 처했으며 점점 구석으로 밀려났다. 영국인들이 원주민에게서 대륙 크기의 영토를 빼앗을 수 있었던 것은 영국이 산업혁명으로 맬서스의 덫에서 벗어났기 때문이다. 또한 영국과 그 파생 국가인 미국이 자신들의 언어, 문화, 정치제도를 전 세계 표준으로 만들 수 있었던 까닭은 우세한 수적 영향력에 새로운 산업기술이 결합되었기 때문이다.

한편 영국 내에서는 잉글랜드가 인구 성장을 선도하기는 했지만 스코틀랜드가 그 뒤를 바짝 추격하고 있었다. 웨일스는 대부분 잉글랜드 데이터에 포함되었지만 아일랜드는 달랐다. 이러한 차이와 유사성을 인식하고 나면 인구 폭발이 잉글랜드뿐만 아니라 영국 전체에서 나타난 현상임을 알 수 있다. 이것은 대영제국의 측면에서 보면 상당히 중요한 사실이다. 스코틀랜드와 아일랜드 모두 유럽 이외의 지역에 이주자를 제공하는 데 엄청난 역할을 담당했기 때문이다. **영국이 세계 최강자로 떠오른 데는 국내 인구 폭발만이 아니라 방대한 해외 영토를 지배한 자국민의 역할도 컸다. 역사학자 티머시 스나이더**Timothy Snyder**는 1940년 말과 1941년 초를 언급하면서 소비에트 연방**Soviet Union**(소련)과 나치 독일은 유럽을 재구성했지만 "영국은 세계를 재구성했다"고 말했다. 이주를 통해 인구를 수출했기에 가능한 일**

이었다.

이제 영국인들이 영향을 끼친 지역을 세 가지 유형으로 구분해 볼 필요가 있다. 첫째, 영국인들이 쏟아져 들어간 식민지가 있다. 그곳에서 영국인은 원주민을 몰아내고 그 자리에 강제로 새로운 사회를 세웠다. 여기에는 캐나다, 호주, 뉴질랜드가 해당된다. 둘째로는 미국이 있다. 영국이 더 이상 지배하지는 못했지만 영국 출신에 의해 형성되었으며 19세기 대부분의 기간 동안 주로 영국제도에서 밀려들어온 이주자들로 채워졌던 곳이다. 마지막으로 인도와 그 후에 정복된 아프리카 상당 부분이 있다. 식민주의자들이 대거 정착하지는 않았지만 영국이 인구 성장(에 따른 병력 증대)과 (특히 군사 부문의) 산업화 덕분에 용이하게 통치할 수 있었던 지역이다. 그로 인해 식민지의 거대한 인구를 지배하고 통제하는 일이 가능했다.

세계에서 두 번째로 면적이 큰 캐나다부터 살펴보자. 캐나다에는 사람이 살지 않는 황무지가 많았지만 본격적인 농경 정착에 적합한 지역도 많았다. 19세기 중반에는 이 방대한 지역의 인구가 250만 명도 되지 않았지만 제1차 세계대전이 발발할 때쯤에는 3배 가까이 성장하여 700만 명을 훌쩍 넘어섰다. 인구 성장은 이민으로 촉진되었으며 잉글랜드, 스코틀랜드, 아일랜드에서 수많은 이민자들이 유입되었다. 1914년에는 1세대와 그 후손을 포함한 영국제도 출신이 캐나다 인구의 절반을 훌쩍 넘었다. 퀘벡에 집중된 프랑스계 캐나다인의 비중도 약 3분의 1에서 4분의 1 이하로 감소했다. 프랑스계 캐나다인은 출생률이 높기로 유명했는데 일각에서는 이를

'요람의 복수revenge of the cradle'로 해석했다. 캐나다에서 프랑스를 무찌른 영국에 대한 그 나름의 복수로 아기를 많이 낳았다는 이야기다. 실제로 프랑스계 캐나다인의 높은 출생률은 영국제도에서 들어온 이민의 효과를 억누르고 퀘벡에서 이들이 수적 우위를 유지하는 결과로 이어졌다. 그러나 그중 상당수가 19세기 내내 미국으로 이민을 간 반면에 프랑스에서 들어온 사람은 극소수여서 부족해진 숫자가 메워지지는 않았다.

1867년 캐나다 자치령(4개 주가 공식 국가로 뭉친 형태)의 창설을 전후하여 영국과 아일랜드에서 이민이 쏟아져 들어왔으며 그에 따라 캐나다의 원주민은 전체 국민의 30분의 1도 안 되는 수준으로 줄어들었다. 일부 아일랜드 이민은 영국에 적대적인 태도를 보였지만 그럼에도 (언어, 지명, 제도, 정치 측면에서) 영국은 이 방대한 영토에 굳건히 자리 잡았다. 캐나다로의 대량 이민은 영국 본국에도 커다란 영향을 미쳤다. 캐나다는 자유 무역이 정점에 달했던 시기에 영국 농민들을 위협한 강력한 경쟁 상대로 영국의 제1위 식량 수입국이 되었다. 그 덕분에 영국은 더 풍부하고 값싼 식량을 얻을 수 있었으며 제1차 세계대전 이전 20~30년 동안에 영국 근로자 계층의 생활수준은 눈에 띌 정도로 향상했다. 전쟁 중에는 캐나다산 식량이 영국의 생명줄이 되었으며 캐나다 남성들은 여전히 모국으로 여기던 영국 군대에 앞다퉈 입대하여 참호를 메웠다.

호주의 경우도 비슷하다. 제1차 세계대전까지 100년에 걸쳐 호주의 유럽계 인구는 1만 명 미만에서 4만 명 이상으로 불어났으며 그중에는 영국제도에서 들어온 이민이 압도적으로 많았다. 1880년대에는 20만 명 가까이가, 1890년대에는 그 숫자의 2배 정도가 유입되었다. (이민이 대개 그러하듯이) 유럽계 이민은 대부분 젊었으며 영토를 '개척'하려는 동기와 값싼 땅에 이끌려 들어왔다. (젊은 인구가 흔히 그러하듯이) 출생률이 높고 사망률이 낮은 이들의 숫자가 한층 더 늘어난 것은 당연하다. 캐나다와 마찬가지로 애당초 많지 않던 원주민 인구는 통계학적으로 무의미한 수준으로 급감했다. 1920년대 초반 영국인들이 가장 집중적으로 정착한 호주 남부의 빅토리아와 뉴사우스웨일스에서는 원주민의 숫자가 겨우 3,000명 정도에 불과했다. 호주 전체로 보더라도 불과 100여 년 전에는 대륙을 차지하고 있었던 원주민들이 인구의 2%를 간신히 채우고 있었다. 반대로 해외 출생자 가운데 80% 이상이 영국 출신이었고 호주 출생자 가운데 절대다수가 영국에서 이민을 온 부모나 조부모를 두었다.

뉴질랜드 인구는 제1차 세계대전 이전 반세기 동안에 10배 성장했으며 (19세기가 진행될수록 인구 비중이 크게 증가한) 원주민 마오리족은 캐나다나 호주 원주민에 비해 성공적으로 버텼지만 그럼에도 20세기 초반 전체 인구의 5%에 지나지 않았다. 호주와 뉴질랜드도 캐나다와 마찬가지로 대량으로 이주해온 영국인들에게 영국 문화와 규범을 각인할 수 있는 방대한 영토를 제공했을 뿐 아니라 평화시기에는 풍부한 식량을 공급했다. 그보다 더 중요한 점은 전쟁이 발발하자 호주와 뉴질랜드의 영국계 남성들이 캐나다보다도 더 열

성적으로 모국의 부름에 자원하여 입대했다는 점이다.

영국의 식민지 경영에서 주목할 점이 있다. 영국은 각각 17세기 초와 18세기 이후로 북미와 호주에 명목상의 식민지를 두기는 했지만 국내 인구 폭발로 대대적인 해외 이주가 시작된 이후에야 그곳에 정착지를 건설하고 실질적인 지배권을 행사할 수 있었다. 인구 폭발이 없었다면 대규모 정착지가 존재하는 일은 없었을지도 모른다. 또한 대규모 정착지가 건설되지 않았다면 스페인이 중남미 대부분의 지역에서 그러했듯이 북미와 호주에 대한 대영제국의 소유권 역시 유명무실한 상태로 남아 있었을 것이다. 마찬가지로 대규모 정착지 없이는 북미와 호주가 육류와 다양한 생필품을 생산해내고 공급하는 일도 없었을 것이므로 갓 공업국으로 발돋움한 영국을 중심으로 한 세계 무역 체제도 지속되지 못했을 듯하다.

아일랜드가 영국제도에서 예외 중에서도 예외였듯이 남아프리카도 대영제국에서 예외적인 사례였다. 아프리카는 대체로 건강에 안 좋은 기후, 말라리아의 만연, 내륙 이동의 어려움 때문에 유럽인이 정착하기에는 부적합한 곳이라는 평을 얻었지만 남아프리카는 사람이 살기에 좀 더 적합한 기후로 영국인들 사이에서 괜찮은 이주지로 여겨졌다. 게다가 다이아몬드와 황금의 땅이라는 소문에 유혹당해 이주하는 사람들도 있었다. 결론부터 말하자면 캐나다에서처럼 남아프리카에서도 최초의 유럽인들은 영국제도에서 온 사람들이 아니었다. 남아프리카로 이주한 영국인들의 역사는 아프리카 원주민은 물론 먼저 이주한 네덜란드 정착민의 자리를 빼앗는 과정이었다.

그러나 중요한 점은 영국과 네덜란드의 관계나 보어 전쟁Boer Wars이 아니라 유럽계 이주민들이 인구 측면에서 장악하지 못한 곳에서는, 다시 말해 지역을 막론하고 유럽계 인구가 수적으로 원주민을 압도하지 못한 곳에서는 유럽인의 기반이 불안정하여 우위를 유지하기가 불가능했다는 사실이다. 캐나다, 뉴질랜드, 호주가 광범위한 지역에서 이민을 받아들임에 따라 현재 영국계와 유럽계 인구의 숫자가 줄어들고 있다. 그러나 다른 지역에서 온 이민들도 현지에 정착하면 사실상 영국에 기원을 둔 사회 규범에 순응하게 된다. 캐나다의 경우 영어는 (불어와 더불어) 제1 언어 위치를 유지하고 있다. (호주와 뉴질랜드의) 국기 같은 중요한 상징물에서 알 수 있듯이 정치제도에도 영국의 특징이 남아 있으며 (세 나라 모두) 여전히 영국 연방 소속이다. 다시 말해 세 나라는 여전히 '백인'이 주류를 이루고 있다.

이와는 대조적으로 남아프리카에서 유럽인의 숫자가 (엄밀히 말해 '원주민'이든 그보다 나중에 북으로 인접한 림포포에서 이주해온 이들이든) 아프리카인의 숫자를 압도한 적은 단 한 번도 없었다. 따라서 유럽은 다른 지역에 비해 아프리카에는 영원한 족적을 남기지 못했다. **넬슨 만델라Nelson Mandela가 태어난 1918년에는 백인이 남아프리카 인구의 5분의 1을 차지했다. 그러나 만델라가 세상을 떠난 2013년에는 백인의 숫자가 더 줄어들어 10분의 1에도 미치지 못했다. 이 같은 추세가 반대 방향으로 진행되었다면 만델라는 남아공의 대통령이 되지 못했**

을 것이며 수적으로 한층 더 우세해진 백인 인구가 좀 더 오랜 기간 동안 권력을 독점했을 것이다. 그러나 만델라가 대통령이 되기 한참 전부터 인구 약세가 백인의 지배력을 조금씩 갉아먹고 있었다.

남아프리카로 이주한 네덜란드인들과 영국인들은 북미 이주에 비하면 훨씬 더 작은 규모였다. 1870년대까지 유럽인 25만 명 정도가 남아프리카로 이주했는데 이는 (면적이 훨씬 더 넓기는 하지만) 북미 지역으로 이주한 사람의 100분의 1도 안 되는 숫자였다. 19세기 말에는 골드러시gold rush 때문에 더 많은 이민이 유입되긴 했지만 1904년에 남아프리카의 백인은 (네덜란드인이든 영국인이든 다른 유럽인이든) 전체 인구의 5분의 1에 간신히 미치는 수준이었다. 이는 동시대 호주, 뉴질랜드, 캐나다의 상황과 극명한 대비를 이룬다.

남아프리카의 백인 비중은 1960년대에도 비슷했다. 유럽에서 온 이민이 늘어났고 인구가 자연스럽게 증가했지만 그 당시에 아프리카인 사이에서 현대화가 한창 진행 중이었다. 알다시피 현대화는 인구 성장을 유발한다. 아프리카인은 유럽인보다 훨씬 더 큰 가족을 꾸리는 경향이 있었으며 그때는 아프리카인의 영아 사망률도 감소하는 추세여서 인구가 빠른 속도로 성장했다. 반면에 유럽계 백인 사이에서는 1960년대에 이미 저출산 패턴과 인구 성장 둔화 추세가 굳어졌다. 그런 면에서 아파르트헤이트Apartheid(남아공의 흑백 인종 분리 정책 - 역주)는 백인들이 수적 열세의 상황에서 주도권을 유지하고 인구학적으로 불가피한 운명을 연기하려는 시도였다고 볼 수 있다. 그러나 결국에는 인구가 승리했다. 아파르트헤이트가 종식되었을 때 남아공의 백인 인구는 전체의 13% 정도에 불과했다. 흑인을 지배하거나 흑인의 공민권을 영원히 박탈하기에는 백인의 숫자가 턱없이 부족했던 것이다. 아파르트헤이트 종식 20년 후 남아공의 백인 인구는 전체의 10%에도 미치지 못했다.

미국의 앵글로색슨인

미국에서는 '앵글로색슨'이라는 용어가 다소 특이하게 적용된다. 적어도 영국에서는 앵글로색슨이라는 명칭이 크리스토퍼 콜럼버스가 대서양 횡단을 결심하기 1,000년도 더 전에 독일과 스칸디나비아에서 잉글랜드로 건너온 종족을 뜻한다. 앵글로색슨인이 잉글랜드에 도착한 때는 미국의 독립 선언서가 작성되기 1,300년쯤 전이기도 하다. 미국은 원주민, 대륙을 건너온 유럽인, 아프리카인, 최근 늘어나고 있는 중남미인과 아시아인 등 세계 각지에서 온 사람들로 이루어졌기 때문에 인종의 거대한 용광로라고 불린다. 따라서 19세기 미국인들이 스스로를 앵글로색슨인으로 생각했다는 사실은 현재의 관점으로 볼 때 다소 놀랍다. 토머스 제퍼슨Thomas Jefferson은 색슨족 추장인 헨기스트Hengist와 호르사Horsa의 모습을 미국의 국새에 새기고자 했다. 그들을 진정한 건국 선조이자 후대에 들어와 앵글로색슨을 강제로 지배한 노르만인과는 대비되는 자유의 상징으로

본 것이다.

어떤 면에서 '앵글로색슨'은 여기저기 갖다 붙이기에 편리한 명칭이었다. 독립전쟁과 공화국 수립을 거친 후 미국인은 스스로를 '영국인'으로 부르려고 하지 않았다. 일부 미국인들은 스스로가 700년 전 민족적으로나 정신적으로나 노르만인의 잔학한 통치를 받은 '자유민'의 후계자라고 생각했다. (그와 같은 맥락에서 영국 국왕 조지 3세는 먼 조상이며 노르만의 압제자였던 윌리엄 정복왕William the Conqueror의 쌍둥이로 묘사되었다.) 또한 미국 백인이라고 해서 모두가 영국인의 후손은 아니었다. (훗날 훨씬 더 많은 독일인이 이주해왔지만) 독립 당시에도 독일계 인구가 적지 않았으며 유럽의 다른 국가에서 온 사람들도 있었다. 물론 아프리카계 미국인도 있었지만 그들은 대부분 노예였고 그 당시에는 국민으로 인정받지 못했다. 영국제도 출신이지만 영국인이 아닌 이민(즉, 스코틀랜드인과 아일랜드인)의 숫자도 점점 더 증가했다. 따라서 미국인을 앵글로색슨인이라 통칭하는 것은 다소 무리가 있지만 영국인보다는 조금 더 정확한 명칭이라고 할 수 있었다. 따라서 그 시대 미국인들은 앵글로색슨인임을 자랑거리로 내세우는 일이 많았다. 그 흔적은 오늘날에도 와스프WASP(미국의 백인 앵글로색슨 개신교도를 뜻하는 White Anglo-Saxon Protestant의 두문자어)라는 표현으로 남아 있다.

19세기 미국에서 '앵글로색슨'이 다소 마구잡이로 쓰이기는 했지만 독립 당시에 대부분의 미국 국민과 그 가운데서도 특히 엘리트 지배층은 잉글랜드인의 후손이거나 적어도 영국인의 후손이었다. 그 이후 수십 년 동안 미국은 점차 동해안 정착지에서 벗어나 북미 내륙 깊숙한 곳으로 퍼져나갔으며 그 과정에서 원주민인 애팔래치아인을 흡수하고 (루이지애나 매입을 통해) 프랑스로부터 광활한 중서부를 사들였으며 오리건 조약의 일환으로 영국이 점령했던 땅과 스페인 식민지였던 멕시코의 영토 등 훨씬 더 넓은 땅까지 손에 넣음으로써 태평양까지 영토를 확장했다. 뒷받침해주는 인구가 없었다면 이 가운데 그 어떤 일도 가능하지 않았거나 의미 있는 결과로 이어지지 않았을 것이다. 미국이 1804년에 루이지애나를 매입했을 때에도 매입지에는 미국인이 프랑스인보다 100배 더 많이 살고 있었다. 나폴레옹은 앵글로색슨인이 득시글대는 상황에서 든든한 프랑스인 거주지 없이는 루이지애나를 지킬 수 있는 방법이 없다고 말했는데 그야말로 선견지명이었다.

인구 물결은 서부로 몰아쳐갔고 그 당시에도 서부는 이미 영어를 사용하고 있었다. 1820년에는 미국 인구가 1,000만 명에 이르렀는데 (여전히 영국제도 출신 위주였던) 신규 이민과 높은 출생률 덕분에 인구는 갈수록 불어났다. 그 당시 미국 여성은 평균 7명의 자녀를 낳았으며 미국 인구 대다수는 영국계였다. 미국이 원주민뿐만 아니라 경쟁 상대인 프랑스와 스페인 제국주의자를 제칠 수 있었던 데는 인구가 필수불가결한 역할을 담당했다. 맬서스는 미국의 상황을 잘 알고 있었으며 특히 농지가 끊임없이 공급될 때 인구가 한 세대 만에 2배나 증가할 수도 있다는 사실을 깨달았다. 미국 헌법 제창자인 토머스 제퍼슨도 맬서스의 저작을 높이 평가했다.

미국의 지형이 확대됨에 따라 인구도 불어나서 1850년에는 2,300만 명, 1900년에는 영국의 인구를 크게 앞선 7,600만 명에 달했다. 미국이 1848년 이후에 멕시코 총 면적의 절반에 해당하는 멕시코 북부를 손쉽게 흡수할 수 있었다는 사실은 인구 성장을 단적으로 보여주는 사례다. 이 광활한 영토에 살고 있었던 원주민과 히스패닉 계열의 멕시코인은 10만 명에 불과했다. 병합 이후 얼마 지나지 않아 캘리포니아에만 그 3배에 달하는 백인이 거주하게 되었다.

미국의 인구 급증에 따른 서부 대이주는 영국제도로부터의 지속적인 대량 인구 유입뿐만 아니라 그보다는 정도가 덜하지만 독일계 이민의 높은 출생률과 상대적으로 낮은 사망률이 빚어낸 산물이었다. 인구 급증으로 가뜩이나 수적인 열세에 있었던 원주민이 구석으로 밀려났고 의회 보고서에 따르면 (실제보다 적게 추산되었을 수도 있지만) 질병과 강제적인 추방으로 원주민의 숫자가 격감하여 1830년에는 건국 13개주를 통틀어 원주민의 수는 6,000명에 불과했다. 한편 아프리카계 미국인의 숫자는 노예무역이 폐지되어 아프리카로부터 더 이상 인구가 유입되지 않은 이후에도 계속해서 증가했지만 20세기 초반 미국 전체 인구에서 아프리카계 미국인이 차지한 비중은 독립 당시보다 적은 12%에 지나지 않았다. (오늘날과 비슷한 비율이다.) 한편 루이지애나의 스페인인 및 멕시코인 지역에 정착한 프랑스인의 숫자는 매우 적었다.

아프리카계 미국인들을 대상으로 한 노예제도는 원주민 소외화와 집단학살과 마찬가지로 미국 인구 역사의 어두운 단면 중 하나다. 노예제가 시행되지 않은 사회가 거의 없었으며 영국이 노예무역 폐지에 앞장서고 대서양에서 노예무역을 몰아낸 것은 분명하다. 또한 아랍의 노예무역이 유럽의 노예무역보다 한참 전에 시작되었고 그보다 더 오랫동안 지속된 것도 사실이다. 그러나 미국뿐 아니라 카리브 해 연안과 브라질을 대상으로 이루어진 대서양 노예무역은 그 규모 면에서 산업이라고 불릴 정도로 어마어마했다. 노예의 목숨은 하찮게 취급되었으며 미국의 노예제는 1865년까지 폐지되지 않았다. 노예제가 폐지된 후에도 노예제가 남긴 상흔은 사라지지 않은 채로 아직까지도 남아 있으며 미국에서 인종 갈등으로 불거지고 있다. 현재는 추세가 빠른 속도로 뒤바뀌고 있기는 하지만 최근까지 이어진 아프리카의 인구 부족 역시 노예무역에서 그 원인을 찾을 수 있다.

19세기가 진행됨에 따라 점점 더 많은 유럽인이 미국으로 유입되었지만 그들의 출신지는 갈수록 다양해졌다. 본격적인 이민 제한 정책이 도입된 1920년에 이르기까지 약 100년 동안 영국과 아일랜드에서 800만 명 이상이, 독일에서 500~600만 명이, 이탈리아와 오스트리아-헝가리 제국에서 각각 400만 명이, 러시아에서 300만 명 이상이, 스칸디나비아에서 200만 명이 유입되었다. 광활한 미국 땅에 정착하여 미국을 20세기 세계 1위의 경제 강국과 초강대국으로 일궈내는 위업은 번식력이 왕성한 영국제도 사람들이 감당하기에도 만만찮은 것이었다. **그러나 미국의 인구 성장에 누구보다도 크게 기여한 이들은 결국 영국제도에서 온 이들이었다. 영국제도**

사람들은 가장 일찍 도착했을 뿐 아니라 수적으로 가장 우세했던 만큼 언어와 문화의 상당 부분을 장악했으며 다른 나라에서 온 이민자들은 그 언어를 배우고 그 문화에 융합되어야 했다.

대영제국의 땅으로 남아 있던 지역과 마찬가지로 미국은 건국 이후 오늘날까지 '앵글로색슨'의 흔적을 떨쳐버리지 않았으며 그럴 수 있었던 까닭은 이스트 앵글리아East Anglia, 퍼스셔Perthshire, 앤트림Antrim, 케리 군County Kerry 등 영국제도에서 온 사람들이 그 광활한 땅에 정착했기 때문이다. 서부를 손에 넣은 사람들도 영국제도에서 온 이민자들이었다. 그들이 서부를 장악할 수 있었던 것은 그 당시에 가장 빠른 속도로 숫자가 증가했기 때문이다.

앵글로색슨인의 오만

1900년의 세계는 1800년의 세계와 아주 달랐다. 물론 어느 세기나 마찬가지였겠지만, 19세기에는 정말로 예외적인 일이 일어났고 무엇보다 잉글랜드와 영국제도 전체를 뒤흔들었다. 19세기는 제조업의 규모가 소규모 가내수공업에서 수백만 명을 고용하는 대규모 공장 차원으로 성장했다. 큰 대륙에 신규 이민자들이 정착하고 국제적인 무역 호황이 일어났던 시기이기도 하다. 앵글로색슨 사회와 다른 유럽 국가들에서 도시화가 진행되면서 유럽과 북미 전역에서 수백만 명이 사는 도시가 우후죽순처럼 생겨났다. 그 중심에는 인구 폭발이 있었다. 경제 변화와 발전이 없었다면 잉글랜드와 그 식민지와 그 후손이 세운 미국의 인구는 지속적으로 증가할 수 없었을 것이다. 마찬가지로 인구 폭발이 일어나지 않았다면 경제적·사회적·정치적 변화 역시 일어나지 못했을 것이다. 1848년에 미국이 멕시코에 대한 조치를 논의했을 때 일부는 멕시코 북부뿐만 아니라 전체를 병합하자고 주장했다. 그들은 미국에서 환영받지 못할 것이 분명한 멕시코인들이 '레드인디언Red Indians(미국 원주민을 낮잡아 부르는 명칭 - 역주)'과 마찬가지로 차츰 사라져갈 것이라고 생각했다. 앵글로색슨 혈통이 세계를 지배하리라 믿는 사람들도 많았다. 1833년에 존 로버트 실리John Robert Seeley는 《잉글랜드의 팽창Expansion of England》에서 잉글랜드인 1,000만 명이 해외에 있는 것만도 감탄할 일이지만 "궁극적으로 (……) 보게 될 결과에 비하면 아무것도 아니다"라고 장담했다. 아프리카에서 활약한 영국 출신의 유명한 (동시에 악명 높은) 제국주의자 세실 로즈Cecil Rhodes는 영국의 지속적인 영토 팽창을 이상으로 내세웠을 뿐 아니라 신의 조화라고 믿었다. 로즈는 "여생을 하나님의 목적에 바칠 것이다"라면서 "하나님이 세상을 영국의 땅으로 만드시도록 도울 작정"이라고까지 말했다.

이런 식의 오만한 생각은 인구 경쟁에서 앵글로색슨인이 선두를 차지한 데서 비롯되었다. 맬서스의 덫을 처음으로 빠져나온 이들에게는 자신들의 우위가 영원토록 지속될 것만 같았다. 그러나 그들이 충분히 깨닫지 못했던 사실이 있다. 어떤 면에서 세계 지배는 영토 측면이든 경제 측면이든 인구 폭발이라는 기반이 있을 때만이 가능하며 영국제도와 그 식민지와 후손 국가인 미국의 인구 팽창을 유발한 힘을 자신들만의 것으로 제한하기란 불가능하다는 점이었다. 따라서 때가 되어 다른 지역 사람들도 인구 팽창이라는 힘을 누리는 것을 막을 방법은 없었다. 인구 팽창 경향과 새로운 기술은 앵글로색슨의 전유물이 아닌 것으로 판명되었으며 앵글로색슨은 지구에 중대한 영향을 끼칠 운명이었지만 지구를 독점 지배할 운명은 아니었다.

4

독일과 러시아의 도전

The Human Tide

제1차 세계대전에서 수많은 병사들이 서부전선에서 전투를 벌였을 때 승패를 판가름한 궁극적인 요소는 월등한 사기나 기술이나 전략이 아니라 숫자의 힘이었다. 결국에는 적보다 우세한 수의 병사들을 지속적으로 공급할 수 있었던 측이 승리했다. 양측이 엇비슷한 사상자를 내어 교착 상태에 빠졌을 때 승패를 결정한 요소는 미국에서 끝도 없이 몰려올 것처럼 보였던 신병들이었다. (적어도 그러리라는 전망이었다.)

그 당시 유럽인들도 숫자의 중요성을 알고 있었다. 1914년에 이르기까지 수십 년 동안 각국은 소모적인 살육이 일어날 것을 내다보기라도 한 듯 경쟁국의 인구 규모를 가늠하고 자국의 출생률과

적국이 될 만한 국가의 출생률을 비교하며 불안해했다. 영국의 일간지《데일리메일Daily Mail》은 전쟁이 시작되기 한참 전인 1903년에 영국의 출생률 하락이 "우리 민족의 우위를 위협하기 시작하고 있다"고 한탄했다.《독일의 팽창Expansion of Germany》이라는 프랑스어 저서는 (그보다 앞서 출판된 실리의《잉글랜드의 팽창Expansion of Germany》을 의식적으로 모방한 듯한 책인데) 전쟁 직전에 출판되었으며 "다산은 독일 민족의 변치 않는 속성"이라든가 "인구 성장 덕분에 독일은 (……) 군사력 면에서도 그에 맞먹는 성장을 보인 것이 확실"하다며 우려했다. 한편 독일의 저명한 역사학자 프리드리히 마이네케Friedrich Meinecke는 "슬라브족은 대부분이 끝없는 번식력을 보인다"며 불안해했다. 전쟁이 발발할 당시에 독일 총리였던 베트만홀베크Bethmann-Hollweg는 러시아가 "점점 더 자라나서 갈수록 무거워지는 악몽처럼 우리를 짓누르고 있다"며 우려를 표명했다. 베트만홀베크의 비관적인 분석은 독일이 이판사판으로 도박을 감행하는 데 결정적으로 작용했고 그 같은 도박은 전쟁으로 이어졌다. 유럽 인구가 (또한 미국, 캐나다, 호주, 뉴질랜드 등 유럽인이 정착한 국가의 인구가) 전쟁이 일어나기 전 몇 년 동안 급속도로 증가한 것도 전쟁의 원인 중 하나였으며 심지어 승패에도 영향을 미쳤다.

전 세계를 영국의 땅으로 만들겠다는 세실 로즈의 괴이한 이상은 결코 이루어지지 못했다. 다른 종족이 미국에서 차츰 사라져갈 것이라던 앵글로색슨 우월론자의 이상도 마찬가지였다. 물론 오늘날의 세계 구도를 상당 부분 형성한 이들이 최초로 현대적이고 지속적이며 산업화를 기반으로 한 인구 폭발을 경험한 영국제도 사람들임은 부인할 수 없다. 이들의 언어는 언론, 국제무역, 외교, 학문을 지배하며 이들이 세운 나라들은 (적어도 현재까지는) 최강국의 지위를 유지하고 있다. 게다가 이들은 단일 집단으로 볼 때 아직까지도 지구상에서 가장 부유하고 경제적으로 가장 영향력 있는 사람들이다. 그러나 현재는 (이를테면 급부상하는 중국의 영향력에 밀려) 세계 무대의 여러 분야에서 뒤로 물러나는 중이다. 자국 내에서도 민족 집단으로서의 영향력을 점차 잃어가고 있다. 미국, 캐나다, 호주, 영국 모두 (19세기식 표현과 21세기식 표현을 섞어 쓰자면) '앵글로색슨 혈통'이거나 좀 더 광범위하게는 영국제도 출신으로 불릴 수 있는 주민의 숫자가 갈수록 줄어들고 있다.

결코 꺾을 수 없을 것만 같고 유일무이할 것만 같던 인구 공식은 지나고 보니 남들보다 조금 더 유리한 출발을 하는 데만 작용했던 것이다. 다른 이들도 앵글로색슨인들을 선두로 올려놓았던 바로 그 공식을 답습하기 시작했으며 적어도 인구 측면에서는 앵글로색슨인들을 따라잡고 추월하여 세력 균형과 역사의 결과에 중요한 영향을 끼쳤다. 지난 70여 년 동안 인구 경주를 주도한 것은 유럽과 북미 이외의 지역이었지만 최초로 앵글로색슨인의 패권에 도전을 제기한 곳은 영국에서 좀 더 가까운 지역들이었다. 영국과 미국에 문화적으로나 지리적으로 가장 가까운 곳에서 인구 폭발을 불러왔던 기술이 모방되었다는 사실은 그리 놀랄 일도 아니다. 혁신적인 것이 나타나면 우선 그 원천에서 가장 가까운 곳으로 확산될 가능성이 크기 때문이다.

제일 먼저 앵글로색슨인을 바짝 추격한 이들은 독일인과 러시아인이다. 그들은 인구 경주의 선두주자인 앵글로색슨인에게 최초로 공격적이고 역동적인 도전을 감행했다. 이제부터 우리는 언제, 무슨 이유로 그러한 일이 발생했는지 알아볼 것이다. 그와 더불어 인구 경주에서 뒤늦게 출발하는 바람에 낙오한 일부 유럽 국가에 대해서도 살펴보기로 한다. (이 책에서는 러시아인이 유럽인으로 간주된다. 따라서 19세기 후반 러시아 지식인들이 자신들이 유럽인이냐 아니냐를 두고 벌였던 거창한 논쟁은 우리가 다룰 일이 아니다.) 또한 그 당시 유럽의 인구 문제가 어째서 중요하며 어떻게 해서 제1차 세계대전의 발발과 승부를 가름했는지도 알아볼 것이다.

잉글랜드의 인구 둔화

인구 경주는 국가 대항 스포츠 경기가 아니다. 가장 높은 출생률과 가장 낮은 사망률을 통해 인구를 세계 최대 규모로 늘리는 것을 가장 중요한 정책적 목표로 삼는 정부는 없다. 다만 (생존율 상승이 동반되지 않는 한) 출생률이 감소하면 결과적으로 잠재 병력과 잠재 생산자(와 소비자) 숫자가 줄어들 수밖에 없으며 그로 인한 군사적·경제적 여파가 뒤따른다는 것을 대부분의 정부가 인식하고 있다.

앞서 살펴보았듯이 19세기 전반에는 잉글랜드와 더 넓게는 영국 그리고 영국과 관련된 해외의 출생률이 높은 수준을 유지하거나 심지어 상승하기까지 했다. 그와 더불어 사망률은 꾸준히 감소하여 인구 규모가 확대되었으나 19세기 후반에는 또 다른 변화가 일어나기 시작했다. 가장 중요한 변화는 여성들이 자녀를 덜 낳기 시작했다는 점이다. 19세기 전반에는 여성 한 명당 평균적으로 5~6명의 자녀를 낳았는데 오늘날에는 아프리카 저개발국에서나 볼 수 있는 수치다. 그러한 풍조는 빅토리아 시대 소설을 통해 짐작할 수 있으며 나이 지긋한 사람들은 대가족 속에서 살았던 기억을 떠올릴 수도 있을 것이다. 빅토리아 여왕이 치세 초기에 9명의 자녀를 낳음으로써 국가에 대한 의무를 다하고도 남았다는 것은 널리 알려진 사실이다. 빅토리아 시대를 단조롭고 보수적인 시대로 생각하는 경향이 있지만 사실 빅토리아 여왕이 즉위한 1837년부터 여왕이 세상을 떠난 1901년까지는 많은 변화가 있었다. 훗날 에드워드 7세가 된 앨버트 왕자는 어머니의 치세 중반에 1860년대 출생인 알렉산드라 왕비를 통해 5명의 자녀를 낳았다. 그 시대의 전반적인 상황에 맞게 어머니보다 자녀를 덜 낳은 것이다. 그 다음 세대는 훨씬 더 적은 자녀를 낳았다. 물론 영국 왕실의 자녀 수가 영국의 표준은 아니지만 대략적으로나마 영국의 전반적인 인구 추세를 짐작할 수 있다. 잉글랜드의 여성들이 평균적으로 5명 정도를 낳았던 19세기 중반부터 뚜렷한 하락 추세가 시작되었다. 제1차 세계대전이 발발할 때는 여성의 평균 자녀 수가 3명에 불과했다. (인구 1,000명당 출생자 숫자인) 출생률은 1876년부터 1914년까지 (36명에서 24명으로) 3분의 1가량 감소했다. 1860년대에 결혼한 여성들은 평균 6명 넘는 자녀를 출산했으나 1890년대에 결혼한 여성들의 평균 자녀 수는 4명을 약간 웃돌았다. 또한 1915년에 결혼한 이들의 평균 자녀 수는 2.5명에 못 미쳤다.

이러한 일이 어떻게 일어났는지보다는 어째서 일어났는지를 규명하는 편이 더 쉽다. 후기 빅토리아 시대와 에드워드 7세 시대의 잉글랜드(와 영국 전반)는 현대화를 겪고 있었다. 현대화 과정에서는 도시에 거주하는 인구가 증가하며, 자녀를 농사 일손이나 노년기 대비책으로 생각하는 사람보다는 자녀에게 투자하려는 사람이 많아진다. (근대에는 더 나은 삶을 살려면 교육을 받아야 하기 때문이다.) 또한 영아 사망률이 하락하며 성년기까지 살아남는 아이가 많아질수록 부모들은 자녀를 덜 낳아도 된다는 것을 깨닫게 된다.

어느 나라든 어느 대륙이든 영아 사망률이 하락하면 출산율도 하락한다. 이는 인구 성장의 패턴에서 빠지지 않는 부분이다. 물론 어떤 지역에서는 영아 사망률 하락이 출산율 하락으로 이어지기까지 좀 더 오랜 시간이 걸리며 출산율이 하락하지 않는 예외도 있다. 인구 변화는 물리학 법칙이 아니며 철칙이 존재하지 않거나 존재하더라도 극히 드물기 때문이다. 그럼에도 전반적인 패턴은 명확하다. 19세기가 진행될수록 디킨스 소설에 등장하는 전형적인 환경(길거리 하수구, 공장에서 일하거나 굴뚝 청소부로 일하는 아동, 구빈원)이 바뀌기 시작했다. 1914년까지 공중보건과 식수 보급뿐만 아니라 복지제도의 기본 구조에 큰 진전이 있었다. 1858년에는 오염된 템스 강에서 지독한 악취가 풍겨서 영국 의회가 피신해야 했던 대악취 사건Great Stink이 일어났고 그에 앞서 콜레라가 두 차례 유행했지만 그로부터 50년이 흐른 런던에서는 그 같은 일은 상상조차 할 수 없었다. 하수처리 시스템과 공중위생의 개선 덕분이었다.

1870년 이후에는 전 국민이 최소한이나마 기초 교육을 받을 수 있었다. 교육 받은 사람은 그렇지 않은 사람에 비해 대체로 장수하는 경향이 있으며 자기 자신과 자녀를 돌볼 줄도 알았다. 국내 환경만 개선된 것이 아니라 북미 프레리의 개간, 철도 보급, 철갑 증기선과 냉장 기술의 도입으로 식량을 좀 더 저렴하고 풍부하게 공급받을 수 있게 되었다. 일반인도 전에 비해 쾌적한 환경에 거주하고 양질의 음식을 먹기 시작하면서 1870년부터 제1차 세계대전의 발발까지 기대수명은 대략 40년에서 55년으로 연장되었다. 기대수명이 80년을 웃도는 현재 기준으로는 대단치 않아 보이지만 그 당시에는 획기적인 일로 받아들여졌다.

더욱이 19세기 후반에 1,000명당 150명을 약간 웃돌던 영아 사망률이 1914년에 이르러서는 100명 정도로 하락했다. 루이 파스퇴르Louis Pasteur, 로베르트 코흐Robert Koch, 조지프 리스터Joseph Lister 등의 과학적 발견, 질병에 대한 이해, 식사 준비와 의학적 처치 과정에서 청결의 필요성 인식 등은 사망률을 전반적으로 떨어뜨렸지만 그 가운데서도 특히 어린이의 생명을 구하는 데 크게 기여했다. 1,000명당 100명 정도였던 영아 사망률은 이 시기에 급격한 하강세를 타기 시작하여 20세기 중반에는 첫돌을 넘기지 못하는 아기가 1,000명당 30명 미만으로 감소했고 오늘날에는 4명 정도에 이르렀다. 영아 사망률 하락의 효과는 젊은 가임기 여성의 전에 없는 증가(과거 인구 성장의 결과)로 배가되었으며 더 많은 영아가 생존함에 따라 인구 성장 추세도 다소 느려지긴 했지만 지속되었다.

출산 방지와 피임

영아 사망률 하락과 그 결과로 나타난 기대수명 연장은 여성 한 명당 낳는 자녀 수의 감소로 이어졌다. 그렇다면 출산율은 어떻게 하락한 것일까? 그 당시에는 성공률이 높고 저렴하며 많은 사람들이 쉽게 이용할 수 있는 피임법이 없었다. 편리하고 간단하게 복용할 수 있는 경구 피임약이 개발된 것은 수십 년 뒤의 일이었으며 입수 가능한 피임기구라고는 값비싸고 불편하며 사용법이 어려운 것뿐이었다.

피임법은 적어도 고대 이집트 시대부터 존재해왔으며 성서에도 임신을 조절하는 방법(질외 사정법)이 기록되어 있다. 기록에 따르면 고대 이집트인은 모유 수유를 연장하여 젖 떼는 시기를 늦추면 배란을 억제하여 자연적인 피임이 가능하다는 것을 알고 있었다. 고대 이집트의 연평균 인구 성장률이 어째서 0.1%에 불과했는지를 부분적으로나마 짐작할 수 있다. 스파르타의 관습으로 유명한 영아 살해는 (물론 낙태 역시 많은 사회에서 관행처럼 이루어졌지만) 비교적 최근에야 알려졌다. 11세기 페르시아의 철학자 아비센나Avicenna는 살정제, 성욕을 없애는 물약, 생리주기법 등을 권했다. 그러나 13세기에 가톨릭교회에서 (성행위 날짜를 세심하게 정하는 피임법에는 반대하지 않았지만) 물약 사용에 반대했고 출산 장려주의를 채택했다. 공식적으로는 아직까지도 폐지되지 않은 방침이다. (다만 자료에 따르면 현재는 이를 따르지 않는 가톨릭교도가 대다수다.) 적어도 18세기까지는 유럽 대도시에서 콘돔이 불법인 경우가 대부분이었지만 공공연하게 판매되었다. 콘돔은 대개 임신을 억제하는 용도뿐만 아니라 성병 확산을 방지하는 용도로도 사용되었다.

많은 지역에서 가족계획을 세우려는 이들을 법적 제약을 통해 가로막는 비상식적인 일들이 일어났다. 1830년대에 미국의 의사 찰스 놀턴Charles Knowlton은《철학의 열매 혹은 젊은 부부의 개인적인 동반자Fruits of Philosophy or The Private Companion of Young Married Couple》라는 피임법 책을 출판한 죄로 기소되어 벌금형과 중노동을 선고받았다. 이 책은 1870년대에 영국에서 찰스 브래들로Charles Bradlaugh와 애니 베전트Annie Besant(한때 국교회 사제의 아내였으며 성냥팔이 소녀 파업을 조직하는가 하면 훗날 인도 국민회의를 창설한 인물)에 의해 다시 출판되었다. 브래들로와 베전트 역시 기소되었지만 그 결과는 의외였다. 오히려 재판 때문에 콘돔이 유명해져서 경제력이 있는 사람들 사이에서 단순한 형태의 콘돔이 유행하기 시작한 것이다.

피임법 홍보에 대한 반대는 거셌지만 찬성 여론도 점점 더 수면으로 떠올랐다. 맬서스는 출산을 방지하기 위한 방법으로 절제와 늦은 결혼을 주장했지만 노동자 계층 사이에서 산아제한을 유행시킨 리처드 칼라일Richard Carlile은 맬서스의 제안이 부적절하다고 생각했다. "대략 25살까지 성교 경험이 없는 여성은 (……) 안색이 창백해지고 무기력해진다. (……) 불안하고 초조한 마음에 사로잡힌다"는 것이었다. 그 당시는 남성이 (그것도 대부분 융통성 없는 남성이) 의학계를 장악했던 터라 성에 대한 온갖 해괴한 가설이 등장했다. 성과 관련된 주제로는 19세기에 가장 널리 알려진 작가 윌리엄 액턴William Acton은 "겸손한 여성은 스스로 성적 만족감을 느끼는 일이 드물다. 그녀는 남편의 성적인 요구를 받아들이지만 주된 이유는 남편을 만족시키기 위해서이며 모성 욕구 때문이 아니라면 남편의 요구를 거절하는 편을 택할 것이다"라고 주장했다. 이 시기의 출산 감소는 어느 정도 늦은 결혼에 그 원인이 있다고 할 수 있다. 결혼을 미루는 여성이 늘어난 까닭은 '중산층' 여성에게 적합한 직업이 생겨났기 때문으로 추정된다. (1868년에 타자기가 발명되었고 그 후 수십 년에 걸쳐 타자기 사용이 확산됨에 따라 여성에게 적합하고 '착실한' 직업으로 인정된 타자수와 비서의 수요가 생겨났다.) 1870년대만 해도 서른 살이 넘어 결혼하는 여성은 10명 중 한 명에 불과했지만 에드워드 7세 시대인 1906~1911년에는 그 비율이 2배 증가했다.

따라서 체면이라는 개념이 확산되고 혼외 출생자가 줄어들던 상황에서 가임기 여성의 결혼이 줄어들고 독신으로 지내는 여성이 많아졌다. 이뿐 아니라 기혼 관계에서도 출생률이 하락했다. 이러한 현상의 원인이 금욕인지, (성행위 시의 시간 조절이든 생리주기를 이용한 것이든) 세심한 시간 조절인지, 아니면 두 가지 요소 모두인지는 알 수 없다. 몇 대 전 조상의 침실에서 정확히 무슨 일이 일어났는지는 수수께끼로 남아 있다. 그럼에도 몇 가지 흥미로운 단서를 찾아볼 수 있다. 제1차 세계대전 직후 영국 상류층의 일화를 살펴보자. 전임 총리 허버트 헨리 애스퀴스Herbert Henry Asquith의 부인 마고 애스퀴스Margot Asquith는 영국의 정치가 오즈월드 모슬리Oswald Morsley의 첫 번째 부인 신시아 모슬리Cynthia Morsley(커즌 경의 딸이며 초기 노동당의 국회의원)가 첫째를 낳았을 때 서둘러 둘째를 갖지 말라고 조언하면서 이렇게 말했다. "헨리는 항상 시간 맞춰서 뺐어요. 그 사람이 그렇게 고결한 남자에요."

사회 최하층에 있는 사람들이 애스퀴스 부부와 크게 다른 피임법을 사용했을 것 같지는 않다. 다만 잉글랜드 동부의 농촌 지역 펜스에 거주하는 에이다 헤이호는 회고록에서 다른 방법을 제안했다. 그녀는 "남편이 잠자리에 든 다음에도 밤을 지새우곤 했다. 남편이 내게 '안 잘 거야?'라고 말하면 나는 '자기 전에 이걸 수선해야 해. 그 사람들이 아침에 찾으러 올 거야. 당신은 자도 되지만 나는 이걸 오늘 끝내야 해'라고 대답한다"고 회상했다. 에이다 헤이호의 의도는 분명했다. "알다시피 나는 아이를 셋 낳았다. 그리고 더는 낳고 싶지 않았다. 내 어머니는 14명을 낳았는데 난 그렇게 되고 싶지 않았다. 그래서 잠자리에 들지 않고 바느질을 하다보면 내가 자러 갈

때쯤 남편은 이미 잠들어 있었다. 간단하지 않은가?”

산아 제한과 피임법 보급을 둘러싼 싸움이 계속되는 가운데 산아 제한에 찬성하는 새로운 지지자들이 나타났다. 바로 우생학자들이었다. 이들은 거리낌 없이 국민을 ‘품종stock’으로 구분했으며 그 품질을 평가하고 조정하려 들었다.

가족 규모 축소 추세가 다른 나라로도 점차 확산되면서 읍과 도시에서 근대화를 겪은 이들은 재빠르게 핵가족으로 전환했지만 농촌에 남은 소작농이나 농업 노동자들은 대가족을 유지하면서 두 집단 사이의 출산 패턴에 뚜렷한 차이가 발생했다. 그러나 잉글랜드는 그 점에서도 예외였다. 면적이 작은 잉글랜드에서는 농촌이 도시와 맞닿아 있었기 때문에 농촌 거주자라 해도 도시의 영향을 받을 수밖에 없었다. 아무리 멀리 떨어진 농촌에서도 잠깐만 기차를 타고 가면 꽤 큰 읍에 닿을 수 있었다. 미국처럼 산간벽지가 있는 것도 아니었고 러시아처럼 가장 가까운 도로까지 나가려면 하루 온종일 걸어도 모자란 오지도 존재하지 않았다. 따라서 잉글랜드에서는 농촌에 거주하는 이들이라 하더라도 도시의 근대적인 생활양식을 빠르게 받아들여 가족 규모를 줄여나가기 시작했다.

계속된 대규모 이민

19세기 후반부에 500~700만 명이 (아일랜드를 포함한) 영국제도를 떠났다. 이후 이탈리아나 러시아 유대인 지구(러시아 서부의 유대인 격리 지역)처럼 유럽에서도 가장 외떨어지고 가난한 지역에서 점점 더 많은 이민이 미국으로 흘러들어가기 시작하자 영국제도의 이주자들은 미국이 아닌 캐나다와 호주 같은 식민지로 방향을 틀기 시작했다. 이와 같이 해외 이민율이 전반적으로 상승하자 국내 인구 성장 추세가 꺾였다. 그러나 앞서 보았듯이 해외 이민자 상당수가 정착지에서 농경에 종사했고 값싼 식량을 생산하여 수출했기 때문에 고국의 국민들은 전보다 훨씬 나은 생활수준을 누리고 더 오래 살 수 있었다. 따라서 해외 이민은 영국의 인구 규모 확대에 기여하기도 했다.

인구 데이터의 취합 기술이 개선됨에 따라 이 시기의 인구 성장에는 세 가지 요소가 작용했다는 사실이 밝혀졌다. 첫째, 여성이 (결혼 연기든, 피임에 대한 인식 개선과 피임법의 보급 때문이든) 자녀를 덜 낳게 된 것은 사실이지만 과거의 인구 성장 덕분에 아이를 낳는 젊은 여성의 숫자가 그 어느 때보다도 많았으며 출생자도 여전히 많았다. 둘째, 사망하는 사람의 숫자가 해마다 줄어들었다. 특히 20세기 초반부터 영유아의 사망률이 줄어들었다. 셋째, 대규모 해외 이민이 계속되었으며 (당시에는 아일랜드를 포함한) 영국으로의 이민에는 여전히 제한이 있었다. (예외는 대부분 1880년대에서 1905년 사이에 러시아에서 이주해온 유대인들인데 그 숫자가 1만 명을 훌쩍 넘어선 해는 한 해도 없었으며 영국의 유대인 인구가 전체 인구의 1%를 넘긴 적도 없었다. 따라서 이들의 숫자는 전체 인구 규모에 유의미한 영향을 끼칠 정도로 많지 않았다.) 이 세 가지 요소 때문에 인구의 지속적인 성장이 이루어졌지만 인구 성장률은 20세기 전반에 연평균 1.35% 정도에서 후반에 고작 1% 남짓한 수준으로 하락하기 시작했다. 오랜 기간 이어진 인구 성장률 둔화 때문에 20세기 말의 인구는 인구 성장률이 동일하게 유지된다고 가정했을 때보다 훨씬 더 적었다. 북해 건너편의 인구 성장세도 영국과 비슷하게 전개되었지만 그 시기는 수십 년 뒤였다. 잉글랜드의 인구 성장세가 둔화하기 시작하던 때에 독일은 막 인구 성장의 길로 들어서고 있었다.

독일의 각성

20세기 전반은 영국과 독일의 충돌로 압축된다. 19세기 초만 해도 상상하기 어려운 일이었다. 역사는 독일의 효율적인 전쟁 능력(과 그에 이은 인종학살의 잔학성)이나 산업과 경제의 규모와 역량에 초점을 맞추는 경향이 있다. 주지하다시피 1914년에 독일은 대영제국, 러시아, 미국의 연합군을 제압하지는 못했지만 최소한 그들과 맞붙어 싸울 수 있는 능력을 갖추고 있었다. 그러나 영국에서 산업혁명이 한창 진행 중이던 19세기 초반만 해도 독일은 정치적으로는 수십 개의 소국으로 분열되어 있었을 뿐 아니라 경제적으로도 상당히 뒤처진 상태였다. 또한 시인과 철학자의 땅이자 군주와 소공국들이 존재했으며 근대라기보다는 중세에 가깝고 활활 타오르는 용광로보다는 동화 속 궁전이 연상되는 나라였다.

이때의 독일은 괴테와 실러, 베토벤과 슈베르트, 칸트와 헤겔의 땅으로서 사상, 예술, 창의력 면에서 풍요로운 나라였지만 지역적으로나 제도적으로 통일되어 있지 않았다. 주요 산업은 여전히 농업이었으며 북적대는 런던과 파리나 막 발전의 길로 들어선 맨체스터처럼 19세기 발전의 최첨단에 선 도시가 없었다. 그 후 **독일이 세계에서 가장 강력한 권력, 정치, 산업, 경제 및 군사의 도전자로 떠오른 것에는 여러 가지 원인이 있지만 인구 요소는 간과될 때가 많다. 비스마르크의 말대로 독일은 피와 철을 토대로 발전했다. 그러나 우리는 철(중화기를 생산해낸 공업 역량)만 생각하고 피(조국을 위해 기꺼이 죽을 수 있었던 독일 청년의 역량과 인구수)는 간과하는 경향이 있다.**

숫자만 따져도 독일(비스마르크의 통일 전쟁 직후인 1871년에 마침내 통일 제국이 된 영토)은 항상 영국보다 인구가 많았지만 19세기가 진행되면서 균형이 바뀌었다. 1800년에 영국 인구는 독일 인구의 절반에도 미치지 못했다. 이후 영국이 발전의 선두에 서면서 1900년에 영국 인구는 독일 인구의 3분의 2로 성장했지만 출생률 하락과 이민율 상승 때문에 그 시점부터 성장률이 다시 하락하여 1913년에는 영국 인구가 독일의 62% 수준으로 감소했다.

독일의 인구 성장은 영국뿐 아니라 프랑스와도 비교해볼 수 있다. 제1차 세계대전이 발발하기 100년 전인 나폴레옹 보나파르트 치세에는 프랑스의 인구가 아직 통일 전이던 독일보다 10% 정도 많았다. 그러다가 1914년에 이르자 독일의 60% 미만으로 급감했다. 독일은 산업화와 도시화, (한동안 지속된) 높은 출생률 덕분에 맬서스의 덫을 탈출하여 영국과 같은 세계에 합류하는 데 성공했지만 프랑스는 인구학적으로 독일과는 대조적인 운명을 겪었다. 해외 이민율도 낮았고 출산율과 인구 성장률도 낮았던 것이다. 독일이 인근 국가에 비해 높은 인구 성장률을 보이자 영국에서는 우려의 목소리가 높아졌고 프랑스에서는 편집증 비슷한 현상이 나타났다. 1870년에 프로이센과의 전쟁에서 패배하여 파리를 점령당했었고 독일이 이때의 승리를 바탕으로 1년 후에 통일된 것을 지켜보아야 했던 프랑스는 패배의 굴욕을 떨쳐내지 못하고 있었다.

독일은 정치적 통일과 인구 성장이라는 두 가지 요소가 결합되었기 때문에 강대국이 될 수 있었다. 독일이 계속해서 크고 작은 영방국가로 분열되어 있었다면 인구가 성장한들 이웃 국가에 큰 위협이 되지는 못했을 것이다. 이와 반대로 통일은 이루었지만 인구 성장률이 미미했을 경우도 마찬가지다. 물론 유럽이나 세계 지배라는 목표가 그 두 가지 요소만으로 달성되지 않는다는 사실이 훗날 드러나기는 했다.

독일에서 일어난 일은 과거 영국에서 일어난 일의 재현에 지나지 않았다. 1800년에 2,500만 명이었던 인구가 1870년까지 (대략 0.7%의 연평균 증가율로) 4,000만 명으로 늘어났으며 그 후 (그보다 2배 높은 연평균 성장률로) 1913년에는 6,700만 명에 달했다. 시인과 철학자의 땅은 19세기 중반에 이르면 강철과 석탄은 말할 것도 없고 피와 무기의 땅이 되었다. 영국에 불어닥쳤던 산업화는 (분별력, 상대적으로 높은 문해율, 근면한 인구, 필수 원자재의 조달 가능성 등) 영국과 비슷한 장점이 많았던 독일에도 불어닥쳤다. 1880년에 독일의 제조업 규모는 영국의 3분의 1이었지만 1913년에는 영국을 추월할 정도로 확대되었다.

산업화 초기 독일의 환경은 영국이 그랬던 것처럼 열악했지만 영국과 마찬가지로 서서히 개선되었다. 그 결과 도시 근로자와 그 가족은 이전 세대의 소작농들이 꿈꾸었던 것보다 훨씬 더 높은 생활수준을 향유하게 되었다. 생활수준의 향상은 어린이 생존율 상승과 장수로 이어지는 법이다. 따라서 출산율이 높은 수준을 유지하는 동안에 인구도 빠르게 성장했다. 영국의 뒤를 따라 독일도 맬서스의 덫에서 빠져나가기 시작했다. 그러나 영국이 맨 앞에서 길을 개척해나가며 발전을 이루어나가야 했던 반면 독일은 영국이 다져놓은 길을 따라가기만 하면 되었으므로 더 빠른 속도로 전진했다. 이러한 추세는 인구 물결의 이야기가 전개되는 동안에 여러 차례 나타나게 된다. 뒤늦게 산업화에 돌입한 나라일수록 더 빠른 속도로 산업화를 달성하고 사회 변화가 더 빠르게 일어나며 초기의 인구 성장 속도도 더 빠르다.

19세기 후반에 이르러서는 독일 여성들이 자녀를 덜 낳기 시작했지만 영아 사망률도 떨어졌기 때문에 인구 성장 속도가 유지되었다. 영국과 마찬가지로 독일도 유럽 이외 지역(과 러시아)에서 들어오는 값싼 식량의 혜택을 입었다. 그뿐만 아니라 경작지가 확대되고 기술이 발전함에 따라 국내 산출이 증가한 것도 인구 성장률 유지에 도움이 되었다. 무엇보다도 좀 더 효율적인 농기구가 등장했고 비료가 한층 더 널리 보급되었다. 하지만 독일 정부가 관세를 통해 자국 농민을 철저히 지원하고 보호했기 때문에 독일 인구가 값싼 해외 식량의 혜택을 온전히 누리지는 못했다. 또한 독일은 식민지라고 해보았자 자투리땅만 확보했을 뿐 자원을 착취할 만한 대제국을 건설하지 못했다. 그럼에도 전보다 저렴해진 식량과 개선된 도시 환경 때문에 큰 이득을 얻었다. 독일의 통일 정부는 교육과 복지제도에 중점을 둔 정책을 실시했는데, 이 두 가지는 사회 최하층민들이 수많은 영아 사망과 (살아남은 이들 대부분의) 조기 사망에서 탈출하도록 도움을 주었다. 그 결과 비스마르크가 독일을 통일했을 때만 해도 일반적인 독일인의 기대수명은 40년을 넘지 못했지만 제1차 세계대전이 발발한 1914년에는 50년 가까이로 늘어났다. 이러한 점에서 독일은 여전히 영국에 뒤처져 있었지만 영국을 바짝 추격하고 있는 것만은 확실했다.

좀 더 자세히 살펴보면 인구 상황이 나라마다 각양각색이었을 뿐 아니라 나라 안에서도 다양한 양상으로 나타났다는 사실을 짐작할 수 있다. 영국과 달리 독일은 도시 여성의 자녀 수와 농촌 여성의 자녀 수에 차이가 있었다. 독일의 농촌에서는 계속해서 대가족을 꾸려나갔던 반면에 도시 사람들은 소가족을 구성하기 시작했다. 이처럼 도시가 커질수록 가족 내 어린이의 숫자가 줄어드는 현상은 영국을 제외한 다른 곳에서도 전형적인 패턴으로 나타났다. (이러한 패턴이 굳어지자 훗날 나치 독일은 농민이 건강하고 생식 능력이 좋으며 도시 생활로 타락하지 않았기 때문에 지배 민족을 위해 지속적으로 아기를 생산해줄 수 있는 반면에 도시인은 너무 허약하고 퇴폐적이며 물질 추구에 열을 올리느라 조국을 위해 출산의 의무를 다하지 못한다고 주장했다.) 도시로 이동하는 사람들이 갈수록 증가했기 때문에 소가족 확산은 국가적인 차원에서 중대한 영향을 미쳤다. 나라 전체가 농촌이 아닌 도시의 패턴에 가까워졌으며, 인구가 팽창함에 따라 도시화는 점점 더 빠르게 진행되었다. 예를 들어 독일의 대표적인 도시 베를린의 인구는 1800년부터 1910년까지 20만 명 미만에서 200만 명 이상으로 불어났다.

가족 규모는 도시와 농촌뿐 아니라 계층별로도 달랐다. 이 점에서는 독일과 영국이 매우 비슷했다. 현재는 일반적으로 가난할수록 가족 규모가 크지만 과거에는 빈곤층의 영아 사망률이 더 높았기 때문에 부유한 계층의 가족 규모가 더 컸다. 그러나 이후 상류층에서 시작된 피임 경향이 아래 계층으로 빠르게 전파되지 않았으며 생존율이 전반적으로 상승함에 따라 전통적인 패턴이 역전되었다. 도시와 농촌의 가족 규모 차이가 패턴으로 굳어져 전 세계적으로 잇따라 재현되고 있듯이 계층 간의 차이도 마찬가지였다. 대가족은 가난하고 교육받지 못했으며 미개한 사람들로 인식되었고, 자녀가 한둘이거나 기껏해야 3명인 핵가족은 부유하고 도시적인 사람들의 특징으로 받아들여졌다. 상류층은 자녀가 유리한 위치에서 인생을 출발할 수 있도록 소가족을 이루기 원했으며 어떤 식으로든 산아 제한을 실행에 옮길 정도로 유능하고 적극적이었다. 독일에서도 늦은 결혼은 영국에서와 마찬가지로 출산율 하락의 원인 가운데 하나가 되었다.

요약하자면 제1차 세계대전 당시에는 독일의 가족 규모가 줄어들고 있었지만 그럼에도 영국보다는 훨씬 더 컸다. 게다가 사망률이 빠르게 감소했다. 이 두 가지 요소가 1914년까지 대략 50년 동안 독일의 인구 성장을 촉진했다. 영국과는 대조적으로 해외 이민율이 하락한 추세도 독일의 인구 성장을 견인했다. 영국의 해외 이민율은 원래부터 독일보다 더 높았다. 예를 들어 1880년대에는 독일의 2배였고, 1914년 직전에는 독일의 9배에 달했다.

영국보다 적은 수이긴 했지만 비교적 많은 독일인들이 19세기 내내 더 나은 삶을 찾아 해외로 이주했다. 이들은 주로 미국으로 건너가 미국 인구의 큰 비중을 차지했다. 아이젠하워 대통령의 가족도 독일 서부의 자를란트Saarland에서 미국으로 건너갔으며 도널드 트럼프의 친가는 독일 남서부의 카를슈타트Karlstadt 출신이다. 그러나 독일이 산업화에 돌입하고 통일이 되어 독일 내에 더 많은 기회가 생겨나자 상황이 바뀌기 시작했다. 영국인들은 친인척들이 자리잡고 있고 언어와 정치제도도 친근한 대영제국의 영토를 비롯하여 광범위한 영어 사용권에서의 미래에 마음이 이끌렸지만 독일인들은 조국 독일이 빠르게 발전하는 통일 국가로 발돋움하자 낯선 영어 사용권으로의 이민에 전처럼 혹하지 않았다. 의도적인 것은 아니겠지만 영국과 독일의 이민 패턴은 두 나라가 세계대전에서 구사한 전략에 반영되었다. 독일은 국내 인구 팽창 덕분에 세계대전이 일어날 때마다 동부 전선과 서부 전선에 대규모 병력을 보낼 수 있었고, 영국은 높은 해외 이민율 때문에 전쟁이 일어났을 때 자국에서는 독일에 비해 적은 병력을 징집할 수밖에 없었지만 전 세계로 뻗어 있는 이민자 네트워크에 식량, 무기, 병력 지원을 요청할 수 있었다.

들썩이는 러시아

19세기가 막바지를 향해 가는 동안 영국은 미래와 식민지가 자신들만의 것이라는 자신감을 잃어갔다. 세실 로즈 같은 이들의 오만한 발언은 갈수록 자취를 감추었고 러디어드 키플링Rudyard Kipling 같은 이들의 목소리가 대세를 이루게 되었다. 키플링이 1897년에 쓴《퇴장 성가Recessional》라는 시의 일부를 살펴보자.

멀리 불려간 곳에서 우리 해군이 사라졌네

모래 언덕과 곶 위로 불꽃이 잦아드누나
보라, 우리의 위풍당당했던 어제를
니네베와 티레 같지 않았던가!

그러나 성경 속 니네베Nineveh(개역성경에서는 니느웨 - 역주)와 티레Tyre(개역성경에서는 '두로' - 역주)보다는 로마제국의 몰락이 영국의 몰락과 비슷했다. 인구 성장세만 보더라도 대영제국의 자리를 빼앗을 나라가 어디인지는 분명했다. 미국이 무서운 속도로 전진하고 있었으며 19세기 말에 인구 면에서 영국을 크게 앞지른 데다가 많은 인구를 지속적으로 불려나갈 능력이 있었다. 그러나 이때만 해도 영국은 미국이 멀리 떨어져 있고 어찌 되었든 자국의 자매국가라는 사실로 스스로를 위안했다. 영국과 미국은 서로에게 엄청난 경쟁심과 의혹을 품고 있었음에도 불구하고 (그 당시에는 '특별한 관계special relationship'라는 표현만 없었을 뿐) 특별한 관계의 씨앗은 그때부터 이미 뿌려져 있었다. 프랑스는 여전히 많은 인구를 보유하고 있었지만 인구로나 산업으로나 영국만큼 성장하지 못했다. 그보다는 눈에 띄게 성장하고 있던 독일이 영국의 가장 큰 걱정거리였다. 인종주의가 뿌리 깊었던 시대에 지리적으로 멀리 떨어진 일본은 1905년 러일 전쟁이 발발하기 전까지는 대영제국을 위협하는 나라가 아니었다. 독일을 제외하면 산업 역동성과 인구 성장을 두루 달성할 가능성을 보이고 대영제국에 위협이 될 나라는 러시아가 유일했다.

세계무대의 주요 세력이 되기 위해 필요한 두 가지 요소를 산업 비중과 인구 규모라고 한다면 19세기 후반의 러시아는 산업 비중 면에서는 매우 불리한 지점에서, 인구 규모 면에서는 매우 유리한 지점에서 출발했다. 러시아는 그때도 농업 위주였으며 1860년대까지도 농노 신세를 면치 못한 농민들이 과반수를 차지하는 나라였다. 산업은 몇 가지 분야에 국한되어 있었으며 큰 읍이나 대도시도 드물었다. 러시아 정부는 산업화와 도시화가 사회 불안을 초래하고 차르Tsar(러시아 황제 - 역주) 체제를 위협할 혁명 세력을 낳으리라고 생각해 산업화와 도시화를 꺼렸다. 최소한의 철도와 무기 공장도 건설할 수 없을 정도로 발전하지 못한 러시아가 크림 전쟁 등에서 패배한 것은 당연한 결과였다.

그러나 러시아는 산업적 우위 없이도 엄청난 인구 덕분에 인접한 나라들을 제압하고 세계에서 가장 큰 인접 정치 단위contiguous political unit를 형성할 수 있었다. 그러나 글을 읽지 못하는 농노가 국민의 과반수를 차지할 정도로 낙후된 상태를 벗어나지 못하는 한 인구 우위로는 발전에 한계가 있을 수밖에 없었다. 따라서 러시아 발전 방향에 대한 의문이 제기되었다. 정교회와 농민을 나라의 근간으로 고수해야 하는가? 아니면 변화해야 하는가? 변화를 택한다면 서구의 패턴을 답습해야 하는가? 아니면 독자적이고 특수한 진로를 찾아나가야 하는가? 이러한 의문은 헤르첸에서 톨스토이에 이르기까지 19세기 후반 러시아 철학과 문학의 단골 주제였다. 톨스토이 소설에서 여주인공 안나 카레니나가 기관차 앞에 몸을 내던지는 최후를 맞이한 것은 러시아 기혼 여성으로서의 전통적인 역할을 내던지고 변화를 상징하는 기관차에 파괴되는 운명을 상징했다. 결과적으로 러시아는 빠른 인구 성장을 포함한 근대화의 힘을 거스를 수 없었다. 러시아의 인구는 20세기 초반에 이미 영국 인구의 3배에 달했으며 계속해서 성장하는 추세였다.

러시아의 인구 성장 규모를 가늠하려면 세 가지 정보를 이해해야 한다. 첫째, 러시아의 인구는 19세기를 지나는 동안에 4배 이상 증가했으며 19세기 후반 즈음에는 점점 더 빠른 속도로 성장했다. 영국의 인구 성장 속도가 둔화하기 시작한 때에 러시아의 인구 성장 속도가 빨라지기 시작했다는 이야기다. 둘째, 제1차 세계대전이 일어날 즈음에 러시아의 인구는 해마다 무려 1.5%씩 성장했다. 영국은 물론 독일보다도 더 빠른 성장 속도였다. 그 정도 속도라면 인구는 몇 세대 만에 2배 가까이 증가한다. 셋째, 1914년에 러시아의 인구는 1억 3,200만 명이라는 어마어마한 수준이었다. 유럽 국가로서는 전례 없이 큰 인구 규모였다. 그러나 러시아의 생활환경은 산업 근로자나 농민이나 할 것 없이 극도로 열악한 수준이었다. 특히 농민의 생활은 말할 수 없이 처참했다.

러시아 국민이 물질적으로 곤궁한 삶을 살았으며 빈부격차가 대중의 분노를 돋워 훗날 유혈 혁명을 촉발한 것은 분명하지만 장기적인 관점에서 볼 때 상황은 나빠지지 않고 나아지고 있었다. 러시아에서도 철도가 대륙을 관통하고 신기술이 도입되어 식량을 구하기가 용이해졌으며 기초적인 수준이나마 공중 보건이 시행되기 시작했다. 유행병으로 목숨을 잃는 사람이 줄어들기 시작했고 흉작도 줄어들었다. 오늘날의 관점은 말할 것도 없고 동시대 영국이나 독일의 관점에서도 러시아는 가난하고 원시적인 나라였다. 그러나 (물질적 조건이 개선되고) 사람들이 자기 자신과 자녀의 생명을 우선시하여 생명 유지에 집중적으로 자원이 투입되면 생존율이 높아지고 사망률이 떨어져 인구 규모가 급성장할 수 있다. 더욱이 러시아에서는 대가족이 대세를 유지했다. 19세기 러시아에서는 이른 결혼과 다자녀가 일반적이었기 때문에 여성 한 명당 평균적으로 자녀 7명을 낳았다. 제1차 세계대전 즈음에는 자녀 수가 다소 감소하기 시작했지만 영아 생존율이 현저히 높아지면서 인구 성장으로 이어졌다.

유럽의 낙오자

인구 경주에서 영국은 가장 먼저 출발했으며 독일과 러시아가 그 뒤를 바짝 쫓았다. 프랑스는 이상할 정도로 머뭇거리며 출발점 근처에서 맴돌았다. 그러는 동안에 유럽의 나머지 지역도 한참 뒤쳐져 있기는 했지만 들썩이기 시작했다.

19세기에 일부 유럽 국가가 영국의 인구 도약을 뒤따라갔던 반면에 나머지 나라들은 그렇지 못했다. 이탈리아, 스페인, 오스트리아-헝가리 제국은 가족 규모가 컸지만 영아 사망률이 높은 농민 인구가 대다수를 차지했기 때문에 여전히 인구의 수렁에서 허우적거리고 있었다. 예를 들어 1900년에 영국의 기대수명이 48년을 넘어선 데 반하여 스페인의 기대수명은 35년에도 미치지 못했다. 오스트리아-헝가리 제국의 일부 지역은 19세기 후반과 20세기 초반에 들어서면서 인구 성장을 경험하기 시작했으며 영국과의 격차를 줄여나갔다. 그러나 스페인과 이탈리아는 그렇지 못했다. 실제로 스페인 무적함대 시절에 스페인 인구는 영국의 2배였지만 300년 후에는 영국의 절반 수준으로 감소했다. 그 기간 동안 영국 입장에서 스페인은 위험천만한 경쟁자이자 국가의 존속을 위협하는 적에서 전략적인 관심조차 아까운 나라로 전락했다. 물론 이러한 시각 전환은 스페인이 제국을 상실하고 국내 경제의 쇠락을 겪었으며 몇 군데 지역을 제외하면 근대화와 산업화에 실패했기 때문이기도 하지만 서로의 인구 균형이 뒤바뀌었기 때문이기도 하다. 영국의 빅토리아 여왕에게는 엘리자베스 1세처럼 스페인을 두려워할 이유가 전혀 없었다. 그 당시 영국에게 스페인은 위협적인 적이라기보다 무덥고 먼지 자욱한 오지 정도였다. 그러한 변화의 원인은 상당 부분 인구에 있다고 볼 수 있다.

이탈리아와 오스트리아-헝가리 제국은 영국이 수백 년 동안 그러했듯이 19세기 후반부터 자국 인구를 유럽 밖으로 보내기 시작했다. 20세기가 동텄을 때 미국의 대도시는 시칠리아 농민과 합스부르크 왕가의 영토 중에서도 가장 외딴 지역(과 러시아 집단 거주지)에서 온 유대인들로 채워졌다. 그렇지 않았다면 이탈리아나 오스트리아-헝가리 제국 내에는 더 많은 인구가 존재했을 것이다. 이탈리아에서는 1850년과 1913년 사이에 사망률이 연간 1,000명당 30명 가까이에서 20명을 약간 웃도는 수준으로 떨어졌지만 출생률은 좀 더 완만하게 하락하여 같은 기간 동안 자연적인 인구 성장률이 연간 1,000명당 8명에서 13명 정도로 올라갔다. 철도의 발달로 더 값싼 식량과 현대적인 이동 수단을 얻을 수 있어 어린이 생존율이 상승하기도 했지만 그와 동시에 더 많은 어린이를 신대륙으로 내보냄으로써 본국의 인구 성장을 억제하기도 했다.

제1차 세계대전이 일어나기 전까지 35년 동안 이탈리아인 400만 명이 미국으로 이민했으며 그보다 많은 숫자가 아르헨티나 등으로 떠났다. 미국은 유럽 변두리 국가에서 이주해온 사람들로 큰 이득을 보았다. 실제로 미국 인구는 제1차 세계대전 직전의 이민 열풍으로 크게 불어났다. 1886년에 자유의 여신상이 세워진 지 불과 한 세대 만에 여신의 횃불이 (영국제도와 독일 같은) 전통적인 나라 출신보다는 유럽 변두리 국가 출신의 이민자들을 비추는 일이 많아졌다. 이들은 모국에서 가난과 (유대인의 경우에는) 박해에 시달리기도 했지만 인구 팽창을 경험한 사람들이기도 했다. 미국으로 모여든 이민자들과 그 자녀들은 금세 적응하여 미국인이 되었고 그 결과 이들의 새로운 조국은 인구 우위에 힘입어 세계 선두 국가로 부상했다. 이들은 신대륙에 도착한 지 얼마 지나지 않아 자녀를 덜 출산하기 시작했지만 출산율은 여전히 높았다. 따라서 입국 이후 몇십 년에 걸쳐 이들의 숫자는 계속해서 불어났다. **현재 미국의 유대인**

이 600만 명에 달하고 아르헨티나 국민 60%가 스스로를 이탈리아계로 밝히는 것은 19세기 후반과 20세기 초반에 있었던 인구 이동의 결과물이다.

처음에는 신규 이민자들이 주류 문화에 동화되리라는 예측이 들어맞는 듯했지만 그 수가 증가하면서 미국을 바꿔놓기 시작했다. 제1차 세계대전 이후 우드로 윌슨Woodrow Wilson 대통령은 영국이 미국인들에게서 가족으로서의 특별대우를 과도하게 기대해서는 안 된다고 일침을 놓았다. "당신들은 우리를 이곳으로 건너온 사촌이라고 말해서는 안 된다. 동생으로 말하는 일은 더더구나 없어야 한다. 우리는 둘 다 아니다. 우리를 앵글로색슨인으로 생각해서도 안 된다. 그 명칭은 더 이상 미국 국민에게 적합하지 않다."

오만과 공포 — 변화하는 인구 균형

20세기 초반 영국의 인구 성장은 예상보다 오래 지속되었다. 몇 년 새에 인구가 급속도로 늘어났기 때문에 자녀를 갖는 젊은이들이 많았고 나이든 사람들도 전보다 장수했다. 따라서 여성들이 자녀를 덜 낳았다 해도 매년 수많은 아기가 태어나서 사망자를 대체했다. 출생률은 높았지만 출산율은 하락한 경우였다. 그러나 여성 한 명이 낳는 자녀 수가 줄어들자 이윽고 인구 규모가 정체하다가 감소했다. 그 당시에는 인구 연구가 상당히 초보적인 수준이었기 때문에 그러한 현상에 대한 이해가 부족했고 많은 이가 별 것 아닌 일이라고 생각했다. 그러나 그 기간 동안에 영국에서는 '반反 맬서스주의anti-Malthusianism'의 첫 번째 조짐이 나타났다. 이는 (맬서스처럼) 인구가 너무 많아질까봐가 아니라 너무 적어질까봐 우려하는 현상이다. 어떻게 보면 반 맬서스주의는 갑자기 나타난 것이 아니었다.

사람들은 그 이전에도 자국 인구의 규모에 대해 걱정해왔다. 특히 경쟁국과 비교하여 우려하는 일이 많았다. 프랑스 사람들은 프랑스-프로이센 전쟁에서 참패한 이후 줄곧 인구 문제에 집착했다. 프랑스 제3공화국 초기의 어느 논객은 "프랑스 정부는 인구가 줄어드는 나라의 지배층답게 독신자로만 구성되어 있다"고 불평했다. 반면에 영국이 현대화 과정에서 시작된 인구 둔화에 의식적으로 반응한 것은 20세기 초반에 와서였다. '인종 자살race suicide'이라는 말이 나왔고 1906년에는 영국 부인과 학회의 존 테일러John Taylor가 이기적인 부부들이 피임기구를 사용해 생명을 지키려는 의사들의 애국적인 노력을 방해하는 현상에 대해 "더할 나위 없는 불만과 혐오감"을 느낀다면서 "지금 세대의 사악하고 부자연스러운 풍습 때문에 그 모든 노고가 처음부터 존재하지 않기라도 한 듯이 물거품처럼 사라졌다"고 말했다.

우생학의 출현에서 알 수 있듯이 영국은 인구수(양)뿐만 아니라 품질도 걱정했다. 20세기 초반 일어났던 보어 전쟁 기간 동안 징집 담당자들은 도심에 사는 노동자 계층 소년들이 구루병과 천식을 앓는 등 건강하지 못하다고 불평했다. 영국이 도심에서 군대에 부적합한 인종을 양성하고 있다고 우려하는 사람들도 있었다. 대영제국이 보어 전쟁에서 힘겹게 승리한 것은 영국인들에게 큰 충격을 주었다. 게다가 '사회 진화론Social Darwinism'이 확산되고 있었다. 수십 년 전에 다윈은 동물을 비롯한 생물종이 생존을 위한 부단한 투쟁을 벌이고 있다는 글을 남겼다. 그의 글에 감명을 받은 영국의 지식인들은 국가도 그러한 투쟁을 벌이고 있다고 생각했다. 그들은 독일의 인구가 늘어난다는 사실뿐 아니라 독일 남성이 런던 이스트엔드나 글래스고 빈민굴의 소년들보다 더 건강하고 튼튼할까봐 걱정하기 시작했다. 그 시기에 로이드 조지Lloyd George와 젊은 윈스턴 처칠의 주도하에 초보적인 복지제도가 탄생한 까닭도 부분적으로는 그러한 우려 때문이었다. 그러나 우생학 운동의 영향을 받은 이들은 열등한 사람들을 개조하기보다는 도태시키는 것이 더 낫다고 주장했다. 우생학자인 존 베리 헤이크래프트John Berry Haycraft는 1895년에 《다윈주의와 인종의 전진Darwinism and Race Progress》이라는 저서에서 "우리가 전염병을 근절하면 열등한 유형이 영원히 존속하게 된다"라는 주장을 펼치기도 했다.

언론에서도 인구 성장률의 둔화를 걱정하기 시작했다. 《데일리 메일》은 1903년에 "승리는 대규모 집단의 몫이다. 꽉 찬 탁아소는 국가와 종족의 우위를 만들어낸다"고 주장하면서 출생률 둔화에 따른 '종족의 몰락'에 우려를 표시했다. 《웨스트민스터 가제트Westminster Gazette》의 편집자 J. A. 스펜더J. A. Spender는 1907년에 출산율 저하를 가리켜 '쇠퇴의 조짐'이라고 논평했다. 양적인 문제가 질적인 문제 때문에 더욱 악화된다는 우려는 제임스 바클리James Barclay가 1906년에 발표한 연구 결과 때문에 한층 더 거세졌다. 바클리의 연구에 따르면 부유층은 자녀를 덜 낳는 반면 빈곤층은 다산을 유지했다.

삶이 훨씬 더 혹독했던 맬서스 시대에는 부유층 자녀들의 생존율이 빈곤층 자녀의 생존율보다 높았기 때문에 부유층 인구가 빈곤층에 비해 자연스레 늘어났다. 경제적 상황이 뒷받침되지 않는 한 그렇게 늘어난 사람들이 계속해서 상류층에 머무르기란 힘든 일이므로 상류층에서 태어난 이들 상당수가 더 낮은 신분으로 내려갈 수밖에 없다는 결론에 이른다. 그러나 실제로는 정반대 상황이 벌어졌다. 부유층이 소가족을 선택하고 빈곤층 어린이의 생존율이 늘어났기 때문이다. 1911년 런던의 부촌 햄스테드 지구의 출생률은 1,000명당 17.5명이었던 반면에 이스트엔드 지구의 가난한 동네인 쇼어디치의 출생률은 그보다 2배 가까이 높았다.

국가 인구 문제가 국민의 의식 속에 얼마만큼 중요하게 자리 잡았는지는 정부 기관이 아니라 국가사회풍속협의회National Council for Public Morals라는 민간 기구가 국가출생률위원회National Rate Commission를 설립한 사실로 알 수 있다. 국가출생률위원회는 1913년에 연구를 시작하여 1916년에 보고서를 발표했다. 위원회의 결론에 따르면 출생률 하락의 원인은 식량과 주거지의 부족이 아니라 피임기구의 사용이었다. 보고서는 출생률 하락이 국력과 위신의 하락이라고 대놓고 주장하지는 않았다. 또한 출생률 하락이 북서 유럽 전반에서 나타나고 있다는 근거 자료를 제시함으로써 사람들의 불안감을 다소 누그러뜨리기도 했다. 어찌 되었든 보고서가 그 정도로 관심을 불러일으켰다는 것은 그 당시 영국이 출생률 문제를 중요하게 인식했음을 의미한다.

그 당시는 인종주의만큼이나 속물근성이 부끄럽게 여겨지지 않던 시대다. 위원회의 보고서가 나오자 일각에서는 상류층이 자취를 감추고 빈곤층이 번식을 지속하면 가장 우수하고 영특한 '혈통(오늘날의 용어로 바꾸자면 '유전자')'이 질적으로 열등한 자들에게 밀려나기 때문에 국가의 수준이 반드시 하락하고 말 것이라는 주장이 나왔다. 그 당시의 출생률 하락은 계층과 관련되었을 뿐 아니라 인종과 관련된 문제이기도 했다. 훗날 노동당을 창당하고 패스필드 경Lord Passfield이라는 작위를 받은 시드니 웨브Sydney Webb는 1906년에 "해마다 '정상'적인 혈통의 아기가 5분의 1씩" 줄어들고 있다고 한탄하면서 이것이 "우리 종족의 번영을 크게 위협하는 국가적인 재난"이라고 말했다. 전반적인 숫자 감소뿐만 아니라 민족 구성도 문제였다. 웨브는 영국의 국민 절반이 가족 규모를 줄이고 있는 반면에 아일랜드 가톨릭교도와 이민 온 유대인에게서는 아이들이 "마음껏 태어나고 있다"고 통탄했다.

인구 성장률 하락에 대한 영국의 우려는 독일과의 경쟁의식이 고조됨에 따라 커져만 갔다. 영국이 독일을 잠재적인 경쟁자로 간주한 까닭은 경제 역동성이나 국제 무역 확대, 식민지 건설과 해군 증강 계획뿐만이 아니라 인구 성장 때문이기도 했다. 인구가 뒷받침되지 않았다면 독일은 영국에 도전장을 내밀지 못했을 것이다. 오스트리아-헝가리 제국의 시민이었던 에밀 라이히Emil Reich는 1907년에 《독일의 머릿수 증가Germany's Swelled Head》라는 책을 펴냈다. 1914년에 재출간된 이 책은 독일이 1964년까지 1억 400만 명, 1980년까지 1억 5,000만 명, 2000년까지 2억 명의 인구를 확보할 것으로 예상된다고 주장했다. 독일에 대한 반감이 심했던 영국의 국왕 에드워드 7세는 라이히의 책을 육군 지휘관들과 더럼 주교 같은 사람들에게 추천했다.

(독일의 경제와 해군 경쟁력에 대한 전반적인 우려와 더불어) 독일의 인구 성장에 우려를 느낀 것은 영국뿐만이 아니었다. 영국보다 인구 구조가 훨씬 더 취약했으며 독일에 비해서도 한참 뒤처진 프랑스는 프랑스-프로이센 전쟁, 알자스-로렌 지방의 상실에 이은 독일 통일 직후인 1871년부터 출생률과 징집률에 대해 노심초사했다. 프랑스가 인구 감소에 대해 우려하기 시작한 때는 19세기 초반으로 거슬러 올라간다. 제1차 세계대전이 일어날 즈음에 독일의 인구 성장률은 분명 둔화하고 있었다. 게다가 1910년에는 출생자 숫자가 80만 명에 그쳐서 85만 명이었던 5년 전보다도 줄어들었다. 그럼에도 경쟁국들은 그것이 일시적인 주춤세에 불과하고 독일은 언제까지나 대가족을 고수할 것이며 1950년에 이르면 독일 인구가 9,500만 명에 달하리라는 두려움을 지우지 못했다. 무엇보다도 독일이 인구 성장에 힘입어 적어도 향후 50년 동안은 전쟁에서 독보

적인 우위를 누릴지도 모른다는 생각을 떨쳐내지 못했다.

다른 나라들의 우려와 달리 막상 독일은 자국의 인구 성장을 그리 생생하게 실감하지 못했다. 하지만 에밀 라이히의 저서를 보면 (앞 장에서 논한 앵글로색슨의 오만한 세계 지배 이념 같은 수준에는 결코 대적할 수 없지만) 적어도 자국의 인구 성장을 자랑스러워는 했던 것 같다. 발트 해 연안 출신의 작가이자 논객으로서 독일이 세계 강대국이 되어야 한다고 부르짖은 파울 로르바흐Paul Rohrbach는 독일의 인구 성장을 "자연스럽고 도덕적인 힘"의 신호로 해석해야 한다고 주장했다. 다른 한편으로 독일도 영국과 마찬가지로 제1차 세계대전 몇 년 전부터 낮은 계층의 출산율이 높은 계층을 앞지르고 있다는 사실을 잘 알고 있었다. 게다가 이러한 현상 역시 영국에서와 마찬가지로 사회 진화론과 우생학적 관점에 비춰 해석되었다. 시사평론가 페르디난트 골드슈타인Ferdinand Goldstein은 독일의 인구 과잉에 대해 경고하면서 "프롤레타리아가 세상을 장악"하여 "오늘날의 프랑스처럼 평범한 사람들이 승리"하는 결과가 나타날지도 모른다고 걱정했다. 그뿐만 아니라 독일의 인구는 영국에 비해서는 빠른 속도로 성장했지만 러시아보다는 성장 속도가 느린 편이었으며 이것이 독일인의 불안감을 조장했다.

영국과 프랑스가 동쪽을 바라보며 독일의 인구에 불안감을 느꼈다면 독일은 동쪽에 있는 러시아의 인구 성장에 불안감을 느꼈다. 독일의 두려움은 독일 학자와 언론인들의 저술에 드러난다. 이들은 제1차 세계대전이 가까워올 때쯤에 경쟁과 외국인 혐오 분위기를 조성했으며 어떤 면에서는 전쟁 유발에 기여했다고도 볼 수 있다. 페르디난트 골드슈타인은 부적합한 종자는 번식력이 너무 좋고 적합한 종자는 그렇지 못하다고 걱정했을 뿐 아니라 "진짜 위협은 슬라브인의 무분별한 번식뿐"이라며 러시아에 대한 불안감을 노골적으로 드러냈다. 프리드리히 뢴네Friedrich Lönne는 1917년에 쓴 글에서 독일의 인구 성장률 둔화가 군사적·경제적 쇠퇴로 이어지며 "계속해서 인구가 늘어나는 국가가 세계 경제에서 우리 자리를 빼앗을 것"이고 독일이 "유리한 위치를 빼앗길 것"이라고 주장했다. 전쟁 전에는 피임기구 보급을 법으로 금지하려는 시도가 여러 차례 있었지만 대개는 실패로 끝났다. 피임기구 불법화는 대부분 사회 풍속에 대한 우려에서 시작되었으며 가톨릭 중앙당Catholic Centre Party에 의해 주도되기도 했지만 제1차 세계대전 직전에 이르면 독일의 군사력이나 경제력에 대한 실질적인 고민에서 비롯된 면도 있었다. 전쟁이 끝나고 난 후 한스 알브레히트Hans Albrecht는 "최종 분석을 해보자면 베르사유 늑약Versailles Diktat(원래는 베르사유 조약이지만 독일인들은 조항이 부당하다며 명령 또는 늑약으로 불렀음 - 역주)의 모든 군비 제한 조항도 독일에 무기를 들 남성이 부족하다는 사실만큼 치명적이지는 않을 것"이라며 불안감을 표시했다.

러시아의 인구 성장은 독일의 논객들에게도 걱정거리였다. 프랑스 논객들이 독일인의 생식 능력이 왕성하다고 믿었던 것과 비슷했다. 역사학자 프리드리히 마이네케Friedrich Meinecke 등 영향력 있는 인물들은 러시아가 인구 팽창과 산업적·군사적 발전에 힘입어 거침없이 성장하는 상황에 대해 공공연하게 불안감을 표시했고, 이러한 분위기는 1914년에 “지금 아니면 안 된다”며 베트만홀베크가 전쟁을 결정하는 데 영향을 미쳤다. 베트만홀베크의 비서 쿠르트 리츨러Kurt Riezler에 따르면 전쟁이 일어나기 몇 년 전부터 베트만홀베크가 “러시아의 커져가는 요구와 강력하고 폭발적인 힘” 때문에 “몇 년 지나면 더 이상 러시아를 격퇴하지 못할 것”이라고 언급했다는 기록을 남겼다.

초기에 인구 전환을 겪은 나라의 인구 성장률은 점차 둔화되고 나중에 겪은 나라는 급격하게 인구 성장을 이루면서 격차를 벌리고 있다는 사실이 주목받으면서 우려를 자아냈다. 인구 성장률 격차에 대한 우려는 제1차 세계대전 직전의 국제 환경에서 국제 관계를 훼손하고 국가 간 경쟁과 갈등을 조장했다.

그러나 그전에 두 가지 전제 조건이 있었다. 첫째, 인구 외에도 걱정거리는 많았다. 영국에서는 번식력과 군사력 면에서 독일에 뒤처지는 것보다 제조와 무역에서 독일에 추월당하는 것에 대한 두려움이 더 컸다. 독일인들은 러시아의 군사력 증강에 촉각을 곤두세웠지만 그 토대가 되는 인구 성장에 대해서는 인식은 하면서도 크게 우려하지 않았다. 인구 때문에 미래에 문제가 생길지도 모르지만 무역 경쟁이라는 당면 과제가 훨씬 더 직접적인 고민을 안겼기 때문이다. 둘째는 인구에 대한 우려가 국가 간 경쟁에만 국한되지는 않았다는 점이다. 인구 성장이 문제라고 생각하는 맬서스주의자들도 (그 당시에는 신新맬서스주의자로 불렸지만) 여전히 존재했다. 게다가 영국과 독일에는 전체 인구 규모의 국제적인 의미보다는 인구 성장의 구성요소(낮은 계층의 출산율이 너무 높은 것)가 국내에 미칠 영향에 관심이 집중된 사람들도 있었다.

제1차 세계대전 직후에 출현한 파시스트Fascist들은 국가 인구의 양적, (인종주의와 우생학이 제기한) 질적 문제에 대한 불안감을 총체적으로 이용하여 제2차 세계대전 발발의 원인을 제공한다. 전제 조건이 필요하긴 했지만 그럼에도 인구 요소는 전쟁 전 국제적인 긴장관계의 원인이 되었으며 다른 경쟁 요소와 불가분의 관계에 있는 요소였다. 각국은 인구 성장률이 나라마다 크게 차이가 난다는 사실에 주목했고 그것을 심각하게 받아들였다.

요람을 흔드는 손이 세계를 지배하기까지

유럽 주요 국가의 인구와 인구에 대한 인식이 수십 년에 걸쳐 작용한 결과 20세기 최초의 참사인 제1차 세계대전의 계기를 마련했다는 것은 의심할 여지가 없다. 또한 인구는 전쟁의 결과에도 두 가지 측면에서 영향을 미쳤다. 첫째는 경제·산업·생산 역량이고, 둘째는 전장에 군대를 배치할 수 있는 능력이다.

영국이 세계의 공장으로 거듭나고 세계 경제의 선두를 차지하는 과정에서 인구 성장이 필수 불가결한 역할을 담당했듯이 영국의 경쟁국들도 인구 성장을 통해 영국과 같은 결과를 얻을 수 있는 가능성을 확보했다. 어떤 나라가 세계무대에서 영향력을 발휘하기 위해서는 비교적 많은 인구를 보유해야 할 뿐만 아니라 산업이 발전하여 인구 전반이 경제적으로 여유롭거나 여유로워지는 중이어야 한다. 예를 들어 중국은 인구가 수억 명이었지만 본격적인 산업 발전이 이루어지지 않아 경제적 후진성을 탈피하지 못하고 있었다. 스칸디나비아 각국과 오늘날 '베네룩스Benelux'로 알려진 나라들은 산업이 발달하여 경제력을 갖추었지만 인구가 너무 적어서 국제적으로 큰 영향력을 발휘하지 못했다.

1820년부터 1870년까지 영국의 상황을 살펴보면 연간 경제 성장률(연평균 2.5%대)의 절반 정도가 인구 성장에서, 나머지 절반은 국민의 자산 증가에서 비롯된 것으로 볼 수 있다. 1870년을 기점으로 독일 경제와 산업은 영국보다 훨씬 더 빠른 속도로 성장하기 시작했다. 예를 들어 1870년에는 영국의 4분의 1에 불과하던 독일의 선철(무쇠) 생산량이 1914년에는 영국의 절반 정도로 증가했다. 또한 제1차 세계대전 직전에 독일의 강철 생산량은 영국의 2배였다. 철 생산량은 양국의 젊은이들이 서로 무기를 휘두르며 싸울 때 매우 중요한 요소다. 독일이 영국과 그 우방들에 대적할 만한 산업적·경제적 강대국으로 성장한 것은 엄청난 인구 폭발을 경험했기 때문이다.

인구 성장은 독일의 경제적·산업적 상승을 뒷받침했을 뿐만 아니라 러시아의 상승에도 필수 불가결한 역할을 했다. 1885년부터 1913년까지 러시아 경제는 연평균 3.4%라는 놀라운 성장률을 보였다. 독일보다 훨씬 더 불리한 지점에서 출발했지만 속도 면에서는 독일보다 더 빠른 성장세를 보였다. 이러한 성장세 역시 인구 성장으로 러시아의 개별 국민이 더 많이 생산하고 더 많이 소비하기 때문이기도 했다. 또한 러시아는 인구 성장으로 한 해에 75만 명을 시베리아로 보낼 역량을 갖추게 되어 그 광활하고 인구 밀도가 낮은 땅의 소유권을 공고히 할 수 있었다. 러시아의 산업 생산량은 19세기 마지막 20년 동안에 3배로 증가했고 산업 고용률은 20세기 첫 13년 동안에 50% 가까이 상승했다. 이러한 성장세는 무기 생산에서도 나타나 러시아의 무기 생산량은 1913년까지 5년 만에 2배 증가했다.

러시아는 1914년에 전쟁이 일어날 때만 해도 생산량과 경제력 측면에서 독일은 말할 것도 없고 프랑스에도 한참 뒤처져 있었지만 거대 도시화와 인구 팽창 덕분에 그 격차를 빠른 속도로 좁혀가고 있었다. 마르크스 이론에 근거하여 산업 노동자 계층을 대변한다고 주장한 볼셰비키가 1917년에 권력을 잡았을 때만 해도 산업 노동자 계층은 농민이 주류였던 러시아 사회에서 극히 일부에 불과했다. 1914년에 전쟁이 일어났을 때 러시아 산업은 러시아군에 무기를 공급하느라 허덕였지만 그럼에도 3년 넘게 무기 공급량을 유지하여 러시아군이 계속해서 싸울 수 있도록 했다. 인구 성장에 힘입어 그 이전 수십 년에 걸쳐 산업화를 급속도로 이루지 못했다면 러시아는 참전조차 불가능했을 것이다. 이처럼 전쟁으로 산업 노동력에 대한 수요가 늘어나 혁명의 잠재력을 지닌 프롤레타리아 계층이 힘을 얻게 되었다. 그뿐만 아니라 전쟁 때문에 농촌에서 읍이나 도시로 식량을 운송하는 데 차질이 빚어졌기 때문에 도시 거주민은 식량을 구하기가 어려워졌다. 기반을 상실한 데다 배를 곯기까지 한 젊은 인구가 당장 혁명을 일으키더라도 이상할 것 없는 상황이 만들어졌다.

이처럼 인구 성장과 경제 성장이나 산업 성장의 연관성이 주목을 끌었지만 사실 인구 성장과 군사력 사이에는 더 직접적인 연관성이 있다. 특히 제1차 세계대전처럼 천재적인 전략가의 일격보다는 상대방이 꺾일 때까지 지루한 소모전으로 승부를 보아야 하는 전쟁에서는 인구 성장이 군사력으로 직결되었다. 유럽의 테두리 밖에 있는 식민지에서는 유럽 제국주의 열강의 몇 안 되는 대리인들이 엄청난 숫자의 인구를 지배하고 있었다. 식민지의 사회와 경제가 유럽보다 훨씬 더 후진적이었기에 가능한 일이었다. 체계적으로 조직되고 훈련이 잘된 독일군은 적어도 전쟁 초기에는 적군인 프랑스군과 영국군보다 어느 정도 우위에 있었으며 러시아군에 비해서는 상당히 우세했다. 그러나 무엇보다도 군사력을 좌우하는 숫자가 최고로 중요했다. 특히 서부 전선의 진전 없는 참호전에서는 신병을 지속적으로 징집하여 전쟁터에 투입할 수 있는 능력이 승부의 관건이었다. 또한 전선에 있는 군인들에게 무기와 보급품을 지속적으로 제공하는 능력도 중요했기에 후방의 산업 경제 기지에도 많은 인구가 필요했다.

영국은 제1차 세계대전이 한참 진행되고 나서야 자원 입대자 모집과 징집을 통해 육군 병력을 어느 정도 확보할 수 있었지만 해군력에 있어서는 독보적인 위치에 있을 정도로 우세했다. 그 덕분에 연합국은 바닷길을 통해 유럽 밖에서 물자와 병력을 공급받을 수 있었다. 과거 영국의 인구 성장으로 해외 이민 열풍이 불지 않았다면 유럽 밖에서 병력과 물자가 공급되는 일은 없었을 것이다. 프랑스 육군이 더 많은 병력을 전장에 투입할 수 있었던 독일의 끈질긴 공세에 시달리는 동안 공장과 전선에 투입된 영국의 인구는 연합군이 서부 전선을 지키는 데 결정적인 역할을 했다.

제1차 세계대전의 결과와 인구의 관련성을 수학적으로 엄밀하게 측정하는 것은 당연히 불가능하다. 독일이 거의 승리할 뻔했던 데는 두말할 나위도 없이 근면성, 용기, 조직력이 작용했다. 그러나 산업 강국끼리 정면으로 맞붙자 결국에는 숫자가 승부를 결정했다. **전쟁 기간 동안에 4,600만 명 가까이 동원한 연합국이 2,700만 명도 동원하지 못한 동맹국에 비해 단연 우세했다. 1918년 11월에 전쟁이 끝날 때쯤에야 인구로 영향력을 떨치기 시작한 미국을 제외하면 전쟁 기간에 동원된 남성의 비율은 연합국 대 동맹국이 1.75대 1로 전쟁이 일어났을 때 주요 강대국들의 인구 비율인 1.73대 1과 거의 일치했다.** 1880년대와 1890년대의 요람에서 태어난 아이들이 전쟁의 승패를 가른 셈이다. 영국은 인구 면에서 독일에 밀렸지만 훨씬 더 규모가 큰 러시아 군대, 제국의 식민지, 자치령과 미국 등의 엄청난 병력을 활용함으로써 결국 승리했다. 1918년까지의 전쟁 전개에 영향을 주고 승패를 결정지은 힘의 균형은 우리가 이제까지 살펴본 인구학적 발전에 의해 좌우되었다고 할 수 있다. 구체적인 힘의 균형 이외에도 대규모 산업화뿐만 아니라 세계적으로 유례없는 대규모 병력 투입에 의해 전쟁의 승패가 결정되었다. 앞선 시대의 인구 폭발이 없었다면 대규모 산업화도, 대규모 병력 투입도 가능하지 않았을 것이다.

러시아는 1914년만 해도 독일과 오스트리아를 상대로 전쟁을 지속하기 어려울 정도로 발전이 더뎠지만 반대편인 동맹국이 제2전선에서 싸우고 있을 때에도 이어진 인구 급증에 힘입어 강대국으로 발돋움할 수 있었다. 훗날 제2차 세계대전에서 볼셰비키 치하의 러시아가 막대한 인명 손실을 입었음에도 독일인들이 끝도 없이 쏟아져 나오는 러시아의 인력에 저항할 수 없었던 것은 인구가 그만큼 급성장했기 때문이다. 러시아의 인구 상승은 경제와 산업의 성장과 더불어 러시아가 세계 양대 초강대국 중 하나로 우뚝 설 수 있는 기반을 마련했고 인구 최전성기를 맞이한 냉전 기간 동안에는 세계의 상당 부분을 지배하는 데 결정적인 역할을 했다.

이 모든 중대한 사건에서 인구는 고착된 질서를 뒤흔들고 분쟁의 결과를 결정지었다. 영국은 정치적으로나 외교적으로나 지속적으로 상승하고 성장하는 독일을 두려워했고 독일은 지속적으로 상승하고 성장하는 러시아를 두려워했다. 이러한 두려움이 영국과 독일을 1914년 7월의 성급한 행동으로 몰고 갔다고도 볼 수 있다. 영국이 독일에 대해 위협을 느끼지 않고 독일이 러시아에 대해 불안감을 느끼지 않았다면 그해 여름에 냉철한 의견을 내세운 쪽이 주도권을 잡았을 것이다. 인구를 둘러싼 불안감이 분쟁의 원인을 제공했으며, 인구와 관련된 사실이 분쟁의 결과를 판가름했다.

오늘날에는 유럽이라고 하면 평화롭고 노쇠한 이미지가 떠오르지만 그 당시 유럽 사회는 '청소년 인구 팽창youth bulge'으로 젊어지고 있었다. 청소년 인구의 증가는 대개 침략 행위나 전쟁으로 이어지며 어떤 사회의 젊음과 전쟁 지지 성향 사이에는 연관성이 존재한다. 전쟁을 가장 적극적으로 찬성하는 정치인들을 지지하고 부추긴 세력은 거대하고 젊고 열정적인 인구 집단이었다. 전쟁의 발발을 축하하기 위해 거리로 뛰쳐나간 것도 젊은이들이었으며, 의욕적으로 입대한 것도 젊은이들이었다. 그렇게 많은 젊은이들이 자신의 운명뿐 아니라 유럽의 운명을 결정지었다.

5

'위대한 인종'의 소멸

The Human Tide

아돌프 히틀러Adolf Hitler는 소련 공격 초기인 1941년 후반에서 1942년 초반 무렵 자신이 20년 이상 눈독을 들인 광활한 동쪽 땅이 독일군 손에 들어왔다고 확신했다. 히틀러는 맬서스주의에 뿌리를 두고 다른 인종에 대한 증오와 반유대주의적 공상에 입각한 사회 진화론을 신봉했다. 그런 그에게 인생은 토지와 생존 수단을 둘러싼 투쟁이었다. 히틀러의 독백이 담긴 식탁 담화Table Talk(그가 늦은 밤마다 자신의 생각을 횡설수설 내뱉은 내용을 기록한 것)에는 민족의 인구 문제에 대한 그의 집착이 드러난다.

히틀러는 미국이나 다른 강대국과 경쟁할 수 있으려면 독일인의 숫자를 늘려야 할 필요가 있다고 생각했다.

> 나는 10년 내에 전 세계적으로 우리 독일인의 숫자가 1,000만 명에서 1,500만 명 정도 더 늘어나기를 희망한다. (……) 미래에 반드시 필요한 일은 우리가 자녀를 여럿 낳는 것이다. (……) 제국에 1억 3,000만 명, 우크라이나에 9,000만 명은 있어야 한다. 여기에 신유럽의 다른 나라까지 더하면 우리는 4억 명에 이를 테니 1억 3,000만 명의 미국인은 우리와 비교가 되지 않을 것이다.

그는 미국인의 숫자를 능가하기를 바랐을 뿐 아니라 전 세계적으로 백인 이외의 인종이 늘어나는 것을 두려워했다.

> 나는 현재 인도 인구가 3억 8,300만 명이라는 글을 읽었다. 인구가 지난 10년 새에 5,500만 명이 증가했다는 뜻이다. 걱정스러운 일이다. 러시아에서도 같은 현상이 일어나고 있다. 의사들은 무슨 생각을 하고 있는 것인가? 백인에게 예방접종을 하는 것으로 충분하지 않은가?

히틀러는 결국 인구가 운명을 결정짓는다고 생각했다. "출생률 하락이 모든 문제의 근본적인 원인이다. (……) 출생률은 우리를 살리는 젖병과 같다."

제1차 세계대전의 원인으로는 무엇보다도 상호 의존, 인구 경쟁에서 비롯된 두려움과 의혹, 독일의 성장에 대한 영국과 프랑스의 우려, 러시아의 성장에 대한 독일의 우려, 영국에 대한 독일의 식량 의존도 등을 꼽을 수 있다. 제2차 세계대전은 히틀러의 인구 집

"출생률 하락이 모든
문제의 근본적인
원인이다. 출생률은
우리를 살리는
젖병과 같다."

- 아돌프 히틀러

히틀러는 인구 성장이 국력과 전투력으로 이어진다고 믿었다.

착이 빚은 결과라고 해도 무방하다. 물론 히틀러만 그렇게 생각한 것은 아니었다. 제1차 세계대전과 제2차 세계대전 사이에 유럽의 인구 성장 속도는 빨라졌다가 둔화하기 시작했다. 게다가 유럽인들은 서로에 대한 두려움을 떨쳐버리지 못했을 뿐 아니라 자신들이 계속해서 세계적으로 우위를 점하고 있을 수 없다는 것을 깨닫기 시작했다.

전쟁, 독감 그리고 인구

제1차 세계대전의 돌이킬 수 없는 결과 가운데 하나는 수많은 청년들이 목숨을 잃은 것이다. (식민지를 제외한) 영국의 전사자 숫자는 70만 명이었다. 그 이외에도 독일에서 175만 명, 러시아에서 200만 명, 오스트리아-헝가리 제국에서 200만 명, 프랑스에서 100만 명 정도의 전사자가 발생했다. 제1차 세계대전의 전체 남성 전사자 숫자는 1,000만 명에 육박했으며, 그에 따라 결혼할 남자가 부족해졌다. 당시는 혼외 출산이 드물었던 시대였기 때문에 결혼을 한 번도 하지 않은 여성은 대개 자녀가 없었다. 이에 여성들이 결혼 상대의 나이를 조정하고 해외 이민자의 숫자가 줄어들면서 인구 감소의 충격은 완화되었다.

영국의 경제학자 존 메이너드 케인스John Maynard Keynes는 유명한 저서 《평화의 경제적 결과The Economic Consequences of the Peace》를 썼다. 이에 반해 '전쟁의 인구적 결과The Demographic Consequences of the War' 라는 책은 나온 적이 없지만, 유럽 전역에 엄청난 결과를 초래한 전쟁으로 인한 인구 문제는 케인스가 걱정했던 전쟁 배상과 무역 문제가 잊혀지고 한참 지나서까지 파장을 불러일으켰다.

케인스가 인구 문제에 무관심한 것은 아니었다. 1919년에 케인스는 **"역사의 큼직큼직한 사건은 인구 성장과 그 이외 근본적인 경제 동인의 장기적인 변화에서 비롯된다. 그러나 그러한 변화는 서서히 일어나는 속성을 갖고 있기 때문에 동시대 관찰자들의 눈길을 비켜가며 결국 정치가의 어리석음이 사건의 원인으로 지목된다"**는 글을 남겼다. 케인스가 보기에 전쟁은 유럽이 지역 경제에 의존하던 시대에서 세계 경제에 의존하는 시대로 이동한 것에 따른 산물이었다. 1914년에 고도로 산업화된 독일은 1814년과는 다르게 시장, 원자재, 식량을 해외에 의존했다. 이러한 세계 각국의 상호 의존은 인구 팽창의 원인이자 결과였다. 상호 의존이 불안정을 초래하여 전쟁으로 이어진 것이다. 독일은 영국 해군의 중재 없이는 식량 일부와 원자재를 공급받을 수 없었고 영국의 자유 무역 정책 없이는 유럽 바깥의 시장에 접근할 수 없었다. 케인스에 따르면 그러한 의존이 긴장관계를 낳았으며, 전쟁이 전 세계적으로 번져나간 원인이었다. 이처럼 의존이 경쟁심과 의혹으로 이어진 상호 의존적 신세계의 형성에는 인구 성장이 중요한 역할을 했다.

전쟁으로 인한 인명 손실도 모자라 전쟁 직후에 찾아온 스페인 독감은 전 세계적으로 2,500~5,000만 명의 목숨을 앗아갔다. 중동 지역의 국경선을 결정지은 사이크스-피코 협정Sykes-Picot Agreement의 영국 측 대표였던 마크 사이크스Mark Sykes 경도 1919년 스페인 독감에 걸려 39세의 젊은 나이에 세상을 떠났다. (그 당시 16세에 불과했던) 월트 디즈니Walt Disney와 프랭클린 루스벨트도 독감에 걸렸지만 다행히 살아남아 다음 시대에 각자 다른 방면에서 이름을 떨쳤다. 영국 작가 앤서니 버지스Anthony Burgess는 1919년 초반에 "아직 독감에 걸리지 않은 아버지가 정규 휴가인지 특별 휴가인지를 받아 캐리스브룩 거리(의 우리 집)로 왔더니 내 어머니와 누이가 죽어 있었다. 스페인 독감 대유행에 희생된 것이다. (……) 내가 요람 안에서 방긋거리고 있었을 방에서 내 어머니와 누이는 목숨을 잃은 채 침대에 누워 있었다"라고 서술했다. 스페인 독감은 전 세계적으로 유행했다.

그럼에도 유럽, 북미 그리고 세계 인구는 지속적으로 증가했다. 사망률이 하락하고 출산율이 그대로 유지되어 인구 물결이 최고조에 이르면 성장 동력이 너무도 거세져 치명적인 재난으로 발생하는 손실조차도 상쇄된다. 제1차 세계대전에서 전사한 1,000만 명은 1914년 유럽 인구의 2%를 약간 웃도는 수치다. 전쟁 전의 러시아와 같은 속도로 인구가 성장할 경우에 2%의 손실을 메우는 데는 18개월 남짓이 걸린다. 게다가 1990년대 예멘과 같은 속도로 인구가 성장하면 그 정도 손실을 벌충하기까지는 6개월도 걸리지 않는다. 유럽의 인구는 성장세를 유지했지만 성장 속도는 크게 하락했다. 전쟁이 끝나고 상황이 '정상'으로 돌아오자 영국에서 최초로 출현하여 사망률을 떨어뜨리고 기대수명을 연장한 현대화의 힘이 유럽 대륙 전역으로 뻗어나갔다. 그러나 곧이어 출산율과 인구 성장률을 억제하는 힘도 퍼져나가 1930년대에 유럽의 인구 성장률은 둔화하기 시작했다.

19세기 초반 유럽 인구는 연평균 0.7%를 약간 밑도는 속도로 성장하여 장기적인 관점에서는 상당히 빠른 성장 속도를 보였다. 인구 성장률은 19세기 마지막 30년 동안에 0.9%로 가속화되었다가 그 이후 제1차 세계대전 직전까지 1% 남짓을 유지했다. (역사를 통틀어 1% 넘는 인구 성장률의 지속은 대륙 차원뿐 아니라 국가 차원에서도 눈길을 끄는 일이었다.) 1913년에서 1920년까지의 인구 성장률은 과거 수준의 3분의 1에도 미치지 못했지만 전쟁에도 불구하고 증가 추세를 유지했다. 제1차 세계대전과 독감 대유행조차도 인구 팽창의 흐름을 뒤집거나 멈추지는 못했다. 다만 둔화한 것은 분명하다. 유럽의 인구 성장률은 (전쟁 기간을 감안하면 당연하게도) 1920년대에 되살아났지만 20세기 초반 수준의 10분의 1에도 미치지 못했다. 1930년대에는 한층 더 둔화했다. 원래대로라면 좀 더 완만하게 둔화했을 테지만 전쟁의 여파로 유럽의 인구 성장률은 급격하게 하락했다. 그 같은 인구 성장률 둔화 추세는 전쟁이 끝난 직후에 정점을 찍고 재개되었다.

유럽 대륙 전체적으로는 둔화 추세가 완만하게 나타났지만 일부 국가에서는 한층 더 급격하게 나타났다. 사실 이러한 인구 성장 둔화 추세에는 세 가지 원인이 있다. 출생 급감, 사망 급감, 사실상 중단된 해외 이민 등인데, 두 번째와 세 번째 원인이 첫 번째 원인을 상쇄하고도 남기 때문에 인구가 성장한 것이다. 인구 규모가 세 가지 원인(출생, 사망, 인구 유입과 유출 간의 균형)에 의해 결정될 수 있다는 사실을 감안할 때 전간기에 출생과 사망이라는 요소의 '자연스러운' 변화는 정확히 어떻게 전개되었을까?

유럽의 급격한 몰락

19세기 후반과 20세기 초반에 영국을 강타한 인구 혁명은 독일과 러시아뿐만 아니라 그 너머 다른 곳으로까지 퍼져 나갔다. 인구 물결이 영국에서 사그라지기 시작할 때쯤에도 독일에서는 그 기세가 여전했고, 그 후 독일에서 사그라지기 시작할 때쯤에는 러시아에서 그 기세가 계속해서 몰아쳤다. 이러한 연속적인 인구 물결을 살펴보면 진행될수록 점점 더 급격한 변화의 흐름을 보였다. 독일의 인구는 영국보다 빠르게 성장했지만 영국보다 더 급속도로 하락했다. 러시아의 인구 성장 속도도 독일에 비해 빨랐지만 역시나 독일보다 더 급속도로 하락했다. 그 이유는 분명하다. 선두주자는 닦이지 않은 경로를 따라 머뭇거리며 이동하는 반면에 후발주자는 경로가 잘 닦여 있을수록 그 경로를 통해 한층 더 빠른 속도로 따라갈 수 있다. 공중보건과 개인의 건강 증진 기법은 일단 그 효과가 검증되기만 하면 빠른 속도로 보급될 수 있다. 그렇게 되면 인구 성장의 주요 동력인 사망률 감소가 더 빠른 속도로 진행될 수 있는 것이다.

영국은 항상 선두주자였다. 최초로 현대적이고 폭발적인 인구 성장을 경험했고, 가장 먼저 출산율 하락과 인구 성장률 둔화를 겪었다. 제1차 세계대전 직전에 출산율은 여성 한 명당 자녀 수 3명 미만으로 하락하고도 계속해서 떨어지는 추세였다. 제1차 세계대전 이후에도 영국의 출산율은 계속해서 하락했다. 1920년대에는 2명 정도로 떨어지더니 1930년대에는 2명 미만으로 주저앉았다. 이 정도면 오늘날 우리가 말하는 '대체 출산율replacement level'을 밑도는 출산율이었다. 대체 출산율이란 인구를 오랫동안 안정적인 수준으로 유지하기 위한 출산율로서 2명을 약간 웃돈다. 제2차 세계대전 직전 시대에 영국의 출산율이 80년 가까이 지난 현재 수준과 상당히 비슷하다는 것은 놀랍기 그지없는 일이다. (물론 그 사이에 몇 차례 변동이 있긴 했다.)

독일의 출산율도 제1차 세계대전 이전부터 하락하는 추세였지만 영국보다는 좀 더 높은 수준에서 하락이 시작되었다. 그러나 그 이후에는 한층 더 하락하여 1930년대 초반에 이르면 영국과 마찬가지로 여성 한 명당 자녀 수가 2명 미만에 이르게 되었다. (1930년대 후반까지 독일에 살았던) 내 가족이 전형적인 사례다. 19세기 중반에 태어난 내 증조부모는 6명 정도의 자녀를 둔 대가족에 속해 있었다. 1880년대 초와 제1차 세계대전 직전 사이에 태어난 내 조부모는 형제가 한두 명뿐이었다. 1920년대와 1930년대 사이에 태어난 내 부모의 경우에 한쪽은 외동이었고 다른 쪽은 형제가 하나였다. 불과 몇십 년 전만 해도 프랑스 작가와 군사 전략가들이 독일인은 끊임없이 번식하는 존재라며 근심했지만 결국에는 독일도 인구 둔화 추세를 벗어나지 못했다. **낮은 출생률에 대한 우려는 좌우 정치 스펙트럼마저 초월했다. 좌파 성향의 사회민주당**SPD**도 "아이를 낳는 것이 여성의 사회적 책무임은 분명하다"라며, "여성은 인류 종의 보호자이자 양육자로서의 의무가 있다"는 데 동의했다.**

한편 프랑스 여성은 큰 변동 없이 출산율을 유지했다. 프랑스의 출산율은 전간기를 거치는 동안에 2.5명을 조금 밑도는 수준에서 2명을 약간 웃도는 수준으로 소폭 하락했을 뿐이다. 애당초 그리 높지 않았기에 프랑스의 출산율은 더 이상 떨어지기도 어려웠다. 농촌 지역 대부분이 그때까지 제 모습을 간직하고 있었다는 사실은 프랑스의 출생률에 유리한 영향을 끼쳤다. 실제로 그 시대에 프랑스의 도시 지역에서는 출산율이 하락하는 중이었고 농촌 지역에서는 높은 수준에 머물러 있었다. 1930년대 영국에서는 국민의 4분의 3 정도가, 독일에서는 3분의 2 이상이 대도시권에 거주했던 반면에 프랑스에서는 인구의 절반 가까이가 농촌에 거주했다. 비중 높은 농촌 인구와 사망 그리고 이민 요소가 결합되어 영국과 독일과는 달리 느리기만 했던 프랑스의 인구 성장률이 상당한 탄력을 얻었다. 제1차 세계대전 이전에 프랑스의 인구 성장률은 독일이나 영국에 비해 매우 낮았지만 전간기를 거치면서 그 격차는 크게 줄어들었다.

영국이 무리의 선두주자였다면 독일은 바짝 추격하는 입장이었고 프랑스는 예외였으며 러시아는 극단적인 경우였다. 20세기 초에 러시아의 출산율은 매우 빠르게 성장하여 영국이나 독일이 정점을 찍었을 때보다도 높았다. (구체적으로 5~6명이었던 영국과 독일과 비교하여 7명 정도였다.) 그러나 일단 하락하기 시작하자 하락 속도도 서쪽에 있는 나라들보다 좀 더 빨랐다. 1920년대 후반에 러시아의 출산율은 여성 한 명당 자녀 6명이었고 제2차 세계대전 직전에는 다시 4.5명 정도로 하락했다. 출산율은 여전히 높은 수준이었기에 인구 성장은 지속적으로 이루어졌지만 성장 속도만큼 빠른 하락 속도는 러시아가 나중에 겪게 될 저출산의 전조였다. 러시아의 출산율이 그토록 급속도로 하락한 것은 놀라운 일이 아니었다. 러시아는 강제적이고 신속한 하향식 변혁을 겪고 있었다. 새로운 소련 체제가 주력한 목표 중 상당수(여성에 중점을 둔 국민 문해율의 증진, 도시화, 여성의 노동시장 참여)가 출산율 하락을 초래했다는 것이 현재의 중론이다. 소련이 이상형으로 삼은 여성은 정치적으로 의식화되고 (그러므로 당연히 글을 읽을 줄 알고) 읍이나 도시에 살며 공장에 취직한 여성이었다. 이상적인 여성은 문맹에다가 농민이었던 어머니보다 더 적은 수의 자녀를 낳게 마련이었다. 유럽의 다른 지역에서도 비슷한 패턴이 나타났다. 제1차 세계대전 이전에는 4명 넘는 자녀를 낳았던 이탈리아 여성들이 제2차 세계대전의 발발 즈음에는 3명 미만의 자녀를 낳았다. 20세기 후반부에 이르러서도 사람들은 이탈리아라고 하면 대가족의 이미지를 떠올렸지만 실상은 달랐다.

국가 차원의 출산율 하락 데이터에는 몇 가지 근본적인 패턴과 지역적 차이가 반영되어 있지 않다. 한 국가 내에서도 발전 속도가 지역마다 다르게 나타나기 일쑤였다. 그러므로 인구 전환에서의 위치도 지역마다 달랐다. 특히 소통 경로, 문화적 연관성, 종교적인 믿음이 지역별 인구 추세에 중요한 영향을 끼친 요소였다. 이를테면 저출산 추세는 프랑스에서 스페인의 카탈로니아와 이탈리아의 피에몬테로 확산되었지만 스페인과 이탈리아에서도 더 외지고 산업화가 덜된 지역으로는 퍼져나가지 않았다. 독일의 경우에 개신교도가 많이 살고 산업화가 진행된 지역은 출산율이 최저 수준이었던 반면에 주변부에 있는 농촌 지역의 출산율은 최고치였다. 중앙 유럽에서는 저출산 추세가 도나우 강 하류를 따라 오스트리아의 수도이자 현대화의 중심지인 빈과 가까운 지역으로 확산되었다. 반면에 오스트리아 북부와 체코는 소가족 추세에 쉽사리 동참하지 않았다. 오스트리아-헝가리 제국의 수중에 떨어졌던 루마니아와 유고슬라비아 등의 발칸 국가는 제1차 세계대전 이전에 합스부르크 왕조의 영역 바깥에 있었던 지역보다 출산율이 한층 더 빠르게 하락했다. 러시아 역시 농촌 지역은 예상대로 높은 출산율을 유지했다. **결국 출산율 하락의 원인 중 하나는 인구 중 상당한 비율이 출산율이 높은 농촌에서 출산율이 낮은 읍이나 도시로 이동한 데 있다.**

한편 유럽의 주목할 만한 발전은 인구 집계 데이터가 늘어났다는 점이다. 그 덕분에 지역의 인구 현황을 좀 더 상세하고 신뢰도 있게 파악할 수 있게 되었다. 그렇게 된 데에는 출생과 사망에 대한 표준화 정보를 취합할 수 있었던 국제연맹League of Nations의 존재가 한몫했다. 출산율이 어떻게 해서 낮아졌는지를 확실히 파악하지 못한 것은 전과 마찬가지였지만 피임법이 좀 더 널리 보급되었고 피임기구를 입수하기 쉬워지는 등 인구 감소와 관련 있어 보이는 변화가 감지되었다. 1918년에 영국에서 《결혼 후의 사랑Married Love》을 출간한 마리 스톱스Marie Stopes는 '가족계획'을 옹호하여 피임법에 대해 조언했으며 영국 전역에 가족계획 진료소를 열었다.

출산율 둔화는 인구 성장률의 하락에 영향을 주었지만 그와 동시에 유럽의 여러 지역에서 사망률이 지속적으로 하락하고 있었다. 사망률 하락은 인구 성장률을 유지하는 효과를 냈다. 예를 들어 잉글랜드의 기대수명은 1910년에 54년에 미치지 못했지만 1930년에는 60년을 웃돌 정도로 증가했다. 출생을 통해 인구 대열에 합류하는 이가 줄어들었지만 사망을 통해 인구 대열을 이탈하는 이도 줄어들었다. 사망률 하락은 생활수준 개선과 의료 접근성 향상 덕분에 가능했고 특히 어린이가 그 대표적인 수혜자였다. 프랑스에서는 같은 기간 동안에 기대수명이 50년 남짓에서 56년을 조금 밑도는 수준으로 상승했다. 독일의 기대수명은 49년에서 61년으로 증가하여 영국을 제쳤다. 이 시기에 러시아의 데이터는 신뢰도가 떨어지지만 (러시아였던) 1910년에 32년이던 기대수명이 (소련 체제였던) 1950년에는 67년으로 증가한 것으로 알려졌다. 공포정치와 대기근 같은 배후 사정을 감안하면 상당히 이례적인 증가다. 인구 물결이 최고조로 몰아칠 때는 전쟁이나 전국적인 유행병으로도 잦아들지 않는 법이다. 역사상 가장 잔학한 체제 하에서도 인구 물결은 잦아들지 않았다.

1,000명당 사망자 숫자로 나타내는 사망률은 유럽 북서부 일부 지역에서 10명 미만에 이르렀다. 오늘날의 기준으로도 상당히 낮은 사망률인데, 여기에는 질병의 감소와 조기 사망률의 하락뿐 아니라 그 직전의 인구 성장으로 젊은 인구가 다수 탄생했다는 사실 역시 작용했다. 인구가 팽창한 지 얼마 되지 않은 곳에서는 노인의 비중이 적은 법이며 그에 따라 사회 전반적으로 노인의 사망은 통계적으로 미미한 영향을 끼친다. 그 당시에 급속도의 인구 성장을 경험한 유럽은 젊은 인구가 다수였기에 양로원보다는 학교에 가까운 모습이었다. 즉, 기대수명은 급격하게 높아졌고 사망률은 이례적으로 낮았다.

유럽 내 이민

출생률과 사망률에 이은 인구 변화의 세 번째 결정 요소는 두말할 나위 없이 이민이다. 제1차 세계대전 이전 수십 년 동안에 역사상 최대 규모의 유럽인이 미국을 비롯한 해외로 쏟아져나갔다. 유럽의 해외 이민은 20세기 초반에 연간 150만 명 가까이에 달하여 정점을 찍었다. 주요 목적지는 미국이었으며 미주 대륙의 그 이외 나라로도 많은 유럽인이 유입되었다. 특히 캐나다와 아르헨티나는 각각 영국과 이탈리아 사람들에게 인기가 높았다. 이후 제1차 세계대전 동안에 유럽의 해외 이민은 급속도로 감소했다. 이민을 택했을 만한 남성들이 징집된 데다가 대서양 횡단 상선이 연합군의 물자 보급용으로 묶였으며 이민을 많이 보내던 나라들 가운데 일부가 미국과 전쟁을 벌였기 때문이다. 그때 급감한 해외 이민은 이후로도 회복되지 않았다.

사실 미국의 문호가 전격적으로 닫히기 시작한 때는 1920년대로 이때부터 유럽인들의 이민이 제한되었다. 미국의 정치인들은 이민을 막느라 혈안이 되었다. 특히 자신들이 보기에 '부적합한 종족'이 들어오는 것을 막기 위해 쿼터제를 시행했다. 처음에는 쿼터가 전쟁 전 이민자 수를 기준으로 정해지다가 전쟁 전 총 인구수를 토대로 바뀌었다. 좀 더 넓은 의미에서 앵글로색슨인으로 간주되는 이들이나 앵글로색슨 문화에 좀 더 동화되기 쉬운 출신지의 이민자 위주로 받아들이고 이탈리아와 동유럽 출신(특히 가톨릭교도와 유대계 러시아인)을 배제하려는 의도였다. 가톨릭교도는 미국 주류 계층의 뇌리에 알코올에 찌든 대도시 하류계층의 이미지로 박혀 있었기 때문이다. 특히 북동부에 그러한 인식이 만연했으며 1920년대와 1930년대 초에 걸쳐 미국에서 일어난 금주 운동에는 분명 개신교의 입김이 작용했을 것이다. 유대인의 입장에서는 미국 입국이 가장 절실히 필요했던 시대에 광범위하고 지속적인 편견 때문에 미국의 이민 문호가 닫혀 있었다.

제2차 세계대전 직전 몇 년 동안 유럽의 해외 이민은 연간 수십만 명 정도로 감소했다. 어떤 면에서 이러한 현상은 미국의 달라진 이민 정책뿐만 아니라 유럽의 상황 변화에서 비롯된 것이라고도 할 수 있다. 유럽 대부분의 지역에서 1920년대는 기회와 경제 성장의 시대였기 때문에 유럽 대륙을 벗어난 곳에서 멋진 생활을 추구하고자 하는 욕구가 줄어들었다. 무자비하게 들리겠지만 제1차 세계대전에서 수백만 명이 희생된 것은 고향에 남아 있던 남성들에게는 출세의 기회가 되었고 여성과의 교제 측면에서도 유리하게 작용했다. 많은 이들이 이민의 대안으로 읍이나 도시로의 이주를 선택하기 시작했다. 경기 침체가 강타한 1930년대 초반에는 미국의 이민 제한이 매우 철저히 이루어졌을 뿐 아니라 미국 경제 역시 침체와 높은 실업률에 시달리고 있었기에 미국은 이민국으로서의 매력을 잃었다. 실제로 일부 가여운 이민자들(미국에 입국한 지 얼마 안 된 핀란드 이민자들)은 소련의 핀란드 점령지로 '귀국'하라는 설득에 넘어갔다. 그러나 그들 중 대부분은 카렐리아Karelia의 얼어붙은 황무지에 유기되거나 의심스러운 외국인이라며 시베리아로 추방을 당했기 때문에 오래 살아남은 사람이 얼마 없었다.

국가별로 볼 때 전쟁 이후 해외 이민자가 크게 감소하지 않은 예외가 있었는데, 거대한 해외 식민지 제국을 유지하기 위해 지속적으로 새로운 병력이 필요했던 영국이었다. 1920년대 초에 영국과 아일랜드의 해외 이민자 숫자는 전쟁 전 수치보다 약간 적은 연간 20만 명 정도였다. 그러나 영국 역시 그때부터 해외 이민이 급속도로 감소하여 1930년대에는 1920년대 수준의 3분의 1에도 미치지 못했다. 나머지 유럽 지역에서도 이민이 급격하게 감소했다. 20세기 초반에 단연 세계 최고의 이민자 수출국이었던 이탈리아는 극단적인 경우였다. 1910년대의 해외 이민 정점기에는 이탈리아에서 40만 명 정도가 해외로 떠났다. 그러다 1930년대 후반에는 해외 이민자의 숫자가 연평균 2만 5,000명에 간신히 이를 정도로 줄어들었다. 1910년대에 오스트리아-헝가리 제국의 핵심 지역이던 오스트리아, 헝가리, 체코슬로바키아의 해외 이민자 숫자는 연평균 25만 명 정도였다. 그러나 이민 제한 정책뿐만 아니라 대공황이 상황을 뒤바꾸어 놓았다. 중부 유럽도 경기 침체로 고통을 받았지만 미국은 그 이전에 겪은 침체 때와는 달리 성공은 둘째 치고 일자리조차 보장하지 못할 정도로 타격이 컸다. 이에 따라 1930년대에는 과거 오스트리아-헝가리 제국에 속했던 지역의 연평균 해외 이민자 숫자가 고작 5,000~6,000명으로 감소했다. 그에 따라 (미국, 브라질, 캐나다, 아르헨티나 등) 주요 이민 수령국 모두에서 이민 유입이 가파르게 감소했다. 유럽인의 신대륙 대이주 시대가 끝난 것이다.

유럽을 떠나는 사람이 줄어들고 사망률까지 하락하자 유럽에서는 출산율 하락의 영향이 상쇄되었고 인구 성장률 하락의 영향도 완화되었다. 이처럼 관에 들어가거나 배를 타고 떠나는 이들이 줄어들면서 출생자 수는 감소해도 인구는 지속적으로 성장했다. 한편 유럽을 떠나는 사람은 감소한 반면에 유럽 국가 간의 이민은 증가했다. 그 이전부터 유럽인들은 유럽 내에서 각국을 옮겨다니는 일이 많았다. 상대적으로 고립되어 있는 영국만이 예외였다. 그러나 제1차 세계대전 이전에는 유럽 내 이민이 대대적인 규모로 이루어지지 않았다. 전쟁 전에 그나마 가장 큰 규모로 유럽 내 이주를 감행한 이들은 박해를 받은 유대계 러시아인이었다. 이들 중 상당수는 미국으로 탈출했고 일부는 캐나다, 아르헨티나, 남아프리카 등의 목적지로 떠났지만 다수가 유럽 내에 그대로 머물렀고 프랑스와 영국을 비롯하여 유대인에게 비교적 관대한 서유럽 국가로 향했다. 1918년 이후에는 유럽 대륙 내의 이주가 좀 더 확산되었다. 목적지는 주로 서유럽이었고 특히 이민자 유입을 장려했던 프랑스가 선호되었다. 간단히 말해 서유럽은 동유럽에 비해 자유롭고 부유했기 때문에 자석처럼 이민자들을 끌어들였다. 1931년에 프랑스에는 300만 명이 넘는 유럽계 이민자들이 살고 있었다. 300만 명이면 독일보다 2배, 영국보다 3배 많은 숫자였으며 프랑스 인구의 7%를 웃도는 비중이었다. 프랑스로 가장 많은 이민자를 내보낸 나라는 폴란드, 이탈리아, 스페인 등이었다.

그 이외에도 가난한 농촌 주변부에서 국내 산업화 중심지로의 이주도 활발하게 이루어졌다. 이탈리아에서는 남부에서 북부로, 스페인에서는 바스크와 카탈로니아로, 영국제도에서는 아일랜드와 스코틀랜드에서 잉글랜드 미들랜드와 남동부로 이주하는 이들이 많았다. 국내 이주는 대개 생활수단을 찾는 등의 경제적 이유에서 이루어졌지만 정치적인 동기에 의한 이주도 있었다. 1930년대에는 약 40만 명의 유대인이 독일과 오스트리아에서 탈출했으며 스페인 내전에서 프랑코 군에 패배한 공화국군 50만여 명이 스페인을 떠나 프랑스로 망명했다.

이러한 숫자에만 관심을 쏟느라 그와 관련된 인간의 승리와 비극에 눈을 감아서는 안 된다. 그 이전 세대에 미국으로 이민한 이들이 그러했듯이 많은 이가 서유럽으로 이주하여 자유를 찾았다. 그러나 프랑스로 탈출한 유대계 독일인은 1939년에 전쟁이 터지자마자 강제 수용되었으며 1940년에 프랑스가 점령당했을 때 독일인들에게 넘겨졌다. 전쟁에서 살아남은 이는 극소수였다. 1940년에 철학자 발터 벤야민Walter Benjamin은 스페인으로 가기 위해 나치 점령 프랑스를 탈출했지만 망명이 좌절되자 자살했다. (그를 기리는 비석이 지중해 연안에 있는 프랑스와 스페인의 국경 도시 포르부에 세워져 있다.) 위대한 첼리스트 파블로 카살스Pablo Casals는 1939년에 (베냐민과는 반대 방향으로) 스페인을 떠나 프랑스령 카탈로니아인 루시옹Roussillon으로 도피한 후 수십 년 동안 스페인의 프랑코 정권을 인정하는 나라에서는 연주하지 않았다. (역시 그를 기리는 동상과 박물관이 프랑스 쪽 국경인 프라드에 세워져 있는데, 그곳에는 벤야민이 목숨을 끊은 산의 그림자가 드리워져 있다.) 지식인 이사야 벌린Isaiah Berlin, 은행가 지크문트 바르부르크Sigmund Warburg, 정신분석학자 지크문트 프로이트Sigmund Freud, 건축사가 니콜라우스 페프스너Nikolaus Pevsner가 영국으로 망명한 때도 전간기였다. 영국 보수당 당수가 된 마이클 하워드Michael Howard의 아버지나 노동당 당수를 지낸 에드 밀리밴드Ed Miliband의 부모도 마찬가지였다. 모두 머나먼 동유럽의 대격변을 피해 이동한 이들이었다.

인종, 비관론 그리고 정책

전간기를 거치면서 유럽은 1914년 전에 영국이 경험했듯이 출산율과 인구 성장률의 가파른 하락을 겪었다. 그때만 해도 ‘인구 전환’이라는 개념이 온전히 알려지지 않았을 때였다. 이때의 전환은 출생률과 사망률이 둘 다 높다가 사망률만 하락하는 시기를 거쳐 인구 성장을 경험하고 난 후에 출생률과 사망률이 둘 다 떨어지면서 인구가 많은 수로 안정화되는 것을 뜻한다.

제1차 세계대전 직전에 영국은 경쟁국의 인구 성장 이외에도 자국 내 출산율 하락에 대한 걱정에 시달렸다. 미국의 시어도어 ‘테디’ 루스벨트Theodore ‘Teddy’ Roosevelt 대통령은 “의도적인 불임은 죄이며 그 형벌은 국가의 죽음과 인종의 자살”이라고 비난했다. 루스벨트는 여섯 자녀의 아버지였으니 적어도 그 방면에서는 당당하다고 할 수 있었다. 제1차 세계대전이 끝날 무렵에 독일의 미래학자이자 비관론자 오스발트 슈펭글러Oswald Spengler는 유럽의 인구가 200년 동안 계속해서 감소하리라고 예측하면서 그 원인으로 부유함과 여성 해방을 들었다. **영국의 작가 G. K. 체스터턴G. K. Chesterton은 1930년에 “출생률이 앞으로도 현재처럼 감소하면 아기가 한 명도 존재하지 않는 상황이 닥칠 것이다”라며 우려를 드러냈다. 프랑스의 인구학자 알프레드 소비Alfred Sauvy는 유럽이 “낡은 집에서 고리타분한 생각만 하면서 살아가는 노인”으로 가득하게 될 것이라고 걱정했다. 또한 1935년에**

케인스는 "인구 성장에서 인구 하락으로의 전환은 굉장한 파국을 몰고 올 수 있다"라고 경고했다.

전간기의 인구 비관론은 인구 문제에 관한 글을 여럿 남긴 작가이자 영국 보건부의 고위 관리를 역임한 G. F. 맥클리어리G. F. McCleary가 쓴 글에 잘 드러나 있다. 그는 "사람들은 (출생률 하락이) 사망률 하락에 의해 무한정 상쇄될 수만은 없다는 사실을 인식하기 시작했다"라고 말했다. 영아 사망률은 계속적으로 떨어지는 것이 바람직하긴 하지만 이미 상당히 낮은 상태여서 인구에 중대한 영향을 끼치지는 못할 터였다. 전간기의 인구학자 더들리 커크Dudley Kirk는 "죽음을 미룰 수는 있지만 완전히 없애지는 못한다"라는 촌철살인의 말을 남겼다. 기대수명은 계속해서 늘어날 수 있지만 완만한 속도로 늘어날 뿐이었다. 이와 대조적으로 출생률 하락은 놀라운 속도로 빠르게 이루어졌다.

전간기에는 인구 성장률 하락과 인구 감소 예측에 대한 인식이 개선되었으며 보편화되었다. 적어도 당분간은 맬서스의 이론이 통할 일이 없었다. 제1차 세계대전 이전에는 인구 문제의 초점이 자국의 인구가 경쟁국과 비교하여 어느 정도인지에 맞춰져 있었다. 그러나 전간기에는 영국에서 시작된 현상이 유럽 대륙 전역으로 확산되고 있었으며 미국을 비롯한 유럽 바깥에 있는 유럽 계통 사람들에게까지 퍼져 나가고 있다는 인식이 커져갔다. 그 시대의 다른 민족에 대한 차별적 인식은 현재 기준으로는 터무니없고 경악할 만하지만 그 당시에는 상당히 일반적인 것이었다. 그러한 인식은 공개적인 담론과 공공 정책에도 반영되었다. 반유대주의Anti-Semitism나 아프리카와 아시아 출신이 열등하다는 생각도 당연시되었다. 어떨 때는 인구 감소와 이민족에 대한 두려움이 양과 질을 추구하는 진영 간의 갈등을 초래하기도 했다. 한 진영은 국가 차원에서 볼 때는 많은 인구가 '바람직한 일'이라고 주장했다. 특히 전쟁에 의한 인명 손실을 메워야 했고 '다음 승부'에 대한 두려움을 감안하면 인구가 많아야 유리하다는 것이었다. 다른 진영에서는 숫자만으로는 부족하며 남들보다 우월하며 선호되는 혈통이 중요하다고 주장했다. 인구 '종자'의 '품질'을 적극적으로 개선하는 방안을 제시한 우생학 운동은 산아 제한 운동과 밀접하게 연관되었다. 예를 들어 마리 스톱스는 부모로서 부적합하며 인종을 번식시키기에 부적당하다고 간주되는 이들에 대한 강제 불임수술을 주장했다.

인구의 '품질'에 대한 우려가 특히나 팽배했던 곳은 미국이었다. 미국이 제1차 세계대전 이후에 시행한 이민 제한 정책은 의심할 여지없이 미국의 인종 구성을 유지하려는 조치였으며, 다른 곳보다도 19세기 말에서 20세기 초에 주류를 이루었던 남유럽과 동유럽의 이민을 억제하는 데 초점이 맞춰졌다. 그 결과 인구 성장률이 하락했지만 1920년대까지는 1.5% 가까이를 유지했다. 그러나 1930년대에 인구 성장률은 그 절반으로 떨어졌다.

입국이 허용된 이들에게도 미국 생활이 항상 순탄했던 것은 아니다. 이민을 엄격하게 제한하는 취지의 1924년 존슨법Johnson Act을 공동 발의한 국회의원 앨버트 존슨Albert Johnson은 "모든 사람을 순수한 마음으로 환영하던 날은, 모든 인종을 무차별적으로 받아들이던 날은 확실하게 끝이 났다. (……) 우리의 희망은 동질적인 국가다. (……) 자아 보존을 위해서는 그것이 필요하다"라며 자신의 생각을 밝혔다. 법안을 심의하는 과정에서 메인 주 상원의원은 "인종적으로 순수한 나라"를 요구했으며 메인 주 하원의원은 "하나님은 (미국을) 영어를 구사하는 훌륭한 사람들의 고국으로 계획하셨다. 위대한 이상을 품은 백인, 기독교 신앙, 단일 인종, 단일 국가, 단일 운명체가 그분의 계획이시다"라고 주장했다. 인디애나 주의 하원의원은 한 술 더 떠서 다음과 같이 노골적인 의견을 밝혔다.

> 생각이 명확하고 자율적인 미국 국민의 선조와 무책임하고 허술하며 미국의 핏줄에 구세계의 사회적·정치적 질병을 주입한 결함투성이 민족 사이에는 공통점이 전혀 없다. (……) 기술을 가르친다고 해서 잡종견을 혈통 좋은 개로 만들 수는 없다.

이러한 논의와 반이민법 제정을 부채질한 배경은 비관론과 인종적 편견이었다. 백인종 전체의 파멸을 예견한 전간기 논객 중에서도 가장 눈에 띄는 두 사람은 유럽인이 아니라 미국인들로 1919년에 《위대한 인종의 소멸 혹은 유럽 역사의 인종적 기반Passing of the Great Race or Racial Basis of European History》을 쓴 매디슨 그랜트Madison Grant와 1920년에 《백인의 세계 지배에 대항하는 유색 인종의 물결The Rising Tide of Color Against White World-Supremacy》을 쓴 로스롭 스토더드

Lothrop Stoddard다. 두 저자의 초점은 달랐지만 주장의 밑바탕에 추악한 인종적 편견이 깔려 있었다는 점에서 비슷했다. 게다가 그랜트는 스토더드의 저서에 서문을 써주기도 했다. 그랜트는 인구보다는 '인종 과학'에 관심이 많았다. 그는 '일등 인종'의 중요성을 강조하면서도 유럽 각국의 혈통을 철저히 구분했고 다음과 같은 결론을 내렸다.

> 용광로를 아무런 제어 없이 끓게 내버려두고 우리가 계속해서 (……) 인종, 신조, 피부색의 차이를 모른 척하면 식민지 시대 혈통의 미국 토박이는 페리클레스Pericles 시대의 아테네인이나 롤로Rollo 시대의 바이킹처럼 멸종되고 말 것이다.

스토더드 역시 산업혁명 때문에 잉글랜드에서도 '지중해' 혈통이 급증했다면서 백인종 내에 지중해 혈통이 '노르딕Nordic' 혈통보다 주류가 될 것을 우려했다. 잉글랜드에서는 농촌이 점차 줄어들면서 노르딕을 선호하는 자연 선택적 진화 과정이 힘을 잃어가고 있다는 것이었다. "잉글랜드에서는 작고 피부색이 어두운 유형이 세대가 바뀔 때마다 두드러지게 증가하고 있다." 그러나 그는 본질적으로 유럽 전체의 상황에 관심이 있었다. 유럽인 가운데 선호하는 민족이 있기는 했겠지만 그보다 비유럽 계통의 사람들이 증가할 때 유럽 전체가 맞이하게 될 운명을 걱정했다. 제1차 세계대전이 유럽 인구에 끼친 영향에 한탄을 금치 못했으며 '레닌의 중국인 용사들'과 그들이 러시아에 끼친 파괴적이고 아시아적인 영향을 두려워했고 '백인의 연대'를 촉구했다. 유럽이 치명적인 내분으로 쇠약해진 때에 볼셰비키의 선동, 일본의 야욕, 중국과 인도의 엄청난 인구 등이 결합하여 유럽의 세계 지배를 무너뜨리려 위협한다는 것이었다.

그랜트와 스토더드의 저서는 존 월터 그레고리John Walter Gregory가 1925년에 내놓은 《유색인종의 위협Menace of Color》을 비롯하여 비슷한 성향의 책들이 쏟아져 나오는 데 주요한 역할을 했다. 또한 스콧 피츠제럴드Scott Fitzgerald의 《위대한 개츠비》와 같은 작품을 통해 대중의 의식에 파고들었다.

> "문명은 산산조각날 거야." 톰이 격한 말투로 불쑥 끼어들었다. (……) "고다드라는 자가 쓴 《유색인종 제국의 발흥Rise of the Colored Empire》이란 책을 읽어봤어? (……) 우리가 조심하지 않으면 백인종이 완전히, 그야말로 깡그리 사라지게 된다는 내용이야. 굉장히 과학적인 책이야. 모두 입증된 사실이지."

톰의 말투에서 조소가 느껴지는 듯도 하지만 피츠제럴드 자신도 스토더드의 견해에 상당히 공감한 것으로 보인다. 최근 연구에서 편집자들이 그의 책에서 노골적인 인종주의와 반유대주의가 담긴 내용을 상당 부분 삭제했다는 사실도 드러났다.

그러나 미국인이라고 해서 모두 백인의 미래를 비관적으로 생각하지만은 않았다. 다만 이들의 '낙관론'에도 불쾌한 인종적 편견이 적잖게 깃들어 있었다.《갈림길에 선 인류Mankind at the Crossroads》의 저자 에드워드 M. 이스트Edward M. East 같은 이들이 세계주의cosmopolitanism적인 견해를 표명하기는 했다. 문제는 그들이 데이터를 다르게 해석했다는 데 있었다. 이스트는 세계적으로 '황인종(5억 명)', '갈색 인종(4억 5,000만 명)', '흑인종(1억 5,000만 명)'보다 '백인종(5억 5,000만 명)'이 제일 많다고 지적했다. 하지만 전체적으로는 '타인종'이 백인종의 숫자를 능가하며 그 총합이 "백인종의 관점에서 보면 공포스럽다"는 것을 인정했다. 그러나 그는 비관론자들이 제시한 증가 수치에 이의를 제기했다. 북미의 백인 인구는 58년마다, 유럽의 백인 인구는 87년마다 2배씩 성장하는 인구 특성을 지닌 반면에 타인종의 경우 인구가 2배 증가하려면 흑인은 100년 넘게, 남아시아와 동아시아인은 200년 넘게 걸린다는 것이다. 세계적이고 장기적인 역사의 관점에서 보면 유럽 계통 인구의 성장률은 여전히 강세였고 대체로 백인 이외의 인종은 그때까지도 인구에 대한 '각성'이 없었다.

이스트는 인종별 인구 성장률을 비교하면서 "백인 인구가 정체 상태라는 사람은 돋보기가 필요하다"고 주장했다. 출산율은 하락하고 있었지만 사망률도 하락했기에 인구 성장 추세가 꺾이지 않는다면서 "황새의 활동이 줄어들었을 수는 있지만 죽음의 관성이 그 차이를 메우고도 남는다"라고 지적했다. 이스트에 따르면 백인의 인구 우위와 사망률 하락은 제국의 존재와 지속성 덕분이었다. "백인종은 빠른 속도로 증가하고 있다. 이는 백인이 거주 가능한 지구 땅의 10분의 9를 정치적으로 장악하고 있기 때문이다." 이스트는 인구학적 강점 덕분에 제국이 유지되고 제국 덕분에 인구학적 강점이 유지되는 선순환이 지속되리라고 내다보았다. 1820년에 미국의 흑인과 백인은 각각 180만 명과 790만 명이었고 1920년에는 각각 1,050만 명과 9,430만 명이었다면서 미국 내 흑인은 해외에 있는 유색인종보다도 덜 위협적이라고 주장했다. 1820년부터 1920년까지 한 세기에 걸쳐 미국 내 흑인의 비율은 백인의 22%에서 11%로 감소했다. 그 사이에 수많은 백인 이민이 유입되었기 때문이다. 이스트는 아프리카에 대한 두려움을 조금 드러내기는 했지만 성경까지 인용해가며 웅변적으로 주장했다.

> 야벳의 아들들은 (……) 증가하고 증식했다. 그들은 믿기 어려울 정도로 전진해나갔다. (……) 북쪽, 동쪽, 서쪽을 보면 지평선이 끝이 없다. (……) 남쪽 방향에만 구름이 조금 끼어 있을 뿐이다. (……) 그 방향이 보초를 2배로 늘려야 할 곳이다.

유럽에 남아 있는 유럽인 사이에서는 이스트처럼 낙관하는 사람을 찾아보기가 어려웠다. 영국인 행정가들은 어떻게 하면 호주를 일본의 침공 위협에서 보호할지 고심했고, 프랑스의 군사 전략가들은 라인 강 이쪽과 저쪽의 세대 규모 격차가 벌어지는 현상에 걱정했으며, 독일의 군사 전략가들은 러시아 인구가 자기네보다 훨씬 더 빠른 속도로 증가하는 것을 경계했다. 미국인들은 전 세계를 조망하는 여유를 부릴 수 있었던 반면에 유럽인들, 특히 서유럽인들은 식민지를 유지하는 일에 몰두할 수밖에 없었다. 그뿐만 아니라 제1차 세계대전 이전과 마찬가지로 자국의 인구가 같은 대륙 내 이웃 국가의 인구에 비해 얼마만큼 하락하고 있는지에도 관심을 쏟아야 했다.

영국인들이 북해 너머의 인구 성장률 하락 덕분에 다소나마 마음을 놓을 수 있게 되었을 때쯤 식민지의 인구 추세가 새로운 걱정거리로 떠올랐다. 일본에서는 7,700만 명이 26만 1,000제곱마일(약 67만 6,000제곱킬로미터)의 땅을 공유하고 있었던 반면에 일본 인구의 7%에 불과한 호주 백인 인구는 일본보다 10배 이상 넓은 땅에 살고 있었다. 아시아인의 호주 이민을 배척하는 내용의 백호주의White Australia Policy 정책이 수립된 배경에는 아시아의 인구 비중에 대한 경계심이 자리 잡고 있었다. 19세기 후반에 미국이 아시아인의 이민을 허용하지 않았던 것과 같은 맥락이다. 호주는 제1차 세계대전 이전부터 아시아인을 두려워하기 시작했으며 특히 좌파 정치인들이 큰 우려를 나타냈다. 훗날 총리가 된 윌리엄 휴즈William Hughes는 노동당 당수 시절인 1896년에 아래와 같은 글을 썼다.

> 우리의 북쪽에는 아시아 유색인종의 번식지가 있다. 그들은 곧 백인 인구의 심장을 피 한 방울까지 먹어치우려 들 것이다. 그들은 물밀듯이 우리 국경을 넘어와서 질병의 씨앗을 뿌리리라. 그들이 퍼뜨릴 질

병은 절대로 퇴치할 수 없으며 앵글로색슨 인종이 그토록 자랑스러워 하는 신체적 활력을 영원히 빼앗아갈 것이다.

아시아 이민을 비롯한 유색인종을 배척하는 법안이 뉴질랜드와 미국뿐 아니라 호주에서도 통과되었다. 제2차 세계대전이 가까워올 때쯤에 G. F. 맥클리어리는 그러한 정책이 '여물통 속의 개[a] dog in the manger(쓸데없이 심술부리는 것을 뜻하는 표현으로 개가 여물통 속에서 낮잠을 자다가 황소가 와서 여물통의 건초를 먹으려 하자 자기가 먹지도 않는 건초를 못 먹게 방해한 이솝 우화에서 유래함 - 역주)'와 같은 태도가 아니라고 부인하면서 단호하게 선언했다. "호주 백인은 여물통을 충분히 활용하되 자기 방식대로 사용하려는 것뿐이다. 인종 혼합, 분쟁, 재난 없이 자기 나라에 살려는 것뿐이다." 캐나다도 아시아 이민을 제한하는 법을 제정했지만 인구의 운명에 대한 걱정을 드러내놓고 표시하지 않았다. 캐나다에는 비유럽적인 요소가 큰 영향을 미칠 가능성이 별로 없다고 보았기 때문이다.

이와 대조적으로 **호주가 아시아인의 유입을 유별나게 걱정한 까닭은 프랑스의 학자 에티엔 데네리**Étienne Dennery**가 말한 "다산하는 아시아인 수백만 명"이 가까이에 있었기 때문이다.** 데네리의 저서 《다산하는 아시아인 수백만 명이 서구에 초래하는 문제Asia's Teeming Millions and Its Problems for the West》는 1931년에 영국에서 출판되었는데, 그 가운데 '중국의 팽창'이라는 대목에서 데네리는 중국인이 해외에 있는 800만 명과 중국 내에 있는 4억 명 이상으로 이루어져 있다고 지적했다. 그뿐만 아니라 그는 인도 이민자들의 동아프리카, 카리브 연안, 동남아시아 진출을 언급하면서 "손바닥만 한 논이나 비좁은 땅안에 갇혀 사는 이 불운한 아시아 떼거리는 서구 국가와 미래의 세계 평화에 실질적인 위험을 초래할 수 있다"고 주장했다. 제1차 세계대전 이전에 등장한 '황화론Yellow Perils(황인종이 재앙을 일으킨다는 주장 - 역주)'이 이때는 한층 더 큰 반향을 일으켰다. 예를 들어 해마다 아시아 이민자 10만 명이 영국의 오세아니아 식민지로 유입되면 아시아의 과밀 현상이 해소되기는커녕 "호주와 뉴질랜드가 온통 혼란스러워질 것"이라는 지적도 나왔다. 식민지의 인종적 동질성을 반드시 유지해야 한다는 이야기였다.

이처럼 유럽인들도 호주의 인종 구성에 대해 걱정했던 마당에 호주인들이 한층 더 심각하게 고민한 것은 두말할 필요가 없다. 이민과 관련된 최초의 입법은 저임금 외국인 노동자를 발도 못붙이게 하자는 노동운동에 의해 주도된 터라 경제적인 동기에서 이루어졌다고 볼 수 있지만 점점 더 인종주의적인 동기가 강해졌다. 그러나 아시아 세력의 감정을 건드리는 것을 꺼렸으며 특히 일본과 우호적인 관계를 유지하려 했던 영국 정부의 압력 때문에 해당 법안은 발의 단계에서 다소 수정되었다.

영국이 호주를 비롯한 자치령의 인구에 대해 고심한 까닭은 제1차 세계대전 전에 영국에서 나타났던 인구적 취약성이 식민지에서도 나타남에 따라 국가의 미래가 걱정되기 시작했기 때문이다. 이제는 다른 유럽인뿐만 아니라 비유럽인까지도 위협 요소로 간주되기 시작하자 인구 문제는 인종주의적인 색채를 띠었다. 독일의 출생률에 대해 걱정했던 전쟁 전보다도 훨씬 더 심각한 인종주의적인 표현이 판을 쳤다. 호주의 연평균 인구 성장률은 2% 남짓에서 1.5%로, 뉴질랜드의 연평균 인구 성장률은 2% 미만에서 1.25%로 떨어졌다. 1914년 이전만 해도 영국 논객들은 영국이 유럽의 나머지 지역보다 뒤떨어지게 될까봐 걱정했지만 이제 그들은 유럽 전체가 세계 나머지 지역보다 뒤떨어질지도 모른다는 걱정까지 하게 되었다. 실제로 그들은 두 가지 고민에서 공통점을 찾아냈다. 인구가 조금만 더 적었다면 영국이 제1차 세계대전에서 패망할 뻔했듯이 인구 부족이 대영제국의 존립을 위협할 수도 있다는 것이다.

맥클리어리는 1938년에 쓴 글에서 잉글랜드와 웨일스, 프랑스, 이탈리아, 독일의 1880년대 출생률과 1930년대 중반 출생률을 비교했고 출생률이 각각 56%, 37%, 39%, 52%씩 떨어졌다는 사실을 발견했다. 이처럼 구체적인 수치가 머나먼 동쪽의 인구 성장보다도 더 큰 우려를 자아냈다. 맥클리어리는 1945년에 (인종주의와 나치와의 연관성 때문에 인종주의적인 표현이 망신을 사던 시대 분위기에도 부끄러운 줄 모르고) 《인종 자살?Race Suicide?》이라는 저서를 출간했는데 이 책에서 그는 유럽의 출산율 저하 원인이 "국가의 생물학적 타락" 징후라기보다 과도한 개인주의와 "자기계발이라는 사이비 종교" 때문이라고 주장했다.

영국에서는 유럽뿐 아니라 식민지 인구에 대한 근심이 계속되었다. 특히 식민지에 대해서는 '백인종' 감소에 대한 우려를 표명하기도 했는데 이것은 영국이 자국과 가까운 곳의 백인 인구에 대하여 취한 태도와는 상반된 것이었다. 물론 영국이 독일의 출생률 저하, 프랑스의 낮은 출생률, 러시아 인구 감소의 첫 번째 조짐 등을 유럽 경쟁국의 위협 약화로서 환영했는지, 아니면 총체적인 백인종 감소로 보고 애석해했는지는 딱 잘라 말할 수 없다. 아시아 사람 중에서도 중국인과 인도인은 "바글거리는 수백만 인구"를 상징한 반면에 일본인은 유럽의 관습을 재빨리 받아들인 데다 유럽처럼 식민지를 건설하여 영토를 넓히고 인구를 확장했으며, 유럽인에 대항하기 위해 유럽의 군사 기술과 조직력을 습득한 만큼 특수한 위협으로 간주되었다. 레오 키오차 머니Leo Chiozza Money 경은 로이드 조지Lloyd George 총리 하에서 정무 차관을 역임하고 정부 각료를 지낸 이탈리아계 영국인으로서 "유색인종의 독자적인 과학 수단 때문에 유럽이 멸망할 가능성"을 우려했다. 머니는 일본 인구가 해마다 70만 명씩 늘어나는 데 반하여 잉글랜드와 웨일스의 인구 성장률은 25만 명에 불과하다면서 유럽 각국의 출생률이 빠르게 하락하고 있는 현상에 주목했다. 여기에서 그는 명백하게 범유럽적인 결론을 이끌어냈다. "백인 문명을 대표하는 극소수 사람들끼리 타민족에 대한 멸시, 의심, 증오를 조장하는 것은 자살 행위"라며 유럽 전체를 아우르자는 결론을 이끌어냈다. 그러나 이처럼 범유럽적인 정서가 유럽의 두 번째 대재앙을 막을 정도로 확산된 것은 아니었다.

한편 프랑스는 자국과 독일의 출생률 격차가 좁아졌음에도 인구 취약성에 대한 걱정을 멈추지 못했다. 제1차 세계대전 직전 몇 년 동안《프랑스의 인구 감소La Dépopulation de la France》와《애국심과 부성애Patriotisme et Paternité》 같은 제목의 훌륭한 장서들이 몇 권 출판되었다. 후자는 1907년에 프랑스의 징집병 숫자가 28만 6,183명에 불과했던 데 비해 이듬해에 독일의 징집병 숫자는 53만 9,344명에 이르렀다는 경고성 지적을 내놓았다. 해당 주제는 폴 르루아-볼리유Paul Leroy-Beaulieu의《인구 문제La question de la population》를 비롯하여 종전 후에 나온 책에서도 되풀이되었다. 이 책은 프랑스의 취약한 인구 구조로 발생한 가장 큰 문제는 군사 문제도, 경제 문제도 아니라면서 그러한 문제도 중요하긴 하지만 궁극적으로는 도덕적인 문제가 가장 크다는 그리 설득력이 없는 주장을 내놓았다. 어떤 면에서 이 같은 주장은 과도한 개인주의에 대한 맥클리어리의 주장과 일맥상통했고 '제2차 인구 전환'을 예견한 것이었다. 실제로 반세기 후에 유럽 대부분 지역의 출산율이 전간기 때보다 훨씬 더 낮은 수준으로 추락한 제2차 인구 전환이 일어났다.

프랑스가 전간기에 이민자들에게 가장 인기 있는 곳으로 떠오른 것은 결코 우연이 아니었다. 이 시기에 이탈리아에서 100만 명 가까이가, 폴란드에서 50만 명이, 벨기에에서 30만 명이 프랑스로 유입되었다. 민족적인 편견이 전혀 없다고는 할 수 없었지만 프랑스는 계몽주의와 혁명 전통 때문에 (적어도 백인 중에서) 제때에 프랑스인이 될 수 있는 사람이라면 누구든지 받아들이는 보편주의를 표방했다. 무엇보다도 프랑스는 '적격자'의 이민을 적극적으로 장려했다. 다시 말해 프랑스는 문화와 언어 면에서 라틴 계열이고 가톨릭이라는 배경을 갖추어 프랑스 사회에 쉽게 동화할 수 있는 이민자를 환영했다. 이러한 목적과 출생률을 높이겠다는 목적에서 '프랑스 인구 성장을 위한 국가 연합'이 설립되었다. 해당 연합은 우선 이민자 유입을 활성화한 다음에 이민자가 수용국의 지배적인 문화에 맞게 정체성을 전환하도록 장려함으로써 적은 인구수를 보완하려 시도했다. 프랑스는 시민 민족주의라 할 만큼 민족과 국적의 관계에 대해 좀 더 유연한 태도를 취함으로써 인구수를 보강할 수 있었다. 이때 프랑스가 활용한 방법은 원래부터도 그러했지만 1933년 이후로 자민족 중심주의 성향이 부쩍 심해진 라인 강 건너편의 독일에서는 답습할 수 없는 것이었다.

이민과 통합은 프랑스의 인구 무기 중 일부에 지나지 않았다. 다른 무기로는 라 플뤼 그랑드 파미유La Plus Grande Famille란 시민 단체가 활성화한 출산 장려 정책이 있었다. 오랫동안 인구에 집착해온 프랑스는 다른 민주주의 국가에 비해 보다 적극적으로 출산을 장려했다. 1915년에 설립된 라 플뤼 그랑드 파미유는 라인 강 건너편의 독일 인구뿐만 아니라 지중해 건너편의 유색인종에 대해서도 우려했다. 이 단체의 설립자는 인종주의적인 표현을 써가며 단체의 사명을 밝혔다. "백인종이 출산을 자제한다고 해서 황인종도 그러리라는 보장이 있겠는가? 한 예로 흑인종이 미국 내 백인종의 불안을 야기하는 다산을 포기하리라고 누가 장담할 수 있겠는가?" 이러한 분위기 속에서 전간기 프랑스에서는 산아 제한과 낙태가 거의 허용되지 않은 반면에 출산은 각종 혜택과 포상 등을 통해 장려되었다.

독재자와 인구정책

제1차 세계대전 이후에는 고전적 자유주의classic liberalism가 쇠퇴하면서 최소 국가와 개인의 우위 같은 개념도 힘을 잃었다. 고전적 자유주의는 19세기 후반 영국에서도 국가의 개입이 증가하자 정점을 찍고 쇠락하기 시작했다. 제1차 세계대전 동안에 전쟁 물자 동원에 국가의 개입이 필수 불가결해짐에 따라 국가가 인구 목표를 설정하고 이를 달성하기 위한 정책을 시행해야 한다는 생각이 널리 확산되었기 때문이다. 민주주의 국가도 그러한 경향이 있었지만 전간기에 생겨난 독재국가들은 국가가 정책을 주도해야 한다는 생각을 한층 더 적극적으로 받아들였다. 독재자들은 특권과 권력을 얻기 위해 인구 성장을 목표로 하는 경향이 있었지만 그렇다고 해서 그러한 목표를 시종일관 추구하지만은 않았던 것 같다. 왜냐하면 대량학살의 경우 그 주체가 공산당이든 나치든 독재자들이 내세운 인구 성장 목표에 부합하지 않기 때문이다. 다만 독재자 대다수는 멋대로 학살을 자행하는 동안에 사망자 숫자가 출생자로 대체되기를 바랐다. 공산 체제 입장에서는 적합한 사고방식을 주입할 수 있는 새로운 세대가, 파시스트나 나치 체제 입장에서는 인종적·민족적·국가적 기준에 들어맞는 사람들이 빈자리를 채우는 편이 바람직했다.

소련의 인구 정책은 다양한 변화를 거쳤는데, 그러한 변화가 가장 명확하게 반영된 분야는 예술 정책으로 보인다. 혁명 초기에 실험주의experimentalism와 혁명 정신으로 불릴 만한 요소를 우대하는 예술 정책을 채택했듯이 가족과 출산에 대한 정책도 요즘 기준으로 보면 '급진적'이라 할 만했다. 마르크스는 물론 엥겔스 역시 가족은 자본주의적인 양상이며 결혼은 사회적으로 용인된 형태의 매춘이나 다름없다고 규탄했다. 그러나 시간이 흐름에 따라 좀 더 보수적인 세력이 모습을 드러내기 시작했다. 공산당은 '사회주의적 사실주의socialist realism'를 따르는 예술을 선호하게 되었고 가족에 대해서도 좀 더 전통적인 태도를 취하게 되었다. 이로 인한 갈등은 초반부터 불거졌다. 러시아 혁명 당시에 볼셰비키의 최고 여성 원로이자 급진적인 여성해방론자였던 알렉산드라 콜론타이Alexandra Kollontai는 "성관계는 수치스럽고 죄받을 일이 아니라 자연스럽고 합법적인 일이며, 굶주림이나 갈증 해소와 마찬가지로 건강한 생명체임을 입증하는 현상으로 인정되어야 한다"는 의견을 밝혔다. 그러나 레닌은 그 생각에 동의하지 않았다.

소련은 세계 최초로 낙태를 합법화한 나라였지만 피임기구를 입수하기란 거의 불가능했으며 피임기구가 사용되는 일도 없었다. 그 원인 가운데 하나는 피임기구의 가격이었다. (피임기구는 소련보다 부유한 서구에서조차 중산층의 전유물이나 마찬가지였다.) 소련이 그 당시에 낙태를 합법화한 근거는 개인의 선택과 여성 복지였다. 대부분 여성 노동자로만 채워진 공장에서 근무하던 어느 노동자는 낙태 합법화 몇 달 전에 다음과 같은 기록을 남겼다. "나는 지난 6개월 동안에 25세 미만 젊은이 100~150명 가운데 15~20%가 의사의 도움

없이 낙태를 감행하는 것을 보았다. 그들은 가정용 제품을 사용한다. 표백제며 온갖 유해한 혼합물을 마신다." 낙태 합법화 조례에도 다음과 같은 내용이 포함되어 있다.

> 지난 10년 동안 낙태하는 여성의 숫자가 늘어났다. (……) 법률은 낙태를 선택한 여성과 낙태를 시행한 의사를 처벌하는 식으로 (……) 이러한 악행에 맞서 싸운다. (……) 그러다 보니 낙태 시술이 지하로 숨어들고 여성들이 탐욕스럽고 의학적 지식이 없는 낙태 시술자의 피해자가 되고 있다.

인구의 대다수가 농민이었을 때는 높은 출산율이 유지되었지만 점점 더 많은 사람이 도시화되고 글을 읽을 수 있게 되면서 출산율이 하락하기 시작했다. 스탈린 치하에서 사회 변혁적인 정책은 줄어들었고 소련은 양자택일의 함정에 빠졌다. 여성 노동력은 농사일에 반드시 필요했고 공장 역시 점점 더 많은 여성 노동력을 필요로 하게 되었다. 그러나 국가의 힘을 키우기 위해서는 인구를 대량으로 늘려야 할 필요도 있었다. 일부 도시에서 낙태 건수가 출생 건수를 넘어서는 상황에 이르자 낙태에 대한 거부감도 커져갔다.

1935년에 스탈린은 "인간이 가장 귀중한 자원"이라고 공언했고, 결국 이듬해에 예외적인 상황을 제외하고는 낙태가 법으로 금지되었다. 여느 때와 마찬가지로 신참 관료들은 공산당의 새로운 방침을 그대로 따랐다. 볼셰비키 원로이며 공산당의 양심으로 불리기도 했던

"낙태는 당신의 행복을 빼앗아갑니다." 스탈린과 소련의 공산당 지도부는 인구의 중요성을 깨닫고 출산율을 높이기 위해 낙태를 금지하고 출산 장려 정책을 시행했다.

아론 솔츠Aaron Soltz는 새로운 '사회주의 현실에서' 낙태는 더 이상 필요하지 않다고 주장했다. "우리 삶은 좀 더 흥겹고 행복하며 풍족하고 만족스러워지고 있다. 그러나 흔히 말하듯이 식욕은 음식을 먹으면서 생긴다. 우리의 욕구는 날이 갈수록 증가하고 있다. 우리에게는 새로운 전투기가 필요하다. (……) 우리에게는 사람이 필요하다"면서 "어머니가 되는 것은 가장 행복한 일"이라고도 말했다. 어떤 이는 어머니를 스타하노프 노동자Stakhanovite worker(스타하노프라는 광부처럼 생산 목표량을 초과 달성한 노동자에게 부여된 칭호 - 역주)에 비유했고 "여성의 건강을 보호해야" 할 뿐 아니라 "튼튼하고 건강한 젊은 세대를 길러내야" 한다는 명분으로 낙태에 대한 처벌을 옹호했다. 그러나 공산당 지도부가 새로이 도입한 출산 장려 정책에도 불구하고 소련의 출산율은 지속적으로 하락했다. '위대한 건설자' 스탈린도 인구 추세를 거스르지는 못했으며, 소련은 출산율보다는 강철이나 트랙터 생산량을 예측하기가 한층 더 쉽다는 사실을 깨달았다. 그럼에도 소련의 인구는 계속해서 성장했다. 출산율이 하락하기는 했지만 여전히 높은 수준이었고 기근과 숙청에도 불구하고 전체 인구의 기대수명이 지속적으로 연장된 반면에 해외 이민이 대체로 금지되었기 때문이다.

소련이 모성과 출산에 대해 다소 일관되지 못한 태도를 취한 반면에 파시스트가 장악한 이탈리아는 전통적인 성도덕과 좀 더 일반적인 주제인 여성의 역할에 대해 비교적 한결같은 태도를 고수했다. 무솔리니는 집권 초기에는 가톨릭교회와 대립했지만 (토지, 곡물, 리라화 가치 상승과 더불어) 인구를 이탈리아의 네 가지 국가적인 '투쟁' 가운데 하나로 규정함으로써 피임과 낙태에 대한 가톨릭교회의 교리에 지지를 보냈다. 1927년에 그는 이렇게 선언했다. **"나는 인구의 힘이 국가가 정치권력뿐 아니라 경제적·도덕적 힘을 확보하기 위한 필요조건까지는 아니라도 전제조건이라고 주장하는 바다. (……) 이탈리아가 세계에서 중요한 역할을 하기 위해서는 6,000만 명 이상의 국민이 있는 상태에서 이번 세기 후반부를 맞이해야 한다."** 그러려면 그 당시 인구 규모보다 50%가 늘어나야 했다. 낙태와 피임기구가 금지되었고 독신자의 세율이 상승했으며 자녀가 딸린 가정에 대출이 제공되었다. 그러나 이탈리아 역시 유럽 대부분의 국가와 비슷한 경로를 따라감에 따라 그 같은 정책에도 불구하고 인구에 큰 영향을 끼치지 못했다. 1920년에 3,700만 명이던 이탈리아 인구는 연평균 1%대의 성장률로 1950년에 이르기까지 4,700만 명으로 성장했지만 무솔리니의 목표에는 한참 미달하는 수치였다. 게다가 인구 성장이 '출산 투쟁'에서의 승리 때문도 아니었다. 실제로 이탈리아의 출산율은 제1차 세계대전 이전에 여성 한 명당 자녀 4명에 이르렀다가 1930년대 후반에는 3명으로 감소했다. 출산율 증가보다는 사망률이 하락하고 기대수명이 (1910년에 47년에서 1950년에 66년으로) 연장되었으며 1930년대 후반에 해외 이민자 숫자가 제1차 세계대전 이전 수준인 6% 정도로 급감한 결과였다.

독일의 히틀러는 인구에 집착했다. 대학살을 자행하는 등 인구의 '품질'을 강조했지만 히틀러 역시 동시대 정치 지도자들과 마찬가지로 인구의 '양적' 문제를 중요하게 생각했다는 사실을 간과하지 말아야 한다. 제1차 세계대전 이후에 독일인 50만 명이 폴란드에 이양된 지역을 떠나 조국으로 몰려들었고, 13만 2,000명이 프랑스에 할양된 알자스-로렌에서 독일로 넘어왔다. 그러나 1939년에 전쟁이 터지기 직전까지 유대인 수십만 명이 독일을 탈출했다. 출산 장려 정책은 바이마르 공화국 때부터 존재했지만 전면적으로 부상한 때는 제3제국 시대였다. 이때 어머니의 날이 공휴일이 되었으며 대가족을 꾸릴 준비가 된 이들이 지원과 격려를 받았다. 다산모십자훈장Mutterkreuz이 제정되어 자녀를 4명 이상 낳은 여성에게는 청동 십자훈장이, 6명 이상 낳은 여성에게는 은 십자훈장이, 8명 이상 낳은 여성에게는 금 십자훈장이 수여되었다. 또한 제2차 세계대전 동안에는 낙태가 중죄로 규정되었다. 1934년에 히틀러는 다음과 같이 말했다. "독일 여성은 그 무엇보다도 아내와 어머니가 되고 싶어 한다. (……) 그들은 공장도, 사무실도, 의회도 동경하지 않는다. 독일 여성에게는 다정한 남편과 많은 자녀가 있는 아늑한 가정이 더 중요하다."

나치는 인구 기반 확대를 목표로 삼았고 출산 장려 정책과 선전을 통해서만이 아니라 오스트리아와 체코슬로바키아의 독일인들을 규합하는 방법으로 목표를 달성하고자 했다. 그러나 부적합하다고 간주되는 사람들은 어떻게든 배제하려고 했으며 "생명을 잉태할 가치가 있는" 여성들의 출산만이 권장되었다. 숫자도 중요했지만 나치에게는 인종적 순수성이 숫자보다 의미가 컸다. 그러나 전시 경제에서 노동력이 필요해지자 나치는 인종적으로 순수하지 못하다고 규정되었던 수백만 명에게 독일 입국을 허용한 뒤 노예처럼 부려먹었다.

나치 인구 정책은 지극히 일관적이지 못했다. 한쪽에서는 전통적인 도덕이, 다른 쪽에서는 가장 우수하다고 간주되는 인종을 번식시키려는 정책이 상존하면서 갈등을 빚었다. 그러한 정책의 일환으로 나치는 전투에 나가는 이들에게 불가피한 상황이라면 외도를 통해서라도 자녀를 갖도록 권장하기까지 했다. 히틀러는 독일의 생존이 인구 급감 추세를 반전하느냐 여부에 달려 있다고 믿었으며 퇴폐, 개인주의, 동성애, 과잉 도시화의 결과로 인구 급감이 나타난다고 믿었다. 그러나 동시에 독일의 기존 인구가 영토 자원에 비해서는 너무 많기 때문에 레벤스라움Lebensraum(생활권, 생활 영역 등을 의미하는 독일어 - 역주)이 필요하다는 것이 히틀러의 생각이었다. 그러나 문제가 궁극적으로 공간이 기존 인구에 비해 턱없이 비좁은 데서 발생하는지, 인구가 기존 공간에 비해 턱없이 부족한 데서 발생하는지는 철저히 규명되거나 해결되지 못했다. 그 결과 나치가 폴란드와 소련 서부 대부분을 점령한 동안에 역사상 유례없을 정도로 비인간적이면서 비상식적인 갖가지 인구 정책이 쏟아져 나왔다.

종합적으로 히틀러가 독일의 인구 규모에 끼친 가장 큰 영향은 (그가 유럽 전체 인구에 끼친 파괴적인 영향과는 별도로) 그가 일으킨 전쟁에서 군인과 민간인을 포함한 독일인 700만 명이 목숨을 잃었다는 점이다. 이러한 재난의 근본적인 원인은 유럽 전반의 인구 패턴과 일치하는 독일의 인구 추세였다. 나치의 출산 장려 정책은 그리 큰 효과를 거두지 못하여 1930년대 초반에 2명이 채 되지 않던 출산율이 1939년경에는 제1차 세계대전 이전은 말할 것도 없고 1920년대 초반의 수치에도 못 미치는 2명 남짓으로 소폭 상승했을 뿐이었다. 1920년에 54년에 미치지 못했던 기대수명은 1950년에 이르러서는 64년 가까이로 늘어났다. 슬라브계 현지 주민의 유골이 쌓인 우크라이나와 우랄 지방에 추가로 수백만 명의 독일인을 정착시키겠다던 나치의 발상은 실현되지 않았다. 그럼에도 제1차 세계대전으로 인한 독일의 인명 손실은 상당히 빠른 시일 내에 채워졌다.

유럽 강대국들의 종말

전간기에 제국이 힘을 잃어간 것은 어떤 면에서 보면 인구에 그 원인이 있다고 할 수 있다. 이것은 영국뿐만 아니라 프랑스, 미국, 독일도 마찬가지였다. 로즈나 실리 같은 사람이 앵글로색슨인이나 백인이 세계를 지배하리라고 장담할 수 있던 시대는 지났다. 이러한 분위기 변화의 큰 이유 중 하나는 백인들이 다른 인종의 엄청난 숫자와 인구 성장 잠재력뿐만 아니라 유럽 인구 성장률의 하락을 인정했기 때문이다. 이미 영국이 아일랜드 대부분을 상실했고 이집트에서 인도, 그 이외 지역에 있는 식민지에까지 자치 운동이 고조되기 시작했다.

유럽인들은 아시아와 아프리카 식민지에서 늘 수적 열세에 시달렸다. 그러나 식민지의 비유럽계 인구가 뚜렷한 정체 상태를 보였으며 유럽 각국이 인구 관성과 인구 역동성을 이해한 덕분에 유럽인들은 식민지에서 우위를 확보할 수 있었다. 그러나 영국이 다른 유럽 국가들보다 앞서 나아갔다가 다시 후퇴하게 되었던 패턴이 전 세계적으로 전개되었다. 전간기 유럽에서는 전후 베이비붐을 기대할 수 없었으며 유럽의 출생률이 낮은 수준을 유지하거나 심지어 지속적으로 하락하리라는 예측만 난무했다. 반면에 마침내 비유럽계 인구도 한때 유럽의 인구 성장과 같은 과정에 따라 성장하고 있다는 사실이 너무도 명백해졌다. 물질적인 조건과 의료 수준의 개선 때문에 러시아인뿐만 아니라 인도인의 숫자도 늘어나고 있다던 히틀러의 우려는 괜한 걱정이 아니었다.

한편 식민지 상실의 조짐이 어렴풋이 나타나는 동시에 제2차 세계대전이 진행됨에 따라 유럽의 전통적인 강대국들이 미국과 소련에 밀려났다는 사실이 점점 더 분명해졌다. 미국과 소련은 각자 다른 이유에서 부분적으로만 유럽 계통이었다. 우선 미국은 인구 대다수가 유럽계이지만 다른 대륙에 위치하고 있었다. 소련은 유럽 끄트머리에서 다른 대륙으로 뻗어 있을 뿐만 아니라 로마가 아닌 비잔티움 제국에서 유래한 그리스 정교 문화를 기반으로 한다는 점에서 유럽인과 달랐다. 절반만 유럽 계통인 두 강대국이 패권 국가로 떠오른 것은 유럽 중심부가 전쟁으로 큰 피해를 입었기 때문이다. 그 과정에 인구 추세도 한몫했다는 데는 의심의 여지가 없었다.

독일과 소련의 전쟁은 (기후 때문이기도 하지만) 소련의 대규모 병력과 광활한 국토 때문에 독일의 패배로 끝났다. 소련군 수백만 명이 목숨을 잃었고 그 이외에도 수백만 명이 포로로 잡혔지만 그러고도 추가로 수백만 명이 다시 전쟁터로 나와 결국 독일군을 제압했다. **독일의 만슈타인 장군은 러시아군이 머리 하나를 자르면 그 자리에 머리 두 개가 생기는 히드라 같다고 푸념했다. 1941년 말 모스크바 외곽에서 추위에 얼어붙었던 독일군이나 이듬해에 스탈린그라드에 포위되어 자포자기 상태에 빠졌던 그들의 동지들은 러시아군이 수많은 포로와 사상자를 내고도 그야말로 끊임없이 몰려온다는 것을 깨달았다. 그때 그들이 전쟁터에서 목격한 것은 지치지 않고 밀려드는 인구 물결**

이었다.

러시아 인구의 팽창과 독일의 인구 성장 둔화가 없었다면 소련이 승리하지 못했을 것이다. 20세기 초반 40년 동안 독일은 연평균 0.5%가 조금 넘는 인구 성장률을 간신히 유지했던 반면에 소련은 내전과 공산주의로 인한 참화에도 불구하고 연평균 1.4%에 가까운 인구 성장률을 기록했다. 그에 따라 20세기 초반 독일의 인구는 러시아의 절반 남짓이었지만 독일이 소련을 침공한 시점에는 격차가 더욱 벌어져 독일 인구가 소련 인구의 3분의 1 정도였다. 독일은 우월한 조직력에 힘입어 제1차 세계대전 당시에 동부 전선에서 맞붙은 러시아군을 제압했지만 제2차 세계대전 때는 1944년에 서부 전선이 뚫리기도 전에 소련군의 머릿수에 밀려 제압당했다. 우월한 조직력이 숫자의 힘에 패한 것이다.

그 이외에 러시아가 전간기에 달성한 빠른 산업화, 전쟁 초반 스탈린의 오판, 장군들에 대한 히틀러의 간섭, 독일군이 동계 전투에 적합한 무장을 갖추지 못한 점 등이 전쟁에서 중요한 요소로 작용했으며 때로 상쇄 효과를 일으키기도 했다. 스탈린이 소련 서부의 비러시아계 주민을 강제로 이주시킨 것도 중요한 역할을 했다. 그러나 이 모든 요소를 감안하더라도 동부 전선의 전투가 대부분 인정사정없는 숫자 싸움이었다는 점만은 부인할 수 없다. 전쟁이 진행되는 동안에 소련은 3,400만 명이 넘는 병력을 투입했으며 이들은 모두 동부 전선에서 싸웠다. 독일 병력은 1,300만 명이었고 그마저도 여러 지역에 분산 배치되었다.

제2차 세계대전 동안 미국의 상황도 인구 면에서는 소련과 비슷했다. **미국의 경제적 힘은 어떤 면에서 인구 규모의 산물이었지만 인구 규모는 그 자체로서도 매우 중요한 역할을 했다. 장비뿐만 아니라 인적·물적 자원까지 무궁무진하게 공급한 덕분에 미국은 독일이 사실상 꺾을 수 없는 상대가 되었다. 이 경우에도 두 나라의 인구 규모를 비교해보면 유익한 통찰을 얻을 수 있다. 20세기 초에 독일의 인구는 미국 인구의 4분의 3 정도였다. 그러나 미국이 제2차 세계대전에 참전했던 1942년에 독일의 인구는 미국 인구의 절반에도 미치지 못했다.**

미국이 유럽의 그 어떠한 강대국보다 몇 배나 많은 인구를 보유하게 됨에 따라 군사적으로나 경제적으로나 유럽 열강들의 세계 지배는 끝이 났다. 미국은 유럽보다 시장도 더 컸고 규모의 경제를 창출할 잠재력도 더 컸기 때문에 영국의 1인당 국민소득을 앞지를 수 있었다. 그러나 경제의 절대적 규모보다 훨씬 더 결정적인 요소는 인구 규모였다. 1870년에 미국 인구는 영국보다 3분의 1가량 많았으며 경제 규모는 동일했다. 두 나라 경제의 상대적인 위치가 1인당 소득 기준으로 반전된 것은 사실이지만 경제의 상대적인 규모가 뒤바뀐 데는 인구의 상대적인 규모가 뒤바뀐 것이 훨씬 더 크게 작용했다.

미국과 소련이라는 두 강대국의 양극 체제는 전간기의 인구 현실을 직시했더라면 진작에 예측이 가능했을 일이다. 전간기에 들어선 소련과 미국은 광활한 영토와 인구 팽창을 감당할 수 있는 잠재력을 발휘하여 유럽 나라들을 따돌리기 시작했다. 실제로 러시아

1913년 6월 19일 뉴욕 항구에 도착한 수많은 유럽 이민자들. 이민의 물결로 미국은 인구 대국으로 급부상했다.

와 미국이 세계 최고 강대국으로 부상하리라는 것은 이미 100여 년 전에 프랑스의 정치 이론가이자 여행가인 알렉시 드 토크빌Alexis de Tocqueville이 예견한 바였다. 토크빌은 **"두 나라는 신의 섭리에 따라 각각 지구 절반의 운명을 좌지우지하도록 선택된 듯하다"**라고 썼다. 그는 빠르게 늘어나는 인구와 인구 성장을 지속할 수 있는 능력을 그 근거로 제시하면서 유럽의 전통적인 강대국들은 그러한 면에서 두 나라를 대적할 수 없을 것이라고 주장했다.

인구 대국 중국은 경제 성장과 산업 발전을 이루지 못했기 때문에 여전히 잠들어 있는 상태였지만 경제 성장과 산업 발전이 인구 성장과 규모에 비례하여 이루어지면 세계 세력 구도와 체제에 근본적인 변화가 일어날 수밖에 없었다. 그러나 유럽 제국들의 쇠되는 유럽의 인구 우위가 감소했기 때문만은 아니었다. 1919년 베르사유 조약에서 윌슨이 내세운 유럽의 이익에 위배되는 이상주의 때문에 유럽인들은 어쩔 수 없이 국제연맹을 창설해야 했고 '식민지' 영토에 '위임 통치령mandate'을 세워야 했다. 베르사유 조약에 깔린 이념의 기원은 미국 독립 전쟁 때로 거슬러 올라간다. 윌슨이 자신의 생각을 유럽에 강요할 수 있었던 배경에는 미국의 압도적인 인구 성장이 있었다. 미국이 '서구'의 부속물 위치에서 탈피하여 서구의 상징이 된 것은 미국의 인구 성장만으로도 예견이 가능했다. 그러한 변화는 인구 물결의 창조물이었다. 인구의 성장과 감소가 그 이후 반세기를 결정했다는 뜻이다.

두 번의 세계대전에는 이전에는 상상할 수 없었을 법한 방식으로 많은 인구가 동원되었다. 제인 오스틴 소설의 여성 등장인물들은 당대에 유럽을 집어삼킨 나폴레옹 전쟁에 전혀 개의치 않고 일상을 영위한 것으로 유명하다. 그들은 어쩌다가 멋진 육군이나 해군을 만나는 기회가 나타날 때만 나폴레옹 전쟁에 관심을 보였다. 그로부터 100여 년이 지나 후대 여성들은 후방에서 농경 부대원land girl으로 일하느라 여념이 없었다. 그들은 승리를 위해 땅을 파고 나라를 위해 식량을 생산했으며 무기 공장에서 일하고 포탄이나 전차를 전방에 지속적으로 공급했다. 비행기가 발명되고 그에 따라 공중 폭격이 가능해지면서 요새나 다름없던 섬나라조차도 전쟁의 직접적인 영향을 피할 수 없게 되었다. 또한 사회가 인구 전체를 전쟁 활동에 참여시킬 수 있는 능력과 의지를 지니게 되자 인구의 숫자가 그 어느 때보다도 중요해졌다.

하지만 1945년 이후에 서구는 이전과는 상당히 다른 국면에 접어들었다. 전쟁은 멀리 떨어진 곳에서 치러졌고 본국에 직접적인 영향을 끼치는 일도 드물어졌다. 새로운 사회적·경제적 추세가 출현했고 이제 그러한 추세를 만드는 나라는 서구 세계에서 가장 인구가 많은 미국이었다.

6

1945년 이후의 서구
: 베이비붐에서 이민자 대량 유입까지

The Human Tide

19세기 초반에 영국 남부 서리Surrey에 살던 성직자 토머스 맬서스는 북쪽으로 수백 마일 떨어진 산업 중심지에서 일어나는 혁명적 변화를 알아차리지 못하고 소멸하고 있는 세계를 서술했다. 그가 묘사한 세계에서 인구 성장률은 기하급수적으로 높아지지만 인구를 먹여 살릴 토지의 부양 능력은 점진적으로 증대하므로 식량 생산이 산술급수적으로 증대한다는 제약 때문에 인구 성장이 억제된다. 이처럼 맬서스는《인구론》의 거듭된 개정판에서 자신의 이론을 상세히 설명했지만 농업에 대한 그의 예측은 심각하게 받아들여지지 않았다. 유례없이 새로운 사회가 맨체스터를 비롯한 잉글랜드 북부와 중부의 신흥 산업 중심지에 탄생하고 있었기 때문이다.

밭고랑이 있던 곳에 용광로가 설치되고 시골 오두막 자리에 다세대 주택이 줄줄이 들어서는 새로운 사회에서는 전보다 훨씬 더 늘어난 사람들이 제품을 생산하여 세계 다른 지역의 풍부한 식량과 맞바꿀 수 있었다. 무엇보다도 먼 대륙의 광활한 개척지에서 식량을 생산하는 일이 가능해졌다. 원주민이 쫓겨난 땅에 모국을 먹여 살릴 농지가 들어선 것이다. 철도와 증기선과 같이 맬서스가 상상조차 하지 못했던 신형 운송 수단이 지구를 가로질러 식량을 실어 나른 덕분에 잉글랜드와 다른 산업 국가들은 헤아릴 수 없이 넓은 '유령 경작지'를 얻었다. 맬서스는 19세기 극초반에 살았고 변화의 중심지에서 너무 멀리 떨어져 있었기 때문에 자신이 가능하다고 믿었던 것보다 훨씬 더 많은 사람을 부양할 수 있는 새로운 체제가 들어설 수 있을 것이라고 예상하지 못했던 것이다.

제2차 세계대전 이후에는 모든 예상을 뛰어넘는 일이 일어났다. 맬서스보다 100년 뒤에 활동했던 통계학자와 사회과학자들은 당연하게도 탈脫 맬서스 세계를 이론으로 제시하고 설명했다. 미국의 프랭크 노티스타인Frank Notestein은 맬서스만큼 잘 알려지지는 않았지만 '인구 전환'에 대해 탁월한 해석을 제시한 인물이다. **노티스타인에 따르면 국가는 더 이상 맬서스가 말한 제약 속에 갇혀 있지 않고 높은 출산율, 높은 사망률, 적은 인구에서 출발하여 그 이후에 사망률 하락을 겪으면서 인구 급성장을 경험한다. 그 이후 출산율이 감소함에 따라 인구 성장률은 유지되었다가 둔화되며 마지막으로 출산율과 사망률이 다시 균형을 이루면서 인구가 더 이상 늘지 않지만 전보다는 훨씬**

더 많은 수준에 머무른다는 것이다.

대체로 노티스타인의 생각이 옳았다. 영국, 미국, 유럽 전역에서 그가 언급한 현상이 일어났다. 그러나 노티스타인이 설명한 인구 전환 가설 역시 맬서스가 제시한 것과 마찬가지로 시대를 정확히 반영하지는 못했다. 북미와 유럽 북부의 선진 산업 사회는 여성 한 명당 자녀 수가 대략 2명에 이르고 사망률이 낮았으며 인구가 많아도 다소 안정된 수준을 유지함에 따라 인구 여정의 종착지에 도달한 것처럼 보였다. 따라서 인구 물결의 진로가 최후까지 속속들이 밝혀졌다고 간주되었다. 그러나 모든 예상을 뒤엎고 베이비붐이 일어났다. 선진국 곳곳의 젊은 여성들이 제2차 세계대전 종전 이후 약 20년에 걸쳐 자신의 어머니보다 훨씬 더 많은 아이를 낳았기 때문이다. 맬서스가 그랬듯이 노티스타인 역시 인구에 대해 정확히 예측하지 못했다. 인구학은 정해진 패턴을 파악한 순간 새로운 패턴이 나타나 누구도 예상하지 못한 방향으로 나아가기도 한다.

베이비붐 세대의 탄생

1964년 3월 10일, 초봄의 어느 따뜻한 날에 런던 중심부에서 41발의 예포 소리가 울려 퍼졌다. 그해는 윈스턴 처칠의 생애 마지막 해였고 (귀족으로서는 마지막으로 영국 총리가 된) 알렉 더글러스 홈Alec

Douglas-Home이 다우닝 가 10번지(영국의 총리 관저 - 역주)에 자리를 잡은 해였다. 예포는 에드워드 왕자의 탄생을 축하하기 위해 발사되었다. 에드워드 왕자는 태어나자마자 형인 찰스 왕세자와 앤드류 왕자보다는 낮지만 누나 앤 공주보다는 높은 왕위 계승 서열 3위에 올랐다. (30대 후반에) 네 번째 출산을 마친 여왕은 더 이상 자녀를 낳지 않았지만 자기 어머니보다는 2배 많은 자녀를 두었다. 다시 말하지만 영국 왕실은 영국의 같은 세대, 같은 연령대 사람들과 출산 패턴 면에서 일치한다. 그에 이어 현재의 엘리자베스 2세 여왕의 자녀 4명도 자기 세대의 전형적인 출산 패턴을 따라서 2명 넘게 자녀를 낳은 이가 없다. 자신들의 할머니가 속했던 전간기 세대와 같이 저출산 경향으로 돌아간 것이다.

19세기의 전형적인 가족을 생각해보라고 하면 빅토리아 여왕의 어린 자녀 여럿이 다정한 부모를 둘러싸고 당당하거나 장난스러운 자세를 취한 사진을 떠올리는 사람이 있을 것이다. 그러나 20세기 중반에 이르자 세력과 자금 면에서 중심지가 대서양 건너편으로 옮겨갔다. 이제 전후 베이비붐이라고 하면 첫 번째로 떠오르는 곳은 미국이다. 맬서스 시대부터 높은 출산율과 강력한 인구 성장률로 주목을 받은 미국은 급기야 서구 세계의 인구 강대국이 되었다. 그러나 제1차 세계대전 이전에 이미 출산율이 하락하기 시작했고 이러한 추세는 전간기에도 이어졌다. 특히 1930년대의 대공황은 출산과 가족 형성에 걸림돌이 되었다. 대서양 양편의 실직 남성들은 가족을 부양하기 어려워지자 결혼이나 자녀 계획을 연기했으며,

이미 결혼하여 자식을 둔 사람들은 더 이상 자녀를 낳지 않으려고 했다. 피임 관련 지식이 갈수록 확산되고 큰 비용이 들지 않게 됨에 따라 저소득층도 그 이전에는 꿈도 꾸지 못했던 피임을 하기 시작했다.

피임의 가장 일반적인 형태는 일종의 싸개였다. 싸개 형태의 피임기구는 고대 사람들도 알고 있었고 제임스 보즈웰James Boswell의 일기에서 보듯이 18세기 런던에서도 꽤 흔히 사용되었다. 19세기부터 피임기구에 사용되기 시작한 고무의 가격이 20세기 초반에 떨어지면서 싸개가 좀 더 저렴해졌다. 영국에서는 싸개의 일종인 콘돔이 은밀히 유통되는 일이 많았는데 이발사가 고객에게 "손님, 주말에 별일 없으세요?"라고 물어보는 식으로 제공되는 경우가 일반적이었다. 제1차 세계대전 직전에 코일coil로도 불리는 여성용 자궁 내 피임기구IUD가 나왔으며 전간기를 거치면서 그 사용이 점차 늘어났다. 그러나 가난하고 교육 수준이 낮은 사람들을 비롯한 대다수는 여전히 질외 사정, 금욕, 원시적이고 비합법적인 낙태 등을 산아 제한의 방법으로 선택했다. 믿음직스럽지 않을 뿐 아니라 (낙태의 경우에는) 위험할 수도 있었겠지만 이런 방법들은 출산율을 1860년대 수준의 3분의 1로 떨어뜨릴 정도로 상당한 효과를 발휘했다.

미국의 전간기 출산율은 여성 한 명당 3명 남짓에서 2명 남짓으로 하락했다. 무엇보다도 이민자의 출산 감소, 농촌 인구의 도시 이주에 따른 (전통적으로 출산율이 낮은) 도시 인구의 성장, 농촌과 도시 출산율의 수렴 현상이 출산율 하락의 원인이었다. 농촌 인구의 비중이 줄어든 것도 모자라 농촌 사람들이 출산과 가족 규모 면에서 도시인들과 비슷한 행태를 보이기 시작했다. 인구 성장률이 하락했다는 뜻이다. 그러나 시사평론가나 정책 입안자들은 이러한 현상에 크게 개의치 않았다. 전반적으로 미국의 인구는 여전히 성장하는 추세여서 국제무대의 경쟁 상대와 비교해볼 때 인구 규모의 격차가 컸기 때문이다. 미국의 기득권 계층은 대부분 인구 성장률 문제보다는 이민 억제와 앵글로색슨인으로서의 정체성 유지 문제에 더 큰 관심을 쏟았다.

1930년대에 미국의 인구 성장은 연평균 1%에도 미치지 못했다. 이 나라의 역사를 통틀어 매우 낮은 수준이었다. 엠마 라자루스 Emma Lazarus는 자유의 여신상에 새긴 시에서 몰려드는 무리에게 미국으로 오라고 노래했지만 미국은 더 이상 그런 나라가 아니었다. 1920년대에 들어서 그 어느 때보다도 더 엄격한 이민 규제를 시행함으로써 미국은 이제부터 몰려드는 무리를 더 이상 환영하지 않겠다는 뜻을 확실히 밝혔다. 이제 미국은 토머스 제퍼슨 시대처럼 생식 능력이 왕성하고 젊은 정착민들이 (미국 원주민을 희생시켜서 얻은 것이기는 했지만) 사람의 손길이 닿지 않은 땅을 무한정 이용하며, 자녀를 많이 낳는 것만으로 25년마다 숫자를 2배로 불려나갈 수 있는 나라도 아니었다.

그런데 1945년부터 모든 예상을 뒤엎는 반전이 일어났다. 미국의 군인들은 전쟁을 끝내고 결혼하여 가정을 꾸리기를 고대하면서 고국으로 돌아왔다. 처음에는 전쟁 직후의 출산 만회catch-up 정도로 치부되었다. 전쟁 때문에 결혼과 가족 구성의 계획이 지연되었다가 마침내 실행에 옮겨졌다는 것이다. 그러나 이러한 출산 증가 추세는 단기간으로 끝나지 않았다. 미국의 합계 출산율은 전쟁 직전에 2명 남짓으로 하락했다가 1950년대 후반에 3.5명 정도로 상승했다. 프랭크 노티스타인의 인구 전환 가설로는 낮은 사망률과 낮은 출산율로 전환이 이루어진 이후에 출산율이 2배 상승한 까닭을 설명할 수 없었다. 노티스타인의 인구 전환 모형은 기각될 것까지는 없겠지만 분명 수정될 필요가 있다.

1930년대 후반 미국의 연평균 출생자 숫자는 약 200만 명이었지만 1950년대 후반에 이르러서는 2배로 증가했다. 1950년대 후반의 연간 인구 성장률은 지속적인 이민자의 대량 유입이 없었음에도 1930년대 수준의 2배였다. 불과 40년 전만 해도 약 1억 명 정도였던 미국의 인구는 1960년대에 1억 8,000만 명에 달했다. (수십만 혹은 수백만 명의 이민자들이 미국으로 몰려든) 이민 전성기의 미국은 다시 돌아오지 않았지만 1940년대 중반에서 1960년대 중반까지는 (대가족이 많아 인구 성장률이 올라갔던) 토머스 제퍼슨의 미국이 되살아난 듯했다. 이민의 관문은 여전히 닫혀 있었지만 분만실은 활짝 열려 있었다.

인구 추세는 개인과 남녀 한 쌍의 수백만 가지 사적인 결정이 한데 모인 결과물이다. 그러므로 인구 추세의 원인을 완벽하게 이해하기란 불가능하다. 인구 물결을 규명하는 것은 바다의 밀물과

종전 후 미국에서는 베이비붐이 오랫동안 이어졌다.

썰물을 규명하는 일과는 달라서 정확히 과학적으로 분석할 수 없다. 그러나 미국의 전후 베이비붐이 일어난 원인을 추론하는 것 정도는 가능하다. 이제까지 보았듯이 전쟁뿐만 아니라 대공황 이후에도 인구를 만회하려는 움직임이 일어났다. 어느 논객은 "청년들은 고국으로 돌아오자 결혼에 이어 일자리를 얻고 집을 샀으며 아이를 낳았다"고 썼다. 그러나 그것만으로는 종전 후 15년이 지나서까지 베이비붐이 이어지다 못해 정점에 달한 이유를 설명할 수 없다. 이러한 추세는 갈수록 추진력을 얻는 것 같다. 이른 결혼과 대가족 구성이 일반화되면 사람들은 영화와 텔레비전에서 본 것과 친구들이 하는 일을 따라하는 경향이 있기 때문이다.

베이비붐이 오랫동안 지속된 원인 가운데 충분히 설득력이 있는 것은 경제적 요소다. 인구 성장과 경제 호황은 때를 잘 만나면 자기 강화적 성격을 띤다. 결혼이 늘어나고 자녀가 많아지자 주택 수요뿐 아니라 냉장고, 세탁기, 전화, 텔레비전, 자동차 등 주택과 관련된 제품의 수요까지 증가했다. 소비재 대부분이 미국 내에서 생산되던 시대에 이러한 수요 증가는 경제를 성장시켰고 낙관적인 사회 풍토로 이어져 가족 형성과 출산을 한층 더 부추겼다. 당시는 미국 기업의 황금기로서 높은 임금과 안정적인 직업을 기대할 수 있는 시대였기에 젊은 한 쌍이 과감하게 결혼하거나 가족을 구성하거나 자녀를 더 낳아도 문제없다고 자신만만할 수 있었다. 어떤 면에서 맬서스의 제약을 마지막으로 떨쳐버린 시대이기도 했다. 현재에 비해 순결을 중시하는 사회 분위기였기 때문에 젊은 남성들에게 경제적 기회가 열리자 대공황기의 부모 세대보다 더 이른 나이에 결혼하고 자녀를 낳기로 결심했다. 20대 후반과 30대 초반 미국인의 주택 소유는 1960년대에 이르러 20세기 초반보다 2배 증가했다. 또한 여성의 평균 초산 연령이 낮아졌다. 이전 시대의 제약 속에서는 힘들게 자수성가를 한 이들이 늦은 결혼과 소가족을 택하는 경우가 일반적이었지만 이제는 이른 결혼과 대가족이 경제적 성공의 상징이었다.

전후의 경제 호황과 마찬가지로 베이비붐은 미국에 국한된 현상이 아니었으며 서구 세계의 전반적인 현상이었다. 캐나다에서는 미국보다 좀 더 강력한 베이비붐이 일어나서 1960년대 초반에는 여성 한 명당 자녀 수가 4명을 웃돌았다. 프랑스어 사용권이며 가톨릭 문화권인 퀘벡이 산아 제한을 금한 가톨릭교회의 교리를 다른 지역보다 (그뿐만 아니라 출생률에 근거하자면 모국인 프랑스보다도) 더 오랫동안 믿고 실천함에 따라 높은 출산율이 지속되었던 것도 부분적인 원인이라 할 수 있다. 호주와 뉴질랜드는 대체로 미국의 경로를 따라갔으며, 1930년대 후반에 2명에 불과했던 영국의 출산율은 1960년대 초반에 3명 가까이로 올라갔고, 에드워드 왕자가 태어난 1964년에는 정점에 달했다. 독일은 여성 한 명당 자녀 수가 2.5명을 넘어서지는 못했지만 전쟁 직후의 잿더미 속에서 경제 기적과 재건을 이루어낸 덕분에 출산율 상승을 경험했다. 북유럽은 미국과 어느 정도 비슷한 현상을 보였다. 북유럽의 출산율은 전쟁 이전보다 높은 수준으로 상승했지만 미국만큼 엄청난 베이비붐은 경험하지 못했다.

남유럽은 북미나 북유럽과 달리 제2차 세계대전 이전까지 상대적으로 산업화가 진행되지 않았고 농촌 인구가 훨씬 더 많았다. 따라서 다소 하락하기는 했지만 훨씬 더 높은 출산율을 유지했으며 그때까지도 인구 전환 과정의 마지막 단계를 벗어나지 못했다. 스페인의 경우 프랑코의 독재와 가톨릭교회의 지배를 겪으면서 출산율이 2.5명에서 3명으로 상승했고 이탈리아는 2.5명 정도로 정체되었다. 아일랜드 여성은 출산 측면에서 유럽의 선두주자로서 1960년대 초반에 여성 한 명당 4명 정도를 낳았다. 아일랜드 역시 가톨릭교회의 뒤늦은 승리를 보여주는 사례였지만 인구 규모 면에서는 여전히 소국을 면치 못했다. 아일랜드 사람들은 농업 단계를 벗어나 발전하고자 안간힘을 다했기 때문에 100년 전과 마찬가지로 출생 증가가 해외 이민 증가로 이어지는 현상이 지속되었다. 아일랜드의 자녀들은 경제적 기회를 찾아 미국 매사추세츠의 보스턴, 잉글랜드의 버밍엄, 호주의 브리즈번 등으로 퍼져나갔다. 때문에 1970년대에 아일랜드 공화국의 인구는 높은 출생률에도 불구하고 제2차 세계대전 후반 수준을 크게 벗어나지 못했다.

베이비붐으로 인해 사회는 젊은이들로 넘쳐났다. 1950년대의 북미와 서유럽에서는 10대의 시대, 로큰롤 시대, 사상 최초의 제대로 된 대중 청년 문화가 출현한 시대의 서막이 올랐다. 곧 청소년기에 돌입할 어린이 인구 집단이 앞 세대 인구를 능가할 정도로 커졌고 사회 관행과 관습에 영향을 미칠 수 있게 됨에 따라 서구 국가들에는 젊은 분위기가 감돌았다.

1960년대에 베이비붐이 정점에 달하고 마지막 베이비붐 세대가 태어나는 동안 전쟁 직후에 태어난 아이들은 성년기에 이르렀으며 10대들은 사춘기다운 반항 정신과 소비 지향적인 성향을 나타냈다. 캘리포니아부터 파리에 이르기까지 학생 저항 운동, 청바지, 비틀스Beatles와 롤링스톤스Rolling Stones가 주도하는 시대였다. **베이비 붐 세대는 숫자가 많은 만큼 자신만만하고 영향력이 컸다. 청년이 노인보다 많아질 때에는 당연했던 관습에 의문을 갖게 되고 저항하게 되며 심지어 없애버리기도 한다. 1960년대 문화가 아직도 인기를 지속하는 현상은 해당 인구 집단의 규모와 그들의 지속적인 영향력을 반영한다.** 다만 오늘날에는 그 세대에 속한 사람들이 연금 삭감과 은퇴 연령 상승에 대한 반대 시위를 벌일지언정 예전처럼 자유연애를 부르짖고 베트남 전쟁을 반대하는 시위를 벌이지는 않을 것이다.

레니 크래비츠Lenny Kravitz는 1995년에 발표한 노래에서 "로큰롤은 죽었다"라고 선언한다. 이 노래가 그 때 나온 것은 우연의 일치가 아니라고 본다. 1995년으로부터 15년 전쯤에 출산율이 급격히 떨어졌기 때문에 1995년은 10대 인구수가 바닥을 쳤던 시기다. 이처럼 사회의 연령 구조가 뒤바뀌면서 그 이후로는 청소년 문화와 청소년의 자기주장이 전반적으로 쇠퇴했다고 볼 수 있다. 1965년에는 미국의 25세 미만 인구가 전체 인구의 절반에 상당히 근접한 반면에 2015년에는 3분의 1에도 미치지 못했다. 1950년대와 1960년대는 청소년 우위의 시대가 정점에 도달한 때였다.

베이비붐의 붕괴

베이비붐 세대는 전성기를 구가하던 시절에 서구 문명의 근간을 뒤흔든다는 비난을 받았다. 그들이 노년기에 이른 현재는 경제의 단물을 빨아먹고 사리사욕만 채우며 특권의식을 행사하여 복지제도를 좀먹는다는 비난을 받고 있다. 이러한 비난은 어느 정도 타당한 면이 있으며 정치적 파장을 일으키곤 한다. 2017년에 치러진 영국 총선이 그 단적인 예다. 한때 보수당의 표밭이었던 중산층이 노동당과 보수당으로 양분되다시피 한 것이다. 계층이 투표 행태의 예측 지표가 되던 시대는 지나가고 연령이 유권자의 투표 방향을 좌우하는 시대가 왔다. 보수당은 65세 이상의 유권자 사이에서 30%p 앞섰으며 높은 집값, 경기 둔화 전망, 브렉시트에 환멸을 느낀 24세 미만의 유권자 사이에서는 55%p 뒤처졌다.

1965년경에는 흔히 '필the Pill(최초로 출시된 먹는 피임약의 상품명 - 역주)'이라고 불리게 된 먹는 피임약이 보급되었다. 피임약의 출현은 출산율이 떨어지기 시작한 때와 정확히 일치한다. 따라서 피임약이 출산율 하락에 한몫했다는 것은 의심할 여지가 없다. 피임약의 아버지로는 칼 제라시Carl Djerassi와 그레고리 핀커스Gregory Pincus를 꼽을 수 있다. 제2차 세계대전 직전 10대였던 제라시는 유럽을 탈출하여 미국에 도착했으며 나중에 스탠퍼드대학교의 교수가 되었다. 핀커스는 이민 시대 초기에 대량으로 미국에 들어온 유대계 난민 집단의 자손으로 하버드대학교의 교수가 되었다. 그의 부모는 제2차 세계대전이 발발하기 몇십 년 전부터 미국 땅에 무리를 지어 이주한 동유럽과 남유럽 이민 집단의 일원이었다. 제라시의 의도는 명확했다.

> 내가 태어날 당시에는 전 세계 인구가 19억 명이었다. 현재는 58억 명이 살고 있으며 내가 100세 생일을 맞이할 때가 되면 세계 인구가 85억 명에 이를 수도 있다. 한 사람의 일생 동안에 세계 인구가 4배 넘게 성장한 일은 세계 역사상 한 번도 일어난 적이 없다. 그런 일은 다시는 일어날 수 없다.

피임약의 어머니로는 두 사람을 꼽을 수 있다. 먼저 마거릿 생어Margaret Sanger는 산아 제한의 선구자로서 산아 제한 운동을 조직하고 주관했으며 널리 퍼뜨렸다. 캐서린 덱스터 맥코믹Katharine Dexter McCormick은 생물학자이자 농기구 기업의 상속녀로서 산아 제한 운동에 자금을 댔다.

이들의 노력은 미국 식품의약청FDA이 1960년대에 먹는 피임약의 사용을 승인하면서 결실을 맺었다. 피임약은 승인된 이듬해에 영국에 (처음에는 기혼 여성용으로) 보급되었으며 (예를 들어 1970년대 중반 이전의 스페인과 1980년대 이전의 아일랜드 등) 가톨릭교회가 보급을 막는 데 성공한 나라를 제외하고는 서구 전역에 급속도로 확산되었다. 1960년대 이전에도 1930년대에 한시적으로 콘돔과 IUD를 비롯한 다른 종류의 피임기구가 널리 보급되어 출산율이 광범위한 지역에서 떨어지는 일이 있었다. 또한 19세기 프랑스의 농민들도 성생활을 완전히 중단하지 않고도 임신을 억제하는 피임법을 사용했던 것으로 보인다. 그러나 피임약의 간단한 사용법, 확실한 효과, 싼 가격 덕분에 성관계와 출산의 관련성은 마침내 완전히 깨져버렸고, 그때부터 임신의 위험이 없는 성관계가 보편화되었다.

예상 밖으로 높았던 미국의 전후 출산율은 1950년대 후반에 정점을 찍었다가 차츰 하락하기 시작했다. 처음에는 하락세가 비교적 완만하여 1950년대 후반부에 3.66명 미만이던 여성 한 명당 자녀 수가 1960년대 초에 3.5명으로 내려갔다. 그 이후로는 급격하게 하락하여 1970년대 후반에는 1.75명 정도에 이르렀다. 출산율은 그 이후에 정체 상태를 유지하다가 1990년대 초반에 대체 출산율에 가까운 (전쟁 전보다 조금 적은) 2명 남짓으로 회복되었다. 가장 최근에는 다시 2명에 다소 못 미치는 수준으로 떨어졌다. 전반적으로 미국은 (제1차) 인구 전환의 전형적인 최종 단계로 회귀하여 현재는 그 지점을 약간 지나친 것으로 간주된다.

이러한 배경을 감안하여 되돌아보면 전후 베이비붐은 인구 전환의 반전이라기보다 일탈(변덕)로 보는 편이 옳다. 새로운 가족이 새로운 제품 수요를 창출하고 경제를 활성화하며 그 자손이 더 큰 규모의 가족을 꾸리는 식의 (최소한 일부에게는 긍정적인) 선순환이 영원토록 지속될 수는 없었다. 베이비붐 시대에 태어난 여성 세대가 가정에 안주하여 엄마가 되기보다 고등교육을 받고 직업을 가지는 일이 흔해지면서 페미니즘을 비롯하여 새로운 사회 세력과 규범이 등장했다. 가족 규모가 작아지고 결혼과 출산이 늦어지자 여성의 인식과 여성에 대한 인식에 변화가 일어났다. 무엇보다도 여성의 시야가 확대되고 교육 기회가 늘어났다. 이러한 현상은 서구 대부분의 지역에서 나타났다. 한 예로 미국의 20대 초반 여성 가운데 대학 교육을 받은 여성의 비율이 1960년대와 1990년대 사이에 20%에서 60% 가까이로 높아졌다. 교육을 받은 여성이 증가하면 출산율은 반드시 떨어지게 되어 있다. 개개인의 사례로 볼 때 교육을 받은 여성이 자녀 6~8명을 낳는 일도 있겠지만 사회 전체로 볼 때 여성의 교육 수준 향상과 대가족은 양립할 수 없다. 결혼과 출산에 대한 부정적인 태도는 항상 존재해왔지만 1977년에 마릴린 프렌치

Marilyn French의 페미니즘 고전인 《여자의 방The Women's Room》에서처럼 공개적으로 표명된 적은 없었다.

> 주방용 칼로 기저귀의 똥을 긁어내고 완두콩을 파운드당 2센트 싸게 파는 곳을 찾아다니느라 몇 년을 허송세월한다. (……) 가장 효율적으로 남편의 셔츠를 다림질하거나 주방 바닥을 청소하거나 바닥의 광택을 내거나 집을 가꾸거나 아이들을 돌보는 방법을 알아내기 위해 머리를 짜낸다. (……) 이러한 일들은 에너지와 용기와 생각을 앗아갈 뿐 아니라 삶 그 자체로 고착되기도 한다. (……) 나도 당신만큼이나 지저분한 잡일들을 싫어한다.

베이비붐 세대는 베이비붐을 일으키지 않을 운명이었다.

제2의 전환

역설적이게도 베이비붐 세대는 현대 역사상 두 번째 인구 변동을 일으켰다. 1920년대와 1930년대에 산업 국가 대부분에서 나타난 낮은 출산율과 사망률로의 점진적인 변화가 인구 전환의 최종 도착지가 아니었듯 전후 베이비붐 역시 그랬다. 이후 출생률은 전간기 수준으로 돌아간 정도가 아니라 대부분의 지역에서 여성 한 명당 자녀 2명 수준에도 미치지 못했다. 이러한 현상은 늦은 결혼에서 성소수자LGBT 운동으로 성별 정체성에 대한 논란에 이르기까지 매우 다양한 사회 추세를 반영한다. 제2차 인구 전환이라고 할 정도로 커다란 변화가 일어난 것이다.

군주제가 점차 사라져가고 있는 오늘날에는 정치 지도자가 시대의 전형으로 좀 더 적절할 것이다. 그런 면에서 여성 정치 지도자의 사례를 살펴볼 필요가 있다. 현재를 대표하는 여성 정치 지도자로는 독일과 영국의 총리(영국은 전 총리)를 들 수 있는데 둘 다 자녀가 없다. (앙겔라 메르켈의 애칭이 엄마Mutti인 점을 생각하면 다소 역설적이다.) 세계에서 가장 막강한 위치에 오를 뻔했던 힐러리 클린턴은 딸 하나가 있다. 최고위직으로서의 정치 생활과 출산을 병행하기란 어려운 일이지만 (골다 마이어, 인디라 간디, 마거릿 대처 등) 이전 시대의 유명한 여성 정치인들은 의외로 자녀를 두 명씩 두었다. (다만 마거릿 대처는 효율을 중시하던 평소 태도대로 쌍둥이를 낳아 정치 활동이 중단되는 시간을 최소화했다.)

통계 취합과 통계 기법이 크게 발달한 덕분에 출산율의 반전과 베이비붐의 종말은 금세 주목을 받았다. 1969년에 미국 대통령 리처드 닉슨은 맬서스가 환생하기라도 한 듯이 자국의 인구가 너무 많다고 우려를 표명했는데 1970년대 초반이 되자 이미 그런 걱정을 할 필요가 없게 되었다. 당시에는 페미니즘 이외에도 다양한 변화가 일어나고 있었다. 사회에서는 세속화가 진행 중이었다. 예를 들어 가톨릭교회가 승인하지 않은 피임법을 이용하는 여성 신도의 비중이 3분의 1 미만에서 3분의 2를 넘는 수준으로 증가했다. 아일랜드계와 이탈리아계 이민의 대가족 시대가 막을 내린 1970년대 초반 미국에서는 가톨릭교도와 개신교도의 출산율이 엇비슷해졌다. 전쟁 이후 수십 년 동안 26세 정도를 유지하던 미국 여성의 평균 출산 연령은 28세로 높아졌다. 또한 낙태법이 완화되고 낙태에 대한 사회적 수용도가 높아졌다.

전쟁 후에 출산율이 예상을 뒤엎고 상승한 까닭은 경제 때문으로 추정된다. 반면에 출산율의 반전은 상당 부분 사회 의식에 변화를 가져오고 여성의 교육적 성취를 촉진했던 (먹는 피임약의 등장이라는) 기술 발전의 결과였다. 이는 선진국을 통틀어 나타난 주요 패턴이었다. 미국이 다른 선진국과 다른 부분은 미국의 출산율이 대체 출산율 수준으로 떨어지기까지 오랜 시간이 걸렸으며 대체 출산율 수준을 크게 밑돌지는 않았다는 점이다. 이것은 미국이 유럽에 비해 종교적 믿음과 관습을 꾸준히 지켜왔기 때문이라 할 수 있다. 미국인들의 상대적으로 높은 출산율은 가톨릭교도가 아니라 개신교도 덕분이었다. 아일랜드계와 이탈리아계 미국인은 피임기구를 사용하지 말라는 가톨릭교회의 교리를 더 이상 따르지 않았다. 그 결과 이들의 대가족 시대는 막을 내렸다. 따라서 미국의 높은 출생률은 가톨릭교도 덕분이 아니었다. 사실 미국의 출생률이 바닥으로 추락하지 않은 까닭은 바이블 벨트Bible Belt(근본주의 개신교가 강세인 미국 남동부 지역 - 역주)의 주민들이 가족과 여성의 역할에 대해 전통적인 사고방식을 고수했기 때문이다.

이러한 경향이 극단적으로 표출된 것이 여성에게 "하나님을 위해 자궁을 내주라"고 강요하는 퀴버풀 운동Quiverfull movement(시편 127편에 나오는 '화살통에 가득한 화살'에서 유래했으며 다자녀 갖기를 촉구하는 복음주의 개신교 운동 – 역주)이다. 이 운동은 신에게 자녀 수를 결정하게 하라는 것으로 '화살통에 가득한 화살'처럼 아들을 많이 낳은 사람을 극찬하는 성경구절에서 시작된 것이다. 성경은 남성에게 생육하고 번성하라고 명령하는가 하면 오난Onan(형 대신 형수와 동침하여 대를 이으라는 여호와의 명을 거부하고 정액을 땅바닥에 쏟아버린 구약성경 속 인물로 영어로 '수음'을 뜻하는 Onanism이 여기에서 유래함 – 역주)을 죄인 취급한다. 교회는 수음과 질외 사정을 반대하는 근거로 성경이 그를 죄인으로 취급했다는 점을 들었다. 퀴버풀 운동은 규모가 작고 널리 퍼지지도 않았지만 독실한 신앙심과 출산율 사이에 연관성이 있음을 보여주는 예다. 이러한 연관성은 뉴욕의 근본주의 유대교파인 하레디파Haredim나 그와 유사한 교파, 유타에 밀집된 모르몬교도, 펜실베이니아와 오하이오의 아미시파Amish(17~18세기 생활방식을 고수하는 재세례파 계통의 미국 개신교도들 – 역주)를 비롯해 출산율이 유달리 높은 기타 종파에도 존재한다.

출산율이 높은 중남미 지역의 사람들이 대규모로 유입된 것도 미국의 출산율을 끌어올린 요소였다. 이들이 미국으로 이주하기 시작한 때는 1960년대 중반으로 일반 출산율general fertility rate이 하락하기 시작한 시기와 일치했다. 일반적으로 출산율이 높은 나라에서 낮은 나라로 이민한 사람들의 출산율은 한두 세대가 지나면 하락한다. 미국의 중남미 이민자들도 결국에는 그러한 패턴을 따랐지만 출산율의 수렴은 이들이 출생률을 끌어올린 이후에 일어나기 시작했다. 바이블 벨트와 중남미 사람들의 미국 이민을 감안하면 미국의 출산율이 사상 최저치를 기록했다 하더라도 아직까지 여성 한 명당 자녀 수가 1.75명 아래로는 떨어지지 않은 까닭을 알 수 있다. 현재 미국 전체의 비교적 낮은 출산율은 이민자들의 출산 관행과 지역 관습이 미국 문화와 융합되어 희석되고 종교적인 믿음의 약화에 따라 종교 때문에 높은 출산율을 유지하던 인구 집단의 규모가 줄어들고 있다는 사실을 반영한다.

서구의 다른 나라는 바이블 벨트에 상응하는 지역이 없으며 (애당초) 미국에 비해 개발도상국 출신 이민자 규모가 작았기 때문에 한층 더 급격한 출산율 하락을 경험했다. 게다가 대부분 출산율이 미국에 비해 낮은 수준에서 시작했다. 캐나다는 출산율 측면에서는 미국보다 더 뚜렷한 변화를 보이면서 제2차 인구 전환이라는 새로운 패러다임으로 이동했다. 캐나다의 출산율은 이미 1945년에 여성 한 명당 자녀 3명을 상회했을 뿐 아니라 1960년대 초에 이르기까지 4명 가까이로 상승했다. 전쟁 직후 수십 년에 걸쳐 캐나다 국민은 미국 국민보다 더 많은 자녀를 낳았다. 그러나 1960년대 10년 동안 캐나다에서는 급격한 사회 변화가 일어났다. 가톨릭을 믿는 프랑스계 캐나다인 상당수가 급속도로 세속화된 영향으로 사회 변화가 한층 더 두드러지게 나타난 것이다. 캐나다의 출산율 하락은 교회 출석률이 80%를 웃돌다가 10% 미만으로 추락한 때와 시기적으로 일치한다. 1970년대가 되자 캐나다의 출산율은 미국보다 약간 더 낮은 수준으로 떨어졌고 이 시기 이후로 캐나다는 지속적으로 낮은 출산율을 경험하고 있다. 특히 21세기 초반에 들어서는 1.5명을 조금 넘는 출산율에 정체되어 있다.

프랑스를 포함한 북부 유럽의 선진국들은 전후 미국처럼 두드러지지는 않지만 그와 유사한 베이비붐을 경험했다. 영국에서는 미국과 마찬가지로 1960년대 중반부터 출산율이 하락했다. 영국 여성은 21세기 초에 평균적으로 대략 1.7명을 낳았다. 그러나 그 이후로 영국의 출산율은 다소 회복되었다. 스칸디나비아의 상황도 비슷하다. 프랑스도 출산율이 하락했다가 소폭 올라간 데 그쳤으나 2명보다 한참 낮은 수준으로는 떨어지지 않았다. 최근 몇 년 새에 출산율이 회복된 원인 가운데 하나는 미국 내 중남미 이민자들의 경우와 마찬가지로 이민자 집단의 좀 더 높은 (그러나 하락 추세인) 출산율일 것이다. 그런데 이민자 집단의 출산율이 원인일 가능성이 커 보이기는 하지만 확신할 수는 없다. 프랑스에서는 민족별 통계 자료를 수집하는 일이 어렵기 때문이다.

20세기 말 이후에 일부 선진국의 출산율이 소폭 상승한 데는 인구학자들이 '시간 효과tempo effect(여성의 생애 출산율에 변화가 없어도 사회 전반의 평균 출산 연령이 상승할 때 출산율이 일시적으로 하락했다가 다시 상승하는 효과로서 여성의 평균 출산 연령이 상승하는 것과 관련이 있음 - 역주)'라고 부르는 요소도 부분적으로 작용했다. 이는 사회의 인식이 변화하고 여성이 교육을 받고 직업을 갖기 시작하면서 출산이 늦어질 때 일어나는 일이다. 그러나 이 경우에는 여성이 자녀를 덜 낳기보다는 좀 더 나중에 낳는다고 보는 편이 옳다. 단일 코호트 cohort(결혼이나 출산 시기가 비슷하다든지 통계상의 요소를 공유하는 인구 집단 - 역주)의 출산율은 나중에는 부분적으로 회복되지만 조기에 출산하지 않은 데 따른 부족분이 완전히 메워지는 일은 없다. 어느 선진국에서 통계적인 출산율이 조금 상승했다고 해서 출산율이 반드시 지속적이거나 유의미하게 상승하지는 않는다고 이해하면 된다. 그저 출산의 상향 추세가 끝났을 뿐이다. 인구 물결은 거센 파도를 가짜로 만들어내고 해일을 감추기도 한다.

유럽에서 나타난 시간 효과와 나라마다 다른 출산율은 대체로 아이를 적게 낳고 노인 인구가 많은 유럽에서는 큰 영향을 미치지 않을 것 같지만, 그래도 각 나라마다 차이가 있기 때문에 연구해볼 가치가 있다. 예를 들어 독일은 유럽에서 출산율이 가장 낮은 국가 가운데 하나이며 특히 과거 동독이었던 지역에서 가장 극심한 출산율 하락이 일어났다. 공산주의 붕괴와 더불어 안락한 시대가 끝나고 근로 여성에 대한 지원이 중단되었으며 젊은이들이 서독 이주에 유혹을 느끼면서 독일 민주 공화국(동독) 말기인 1989년에 20만 명이었던 출생자는 5년 후에 8만 명으로 추락했다. 그러나 문제는 동독에만 국한되지 않았다. 1990년대 초 이후로 독일의 출산율은 더는 하락하지 않았지만 1.3명 정도에 정체되었다가 최근에야 1.5명 정도로 회복세를 보이기 시작했다. 이러한 추세는 장기적으로 심각한 결과를 낳을 것이다.

미국에 비해 그 시기는 다소 늦었지만 미국과 마찬가지로 유럽의 가톨릭교도들도 개신교도보다 자녀를 덜 낳기 시작했다. 출산 연령이 늦어지면 독일과 이탈리아처럼 출산율이 유달리 낮은 나라에서 약간의 회복 효과가 나타날 수 있다. 그러나 매우 미미한 수준이다. 완결 출산율completed fertility(특정 코호트의 여성이 40~44세까지 낳는 평균 자녀 수 - 역주)은 소급하여 측정할 수밖에 없지만 가장 확실한 지표로 이를 집계한 결과 독일은 1.5명, 이탈리아는 1.6명으로 나타났다. 현재의 합계 출산율보다는 다소 높지만 대체 출산율에는 한참 못 미치는 결과다.

눈길을 끄는 점은 20세기 중반에 유럽에서 출산율이 가장 높은 곳은 (프랑스, 스페인, 이탈리아 등의) 가톨릭 국가였으며 가장 낮은 곳은 (스웨덴과 영국 등의) 개신교 국가였지만 그 이후로 상황이 역전되어 가톨릭 국가가 가장 낮은 출산율을 보이고 있다는 사실이다. 그 이유는 여성, 결혼, 출생에 대한 인식에서 서로 차이가 나기 때문인 것으로 보인다. 영국과 스칸디나비아에서는 혼외 출산이 흔한 일이 되었지만 가톨릭이 대세인 남부 유럽은 그렇지 않다. **혼인 내 출산율은 서유럽 각국에서 두드러진 차이를 보이지 않지만 덜 보수적인 나라에서는 전체적인 출산율이 혼외 출산으로 보완이 되는 반면에 이탈리아와 스페인 같은 나라에서는 그렇지 않다. 이러한 점에서 볼 때 초저출산은 현대성, 개인주의, 여성 해방 등과 같이 늦은 결혼이나 결혼 포기로 연결되는 요소와 혼외 출산에 눈살을 찌푸리는 전통이 공존하는 사회에서 나타나는 것 같다.**

유럽 연합 국가들의 혼외 출산율 (단위: %)

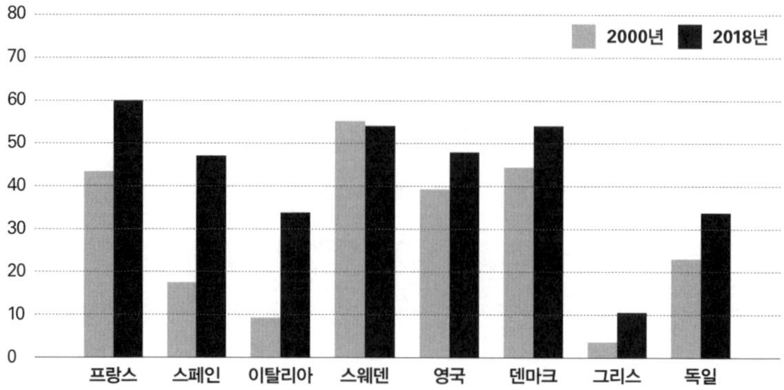

출처: eurostat

예를 들어 덴마크는 출산율이 대체 출산율에 가까우며 혼외 출산율이 45%에 달하는 반면에 최근까지도 스페인은 혼외 출산율이 12%에 불과했으며 그리스는 4%에 그쳤다. 이를 감안하면 스페인과 그리스의 출산율이 덴마크보다 0.5명 정도 낮은 이유를 짐작할 수 있다. 동아시아도 남부 유럽의 가톨릭 국가와 유사한 경향을 나타내며 마찬가지로 낮은 출산율을 보인다. 이러한 지역에서는 여성들이 단체로 "우리는 혼인 관계 내에서만 아기를 많이 낳을 거예요. 결혼하지 않은 상태에서는 조금만 낳거나 사회가 혼외 출산을 허용하지 않는다면 절대 낳지 않을 거예요"라는 뜻을 관철하기로 결심한 듯한 현상이 나타나고 있다. 이처럼 여성에게 교육을 받고 일을 하라고 장려하지만 혼외 출산에는 눈살을 찌푸리는 나라가 출산율이 유독 낮은 것을 알 수 있다. 직장에서 여성에 대한 인식이 좀 더 긍정적이고 여성과 남성 근로자 모두가 직업과 양육을 병행할 수 있도록 법률 규정이 마련된 나라는 출산율이 훨씬 더 높다.

따라서 여성에게 교육을 장려하지만 직장 내 여성에 대한 인식 면에서 뒤떨어진 이탈리아와 스페인 등은 출산율이 낮다. 이탈리아 정부가 여성에게 더 많은 자녀를 더 이른 나이에 낳도록 장려하는 운동을 갓 시행했을 때 이탈리아어로 "우리는 기대하고 있다"는 뜻의 'Siamo in attesta'라는 글귀가 쓰인 플래카드를 든 여성들의 시위가 폭발적으로 일어났다. 이는 살짝 비꼰 표현으로 직업과 자녀 양육을 병행하는 일이 한층 더 용이해지기를 기대한다는 뜻이었다. 한 페이스북 그룹은 "정부는 우리가 자녀를 더 많이, 더 빨리 낳기를 원한다. 우리 중에 그렇게 하고 싶은 사람은 많지 않다. 사실 우리가 기대하는 것은 탁아 시설, 복지, 급여, 수당이다"라고 불평했다. 국제통화기구IMF는 여성의 직장 생활을 장려하는 정책이 가장 부족한 나라 가운데 하나로 이탈리아를 꼽았다. 과거에는 여성이 일을 하지 않을 때 출산율이 높았지만 오늘날의 여성은 교육을 받았음에도 일자리 기회를 얻지 못하거나 직업과 양육을 병행하기 어려운 상황에서는 아이를 낳지 않는 경향이 나타나고 있다.

서유럽은 여러 국가 간의 차이가 극심하기는 하지만 이들의 출산 추세를 좀 더 장기적으로 관찰해보면 출산율이 전후 몇 년에 걸쳐 되살아났다가 다시 하락하는 패턴을 따르고 있음을 알 수 있다. 예를 들어 서유럽에서 출산율이 가장 낮은 축에 속하는 독일과 가장 높은 축에 속하는 아일랜드 공화국은 출산율에서 대략 0.5명 차이가 난다. 이러한 차이가 오랜 기간 동안 유지된다면 인구 면에서 적지 않은 영향을 받을 것이다. 그럼에도 이 정도 출산율 차이는 서유럽 국가 대다수가 제1차 인구 전환의 마지막 단계로 명백하게 이동하고 있을 뿐 아니라 적어도 일부 국가의 경우에는 이미 그 단계를 지나쳤음을 시사하는 징후로 간주되어야 한다.

공산주의 붕괴 이후 서방 세계의 일부가 된 중부 유럽 국가들(특히 북대서양 조약기구NATO와 유럽연합EU에 가입한 국가들)은 1945년 이후로 하나같이 출산율 하락에 이어 초저출산을 경험했다. 그 가운데 가장 인구 규모가 큰 폴란드에서는 1950년대 초에 출산율이 4명 가까이에 이르렀지만 오늘날에는 1.5명도 채 되지 않는다. 불가리아에서 리투아니아에 이르는 나라들 역시 어중간한 위치에 끼어 있다. 여성의 교육 수준과 노동시장 참여율은 높은 반면에 전통적인 가족 관념이 유지되고 있으며 여성이 직업과 양육을 병행하기 어려운 환경이다. 실제로 영국제도, 스칸디나비아, 프랑스, 저지대 국가Low Countries(네덜란드, 룩셈부르크, 벨기에를 가리킴 - 역주)를 제외한 유럽 국가들의 출산율은 매우 낮은 편이다. 가톨릭교는 이탈리아와 스페인에서도 그러했듯이 리투아니아나 슬로바키아의 출산율 하락도 더 이상 막지 못했다.

백인의 고령화

2015년 1월에 특이한 구인 광고가 영국의 신문에 실렸다. 90세를 목전에 둔 영국 여왕이 영국 국민 가운데 100세가 된 이들에게 축하 카드를 보내기로 했다면서 그 일에 도움을 줄 사람을 모집하고 있다는 광고였다. 광고는 "자격이 되는 사람 모두가 여왕의 축하 카드를 받을 수 있도록 국민의 요청을 처리하는 업무를 담당하게 될 것"이라는 내용이었다. 여왕이 1952년 왕위에 올랐을 때에 발송된 100세 축하 카드는 3,000장에 불과했다. 그러나 2015년 광고가 나간 시점에는 그 숫자가 3배 이상 증가했다.

100살 넘게 사는 사람들은 어느 나라에서나 여전히 희귀한 존재다. 하지만 현재 영국에는 100세 이상인 사람이 10년 전보다 3배 많은 1만 5,000명에 달한다. 90세를 넘는 영국 인구 역시 1984년부터 2014년까지 3배 성장하여 2014년에 50만 명을 훌쩍 넘어섰다. 한때 초고령 장수는 압도적으로 여성이 대다수를 차지했다. 영국에서는 1980년대 후반에 90세를 넘는 여성 인구가 같은 나이대 남성 인구보다 4.5배 많았으나 현재는 2.5배 정도다. 초고령까지 장수하는 여성도 늘어나고 있지만 초고령까지 장수하는 남성은 그보다 더 빠른 속도로 증가하고 있다는 뜻이다. 물론 초고령 인구의 성장은 여왕폐하의 축하 카드를 받을 자격이 되는 영국 국민에만 국한된 일이 아니다. 인구 대비 초고령 인구의 비중 면에서 독일과 미국은 영국과 스페인에 크게 뒤지지 않으며 스웨덴, 프랑스, 이탈리아는 영국을 앞선다.

이와 같이 서구 전반에서 출산율이 제2차 세계대전 이후로 급상승했다가 지난 50년에 걸쳐 급감하는 등 예기치 못한 변화가 일어났던 반면에 사망률은 유럽과 북미의 사망 연령이 갈수록 높아짐에 따라 이렇다 할 변화를 겪지 않았다. 실제로 제2차 세계대전 직후에 태어난 큰 규모의 코호트가 현재 70대라는 사실을 감안하면 오늘날 선진 사회의 고령화 현상 대부분은 베이비붐의 결과물이라 할 수 있다. 그리 놀랄 일도 아니다. 가족 규모의 결정은 사회, 문화, 경제, 종교 등 다양한 요소에 좌우되므로 쉽게 변할 수 있다. 반면에 어느 사회에서나 대부분의 사람들은 더 오래 살고 싶어 한다. 그러므로 수명의 연장은 거의 모든 지역에서 개인, 정부, 사회의 목표가 된다. 국민 상당수가 보기에도 수명 연장을 위한 보건의료의 제공이 정부의 가장 중요한 기능까지는 아니더라도 중추적인 기능으로 자리 잡았다. 선진 사회에서는 독감이나 콜레라 같은 전염병으로 사망하는 사람이 점점 더 줄어드는 추세이며 민간 의료와 공공의료가 생명을 위협하는 질병을 최소화하거나 퇴치하는 데 성공하고 있다.

선진국에서는 이미 제2차 세계대전 훨씬 전부터 수명연장을 위한 발전이 진행되고 있었다. 조지 오웰이 1930년대에 묘사한 저소득층은 "줄줄이 늘어선 작고 음침하며 지저분한 주택"에 살고 있었지만 그들의 삶이 아무리 고되었다 하더라도 찰스 디킨스의 소설에 등장하는 선조들보다는 훨씬 더 높은 수준의 물질적인 풍요와 장수를 누렸다. 과거보다 건강 상태가 개선되었으며 기대수명이 올라갔고 자녀를 덜 낳았으며 태어난 아이들은 성년기까지 살아남을 가능성이 훨씬 더 컸다. 이러한 추세는 1945년 이후에 서구 전역으로 확대되었다. (대개 기대수명 연장으로 이어지는) 주거 개선과 교육의 질적 향상과 더불어 소득과 생활수준이 전반적으로 상승했다. 마지막으로 보편적 무상 의료나 건강 보험이 표준이 되었다.

사회의 연령 측정에 가장 자주 사용되는 척도는 출생 당시와 중위 연령에서의 기대수명이다. 미국의 기대수명은 1950년부터 2010년까지 70년을 조금 밑도는 수준에서 80년이 채 안 되는 수준으로 높아졌다. 유럽의 기록은 그보다 훨씬 더 인상적이다. 프랑스, 오스트리아, 벨기에를 비롯한 유럽 국가 다수는 1950년만 해도 기대수명이 65년을 크게 웃돌지 않았지만 현재는 80년을 넘어섰다. 서유럽인들이 미국인들보다 평균적으로 1~2년 더 오래 사는 까닭은 유럽의 복지제도와 사회주의 의료가 좀 더 많은 국민을 대상으로 하며 서유럽인들이 좀 더 건강한 식생활과 삶을 영위하기 때문일 것이다.

미국과 마찬가지로 유럽에서도 1950년대 이후 기대수명이 10년 이상 증가한 것이 인구 성장률 둔화는 물론 (순전히 출산율 하락의 결과인) 인구 감소를 다소나마 상쇄하는 데 도움이 되었다. 그런데 꾸준하던 기대수명의 연장 추세가 서구에서 최근 몇 년 새에 일정치 못한 양상을 보이고 있다. 예를 들어 일부 하위 집단(구체적으로 계층이 낮은 백인 남성)에서 기대수명이 더 이상 연장되지 않거나 심지어 줄어드는 것으로 나타났다. 미국의 기대수명은 약물, 알코올 의존증, 자살 등 '절망의 질병diseases of despair'이라고 불리는 요소 때문에 2014년과 2015년 사이에 소폭 낮아졌다. 비만의 확산과 심화 역시 기대수명 연장을 저해하고 있다. 물론 기대수명 연장의 역전 추세가 두드러지게 나타나고 널리 퍼지며 오래 지속되리라 확신하는 것은 아직 시기상조다. 앞서 알아본 바와 같이 인구 추세는 언제든 예기치 못한 방향으로 전환될 수 있다.

(최근 들어 몇 차례의 미미한 역전이 일어나긴 했지만) 수명의 전반적인 연장과 출생률 하락 때문에 서구 사회에서는 고령화가 진행되고 있다. 서구 사회의 고령화는 중위 연령을 통해 알 수 있다. 미국의 중위 연령은 1950년대부터 2015년까지 30세에서 38세로 상승했는데 미국보다 더 급격한 기대수명 연장과 출생률 하락을 경험한 유럽 다수의 나라에서는 중위 연령이 한층 더 급격하게 상승했다. 이를테면 스페인의 중위 연령은 28세에서 43세로, 이탈리아는 29세 미만에서 46세로 올라갔다. 독일 역시 46세에 이르러 일본과 더불어 세계에서 중위 연령이 가장 높은 국가로 꼽힌다. **사회에서 중년이 다수를 차지하고 노인 인구가 갈수록 늘어나는 것은 인류 역사상 최초로 일어나는 현상일 것이다.** 현재 (앞으로 수십 년의 수명이 남아 있는) 평균적인 연령의 독일인은 증조부모 세대의 출생 당시 기대수명에 도달했다. 스페인인, 이탈리아인, 그 이외 유럽인 대다수 역시 비슷한 상황이다.

기대수명 연장과 중위 연령 상승은 여러모로 환영받을 만한 일이다. 사람들은 누구나 더 오래 살고 싶어 하기 때문에 장수가 바람직한 일로 여겨져야 마땅하다. 기대수명 연장은 삶을 풍요롭게 하고 직장 내의 변화를 이끌어내며 여가 생활 측면에서 이전에는 대부분이 상상하지 못했을 새로운 기회를 창출한다. 은퇴자들이 증가하자 그들을 위한 크루즈 여행 산업 같은 여가 산업이 성장했다. 많은 노인이 한때 공포를 불러일으켰던 문제(나이 들어 질병이 생기고 남에게 의존하는 것)를 극복하고 황금빛 노년기를 보내고 있다. 그에 따른 이득은 개인만이 아니라 사회에도 돌아간다. 노인 인구는 좀 더 평온한 경향이 있으며 노인이 많은 사회는 범죄율도 낮다. 이러한 이득은 젊음과 관련 있는 활력과 창의력의 감퇴를 보상한다.

사회의 고령화와 범죄율 하락의 연관성은 이미 입증되었다 할 수 있다. 실제로 서구 세계 전반의 범죄율은 지난 수십 년 동안 하락해왔다. 그러나 고령화는 두 가지 심각한 문제를 일으킨다. 첫째, 노인 인구가 늘어나면 간병과 의료에 대한 수요가 증가하여 해당 사회의 인적 자원이 과중한 세금 부담을 지게 된다. 예를 들어 영국의 테레사 메이Theresa May 총리가 사회보장제도의 개혁을 제안했다가 반대에 부딪혀 제안을 철회했을 때 "강인하고 안정감 있는 인물"이라는 그녀의 평판에 금이 갔고 이는 2017년 영국 총선 선거 운동에서 가장 중요한 쟁점으로 부각되었다. 지역적 요구를 충족할 청년이 부족해지면 이민 확대에 대한 수요가 발생할 가능성이 크며 이는 더 큰 대가를 가져온다. 이민은 고령화를 일시적으로 완화하는 수단에 지나지 않는다. 유럽 이외의 지역에서 이민으로 유입되는 젊은이들은 결국 점점 줄어들게 될 것이다. 그뿐만 아니라 설사 이민을 받아들일 의향이 있다 하더라도 유럽이 언제까지고 다른 대륙의 이민자들을 끌어들일 수 있을 정도로 경제적 영향력을 유지하리라는 보장도 없다.

고령화와 관련된 두 번째 문제는 노인이 은퇴 후에 넉넉한 국가 수당을 받는 경우에 가뜩이나 줄어들고 있는 노동인구가 이를 감당하기란 갈수록 어려워진다는 것이다. 1889년에 독일의 오토 폰 비스마르크Otto von Bismarck 총리가 70세 이상의 노동자를 대상으로 한 노령 연금을 최초로 도입했을 때만 해도 연금을 받을 수 있는 사람은 드물었다. 그 당시 독일의 기대수명은 50년에 한참 미치지 못했기 때문에 70세 이후까지 생존한 근로자는 운 좋고 상당히 희귀한 존재였다. 사실상 비스마르크가 도입한 노령 연금은 지나치게 오래 사는 빈민을 대상으로 한 보험이었다. 그 이후 은퇴 연령은 내려간 반면에 기대수명은 급격히 올라갔다. 이러한 상황은 유럽 복지제도의 근간을 이루는 세대 간 협약intergenerational compact에 극심한 압력을 가한다. 복지제도 도입 초기처럼 부양받는 노인 대비 청년 노동자의 숫자가 많은 시대에는 이전 지출transfer payments(생산 활동과 무관하게 대가 없이 소득을 지급하는 것 - 역주)을 통해 노후 대비 자금을 마련하기가 어렵지 않았다.

그러나 은퇴 연령이 한참 지나서까지 생존하는 사람이 점점 더 늘어나고 청년 노동자가 점점 줄어들자 이러한 상황도 변하고 있다. 정부의 연금 지출을 국내총생산의 한도 내에서 충당하려면 독일은 전체 연금 가운데 30% 정도를 삭감해야 하며, 네덜란드와 미국도 각각 40% 넘는 연금을 삭감해야 할 것으로 추산된다. 대안은 은퇴 연령을 올리는 것이다. 한 예로 네덜란드는 은퇴연령을 무려 7년이나 연장했다. 이러한 선택지를 하나만 시행하든 두루 시행하든 정치적으로 힘겨운 상황이 펼쳐지겠지만 유럽의 상당수 국가가 이미 과중한 채무를 지고 있는 가운데 정부가 언제까지고 채무를 늘려가면서까지 문제를 질질 끌 수 있을지는 확실치 않다. 노년기 빈곤과 국가 파산에 대한 공포가 유럽을 엄습하고 있다. 그리고 미국이 같은 상황에 처할 날도 그리 멀지 않았다.

멕시코와 남미 그리고 미국

유럽과 북미의 선진국은 꾸준한 저출산 기조와 노동력에 대한 멈출 줄 모르는 수요 덕분에 지난 수십 년에 걸쳐 개발도상국의 인구를 흡수해왔다. 이민자들은 대부분 출산율이 높은 나라에서 온다. 이러한 나라에서는 수천 명이 빠져나가도 인구 급성장 추세가 주춤해지지 않는다. 대개 이민을 받아들이는 나라가 보내는 나라보다 문화와 인구 측면에서 더 큰 영향을 받게 마련이다. 이민 유입은 수용국의 노동인력 급감을 방지할 뿐 아니라 민족적 양상을 바꾸기도 한다. 미국의 경우에는 이민자 대부분이 중남미에서 유입되었다. 특히 남쪽으로 국경을 맞댄 이웃 국가 멕시코가 최근까지도 가장 많은 이민자를 보냈다.

미국에서 이민 규제가 시행된 1920년대에는 의회의 의사록에 "미국의 백인 다수를 방어"하고 미국을 최대한도로 백인 앵글로색슨인의 나라로 유지하기 위해 남유럽과 동유럽 이민을 최소화하고 가능하면 아시아나 아프리카의 이민을 전혀 받아들이지 않는 것을 대놓고 목표로 명시할 정도였다. 그 후 40년 동안 미국 이민 정책의 기조는 바뀌지 않았다. 그러다가 1960년대 중반에 가족과 여성의 역할을 바라보는 사고방식이 자유로워지자 인구에 대한 인식도 바뀌었고 그 때문에 미국의 이민법도 변화하기 시작했다. 이때 갑자기 다시 한 번 문호가 개방되었다. 이때를 놓치지 않고 기회를 잡은 사람들은 영국제도나 서유럽 출신이 아니었다. (이 지역은 전쟁 후에 경제 호황을 누리고 있었다.) 동유럽 출신도 아니었다. (이들은 소련 제국 안에 갇혀 있었다.) 그들은 바로 미국의 남쪽에 있는 멕시코를 비롯한 중남미의 빈민들이었다. 중남미의 인구 전환과 강 하나만 건너면 아메리칸 드림을 이룰 수 있다는 기대감에 중남미 이민자의 숫자는 점점 더 불어났다. 공교롭게도 그 시기는 미국의 출산율이 추락하던 때와 일치했다.

미국의 인구는 지속적으로 성장하여 3억 명에 도달했다. (그리고 넘어섰다.) 그러나 인구 성장률을 끌어올린 동력은 스태튼 섬에 도착한 유럽의 이민자들이나 출산 병동의 신생아가 아니라 리오그란

데 강 너머 멕시코와 그 이외 중남미 국가에서 온 이민자들이었다. 그보다는 덜하지만 아시아에서 온 사람들도 한몫했다. 오늘날의 미국은 1960년대 이후 출산율의 감소로 비유럽계 이민에 대한 문호를 활짝 개방하면서 이루어진 사회적 인종의식의 변화에 의해 형성되었다고 할 수 있다. 세계 곳곳의 사람들이 기회를 잡고 아메리칸 드림을 이루기를 열망했다.

미국이 1848년에 당시 멕시코 북부 영토였던 지역의 절반을 병합했을 때도 멕시코 인구가 미국 땅에 유입되었지만 그 숫자는 10만 명을 크게 넘어서지 않았고 그마저도 대부분 떠났다. 그러나 이때의 이탈과 대공황 시대의 본국 송환이나 추방에도 불구하고 미국 내 멕시코 인구는 꾸준히 성장하여 1970년의 인구 조사에서 미국에 900만 명이 넘는 중남미계 사람이 존재하며 그 가운데 절반 정도가 멕시코인이라는 사실이 드러났다. 이때를 기점으로 숫자가 급증하여 1973년에는 이미 600~700만 명의 멕시코인이 미국에 살고 있었다. 1980년에 이르자 중남미계(히스패닉)의 숫자가 전체 인구의 6%가 넘는 1,500만 명에 가까워졌다. 그 가운데 60% 정도가 멕시코인이었으며 그 다음으로 큰 집단은 푸에르토리코인(15%)과 쿠바인(12%)이었다. 미국 정부는 카스트로에 대한 적대 정책의 일환으로 쿠바인에게 얼마든지 미국으로 들어올 있는 권리를 허용했다. 중남미 이민의 증가는 21세기를 한참 지나서까지 지속되었다. 2010년 인구 조사에 따르면 히스패닉 인구는 미국 전체 인구의 16%를 넘어섰으며 전통적으로 가장 큰 소수 민족 집단이었던 흑인

(14%)을 앞섰다. 히스패닉 인구는 40년 동안에 5배 넘게 성장하여 5,000만 명에 이르렀으며 그 가운데 3분의 2가 멕시코인이거나 멕시코 계통이었다. 자신을 완전한 백인으로 밝힌 사람은 미국 전체 인구의 3분의 2 미만이었으며 백인이거나 백인 혼혈이라고 밝힌 사람은 4분의 3을 조금 웃돌았다.

1960년대 이후에 히스패닉 인구가 증가한 까닭은 대부분 이민 때문이었지만 '자연적인' 이유도 있었다. 젊은 인구가 많고 출산율이 높은 히스패닉의 출생률은 백인보다 무려 절반 정도 높았으며 특히 멕시코의 출산율은 그보다도 더 높았다. 실제로 이민이 주춤해진 21세기 초에는 미국 내 멕시코인의 출생 건수가 멕시코인의 미국 이민 건수를 앞질렀다. 대량 미국 이주는 19세기 말이나 20세기 초에 비하면 상대적으로 작은 규모로 이루어졌다. 19세기 말이나 20세기 초에는 미국의 전체 인구 대비 해외 출생 인구의 비중이 최대 14%에 이르렀던 반면에 1990년대 후반에는 8% 정도에 그쳤다. 그러나 절대치로 보면 이때의 이주자 유입은 미국 역사상 최대 규모다. 그 덕분에 미국은 단연 세계 최대의 이민자 수용국이 되었다.

그러나 지금은 맥시코인의 대량 미국 유입이 주춤해질 조짐이 보이고 있다. 과거에 인구와 경제가 이주자를 끌어당기는 요소였듯이 멕시코 경제가 개선되고 멕시코의 출산율이 (대체 수준 바로 위로) 급격히 하락하여 인구 성장 추세가 (최고치보다 3분의 2 가까이 하락하는 등) 둔화하자 멕시코를 빠져나가는 인구도 줄어들고 있다. 그와 동시에 2008년 세계금융위기 이후 미국의 경기 침체 때문에 과거에 신출내기 멕시코 이주자들이 채우던 값싼 노동력에 대한 수요가 감소했다.

새로워진 미국에서 인종별 인구 변동이 가장 급속도로 이루어진 곳은 캘리포니아였다. 이곳에서는 백인으로 분류되는 인구의 비율이 1980년부터 2010년까지 30년 동안 70%에서 40%로 떨어졌다. 이러한 인종별 인구 변동은 두 가지 정치적 영향을 초래했다. 첫째, 소수 인종이 성장함에 따라 이들의 표가 중요해졌다. 둘째, 백인 표가 여전히 대다수였기 때문에 다소 급격한 인종별 인구 변동에 대한 반발이 일어났다. 버락 오바마는 (최근까지도 대다수를 유지했던) 백인의 표만 얻었다면 2009년에 대통령으로 당선되지 못했을 것이다. 한편 **도널드 트럼프의 출현과 승리에 대해서는 '다시 위대한 미국을 건설'하기보다는 '가능한 한 오랫동안 백인의 나라로 유지'하기 위한 백인들의 마지막 몸부림으로 보는 시각이 일반적이다.** 세계주의를 신봉하는 엘리트들이 어떻게 보고 싶어 하든 (혹은 아무리 거리낌 없이 확신하든) 현대 포퓰리즘populism은 본질적으로 세계화 때문에 소외되거나 패배한 이들의 울부짖음이라기보다는 세계무대의 주도적인 위치에서 오랜 기간 밀려나 있다가 이제 자국에서까지 차츰 세력을 잃어가고 있는 단일 인종 집단의 저항이라는 것이 다수의 중요한 연구에서 도출된 결론이다.

영국의 일간지 《인디펜던트》는 미국의 급격한 인종 변화에 대해 **"미국의 백인에게는 뿌리 깊은 인종적 불안감이 내재되어 있다. 현**

재 트럼프는 그것을 무기로 활용하고 있다"라고 주장했다. 따라서 대량 이민 유입으로 가장 큰 혼란을 겪은 지역의 주민들이 트럼프를 지지할 가능성이 가장 컸다. 중위 소득이 마침내 상승세로 돌아섰으며 실업률이 5% 미만으로 떨어진 상황에서 러스트 벨트Rust Belt(제조업의 사양으로 가장 극심한 타격을 입은 미국 북동부와 중서부 지역 - 역주)의 경제적 불안감보다는 급격한 인종 변화가 미국 내 포퓰리즘 현상의 원인이라고 보는 것이 좀 더 타당하다. 트럼프의 가장 상징적인 공약은 장벽을 쌓아 멕시코인의 이주를 막는 것이었다. 그러한 공약의 배후에는 형편없는 경제성과나 청년 실업률 말고 다른 이유가 숨어 있었다. 물론 이 두 가지 요소가 좌절감을 부추겨 그의 지지율을 어느 정도 높이기는 했지만 진짜 이유는 따로 있었다.

트럼프의 그 유명한 멕시코 장벽은 2016년 대선의 성격을 규정한 주제로서 애당초 인구 장벽으로 구상되었다고 보는 편이 옳을 것이다. 즉, 과거의 출산 선택 때문에 미국 주류 백인의 숫자가 정체되는 반면에 히스패닉의 숫자가 불어나자 그 영향을 저지하려는 발상의 산물이었다. 그러나 앞서 지적했듯이 최근 몇 년 동안에는 미국을 떠나는 멕시코인이 미국으로 들어오는 멕시코인보다 많았다. 이는 멕시코 자체의 출산율 하락(1970년대에는 여성 1,000명당 자녀 수가 40명을 넘어섰던 반면에 현재는 20명 미만이다)과 멕시코의 경제 성장률이 상승하리라는 전망 때문이다. 그와 별개로 히스패닉 대다수는 미국의 생활에 빠르게 동화되고 있으며 심지어 3세대 히스패닉은 더 이상 스페인어를 사용하지 않을 정도다. 그럼에도 이들의 존재는 미국과 미국인의 삶에 많은 변화를 일으켜왔다. (2016년 공화당 대통령 후보 경선 당시에 트럼프를 가장 바짝 따라붙은 경쟁자인 마르코 루비오와 테드 크루즈는 히스패닉이거나 히스패닉 혼혈이며 그 다음으로 유력했던 젭 부시의 부인이 히스패닉이라는 점을 눈여겨볼 필요가 있다.)

서구로의 이민 물결

서구의 나머지 지역 역시 1960년대 중반에 베이비붐이 끝나고 그 후에 개발도상국에서 대량 이민을 받아들였다는 점에서 미국과 상당 부분 비슷한 인구 운명을 맞이하고 있다. 특히 캐나다, 호주, 뉴질랜드, 서유럽에서 그 양상이 두드러졌다. 유럽에 유입된 이민자들은 대개 수용국의 과거 식민지이거나 수용국과 관련이 있는 비유럽 국가 출신이었다. 영국에서는 남아시아와 카리브해 연안 출신이, 프랑스에서는 북아프리카 출신이, 독일에서는 (제1차 세계대전 기간 동안에는 물론 그 이전부터 우방국이었던) 터키 출신이 다수를 차지했다. 마찬가지로 스페인에는 중남미인들이 유입되었다.

영국은 다른 분야에서와 마찬가지로 이민 유입이라는 새로운 추세에서도 선두를 달렸다. 노르만인이 침략한 1066년 이후로 전후 시대에 이르기까지 영국으로 유입된 이민자들은 대부분이 유럽 출신들이었다. 16~17세기에 위그노 5만 명이, 제1차 세계대전이 일어나기 수십 년 전에 유대인 20만 명이 들어온 것이 전부였다. 위그노는 '위그노 공동체'라는 말이 아무런 의미가 없을 정도로 영국 사회에 완전히 흡수되었다. 유대인은 갈수록 다른 민족과 통혼하는 일이 많아지고 현지 주민에 동화됨에 따라 인구수가 정점에 달했을 때조차도 전체 인구의 1%를 넘어서지 못했다. 식민지 출신들이 간간이 유입되었으나 이들이 인구학적으로 지속 가능한 공동체를 형성한 적은 단 한 번도 없었다.

물론 소규모 흑인 인구 집단이 리버풀을 비롯한 일부 항구 도시에서 더 큰 인구 집단에 통합되는 일은 있었다. 그러나 이러한 상황은 1945년 이후에 서인도제도의 카리브해 연안 사람들이 들어오기 시작하면서 바뀌었다. 영국의 서인도제도 출신 이주자는 1971년에 30만 명을 넘어섰으며 1970년대 중반에는 50만 명에 이르렀다. 그보다 더 큰 규모로 유입된 이들은 인도 아대륙(인도, 파키스탄, 방글라데시, 네팔, 부탄, 스리랑카를 포함하는 남아시아 반도 - 역주) 출신이었다. 이들 가운데는 인도나 새로 탄생한 파키스탄(과 나중에 방글라데시) 사람들뿐만 아니라 동아프리카로 이주한 남아시아인의 후손들도 있었다. 인도 아대륙에서 직접 영국으로 이주한 이들은 주로 일자리를 찾으러 온 남성들이었다. 1961년 영국에는 파키스탄 출신의 남성이 여성보다 5배 이상 많았다. 그들은 일반적으로 본국으로 돌아가지 않고 적절한 시기가 되면 가족을 영국으로 불러들였다. 최근 수십 년 동안에는 다양한 지역으로부터 추가적인 이민이 발생하고 있다. 대개 망명자거나 경제 이민이거나 유럽연합 출신이다. 전후 시대의 이민 규모는 21세기 초반과 비교하면 크지 않아 보인다. 2000년 이후 대략 12개월 동안만 해도 1066~1950년에 들어온 이민자보다 더 많은 이민자가 영국으로 유입되었다.

이처럼 방향을 바꾼 인구 물결이 영국의 인종 구성에 끼친 영향은 어마어마했다. 전후 시대 직후에는 영국의 토종 백인과 영국 및 아일랜드 계통의 백인이 영국 인구 대부분을 차지한 반면에 2011년에는 백인 영국인이라고 밝힌 사람들의 비율이 전체 인구의 5분의 4를 조금 넘는 정도로 하락했다. 잉글랜드와 웨일스에서 인구 대비 백인의 비율은 불과 10년 만에 91.3%에서 86%로 떨어졌다. 아시아인은 인구의 7%를, 흑인이라고 밝힌 이들(아프리카계 카리브인, 아프리카인, 영국 출신 흑인)이 3%를 넘어섰다. 비유럽 계통 사람들이 영국 대도시 인구 가운데 40%를 차지했고 런던에서는 20세까지의 모든 연령 집단에서 비유럽 계통 사람들의 숫자가 백인의 숫자보다 많았다.

이민자 출신 인구는 토종 인구보다 훨씬 더 젊다. 비율로 따지면 영국 내 방글라데시와 파키스탄 공동체의 10세 미만 인구가 영국계 백인 공동체에 비해 2배 많다. 소수 인종의 출산율이 하락하여 영국 백인의 수준으로 수렴하고 있는 것은 사실이다. (실제로 인도인의 출산율은 더 낮은 것으로 추정된다.) 그러나 **이민자가 지속적으로 유입됨에 따라 21세기 중반에는 영국계 백인의 영국 전체 인구 대비 비율이 60% 아래로 떨어질 가능성이 있다. 반면에 백인이 아닌 인구의 비율은 50년에 걸쳐 10%에서 30% 정도로 높아질 것이다.** 나머지는 유럽 대륙 출신 사람들이 차지하게 될 것으로 예상된다.

프랑스와 독일의 상황도 비슷하다. 두 나라 모두 비유럽계 인종의 대량 이민(뿐만 아니라 다른 유럽 국가로부터의 상당한 유입)과 토착 인구의 낮은 출산율이 장기간 이어지면서 인종별 인구 구성이 급속도로 바뀌고 있다. 프랑스는 이미 제2차 세계대전 이전부터 다른 유럽 국가로부터의 이민을 허용했다.(사실상 권장하다시피 했다.) 이러한 추세는 그 이후에도 이어졌다. 그동안 프랑스는 이탈리아인 250만여 명, 스페인인 150만여 명, 포르투갈인 100만여 명을 받아들였다. 1945년 이후로는 북아프리카로부터 대량 이민이 유입되었다. 처음에는 피에 누아르pied-noir(프랑스어로 검은 발을 뜻하며 비유적으로 프랑스 혈통의 알제리인 이민자를 가리킴 - 역주)가 독립국이 된 알제리를 탈출하여 프랑스로 들어왔으나 차츰 북아프리카와 과거에 프랑스령이었던 아프리카 다른 지역의 토착민이 유입되기 시작했다. 이들의 숫자는 대략 300만 명에 이른다. 영국의 파키스탄 이민자들과 마찬가지로 초기에 프랑스로 유입된 북아프리카 출신 이민자들 가운데 상당수는 일자리를 찾아서 단신으로 입국한 남성들이었지만 나중에는 가족들이 따라 들어왔다.

프랑스는 '공화주의적 동화 정책assimilationist Republicanism'의 전통을 이어가고 있으며 소수 인종에 대한 데이터를 공식적으로 집계하지 않는다. 그러나 추산에 따르면 21세기 초반에 프랑스 거주민 가운데 해외 출생자의 비율은 10%를 웃돌았으며 이슬람교도의 비율은 그보다 약간 더 낮다고 한다. 역시 영국의 경우와 마찬가지로 이민자 출신 인구의 평균 연령은 프랑스의 토종 인구보다 젊다. 따라서 더 이상 이민이 발생하지 않더라도 이민자 출신 인구는 당분간 증가할 것으로 보인다.

출산율이 유달리 낮은 독일의 이민자 숫자 역시 놀라울 정도다. 프랑스의 경우와 마찬가지로 독일로 이주한 사람들은 (유고슬라비아나 구 유고슬라비아 등의 발칸 반도 국가를 포함한) 남유럽과 (터키를 필두로 한) 이슬람 국가 출신이다. 터키인들은 애당초 이주 노동자로 입국했으나 다른 나라에서처럼 가족이 뒤따라 들어왔다. 독일은 출생지나 거주지보다는 혈통을 따져 시민권을 부여했기 때문에 이민자가 독일 시민권을 취득하기가 영국이나 프랑스에 비해 어려웠다. 그러나 최근 몇 년에 걸쳐 이 같은 상황에도 변화가 일어나고 있다. 이민자 집단의 평균 연령이 더 낮아지고 출산율이 더 높아지는 경향은 프랑스와 영국뿐 아니라 독일에서도 마찬가지인 것으로 보인다. 그 배경에는 2015년 내전을 피해 독일로 입국한 수많은 시리아 출신의 난민들이 있다. 앙겔라 메르켈 총리는 "우리는 대처할 수 있다wir schaffen das"고 주장했지만 국민 다수가 난민 수용에 반발한 것으로 볼 때 이 문제에 대한 국민의 합의는 요원할 것으로 보인다.

개발도상국 인구의 유입 이외에도 베를린 장벽 붕괴와 유럽연합의 확장 이후 유럽의 동쪽에서 서쪽으로 대규모 인구 이동이 이루어지고 있다. 미국에서처럼 유럽 내의 대규모 인구 이동은 유럽의 민족 구성을 바꾸었을 뿐 아니라 영국의 영국 독립당UKIP과 브렉시트 투표, 프랑스의 국민전선Front National, 독일의 독일을 위한 대안

Alternative für Deutschland, AfD(이하 AfD)과 같은 신흥 정치 세력의 반발을 부채질한 주요 요소였다. 프랑스에서는 이민자 공동체의 규모 확대는 물론 이들의 과격화에 대한 우려가 나타나면서 국민전선의 득표율이 꾸준히 상승했다. 2017년 프랑스 대선 1차 투표에서 2위를 차지한 마린 르 펜Marine Le Pen이 내세운 구호(이곳은 우리 집이다On est chez nous)는 프랑스인으로서의 정체성을 강조하고 '토종' 프랑스인과 나중에 유입된 사람을 구분 짓고 있다. 트럼프의 경우와 마찬가지로 르 펜의 지지율은 경기 침체에 대한 반발이라기보다 인종 구성 변화에 대한 반발로 해석하는 것이 가장 적절하다.

오늘날 선진국의 포퓰리즘은 경제 불평등에 대한 근심만으로는 설명할 수 없으며 인구 맥락에서만 완전한 이해가 가능하다. 예를 들어 2016년 영국의 유럽연합 탈퇴 여부를 결정하는 국민투표에 이르기까지 10년 동안 영국 지역구의 민족 및 인종 구성 변화와 브렉시트를 선택한 유권자의 비율 사이에는 명확한 상관관계가 존재한다. 그 어느 요소보다도, 심지어 유럽연합 자체에 대한 인식보다도 이민에 대한 인식이 '탈퇴' 투표와 밀접한 상관관계가 있다는 뜻이다. 그뿐만 아니라 독일의 극우정당 AfD의 지지율은 2015년 여름 시리아 난민의 대규모 이주가 떠들썩하게 보도된 이후로 급등했다.

영국이 인구 전환 초창기에 선두를 차지하지 못했더라면 해가 지지 않는 제국을 운영할 인력을 대량 이주시키지 못했을 것이다. 게다가 그에 이어 출산율이 급격히 하락하지 않았다면 (그와 동시에 영국이 한때 지배했던 지역의 인구가 빠르게 성장하지 않았다면) 대규모 이민이 유입되고 다문화 사회가 출현하는 일은 없었을 것이다. 캘리포니아 주민이 영어를 말하는 이유와 영국에 감리교인보다 이슬람교도가 5배 더 많은 이유를 알아내려면 엄청난 기세로 일어난 인구 변화를 고려해야 한다.

미국이 (북서 유럽인 계통의) 인종적 특성을 유지하기 위한 정책을 시행했듯이 호주도 아시아 이민을 막기 위해 20세기 초에 '백호주의' 정책을 도입했다. 그러나 미국처럼 호주에서도 민족과 인종에 대한 인식이 변화했기 때문에 전쟁 후에는 백호주의 정책이 느슨해졌다. 2011년에 이르자 호주 국민 가운데 25%가 해외 태생이며 적어도 한쪽 부모가 해외 출신인 어린이의 비율은 20%에 달했다. 호주의 최대 이민 수출국은 여전히 영국이었으나 영국 출신 이민자는 모든 해외 태생 호주인의 20%에 그쳤으며 15%는 (주로 중국, 인도, 베트남, 필리핀 등의) 아시아 각국 출신이었다. 조상을 묻는 질문에 (일부 응답자는 2명 이상의 조상을 거론했는데) 55%만이 영국, 스코틀랜드, 아일랜드 출신이라 답한 반면에 35%가 '호주' 출신이라고 주장했다. (이들 가운데 원주민이거나 원주민 혈통이 섞인 사람은 극소수로 추정된다.) 그 이외에도 이탈리아인, 독일인, 네덜란드인, 그리스인의 후손이 합계하여 인구의 13%를 차지한 반면에 중국인과 인도인의 후손은 인구의 6%로 비중이 아직은 크지 않지만 빠르게 늘어나는 중이다. 한때 난공불락으로 여겨지던 호주의 앵글로색슨적 민족 정체성도 해외 이민의 유입으로 급속도로 소멸되고 있다.

유럽인은 쇠퇴하고 있는가?

유럽에서든 인구학적으로 '유럽화'된 지역에서든 유럽 계통 사람들의 출산율 하락은 비유럽계 인구의 대규모 유입과 결합하여 유럽의 우위가 정점에 달했던 19세기 후반에는 결코 상상조차 할 수 없었던 변화를 전 세계에 일으키고 있다.

훗날 서구로 불리게 된 지역의 사람들은 15세기까지만 해도 세계 무대에서 그리 두드러진 존재가 아니었다. 성지Holy Land(중동의 팔레스타인 - 역주)에 자신들의 영향력을 떨치겠다는 그들의 종교적인 꿈은 이슬람교도에 의해 산산조각 났다. 게다가 유럽 남쪽은 이슬람교도에, 서쪽은 바다에, 북쪽은 북극해와 황무지에, 동쪽은 호전적인 유목민이 우글거리는 광활한 초원에 둘러싸여 있었다. 돌이켜 보면 유럽에는 발전의 씨앗이 뿌려져 있었지만 그 당시에는 누구도 그 조그마한 반도에 사는 사람들이 세계를 지배하게 되리라 예상하지 못했을 법하다. 그러나 20세기 초반에는 유럽인들이 아닌 다른 사람들이 세계의 지배자가 된다는 것을 상상하기 어려울 정도가 되었다.

유럽 사람들은 이미 북미와 중남미의 광활한 영토를 손에 넣었으며 호주도 차지했다. 남아프리카 정복도 실현하려는 참이었다. 유럽인들은 아시아와 아프리카 대다수 지역을 비롯하여 자신들이 정착하지 않은 곳에도 제국을 세워 정치적으로 지배했다. 그뿐만 아니라 정식으로 병합하지 않은 중국 등의 지역에서도 막강한 영향력을 행사했다. 경제 측면에서 세계의 산업화된 지역은 (유럽화된 미국을 비롯하여) 거의 전부 유럽인의 소유라고 할 수 있었다. 미국과 (동유럽 및 러시아의 일부를 포함한) 유럽의 심장부를 제외한 지역은 세계 경제에서 원자재 공급처와 시장으로서의 역할만을 담당했다. 인구 물결로 알 수 있듯이 사실상 인구 토대 없이는 그 무엇도 가능하지 않았을 것이다. 유럽인들은 이미 15세기에 세계 곳곳을 돌아다니기 시작했지만 급격한 인구 폭발과 팽창이 기술 및 산업의 발전과 맞물린 19세기에 이르러야 전 세계를 지배할 수 있었다.

21세기 초반을 살고 있는 우리가 20세기의 어떤 면이 서유럽인들에게 극적인 반전을 제공했는지 객관적으로 고찰하기란 매우 힘든 일이다. 형식적인 제국의 종말은 정치에 국한되는 사건이었기에 처음에는 그 때문에 유럽인의 경제적·군사적 세계 지배가 끝나는 일은 없을 듯했다. 그러나 유럽의 인구 성장을 촉진했던 기술뿐 아니라 경제적·정치적 우위가 영원토록 유럽인만의 전유물로 남으리라 확신할 이유는 원래부터 없었다. 유럽의 우위가 끝날 조짐은 이미 제1차 세계대전이 일어나기 이전에 나타났다. 보어인Boer(네덜란드어로 '농민'을 뜻하며 16세기부터 종교 박해를 피해 남아프리카로 이주한 네덜란드계 백인 - 역주)은 유럽 혈통이기는 했지만 이들의 저항은 대영제국을 뒤흔들었다. 1904~1905년 러일 전쟁에서 러시아가 일본에 패배한 사실은 백인 불패의 신화를 무너뜨렸다.

유럽, 미국, 그 이외 전통적인 백인 앵글로색슨인의 세력권은 여전히 다른 지역에 비해 잘사는 편이다. 그러나 그 같은 상대적 번영도 더 이상 그들만의 전유물이 아니다. 고도로 번영한 사회가 동아시아에 출현했으며 다른 지역에도 등장하고 있다. 비유럽계 인구의 대규모 유입을 감안하더라도 서구는 다른 지역이나 다른 문화권과 비교해볼 때 인구 측면에서 현저히 쇠퇴했다. 경제 전체의 규모가 1인당 국민소득과 인구 규모로만 결정된다고 할 때 서구의 인구 쇠퇴는 경제 우위의 쇠퇴로 이어질 수밖에 없다.

1950년에는 미국과 그 이외 서구의 선진국 국민이 세계 인구의 20~25%를 차지했다. 현재 그 비율은 15% 아래로 떨어졌으며 21세기 중반에는 가까스로 10%를 유지하리라 예상된다. 구매력 기준으로 서구가 20세기 중반에 세계 경제에서 차지하는 비중은 70% 가까이에 이르렀지만 21세기 중반에는 그 비중이 40% 정도에 머물 것으로 보인다. 서구는 냉전에서 승리를 거둔 덕분에 여전히 세계를 군사적으로 지배하고 있다. 그런데 사실상 여기에서 말하는 '서구'는 나토NATO(북대서양 조약기구) 동맹국들의 지원을 받는 미국을 뜻한다고 해도 무방하다. 중국을 비롯한 전 세계 강력한 문명국가들의 도전이 이어지는 상황에서 이와 같은 군사적 우위가 얼마나 오래 지속될지는 딱 잘라 말할 수 없다. 앞서 말했듯이 경제 전체의 규모가 1인당 국민소득과 인구 규모로만 결정된다고 본다면 중국 경제는 이미 미국 경제를 추월했다고 추정된다.

그러나 미국의 인구를 독일, 일본, 러시아, 중국 등 현재나 과거 경쟁국의 인구와 비교해보면 아직까지는 미국이 가장 유리한 상황에 있다. 중국과 러시아를 비롯한 강대국과 브라질, 인도, 인도네시아 등의 잠재적 강대국은 출산율이 이미 낮거나 빠르게 하락하고 있다. 이러한 잠재적 강대국들이 서구의 기존 세계 패권에 도전을 제기하지 못하는 까닭은 자국의 인구 성장률 둔화와 국제 질서 체제의 존재 때문일 것이다. 추후에 자세히 살펴보겠지만 중동과 아프리카의 인구 팽창 지역은 경제 발전이 이루어지지 않은 데다가 분열되어 있다. 우선적으로 향후에 세계 패권을 위협할 가능성이 있는 경쟁국(중국, 중동, 아프리카 등의 인구 폭증 지역)에 대해 알아보기에 앞서 최근까지 가장 강력한 경쟁국이었던 러시아의 상황을 살펴볼 필요가 있다. 그와 더불어 과거 소비에트 연방(소련)의 일원이었던 나라와 동구권으로 불리던 지역에 대해서도 알아보기로 한다. 러시아는 예나 지금이나 부분적으로는 유럽이며 부분적으로는 아시아라는 모호한 위치에 있는 나라로서 19세기 후반과 20세기 초반이라는 뒤늦은 시기에 인구 전환에 돌입했지만 상당히 빠른 속도로 전진했다. 1945년 이후에는 인구 물결이 다시 한 번 동쪽으로 방향을 틀었다.

7

1945년 이후의 러시아와 동구권
: 냉전 패배 이후의 인구

The Human Tide

1985년 3월 11일, 콘스탄틴 체르넨코Konstantin Chernenko 당 서기장이 세상을 떠난 후에 소련 공산당 정치국은 체르넨코의 후임으로 소련 기준으로는 새파랗게 젊은 54세의 미하일 고르바초프Mikhail Gorbachev를 선출했다. 체르넨코는 선임자인 유리 안드로포프Yuri Andropov의 장례식에서 거수경례를 할 수 없을 정도로 중병을 앓는 상태에서 자리를 물려받았던지라 서기장으로 지낸 기간이 1년에 불과했다. 훗날 고르바초프는 자신이 다스릴 나라를 살펴보는 과정에서 말한 바와 같이 "곧바로 눈사태처럼 쏟아져 내릴 듯한 문제에 직면"했다. 소련은 분명 세계 양대 초강대국의 하나이자 핵보유국이며 면적 기준으로 세계에서 가장 큰 나라에다가 독일에서 베트남까지 이르는 사회주의 진영의 심장부였지만 중병을 앓고 있었다.

고르바초프가 "눈사태처럼 쏟아져 내릴 것 같았다"고 표현한 문제의 상당수는 소련의 인구 추세뿐만 아니라 당 지도부의 고령화에 그 원인이 있었다. 죽음을 13개월 앞둔 체르넨코를 뽑을 정도로 당의 고위 간부들은 늙고 쇠약했다. 영국 여왕들의 가정생활과 출산을 통해 영국의 인구 추세에 대해 꽤 많은 정보를 파악할 수 있었듯이 소련 공산당 지도부의 고령화 과정을 살펴보면 소련의 인구 추세에 대해 여러 가지 정보를 얻을 수 있다. 고르바초프 이전까지 장로 정치gerontocracy(나이가 많고 경험과 학식이 풍부한 사람들이 지역이나 나라를 다스리는 것 - 역주)가 소련을 운영해왔다는 사실은 소련의 고질적인 인구 후퇴를 짐작하게 한다. 실제로 고르바초프는 서기장에 오르기 10년 전에 안드로포프에게 정치국 간부 대다수가 이미 한쪽 발을 무덤에 걸쳐놓은 상태라고 말한 바 있다. 1917년의 젊은 붉은 혁명 전위대는 노쇠한 기득권층이 되어 혁명에 대해 지루하고 케케묵은 말들을 떠들어댔지만 그들의 말은 더 이상 신뢰를 얻을 수 없었다. (실제로 혁명 당시에는 가장 나이가 많았던 레닌조차도 50세 미만이었고 그 외 대다수는 그보다 훨씬 더 젊었다.) 기득권층의 고령화는 나라 전체 또는 최소한 슬라브인이 거주하는 중심부의 고령화를 상징했다.

20세기 중반의 빠른 인구 성장이 소련의 초강대국 등극에 전제조건이었듯이 인구 감소 또한 고르바초프가 해결해야 할 문제들의 근본적인 원인이었다. 물론 소련 경제 문제의 가장 근본적인 원인은 지극히 비효율적인 상명하달식 통제 경제 체제였다. 가장 기본적인 생필품 배급 현장에 길게 늘어선 줄, 공장에 만연한 나태와 부패, 체르노빌 원전 사태의 원인이 된 겉핥기식 보건 안전 대책 같은 문제 가운데 인구가 직접적인 원인인 사안은 단 하나도 없었다. 그러나 경제적 요구의 변화와는 무관하게 출생률 둔화의 여파로 신규 근로자의 공급이 줄어들자 산적해 있는 문제를 감추기가 점점 더 어려워졌다. 과거에는 신규 노동자가 끊임없이 공급됨에 따라 경제 비효율을 무마하고 경제 역동성과 경제 성장을 꾸며내는 일이 가능했지만 이제는 공장이나 들판에서 은퇴하는 노동력이 새롭게 투입되는 노동력만큼 많아졌기 때문에 경제 성장의 환상을 유지하기가 어려웠다.

고르바초프가 맞닥뜨린 문제는 국내 경제의 부진뿐만이 아니었다. 남쪽 국경 너머 아프가니스탄에서는 소련군이 몇 년째 전쟁에서 헤어나오지 못하고 있었다. 소련군이 수도 카불의 괴뢰 정권을 이슬람 반군 세력으로부터 지켜내는 데 실패하고 통제력을 잃으면서 사상자 숫자는 갈수록 불어났다. 소련이 아프가니스탄에서 고전하게 된 직접적인 원인은 소련 국내 경제 문제도, 인구 문제도 아니었다. 서방 세계의 반군 지원, 아프가니스탄의 험난한 산악 지형, 사람들의 저항 정신 등이 모스크바의 두통을 일으킨 주요 원인이었다. 그러나 이 모든 문제를 훨씬 더 복잡하게 만든 요소가 있었다. 소련의 인구 성장세 둔화로 슬라브인 중심지에서 얼마든지 신병을 징집할 수 있던 시대가 끝난 것이다. 소련군은 그 대신 모국어가 따로 있는 캅카스와 중앙아시아 지역에서 신병을 충원해야 했다. 그러나 그곳의 청년들은 러시아어를 잘 하지 못해 의사소통이 힘들었다. 게다가 그들의 소련에 대한 충성심도 신뢰하기 어려웠기 때문에 전쟁 수행이 한층 더 어려워졌다.

소련군이 아프가니스탄을 제압하지 못한 데는 여러 가지 이유가 있지만 기초적인 인구 통계 자료를 통해 문제의 핵심을 살펴볼 수 있다. 그것은 소련뿐만이 아니라 아프가니스탄의 인구 추세와도 관련이 있다. 소련이 붕괴할 때쯤에는 (1950년대 중반만 해도 소련보다 느린 성장률을 보이던) 아프가니스탄의 인구가 소련의 10배에 가까운 속도로 빠르게 성장하고 있었다. 당시 러시아의 중위 연령은 33세였던 반면에 아프가니스탄의 중위 연령은 16세에 미치지 못했다.

항상 그렇지만 역사적 가정이나 반사실화counter factual를 할 때는 신중히 접근해야 한다. 우선 소련 전체의 상황이 슬라브인의 중심지인 러시아만큼 나쁘지는 않았다는 사실을 알아야 한다. (다만 앞서 말했듯이 그 때문에 군사적 신뢰성과 통일성에 문제가 생겼다.) 그렇지만 아프가니스탄의 지형적인 문제와 레이건 행정부에서 사우디아라비아 정부에 이르는 다양한 세력의 반군 지원에도 불구하고 두 나라의 인구 추세가 서로 바뀌었다면 (소련 인구가 더 젊고 성장한 반면에 아프가니스탄이 인구 성장 둔화와 인구 고령화를 경험했더라면) 전쟁에서의 형세가 뒤바뀌었을 가능성도 있었다고 본다. 소련이 인구 고령화를 겪던 독일과 맞섰을 때 꿋꿋이 버틸 수 있었던 까닭은 젊고 긍정적인 인구 추세 덕분이었다. 마찬가지로 소련이 인구학적으로 활기찬 아프가니스탄과 맞섰을 때 맥을 못 춘 까닭은 늙고 부정적인 인구 추세 때문이었다. 서방 세계가 훗날 이라크와 아프가니스탄에서 경험하게 되듯이 규모는 더 작더라도 젊고 지속적으로 성장하는 인구가 있는 나라를 그 본거지에서 이기기란 어려운 일이다. 고르바초프도 그 사실을 나중에 깨달았을 것이다. 그러나 그가 (경직된 레닌주의 신조, 알코올 의존증, 아프가니스탄의 무자헤딘, 대처와 레이건 등 새롭고 자신만만한 서방 세계 지도자들의 도전을 포함한) 소련 체제와 사회의 문제를 해결하기 위해 씨름하는 동안 인구 문제는 되돌릴 수 없는 강을 건너고 말았다.

러시아의 인구 후퇴

1917년, 볼셰비키가 권력을 잡은 러시아에는 고르바초프 때와는 차원이 다른 문제가 존재했다. 당시 러시아는 여전히 농민 인구가 주류인 '후진국'이었으며 4년 동안의 전쟁으로 극심한 타격을 입은 데다가 독일과 오스트리아의 공격을 막아내야 했으며 물자도 부족했다. 그리고 내전이 일어나면서 사태는 한층 더 악화되었다.

그러나 인구 측면에서는 상황이 괜찮았다. 이 시기의 긍정적인 인구 추세 덕분에 훗날 소련 공산당은 수십 년 동안의 군사적·경제적 투쟁을 이겨낼 수 있었다. 앞서 알아보았듯이 러시아의 황제 정치 말기에는 여성 한 명당 자녀 수가 7명에 이를 정도로 여성들이 이례적으로 많은 자녀를 낳는 추세를 유지했으며 기본 교육과 의료의 도입으로 사망률이 빠르게 하락했다. 따라서 (100년 전 영국과 상당히 흡사하게) 인구가 빠르게 성장했다. 다만 러시아는 영국보다 나중에 인구 성장을 경험한 만큼 그 속도도 한층 더 빨랐다.

그 후 러시아는 고전적인 형태의 인구 전환 형태를 따라갔다. 사망률 하락에 뒤이어 출산율이 내려가고 인구 성장 속도가 점진적으로 둔화한 것이다. 1920년대 중반부터 1940년대 중반까지 여성 한 명당 자녀 수는 6명에서 3명으로 떨어져 출산율이 반토막 났다. 영국의 경우 빅토리아 시대 후기에서 에드워드 시대에 걸쳐 출산율이 절반 정도 하락했으니 러시아는 그보다 2배 더 빨리 하락한 셈이다. 도시에 거주하고 교육 수준이 높으며 산업 인력에 편입되는 여성이 증가함에 따라 영국과 독일이 이미 경험하고 그 후 다른 지역으로 확산된 출산 경향이 러시아에서도 나타났다. 여성들이 자녀를 덜 낳는 길을 선택한 것이다. 레닌과 스탈린 정권이 여러 가지 결함을 지니기는 했지만 (게다가 탄압, 공포, 강제 노동 수용소를 이용하여 통치한 집단이기는 했지만) 여성 해방에 기여한 그들의 공로만큼은 인정되어야 한다. 1897년부터 1939년까지 여성의 문해율은 5명 중 한 명꼴에서 4명꼴로 높아졌다. 문해율 상승은 그 자체만으로도 시사하는 바가 크다. 글을 읽고 쓸 줄 아는 여성들이 자녀가 6~7명이 될 때까지 연달아 아이를 낳는 일은 없기 때문이다.

소련 전체의 출산율은 제2차 세계대전 이후부터 지속적으로 하락하여 1970년대에는 대체 출산율에 이르렀으며 그 이후로도 계속해서 떨어지고 있다. 그 원인으로는 도시화와 여성의 교육을 들 수 있지만 이 시기의 출산율 하락에는 소련만의 특수한 상황도 한몫했다. 소련에서는 다른 여러 분야와 마찬가지로 피임기구도 쉽게 구할 수 없었으며 서방 세계와 같은 품질의 제품을 생산하지도 못했다. 미국 웨스트버지니아나 독일 베스트팔렌의 일반 노동자가 자동차나 피임약을 손쉽게 구입하는 일이 당연시된 지 한참 후에도 소련 소비자들에게는 낙태 이외에는 선택의 여지가 없었다. 그런 면에서 가족계획 역시 다른 분야와 다르지 않았다. 여성 대다수에게는 1955년에 합법화된 낙태가 그나마 간편한 피임 수단이었다. 소련 후반기에 소련 여성은 일생동안 평균 6~7회의 낙태를 경험하는 것으로 나타났다. 1980년대에는 연간 낙태 건수가 700만 건을 기준으로 오르락내리락을 거듭했다.

그러나 소련 여성의 입장에서도 낙태는 결코 쉬운 선택이 아니었으며 매우 불쾌한 경험이었다. 소련 말기에 일곱 번의 낙태를 경험해야 했던 상트페테르부르크에 살던 올가Olga는 다음과 같이 전달했다.

> 내 차례가 되어 피로 얼룩진 큰 방에 들어가면 의사 2명이 동시에 여성 7~8명을 중절 수술시키는 광경을 볼 수 있다. 의사들은 대부분 거칠고 무례하며 다리를 활짝 벌리고 있으라고 고함친다. (……) 운이 아주 좋으면 의사가 발륨Valium 같은 진정제를 약간 투여해준다. 그런 다음에는 휘청거리면서 밖으로 나가야 한다.

한편 소련에서는 출산이라고 해서 낙태보다 나은 면도 없었다. 어느 산모는 다음과 같이 회고했다.

> 의사들은 "빨리 힘줘요"라고 계속해서 소리친다. 처치 과정은 어김없이 거칠고 비인간적이다. 의사들은 성관계와 출산이 큰 범죄라도 되는 듯이 산모들을 취급한다. 통증이 너무도 심해서 그 후 몇 년 동안 그때의 악몽을 꾸었다. 우리에게는 야만적인 출산이 최상의 피임 수단이었다. 그 일을 두 번 다시 겪고 싶어 하는 여성은 없을 것이기 때문이다.

영국이 에드워드 시대의 '인구 관성' 덕분에 빠른 인구 성장 속도를 유지할 수 있었듯이 소련 인구도 1950년대와 1960년대의 출산율 하락에도 불구하고 상당히 빠르게 성장했다. 여성 한 명당 출산은 감소했지만 그 이전의 인구 성장 덕분에 자녀를 낳는 젊은 여성 수가 늘어났으며 노인 중에서도 사망 가능성이 가장 큰 초고령 노인은 전체 인구에 비해 비중이 작았다. 그러나 강력해야 할 인구 관성의 힘은 1914년부터 1945년에 걸친 전쟁, 기근, 숙청으로 인한 큰 손실 때문에 다소 약화되고 말았다. 기근, 숙청, 아인자츠그루펜Einsatzgruppen(독일어로 '특수 작전 집단'을 의미하는 나치 친위대의 군사조직으로서 나치의 대량 학살을 담당함 - 역주), '배신자'로 낙인찍은 국민의 강제수용소 추방 등 그 어떤 이유로든 스탈린과 히틀러 때문에 얼마나 많은 소련인이 목숨을 잃었는지는 논란이 끊이지 않는 주제다. 다만 재난의 규모가 엄청났으며 니콜라이 2세 황제가 러시아의 참전을 선언한 1914년부터 스탈린이 나치를 물리친 1945년까지 고통과 인명 손실이 잇따랐다는 데는 이론의 여지가 없다. 그러나 이 같은 사건들이 있었음에도 불구하고 강력한 인구 관성이 버티고 있었기 때문에 소련의 인구는 지속적으로 성장했다. 레닌, 스탈린, 히틀러, 두 차례의 세계대전, 내전, 기근, 공포에도 아랑곳하지 않고 인구 물결은 계속해서 흘러갔다.

1897년에 러시아의 인구는 1억 2,500만 명이었다. 1970년이 되자 이 숫자는 2배 가까이 늘어나 2억 5,000만 명에 육박했다. 붕괴 즈음에 소련의 인구는 2억 8,700만 명에 달했다. 1939년까지의 높은 인구 성장 추세는 전쟁 때문에 크게 꺾였지만 1945년 이후에 회복되었고 1960년대까지 이어졌다. 그러나 그 후 인구 성장률이 추락함에 따라 경제 성장 둔화와 마찬가지로 인구 성장 둔화도 고착되었다. 출산율이 낮아지면 결국 인구 관성도 그 힘을 잃는다. 1970년대와 1980년대에 소련의 연평균 인구 성장률은 1% 아래였으며 계속해서 떨어지는 추세였다. 그 자체로는 큰 타격이 아니었지만 그에 따른 인종 구성 변화는 소련 기득권층 상당수에게 근심을 안겼다. 이에 관해서는 잠시 후에 알아보기로 한다.

소련의 인구 성장을 저해한 요소로는 격변을 거듭한 역사 이외에 전쟁이 끝나고 공포 분위기가 잦아든 후에도 크게 연장되지 않은 기대수명을 꼽을 수 있다. 1950년대 후반에 러시아 남성의 기대수명은 60년을 간신히 넘겼으며 1980년대 후반에도 64년을 밑돌 정도로 미미하게 연장되었다. 서방 세계 대부분의 지역이 달성한 기대수명 증가 수치의 3분의 1에 불과한 상승폭이었다. 불행히도 러시아의 기대수명은 64년에서 정점을 찍었으며 소련 붕괴 이후에는 서방 세계에서 달성한 수준을 따라가기는커녕 오히려 더 떨어지기 시작하여 21세기 초반에는 1950년대 수준으로 돌아갔다. (그 이후로 소폭 올라갔지만 2017년에 남성의 기대수명은 1980년대 후반의 최고치를 간신히 넘겼다.)

영국이나 미국과 달리 소련 시대의 러시아는 내국인의 해외 이민과 외국인의 국내 이민이 거의 이루어지지 않았기 때문에 인구 구조가 상당히 폐쇄적이었다. 소련의 장벽은 높았다. 매력적이지 않았을 뿐 아니라 들어오기도 어려웠으며 나가는 것은 거의 불가능했다. 1970년대에 소련의 유대인에게 이스라엘로 이민을 떠날 권리를 인정하라는 캠페인이 시작되었지만 그때부터 고르바초프 시대에 이르기까지 소련을 떠난 유대인의 숫자는 50만 명도 채 되지 않았다. 그 정도면 이스라엘로서는 상당한 숫자였지만 인구 2억 5,000만 명에 달하는 소련 입장에서는 새발의 피였다.

전체적인 숫자만으로는 이면에서 어떤 상황이 펼쳐지고 있는지, 구체적으로 국민 개개인 차원에서 어떤 일이 벌어지고 있는지를 알 수 없다. 러시아의 공식 명칭은 소비에트 연방이었으며 서류상으로 소비에트 연방은 동등한 나라 여럿으로 이루어진 국가로서 그 가운데 상당수가 독립적인 소비에트 공화국이거나 자치 지역이었다. 러시아 공화국이 수도 모스크바의 소재지이며 그 주민이 최초의 성공적인 사회주의 혁명을 주동한 이들로 찬양받기는 했지만 공식적으로 소련은 특정 공화국이나 인종 집단의 구성원을 다른 사람들보다 우대하지 않았다. 소련에서 만민은 우애롭고 국제적인 연대를 통해 단결한 형제자매였다.

그러나 현실은 달랐고 그 차이는 인구에 두드러지게 반영되었다. 우크라이나 동부의 돈바스나 공장이 밀집된 우랄 산맥 지대 등의 대규모 산업화 지역에는 대개 (러시아인, 벨라루스인, 우크라이나인 등의) 핵심 슬라브인이 거주했다. 이들은 소련 최초로 도시에 거주하고 글을 읽고 쓸 줄 알게 되었을 뿐 아니라 당연히 처음으로 인구 팽창을 수반한 인구 전환을 경험했다. 반면에 캅카스와 중앙아시아 지역은 여전히 맬서스의 덫에서 벗어나지 못하고 있었다. 게다가 억지에 가까운 러시아 동화 정책이 강제로 시행되어 1926년부터 1959년까지 300만 명에서 450만 명에 이르는 우크라이나 농촌 주민이 러시아인으로 분류되었다.

20세기 중반의 관점에서 볼 때 소련이 러시아인이나 러시아인과 친척 관계에 있는 민족을 미래의 주인공으로 간주하고 우대한 것은 당연한 일이었다. 그러나 러시아의 인구 성장이 둔화하기 시작하자 이번에는 이슬람교도가 장악한 지역 등의 오지가 현대화에 돌입했다. 소련은 일국 사회주의socialism in one country(다른 나라의 혁명 없이 한 나라의 혁명만으로도 사회주의를 건설할 수 있다는 스탈린의 이론-역주)를 달성했을 뿐 아니라 여러 단계의 인구 전환을 동시에 경험했다. 영아 사망률은 언제나 사회 진보와 경제 발전을 정확하게 반영한다. 1950년대 후반 러시아의 영아 사망률은 출생자 1,000명당 60명 미만으로서 과거에 비하면 큰 발전이지만 여전히 높은 수치였다. 한편 타지키스탄의 영아 사망률은 러시아의 3배였으며 다른 중앙아시아 공화국들이나 캅카스 지역의 공화국들도 비슷했다. 1990년대 초반에는 구소련 지역 전체에서 영아 사망률이 하락했으나 러시아에서 첫 돌 이전에 사망하는 아기의 숫자가 37명 감소한 데 반해 타지키스탄에서는 63명 감소하는 등 빠른 하락세를 보였다. 물론 중앙아시아에 속하는 우즈베키스탄의 영아 사망률은 1970년대 중반에도 러시아의 3배에 달할 정도로 여전히 러시아보다 훨씬 더 높았다. 그러나 영아 사망률은 낙후된 지역에서 훨씬 더 큰 폭으로 하락했으며 그처럼 급격한 하락 덕분에 오지는 한층 더 빠른 인구 성장을 경험했다.

러시아의 인구 성장률이 둔화하고 소수민족의 인구 성장률이 상승함에 따라 소련 인구 가운데 러시아인의 비율이 하락하기 시작한 것은 당연한 수순이었다. 처음에는 변화가 상당히 서서히 일어났다. 1959년에서 1970년까지의 인구 조사에서 인구 가운데 러시아인의 비율은 1%p 남짓 하락한 반면에 투르크인 또는 이슬람교도의 비율은 2%p가까이 올라갔다. 작은 변화처럼 보이지만 그 당시까지도 소련은 진보와 사회주의라는 명분으로 러시아 동화 정책을 추진하고 있었고 러시아화가 진행되고 있는 중이라고 믿고 있었다. 따라서 1970년대 인구 조사는 소련 관료들에게 적지 않은 충격을 안겼다.

이러한 추세는 1970년 이후에도 계속되었다. 소련의 총 인구 가운데 러시아공화국 이외 지역에 거주하는 (다시 말해 나중에 러시아 연방이 된 핵심 지역을 벗어나 있는) 러시아인의 비율은 1959년 18% 가까이에서 1979년 14% 정도로 떨어졌다. 수백 년 동안의 침략에 의한 영토 확장 이후에 러시아의 팽창주의가 역전된 듯 보였다. 소련이 몰락하기 전 마지막 30년 동안에 이슬람을 믿는 비러시아계 인구는 2배 늘어난 데 비해 러시아인 인구는 4분의 1 남짓 성장했다. 소련의 이슬람 계열 공화국 인구가 전체 인구에서 차지하는 비율은 1959년에 13%에 미치지 못했지만 1989년에는 20%를 약간 밑도는 정도로 높아졌다. 이를 바탕으로 21세기 중반에는 전체 소련 인구 가운데 러시아인의 비율이 3분의 1을 간신히 넘기리라는 추정이 나왔다.

한편 중앙아시아와 캅카스 공화국에서는 숫자 증가뿐만이 아니라 강력한 탈脫러시아 현상이 일어나고 있었다. 러시아인을 제외한 다른 민족들을 대상으로 한 설문에 따르면 소련에서 러시아어를 구사하는 사람이 갈수록 줄어들고 있었다. 이러한 결과는 부분적으로 토착 인구의 의식과 성향을 반영했지만 러시아인의 중앙아시아 대량 이주와 중앙아시아인의 러시아 이주가 끝났다는 것을 시사하기도 한다.

미국의 앵글로색슨인이나 남아프리카의 영국인 및 아프리카너와 마찬가지로 러시아인들도 맬서스의 덫을 처음으로 탈출할 때 얻는 혜택(거침없는 인구 성장)이 덧없다는 사실을 깨닫기 시작했다.

다른 민족에게 따라잡히는 것은 시간문제일 뿐이었다. 대大 러시아인(즉, 러시아 '심장부'에 속하며 '소小러시아인', 벨라루스인, 우크라이나인 등의 다른 슬라브계 민족이 아닌 이들)의 끝없는 성장은 사회주의의 승리가 그렇듯 더 이상 필연이 아니었다. 러시아인도 앵글로색슨인처럼 지구를 가득 메울 운명이 아니었으며, 지구는 고사하고 소련의 주변부 영토도 채우지 못할 운명이었다.

우리는 항상 데이터에 의심을 품어야만 한다. 특히 데이터 분류에 사용된 방법에 대해서는 회의적인 시각을 견지해야 한다. 오늘날의 인류학자들이라면 무엇이 '민족'을 구성하며 민족을 어떻게 규정하는지에 대한 소련의 접근법을 보고 아연실색할 것이다. 소련의 민족 분류 방식은 다른 나라와 마찬가지로 '영속'적이거나 '자연'스럽지 않았다. 일정한 기준이 없었으며 (유대인을 하나의 민족으로 지정하는 등) 논란의 여지가 있었다. 유럽계가 아닌 이들에 대해서는 체계화되고 정형화된 언어와 전통문화까지 강요하는 일이 많았다. 어떤 면에서 소련의 민족학은 마르크스-레닌주의의 미사여구에도 불구하고 유럽의 강대국들이 식민지를 대하는 방식과 크게 다르지 않았으며 국가의 인구를 체계화하고 관리하는 일에 능률을 더하기 위해 형성된 측면이 있었다.

정책적 대응

소련은 개별 주체의 독자적인 방침에 따라 흘러가는 나라가 아니라 국가의 계획대로 이루어지는 사회였다. 소련의 이념 지도자들은 사회와 경제가 정해진 목표를 달성하기 위해 운영되어야 한다고 보았다. 자유 시장이나 사유 재산이 사실상 존재하지 않았던 소련은 교육과 주택에서 일자리와 휴일에 이르기까지 모든 것을 국민에게 제공해야 할 의무가 있었다. '요람에서 무덤까지'라는 옛말처럼 출산 병동과 장례식장도 마찬가지였다. 그러나 그렇다고 해서 한 해 동안 태어날 아기의 숫자와 사망할 사람의 숫자까지 국가 마음대로 정해지는 것은 아니었기 때문에 국가는 인구 규모와 구성을 완전히 통제하지 못했다. 그저 자국 내 인구 추세에 대응하는 것이 전부였고 실제로도 그랬다.

소련의 정책 입안자들은 서로 상충되는 수많은 압력에 시달렸다. 소련의 정책 수립이 느리고 상대적으로 비효율적이었던 까닭은 그 때문일지도 모른다. 일단 공산당의 원칙은 변함없이 출산 장려였다. 인구 제약은 '자연'스러운 일이 아니라 압제적이고 착취적이며 수탈적인 정치·경제 시스템의 산물이라는 주장에서 알 수 있듯이 마르크스는 대놓고 맬서스에 반대하는 입장이었다. 마르크스가 보기에 맬서스는 농민과 노동자의 빈곤한 삶에 대해 변명을 늘어놓을 뿐만 아니라 가난을 시대의 요구에 더 이상 부합하지 않는 구시대적 정치 경제의 산물이라기보다 생물학과 생태학의 필연적인 귀결로 눈속임하는 부르주아에 불과했다. **마르크스가 꿈꾸는 사회주의 세상에서는 모든 이가 많은 것을 누릴 수 있기 때문에 인구 억제란 불필요한 조치였다. 따라서 소련은 당의 원칙대로 많은 인구를 선호했다. 더욱이 규모가 크고 젊으며 갈수록 불어나는 인구는 소비에트 모형의 힘과 사회주의의 살아 있음을 입증하는 것이었다.** 1941년에 소련을 침공한 파시스트 무리를 막은 주체는 수많은 청년이었다. 그뿐만 아니라 노동인력이 지속적으로 생산성을 확대하고 경제 계획을 완수하기 위해서는 인구가 많아야 할 뿐 아니라 갈수록 성장할 필요가 있었다.

그러나 소련 여성의 노동자화라는 출산 장려에 대항하는 압력도 작용하고 있었다. 따라서 당 간부 사이에서는 대가족을 전처럼 적극적으로 선호하지 않는 경향이 나타났다. 출산을 장려하면 미래의 노동 수요를 충족할 수 있겠지만 여성의 노동시장 참여라는 좀 더 시급한 요구를 충족하기가 어려워질 터였다. 보육 시설을 세워 문제를 해결하는 방법이 있었으나 그것 외에도 예산을 필요로 하는 분야는 많았다. 소련도 초창기에는 대가족을 후진성과 농민의 관행에 연관 지었다. 여성이 교육을 받고 도시화하며 근대 산업 경제에 참여하면서 자녀 6~7명을 낳는 것은 양립하기 힘든 일이었다.

소련 당국은 중앙아시아와 캅카스 주민들의 출산율이 소련 전체의 출산율 증가에 기여했지만 그로 인해 러시아인을 중심으로 한 슬라브인의 우위가 약화된 것에 우려를 나타냈다. 그것은 국제주의를 표방하는 공산당의 신조와는 상반된 태도였다. 소련 당국의 입장은 다음과 같았다. 첫째, 공산당과 국가 기득권층의 상당수가 어느 정도 인종적 편견을 품고 있었다. 그들 중 일부는 국수주의까지는 아니더라도 내심 대러시아인이라는 것에 자긍심을 느꼈다. (이들은 러시아인이 혁명을 주도했다는 점을 언급함으로써 그러한 심리를 공산주의적인 표현으로 포장하거나 정당화하기도 했다.) 둘째, 공산당 일각에서는 중앙아시아 지역의 이슬람교도와 투르크인의 충성심을 믿지 못했다. 심지어 이들이 (중앙아시아 사람들과 민족적으로 가까운) 아프가니스탄의 이슬람교도 같은 소련의 적과 민족적·종교적 정서로 맺어진 유대 관계를 갖지는 않았을까 하는 의심을 품기도 했다. 셋째, 경제적인 관점에서만 본다면 인구 성장률이 높은 지역의 사람들은 교육 성과와 경제 생산성이 상대적으로 낮은 경향이 있었다. 예를 들어 러시아나 우크라이나의 주변부 사람은 우즈베키스탄이나 타지키스탄의 주변부 사람에 비하면 교육 수준과 경제 생산성 면에서 우수했다. 쉽게 말해 소련의 아기는 모두 평등했지만 일부는 다른 아기보다 더 평등했다. 적어도 관료 대다수가 보기에 러시아에서 태어난 아기는 아제르바이잔이나 투르크메니스탄에서 태어난 아기보다 선천적으로 훨씬 더 바람직할 뿐만 아니라 충성스럽고 생산적인 시민으로 자라날 가능성도 더 컸다.

소련에는 수많은 문제가 있었지만 그중에서도 군 문제가 특히나 심각했다. 원인은 근본적인 문제인 충성심에 있었다. 충성심은 민간인끼리 있을 때보다 군에서 더 직접적인 영향력을 발휘한다. 중

앙아시아의 공화국 출신 병사들은 대개 교육 수준이 낮았고 러시아어를 능숙하게 사용하지 못했으며 충성심 면에서도 믿음직스럽지 못했다. 여러 언어를 사용하는 병사들로 현대적인 대규모 군대를 조직하는 것은 매우 힘든 일이다. 소련 말기에는 중앙아시아에서 징집된 병사 가운데 러시아어를 하지 못하는 이들이 최대 4분의 3에 달하기도 했다. 그뿐만 아니라 러시아의 이슬람 인구가 전체적으로 성장했지만 증가 양상은 전체 인구 중 18세의 징집병 사이에서 훨씬 더 극명하게 나타났다. 소련의 이슬람 인구 중 청년층의 비중이 압도적으로 높았으며, 따라서 (징집 대상인) 청년 인구 중 이슬람교도의 비중도 압도적으로 높았다.

1970년대부터 소련 학계와 정치계에서는 인구를 증대할 필요성과 인구 '품질'이나 (노골적으로 표현하여) '러시아인다움'을 지키려는 욕심 사이에서 갈등이 생기기 시작했다. 민족 특성에 대한 우려는 러시아 인구의 밀물 시대가 끝났음을 보여준 1970년 인구 조사 이후 수면 위로 떠오르기 시작했다. '차등화'된 인구 정책을 촉구하는 목소리가 일기 시작했는데, 러시아와 슬라브계 공화국 사람의 출산을 장려하고 캅카스와 중앙아시아의 출산을 억제해야 한다는 주장이었다. 차별적 출산 촉진 정책을 옹호하는 '차등화' 진영과 그러한 정책은 소련의 정신과 이념에 위배된다고 반대하는 진영이 대립하여 논쟁을 벌였다. 논란은 1981년 제26차 당 대회까지 이어졌고, 당 대회는 차등화 진영의 손을 들어주었다. 브레즈네프는 인구 문제가 "최근에 한층 더 심각"해졌음을 인정했으며 자녀를 낳는 여성에게 유급 휴가나 근무일 축소 등의 우대책을 제공하겠다고 발표했다. 한마디로 출산 여성 우대책을 러시아에서 먼저 시행하고 가능하다면 나중에나 중앙아시아와 캅카스에서도 시행하겠다는 뜻이었다. 실제로 우대책이 처음으로 도입된 지역은 인구 밀도가 희박하여 러시아가 과거부터 인구 확대를 끊임없이 시도했던 소련 극동 지역과 시베리아였다. 그리고 결국 이슬람교도가 사는 주변부에는 우대책이 도입되지 않았다.

인구가 소련의 붕괴에 끼친 영향

인구는 경제적으로나 민족적으로나 소련의 몰락에 한 역할을 담당했다. 경제 측면에서 노동력 성장률의 하락은 소련의 경제 성장률 하락에 중요한 요소로 작용했다. 달리 표현하자면 소련의 비효율적인 경제 체제가 핵심 투입 요소인 노동력의 이례적으로 높은 성장률에 의해 지탱되고 있었던 것이다. 노동력 성장률이 떨어지자 경제 체제도 붕괴했다. 교육 수준과 생산성이 열악한 지역에서 노동력 증가가 이루어짐에 따라 문제는 갈수록 더 심각해졌다. 그보다 훨씬 더 중요한 점은 소련의 해체와 국수주의의 부상이 러시아인의 인구적 영향력이 쇠퇴한 징표로 해석될 수 있다는 사실이다.

소련은 그 이름에도 불구하고 사실상 러시아 제국의 연장선상에 있는 나라였다. 소련이 통일을 유지하려면 지배적인 언어와 문화가 존재해야 할 필요가 있었다. 마르크스-레닌주의 이념과 공산당의 중앙집권적 제도로는 부족했다. 러시아의 주도권을 가장 두드러지게 위협한 지역은 발트 3국(에스토니아, 라트비아, 리투아니아 - 역주) 등이었다. 게다가 주변부에 거주하는 러시아인의 감소, 걷잡을 수 없이 고조되는 민족 갈등, 나고르노-카라바흐 같은 지역의 분쟁으로 러시아는 국가 통합을 유지할 수 있다는 자신감을 점점 더 잃어만 갔다. 설상가상으로 소련군이 민족적으로나 언어적으로나 점점 더 다양해지는 것도 국가 통합의 어려움을 가중시켰다. 이와 같이 소련 붕괴를 이끈 압박 요소 가운데 상당수가 부분적으로나마 인구 문제에서 비롯되었음을 알 수 있다. 소련의 통제력 상실은 캅카스의 탈러시아 현상이 가속화되면서 확실해지기 시작했다. 소련이 공식적으로 해체되기 3년 전에 캅카스의 아르메니아인과 아제르바이잔인 사이에서 무력 분쟁이 발생한 것이다.

러시아 입장에서 소련의 붕괴는 오랫동안 심장부로 간주되던 지역에서의 퇴각을 의미했다. 그러나 러시아를 제외한 연방 구성체의 입장에서 소련의 붕괴는 러시아와의 근접성과 근외 지역이라는 러시아인의 인식 때문에 그동안 여의치 않았던 독립의 기회와 도전을 의미했다. 세계적으로는 냉전의 종식이었으며 구체적으로는 미국과 우방국들이 동구권을 상대로 얻은 승리였다.

소련이 단순히 인구적인 원인만으로 멸망한 것이 아니듯이 서방 세계의 냉전 승리 역시 단순히 소련의 몰락 때문만은 아니었다. 그럼에

도 어떤 이들은 소련이 중국만큼 인종적으로 동질적이었다면 아직까지 몰락하지 않았으리라고 주장한다. 실제로 민족 분열이 존재하지 않는 쿠바와 북한은 소련의 몰락 이후에도 소련식 중앙 계획 정책과 사유재산의 금지나 엄격한 통제를 지속적으로 추진해왔다. 그 결과 두 나라의 국민은 여전히 빈곤에 허덕이고 있다. 쿠바와 북한의 체제 존립 여부는 공산권 붕괴 이후의 세대에 달려 있다. 소련이 민족적으로 동질적이지 않았던 원인은 궁극적으로 인구였으며, 구체적으로는 국토가 워낙 광활하여 지역마다 다른 시기에 인구 전환이 나타났기 때문이었다.

러시아는 소멸하고 있는가?

1991년에 소련은 공식적으로 해체되었고 연방 구성체 가운데 가장 비중이 컸던 러시아 소비에트 연방 사회주의 공화국이 러시아 연방이 되었다. 그 이후로 러시아가 혼란스러운 옐친 시대와 덜 자유롭지만 어느 정도 기강이 잡힌 푸틴 시대를 거치는 동안에 러시아 경제는 탄화수소hydrocarbon(석유와 석탄의 주성분 - 역주)의 가격 상승에 힘입어 성장했지만 역시 탄화수소의 가격 폭락으로 타격을 받았다. 한편 소련 시대부터 이어져 온 인구 문제(저출산, 낮은 기대수명, 민족 집단으로서 러시아인의 쇠퇴)는 어느 정도 개선의 조짐이 보이기는 했지만 여전히 러시아를 괴롭혔다.

유엔에 따르면 러시아의 합계 출산율은 1990년대 초에 여성 한 명당 자녀 수가 1.5명 남짓이었다가 1990년대 후반에는 1.25명으로 하락했으며 그 이후로 다소 회복되어 현재 1.75명 정도에 머물러 있다. 출산율의 회복은 중요한 성과지만 러시아의 출산율은 세계 최저 수준은 아닐지라도 상당히 낮은 편이다. 1990년대의 출산율이 그토록 낮았던 까닭은 공산주의 붕괴의 충격은 물론 연이은 혼란과 경제적 어려움 때문이었다. 도시 지역의 주택 부족도 원인으로 거론될 때가 많지만 그뿐만 아니라 소련 후기에 아동 수당의 실제 가치가 극심한 인플레이션 때문에 대폭 깎인 이유도 있다. 그보다 더 막연하고 수량화하기 어려운 원인으로는 인구 억제 문화를 들 수 있다. 출산 억제 문화는 대가족에 대한 반감과 대가족이라고 하면 시골의 소작농과 무학자를 연상시키는 편견에서 비롯된 것으로 볼 수 있다. 물론 이러한 인식은 러시아만의 현상이 아니며 최근에 현대화 과정을 밟은 사회 대다수에서 나타나는 경향이기도 하다.

표면적으로는 러시아의 낮은 출산율이 남유럽이나 중앙 유럽의 출산율 추세와 비슷한 특성을 공유하는 것처럼 보인다. 그러나 여기에는 몇 가지 뚜렷한 차이점이 있다. 러시아의 출산율이 이미 낮은 수준에 머물렀던 소련 시대에 러시아 여성들은 서방 세계의 여성과는 달리 출산을 뒤로 미루지 않았다. 소련이 해체된 즈음에 평균 초산 연령은 22세를 약간 밑돌았다. 신생 러시아에서는 이러한 경향도 변화하여 초산 연령이 상승하기 시작했지만 매우 느리게 진행되었다. 2004년에는 평균 초산 연령이 23세를 간신히 웃돌았다. 이는 러시아의 출산율에 호재이자 악재라 할 수 있다. 이것이 호재인 까닭은 최근 10여 년 동안 러시아에서 출산 지연에 따른 시간 효과가 (미약하게나마) 작용했음에도 불구하고 출산율 회복이 이루어졌다는 점이다. 이것은 시간 효과의 소멸이나 약화를 원인으로 하는 북유럽의 출산율 회복과는 대조적이다. 합계 출산율의 급상승을 주동한 힘이 보기보다 좀 더 강력하다는 뜻일 것이다. 반면에 이후 시간 효과가 끼어들 여지가 많다는 점에서 매우 이른 나이의 출산은 악재로 작용할 수 있다. 다시 말해 러시아 여성이 20대 후반이나 30대 초반까지 출산을 미루기로 결정하면 그 기간 동안에 출산율 침체가 나타날 것이다.

러시아의 출산율에는 그 이외에도 주목할 만한 특징이 있다. 여성이 한 자녀만 낳는 경향이 지속되고 있다는 점이다. 출산율이 낮은 나라에서는 일반적으로 자녀를 낳지 않는 여성과 여럿 낳는 여성이 극과 극으로 나뉜다. 그러나 러시아에서는 여성 한 명당 한 자녀가 매우 흔한 일이며 자녀를 전혀 낳지 않는 여성이 드문 편이다. 하나만 낳기는 소련 시대의 두드러진 특징 중 하나였다. (다만 최근 나타난 몇 가지 징후로 보건대 이러한 추세가 바뀌기 시작하여 한 명 이상의 자녀를 낳는 여성이 점차 증가하고 있는 것으로 추정된다.) 이와 같이 러시아의 낮은 출산율은 근본적으로 여성이 하나만 낳고 출산을 끝내기로 결정하는 데서 비롯된다. 러시아에서는 둘째 아이가 태어나는 경우 첫째와 둘째의 터울이 서구에 비해 크다. 또한 러시아는 제2차 인구 전환을 거친 서구 국가들과 달리 적어도 현재까지는 혼전 동거가 상대적으로 드물며 혼인(뿐만 아니라 초산)이 상당히 이른 나이에 이루어진다. 그리고 소련의 붕괴 이후 낙태율이 절반으로 감소했다. 그 까닭은 저렴한 피임기구가 좀 더 광범위하게 보급되었기 때문일 것이다.

한편 소련의 붕괴 이후 러시아를 제외한 구소련의 나머지 지역에서 출산율이 어떻게 변화했는지 살펴보면 흥미로운 결과를 얻을 수 있다. 발트 3국의 출산율은 소련의 종말 직후에 저마다 하락했지만 러시아와 마찬가지로 다소나마 회복되어 여성 한 명당 자녀 수가 1.5명 남짓에 이르렀다. 비슷한 추세가 벨라루스와 우크라이나에서도 관찰된다. 구소련 당시에 이슬람 공화국이었던 지역에서는 출산율이 급격히 하락하여 다음에 알아볼 범이슬람권의 출산율과 유사한 전개를 보였다. 평균 자녀 수가 3명에 가깝던 아제르바이잔 여성들은 소련의 붕괴 이후 평균 자녀 수가 2명 남짓으로 줄어들었다. 한때 소련 최고의 출산을 자랑하던 우즈베키스탄 여성들의 출산율도 하락하여 1990년에는 여성 한 명당 자녀 수가 4명에 달했으나 가장 최근의 집계로는 2.5명이었다.

1945년 이후 소련의 기대수명은 앞서 알아본 바와 같이 미국에 비해 낮았을 뿐 아니라 유럽과 비교하면 형편없는 수준이었다. 탈소련 시대에는 그 격차가 더 벌어졌다. 러시아 남성의 기대수명은 1989년에 64년에서 2001년에는 58년으로 떨어졌다. 이러한 수치는 서구뿐만 아니라 개발도상국이 달성한 기대수명의 연장에 비해서도 턱없이 낮은 수준이다. 더욱이 러시아 남성과 여성의 기대수명 격차는 비정상적일 정도로 크다. 2008년에 러시아 남성의 기대수명은 소폭 올라간 59세에 머문 반면에 여성의 기대수명은 73세였다. 가장 최근에 나온 유엔 자료에 따르면 러시아 남성의 기대수명이 회복되고 있기는 하지만 여전히 50년 전 수준에 불과하다. 러시아 남성과 여성의 기대수명 격차가 비정상적으로 크다는 것은 러시아의 높은 사망률이 사실상 남성 때문임을 의미한다. (대부분의 국가에서는 3~4년 차이가 일반적이지만 가장 최근에 나온 유엔 자료에 따르면 러시아에서는 10년 넘게 차이가 난다.)

낮은 기대수명의 원인으로 가장 자주 언급되는 문제는 알코올 의존증이다. 러시아의 1인당 알코올 소비량 자체가 서구 일부 국가보다 훨씬 더 높기도 하지만 러시아에서는 알코올 소비가 남성에게 집중되어 있으며 주로 술 마시기 시합을 통해 이루어진다. 흥미롭게도 1990년대 중반에서 후반까지 알코올 소비량이 감소하자 사망률이 소폭 하락하는 결과가 나타나기도 했다. 그 이외에도 러시아의 자살률이 세계 최고 수준인 것도 낮은 기대수명의 원인으로 지목된다. 2000년만 해도 자살로 죽은 사람이 5만 명을 넘어섰다. 어느 통신원은 소련 붕괴 직후에 나타난 병적인 분위기를 이렇게 묘사했다.

사망자가 계속해서 불어나고 있다. (남녀를 불문하고) 사람들이 기차와 창문에서 떨어지거나 뛰어내린다. 고장 난 장작 난로가 있는 시골 저택이나 현관 자물쇠 구멍까지 막힌 아파트에서 질식사한다. 한가한 안뜰을 걷다가 질주하는 차에 치어죽는다. 인도를 돌진하는 차에 집단으로 깔려 죽는다. 음주 상태로 호수에 뛰어들어 익사하거나 폭풍 경보를 무시하거나 별다른 이유도 없이 물에 빠져 죽는다. 알코올이나 가짜 알코올이나 알코올 대체재나 약물을 과용하여 중독사한다. 그리고 심근 경색과 뇌졸중으로 터무니없이 이른 나이에 급사한다.

러시아의 높은 사망률과 낮은 기대수명에는 알코올 의존증과 자살 이외에도 다양한 원인이 있는 것으로 추정된다. 예를 들어 전염병과 기생충에 의한 사망률이 유럽연합보다 2배 이상 높다. 심혈관계 질환에 의한 사망률은 러시아의 국내총생산을 감안할 때 예상되는 수준보다 2배 더 높은 것으로 나타난다. 국내총생산 대비 전반적인 의료비 지출액은 매우 낮으며 의료 서비스 수준 또한 소련 시대보다도 열악해진 것으로 추정된다.

러시아 남성의 기대수명은 (자살률이 낮아지고 알코올 의존증 환자가 어느 정도 감소한 덕택에) 소폭 올라갔지만 전 세계적으로 기대수명이 10년 반이나 높아진 1960년대 후반에 비해 크게 개선되지 않았다. 그 결과 현재 러시아 남성의 기대수명은 이집트나 파키스탄 같은 나라보다 더 낮다. 다른 나라와 비교할 때 러시아의 영아 사망률이 딱히 나쁘지 않다는 사실을 감안한다면 러시아 15세 인구의 기대수명은 한층 더 심각한 걱정거리로 다가온다. 그러나 그 때문인지 **러시아는 유럽 대부분의 나라와는 달리 고령화 문제를 겪고 있지 않다. 출산 감소는 사회의 평균 연령을 높이는 경향이 있지만 노년기 이전의 조기 사망은 정반대 결과를 가져온다. 현재 39세를 밑도는 러시아의 중위 연령은 1970년대 중반보다 8.0세 높아졌지만 독일의 중위 연령보다는 7.0세 낮다. 그러나 노년기에 도달하지 못한 채 중년에 죽는 사람이 많기 때문에 사회가 고령화를 겪지 않는 것은 그다지 긍정적인 일이 아니다.**

러시아와 유럽 중남부 지역은 출산율이 대체 출산율을 밑돈다는 공통점이 있다. 그러나 유럽 중남부에서는 기대수명의 상승으로 인구 부족분이 다소나마 벌충된 반면에 러시아는 최근까지도 기대수명 하락(즉, 사망률 상승)으로 저출산의 충격이 가중되고 인구의 자연 감소(사망자 숫자가 출생자 숫자를 앞지르면서 인구가 줄어드는 현상 - 역주)가 가파르게 진행되고 있다는 점에서 큰 차이가 있다. 1992년 이후 9년 동안에 러시아에서는 출생자보다 1,200만 명 이상 많은 사망자가 발생했다. 다른 나라들도 인구의 자연 감소라는 단계에 도달했지만 러시아와는 달리 사망률 하락에도 불구하고 그러한 현상을 겪고 있다.

소련의 종말과 더불어 러시아는 인구 면에서 구소련보다 훨씬 더 작은 나라가 되었다. 해체 당시에 소련 인구는 2억 8,700만 명이었고 러시아의 인구는 1억 4,800만 명 가까이로 정점을 찍었으며, 2015년에는 인구가 1억 4,300만 명에 미치지 못했다. 물론 그 같은 인구 손실의 상당 부분은 출생률이나 사망률이 아니라 국가 면적의 축소에서 비롯된 면이 있다. 실제로 소련이 해체되면서 에스토니아에서 카자흐스탄에 이르는 지역이 독립국으로 분리되었다. 그러나 유엔은 중간 출산율median fertility에 근거하여 러시아의 인구가 21세기 말에는 1억 2,500만 명에도 이르지 못할 것이라는 추정을 내놓았다. 출생과 사망 불균형이 그 정도로 심각하다는 뜻이다. 심지어 인구가 1억 명대 미만으로 급감하리라는 예측도 있다. (다만 최근 들어 출산율과 기대수명이 회복됨에 따라 그렇게 될 가능성은 극히 적다.) 낙관론을 뒷받침할 근거가 없는 것은 아니지만 인구가 3억 명에 육박해 가던 소련 전성기에 비하면 상황이 천양지차다. **20세기 초만 해도 제국주의 야심을 무한정 이어갈 듯 보였던 러시아의 위신은 낮은 출산율, 높은 사망률, 제국의 해체와 더불어 크게 떨어졌다. 인구 감소가 지정학적 결과를 초래한 것은 당연한 일이었다.**

어떤 나라의 인구가 정체 상태이거나 감소할 때는 그 사실이 외딴 지역에서 처음으로 감지되기 마련이다. 도시화는 사람들이 농촌에서 읍이나 도시로 끊이지 않고 이주할 때 진행된다. 러시아는 도시와 농촌이 멀리 떨어져 있는 데다가 국토 대부분이 사람이 살기 어려운 기후이기 때문에 특히나 급격한 도시화를 경험하고 있다. 소련은 광활했고 순전히 당국의 노력 덕분에 주변부 지역 대부분이 러시아인으로 채워졌었다. 그러나 국가가 무력해지고 오지 정착을 적극적으로 추진하지 않게 되자 사람들은 시설, 인프라, 일자리 기회를 찾아 오지를 떠나기 시작했다. 모스크바에서 서쪽으로 멀리 떨어진 어느 마을은 주민이 8명에 불과하다. 한 주민은 "나이든 사람만 이곳에 남아 있다. 우리처럼 나이든 사람이 무슨 일을 하겠는가? 죽을 일만 남았다"라며 한탄했다. 2010년에 주민 수가 10명 미만인 마을은 열 곳 중 한 곳으로 조사되었으며, 현재는 그러한 마을이 훨씬 더 늘어났으리라 추정된다.

푸틴의 반격

보리스 옐친의 무질서한 탈소련 시대와는 대조적으로 푸틴 치하에서 러시아는 자신감과 적극성을 회복하고 있다. 어떤 이들은 러시아의 부활이 2014년까지 이어진 석유와 가스 가격의 상승에 의해 아슬아슬하게 지탱되고 있는 허울 좋은 껍데기에 불과하다고 지적한다. 그러한 비판이 합당한지 여부는 둘째 치고 푸틴의 활동은 군사력 증강, 크림 반도 병합, 시리아 개입 등에만 그치지 않는다. **푸틴 정권은 인구 위기 상황을 인식하고 있으며 인구 증가를 가장 중요한 과제로 받아들이고 있다. 2006년 국정 연설에서 푸틴은 "현재 우리나라가 안고 있는 가장 심각한 문제는 인구 문제"라고 말했다.** 브레즈네프가 제26차 당 대회에서 발언했을 때만 해도 러시아의 인구는 국가가 안고 있는 여러 가지 문제 가운데 하나로만 인식되었지만 26년이 지난 2006년에는 국가를 위협하는 가장 심각한 문제로 떠올랐다.

푸틴의 2006년 국정 연설은 교통사고를 줄이고 의료 서비스를 개선하는 식으로 사망률을 낮추는 것뿐만 아니라 출산율을 중점적으로 끌어올려야 한다는 데 초점을 두었다. 푸틴은 저출산이 저소득, 주택 부족, 열악한 의료 서비스와 자녀 교육 환경 등의 문제와 연관이 있다고 직접적으로 언급했다. 심지어 부모들이 자식에게 식량도 주지 못할까봐 불안해한다고도 지적했다. 푸틴의 대책은 근본적으로 물질적이고 재정적인 해결책으로서 출산 지원금을 제공하고 직장에 다니는 어머니들의 권리를 개선하는 내용을 골자로 했다. 항상 그러하듯이 러시아의 합계 출산율 회복이 푸틴의 대책 때문인지, 아니면 다른 요소와 연관이 있는지 가늠하기란 쉽지 않다.

소련은 해체 이전에 이미 러시아적 특성을 잃어가고 있었다. 또한 러시아인 출신의 국민은 전체 인구의 과반수에 간신히 도달했다가 다시 과반수 밑으로 감소하기 시작했다. 러시아 소비에트 연방 사회주의 공화국RSFSR이었던 지역의 국경선 안으로 밀려난 러시아는 전보다 좁아졌지만 여전히 광활한 공간 내에서 통합과 민족적인 관점에서의 인구 증강을 이루어냈다. 그러나 러시아인이 RSFSR뿐만 아니라 소련 전역에 거주했듯이 새로 탄생한 러시아 연방에는 러시아인이 아닌 소수 민족도 살고 있었다. 그 가운데 일부는 소련 건국 한참 전부터 그 지역에 살고 있었다는 점에서 '토착민'이라고 할 수 있으며 나머지는 대도시가 제공하는 기회에 이끌려 좀 더 나중에 이주한 사람들이었다.

소련 붕괴 이후로 러시아의 러시아다움을 생각할 때 우리는 세가지 현상을 구분해야 한다. 첫 번째 현상은 '근외'에 거주하던 러시아인이 해당 지역이 독립을 얻어 신생 공화국이 되자 러시아에 살고 싶어서 '귀환'한 경우다. 두 번째는 타타르인이나 체첸인과 같이 상당수가 이슬람교도이며 비러시아계인 러시아 공화국의 토착 인구가 종교가 같은 중앙아시아인들에 비해 상대적으로 높은 출산율을 보이는 현상이다. 세 번째로 러시아를 제외한 구소련 공화국에 거주하던 비러시아계 인구의 러시아 유입이 있다. 이들 가운데 대다수는 대도시로 이주했다. 러시아인의 귀환이라는 첫 번째 현상은 ('근외'에서는 러시아인의 존재감이 지속적으로 약화되는 결과를 가져왔지만) 인구 가운데 러시아인의 비중을 끌어올리는 효과를 냈다. 반면에 두 번째와 세 번째 현상은 러시아인의 비중을 떨어뜨리는 요소로 작용했다. 그뿐만 아니라 소련 붕괴 이후에 나타난 비러시아계 인구의 해외 이민이라는 네 번째 현상도 염두에 두어야 한다. 특히 유대인 100만 명 정도가 이스라엘로, 독일인 50만 명 정도가 독일로 이주했다. 숫자상으로 많지 않으며 사실상 일회성으로 끝났지만 이들의 이민으로 국경 내에 살던 소수민족이 줄어듦에 따라 러시아의 러시아다움이 어느 정도 강화되었다.

이처럼 다양한 실로 얽힌 실타래를 풀기 위해서는 러시아 전체의 민족 구성을 알아보는 방법이 최선이다. 1959년에 러시아 소비에트 연방 사회주의 공화국의 인구 가운데 러시아계는 83%를 웃돌았다. 2002년에 러시아 연방의 러시아계 인구는 전체 인구의 80% 정도였다. 소폭이지만 눈길을 끌 만한 하락폭이다. 2010년에 이르자 러시아계 인구의 비율이 78% 아래로 떨어졌다. 러시아의 최대 소수민족인 타타르인은 인구의 4%를 차지했다. 여전히 러시아계가 확고하게 다수를 차지하고 있는 것처럼 보이지만 러시아 민족주의자들이 걱정할 만한 현상이 몇 가지 존재한다. 1989년부터 2002년까지 러시아 연방의 러시아계 인구는 1억 2,000만 명을 다소 밑돌던 수준에서 1억 1,600만 명 아래로 감소했다. 반면에 잔혹한 체첸 전쟁과 체첸 공화국에서 일어난 대량학살에도 불구하고 100만 명을 밑돌던 체첸인의 숫자는 같은 기간 동안에 133만 명 남짓으로 늘어났다. 이 시기에 러시아 전체의 중위 연령은 37세를 약간 넘어섰던 반면에 체첸의 중위 연령은 33세에도 미치지 못했다.

한편 중앙아시아인과 캅카스인이 러시아 대도시로 유입됨에 따라 대도시의 민족 구성이 뒤바뀌고 있다. 예를 들어 모스크바에는 20% 정도의 이슬람교도가 거주하고 있다고 추정된다. 러시아 연방의 지도부는 다민족, 다종교 공존을 표방하고 있지만 2002년에 국적법이 강화되어 비교적 느슨했던 1991년 제정 국적법이 시행될 때에 비해 러시아계가 아닌 사람들이 러시아 국적을 따기가 크게 어려워졌다. 국적법 개정에 따라 러시아는 실질적으로 속인주의를 채택하게 되었는데 국적이 '혈통'이나 출신 민족에 좌우된다는 뜻이다.

인구 문제와 관련하여 현재 러시아 정부의 가장 큰 골칫거리는 여전히 낮은 출산율과 높은 사망률이지만 민족 구성의 장기적인 변화 가능성 역시 당국의 우려를 사고 있는 것으로 보인다. 그에 따

러시아는 유럽에서 이슬람 인구가 가장 많은 나라이며 아름다운 이슬람사원 건축물이 많은 곳으로 꼽히기도 한다.

라 러시아 정부는 비러시아계 사람의 러시아 유입을 완전히 저지하지는 않더라도 러시아 국적 획득에 대한 이들의 권한을 축소하는 조치를 취해왔다. 이와 같이 국가 지도부 차원에서는 여전히 다민족주의가 형식상으로라도 고수되고 있지만 지방 정부 차원에서는 그렇지 않다. 모스크바에는 이슬람교도 인구가 유럽 최대 규모인 200만 명에 이르는 것으로 추정되지만 모스크mosque(이슬람교도의 예배 공간 - 역주)를 추가로 지어달라는 이슬람교도들의 요구에도 불구하고 모스크가 여섯 군데밖에 없다. (모스크바 시장은 모스크바에 이슬람교도 숫자가 '과도'하며 이들이 '유해'한 영향을 끼친다고 말한 바 있다. 서유럽 어느 대도시 시장의 입에서 나왔으면 엄청난 비난을 샀을 발언이다. 실제로 런던의 시장은 본인 스스로가 이슬람교도다.)

러시아를 제외한 정교회 문명권

1980년대 말까지만 해도 소련은 동구권의 나머지 지역과 더불어 정치적인 단일 집합체의 일부로 간주되곤 했다. 소비에트권(동구권이나 공산권으로도 불림 - 역주)은 슬라브 어파의 언어를 사용하지 않을 뿐만 아니라 정교회를 믿지 않는 나라(동독과 헝가리), 슬라브 어파의 언어를 사용하지만 정교회를 믿지 않는 나라(체코슬로바키아와 폴란드), 정교회를 믿지만 슬라브 어파의 언어를 사용하지 않는 나라

(루마니아), 슬라브 어파의 언어를 사용하며 정교회를 믿는 나라(불가리아) 등으로 구성되었다. 정교회는 공산권이 붕괴된 1991년 이후로 문화와 발전 측면에서 러시아에 의존했다고 해도 과언이 아니다. 공산주의 붕괴 못지않게 주목할 만한 사실이 있다. 1980년대 후반과 1990년대 초반에 공산권 전반의 출산율이 이미 낮은 수준에서 한층 더 추락했다는 점이다. 예를 들어 1988년에 1,000명당 13명이던 동독의 출생률은 1992년에 1,000명당 5.5명으로 떨어졌다. 출생률이 짧은 기간 동안 이처럼 큰 폭으로 하락한 것은 이례적인 일이다. 러시아와 마찬가지로 총체적인 혼란과 경제적 어려움뿐만 아니라 가임기 젊은 여성이 서방 세계로 대거 이주한 것이 원인 중 하나였다.

하나의 '문명권'으로 뭉뚱그릴 수 있는 국가와 민족 집단은 인구를 비롯한 여러 가지 측면에서 동일한 방식으로 움직이는 경향이 있다. 이러한 경향이야말로 그들을 특정한 '문명권'으로 규정짓는 요소다. 미국, 캐나다, 서유럽, 호주, 뉴질랜드를 뜻하는 서방 세계는 제2차 세계대전 이후에 상당히 비슷한 양상의 베이비붐 패턴을 따르다가 출산율 하락과 개발도상국으로부터의 대량 인구 유입을 경험했으며 그와 동시에 기대수명이 꾸준히 상승하고 있다. 이와 마찬가지로 지역적인 차이는 있지만 극동, 중동, 중남미, 남아시아, 아프리카 사하라 사막 이남에서도 상당히 획일적인 패턴이 일어나고 있다. 실제로 이 책이 1945년 이후의 시대부터 문명권별로 구성된 것도 그러한 유사성 때문이다.

'정교도'로도 불리는 기독교 동방 정교회Christian Eastern Orthodox 문명권도 마찬가지다. (다만 정교회 문명권은 1945년 이후로 공산당 정권의 지배를 받았으며 대부분의 교회가 주변부로 밀려나거나 박해를 받았다.) 정교회 국가 대다수가 1950년에 이미 인구 전환을 상당 부분 완료한 상태였으며 러시아와 세르비아만이 여성 한 명당 자녀 3명을 웃도는 출산율을 보였다. 이 두 나라도 1950년대 중후반에는 출산율이 급격하게 하락했다. 정교회 국가의 출산율은 다양한 추이를 보였지만 21세기에 들어서서는 전반적으로 유난히 낮은 수준에 머물렀다. 세르비아를 제외한 모든 정교회 국가에서 출산율이 1.5명에도 한참 못 미치는 수준으로 떨어졌다. 다만 대부분의 경우에는 지난 10여 년 동안에 출산율이 다소나마 회복되고 있다. 그러나 출산율은 아직도 대체 출산율보다 한참 아래다. 그 원인은 이탈리아, 스페인, 포르투갈의 경우와 비슷하다. 다시 말해 여성의 교육과 열망에 대한 현대적인 인식과 혼외 출산에 대한 전통적인 가치관이 두루 작용한 것이다.

루마니아의 출산율 급등

루마니아의 출산율이 1960년대 후반에 급등한 것은 이러한 추세와는 반대되는 흐름으로 주목할 만한 (동시에 비극적인) 사례다. 1950년대와 1960년대 초에 출산율의 하락을 인식한 루마니아 당국은 그로 인해 인구 성장 속도가 둔화할 것을 우려했다. 루마니아는 소비에트권의 다른 정권에 비해 인구를 국가 위신의 척도이자 경제 성장의 원천으로 보는 경향이 유난히 강했다. 독재자 니콜라에 차우셰스쿠Nicolae Ceausescu는 소비에트권의 다른 사회주의 국가 지도자들보다 더 일찍이 인구 문제를 인식했다. 그는 "가장 중요한 문제는 (사회 역동성과 생산력의 필수 요소인) 인구 성장의 지속 문제다. (……) 다음 10년이 막바지에 이를 때쯤 루마니아 인구는 2,400만 명에서 2,500만 명 사이에 머무를 가능성도 있다."

이러한 배경에서 차우셰스쿠 정권은 1966년에 갑자기 예고도 없이 낙태를 법으로 금지했다. (극히 예외적인 경우에 한해서만 허용했다.) 낙태 금지 조치는 개인 차원의 자유와 국가 차원의 '자연적인' 인구 성장 필요성 사이에 균형을 잡아야 한다는 논리에 의해 정당화되었다. 러시아와 마찬가지로 루마니아에서도 그때까지는 낙태가 가장 일반적인 산아 제한 방법이었다. 예를 들어 금지 조치가 시행되기 이전 1년 동안에 낙태 건수는 출생 한 건 당 네 건에 달했다. 따라서 금지 직후에 출산율이 여성 한 명당 자녀 2명에서 3.5명으로 올라간 것은 놀랍지 않은 일이었다. 그러나 1960년대 후반에 들어서 출산율이 3명에 머물렀던 것은 그때쯤에 낙태 금지법이 더 이상 출산율 상승에 별다른 영향력을 발휘하지 못했음을 시사한다. 제도를 통한 일회성 충격은 즉각적인 효력을 발휘했지만 얼마 지나지 않아 사람들은 불법 낙태를 통해서든 새로운 피임 수단을 통해서든 낙태 금지법을 교묘하게 피하는 방법을 발견하기 시작했다. 1980년대 중반에 이르자 루마니아의 출산율은 소비에트권의 다른 나라들 수준으로 되돌아갔다.

그럼에도 낙태 금지법은 20년 가까이 영향을 떨쳤다. 시행되지 않았을 때보다 인구 규모는 커졌으나 출산을 반기지 않는 문화가 생겨났고 인력과 자금이 부족한 데다가 태만하기까지 한 국영 고아원이 판을 쳤다. 공산당 정권이 무너진 뒤에 실상을 알게 된 서방 세계 사람들은 큰 충격을 받았다. 차우셰스쿠 정권이 세운 인구 목표가 달성된 것도 아니었다. 1980년대에 루마니아 인구는 2,300만 명을 돌파했지만 그 이후로 하락하여 2,000만 명 아래로 돌아갔다. 루마니아의 실험은 아무리 독재적인 정권이라 해도 인구 추세를 조작하는 것은 어렵다는 사실을 단적으로 보여주는 사례다.

루마니아는 인구 공학이라는 주제와 관련해서도 주목할 만한 사례다. 앞서 언급했듯이 인구 공학은 민족 집단별로 각기 다른 인구 전략을 취하거나 정부와 갈등이 있는 지역의 인구를 제한하는 방식을 뜻한다. 루마니아 정부는 동구권의 몇몇 이웃 국가에 비해 노골적으로 국가주의를 드러냈으며 인구 정책 면에서 공공연하게 루마니아 민족 우선주의를 추구했다. 루마니아는 돈을 받는 대가로 허용하기는 했지만 1960년대 후반 자국 내 유대인의 이스라엘 이민에 대해 소련보다 한층 더 너그러운 태도를 보였다. 그뿐만 아니라 자국에 거주하는 헝가리인과 집시에 대해서는 루마니아인과 달리 낙태 금지법을 엄격하게 적용하지 않았다는 이야기가 있다.

유고슬라비아 전쟁

냉전이 끝나자 공산주의를 채택했던 나라 대다수가 상당히 평화적인 과정을 거쳐 자본주의로 이행했다. (폴란드나 헝가리 같이) 국경을 그대로 유지한 나라가 있는가 하면, (체코 공화국과 슬로바키아 공화국처럼) 분열된 곳도 있었으며, (서독과 통일한 동독처럼) 통합된 나라도 있었다. 이들 대부분은 적어도 제2차 세계대전 당시의 학살과 강제 이주 이후로 민족적인 동질성을 유지해왔으며 민족적으로 안정된 상태였다. 그러나 유고슬라비아는 달랐다. 이곳의 운명을 가른 1990년대의 분쟁에서 인구는 결정적인 역할을 담당했다.

세르비아인들은 러시아인들과 마찬가지로 1945년 이후에 출산율 하락을 겪었다. 기독교 계통(소련의 경우에는 발트인, 우크라이나인, 몰도바인, 벨라루스인, 유고슬라비아의 경우에는 크로아티아인과 슬로베니아인)의 유고슬라비아인들도 같은 경험을 했지만 (소련의 경우에는 캅카스인, 중앙아시아인, 유고슬라비아의 경우에는 보스니아의 이슬람교도와 코소보의 알바니아인과 같이) 전통적으로 이슬람교를 믿어온 주민들은 그렇지 않았다. 결과적으로 유고슬라비아에서는 세르비아인의 비중이 줄어들었다. 특히 이들과 이슬람교도가 같이 거주하는 지역에서 그러한 경향이 두드러졌다. 보스니아-헤르체고비나의 경우 1948년에 44%이었던 세르비아계 주민의 비율이 1981년에 33% 아래로 떨어졌다. 반면에 같은 기간 동안에 이슬람교도의 비율은 33% 미만에서 40% 가까이로 상승했다. (보스니아-헤르체고비나처럼 별도의 공화국이 아니라 세르비아 공화국에 속했던) 코소보에서는 세르비아계 주민의 비율이 1948년에 이미 25%에 미치지 못했고 1981년에는 13%로 떨어졌다. 세르비아계 주민이 현지의 알바니아인에 비해 출산율이 낮았을 뿐 아니라 다시 세르비아로 이주한 데 따른 결과였다.

두 지역 모두 세르비아 민족주의자들과 껄끄러운 기억이 있다. 보스니아-헤르체고비나는 세르비아 민족주의자들 때문에 제1차 세계대전을 일으킨 사건의 무대가 되었고 1914년에 오스트리아의 프란츠 페르디난트 대공이 암살된 곳도 바로 이곳이었다. 코소보는 14세기에 세르비아인이 투르크인에 맞서 전투를 벌인 현장으로서 이때의 전투로 세르비아 민족주의의 씨앗이 뿌려졌다. 그뿐만 아니라 역사적으로 중요한 세르비아 수도원의 상당수도 이 지역에 세워졌다. 합계 인구 데이터에는 완전히 드러나지 않지만 14세 미만 세르비아인의 비율은 같은 연령대 코소보인의 절반에 그치는 등 청년층의 인구 추세 변화는 한층 더 급격한 경향을 보였다.

결국 세르비아와 껄끄러운 관계의 두 지역에서 세르비아인의 인구 비율은 소멸되기 직전에 이르렀다. 한편 제2차 세계대전과 관련해서도 세르비아인은 안 좋은 기억이 있다. 전쟁 당시에 크로아티아인뿐만 아니라 나치 친위대에 의해 조직된 보스니아의 이슬람교도 군대가 세르비아인을 대량으로 학살했다. 유고슬라비아가 해체되면서 일어난 전쟁을 단순히 인구 요소의 탓으로만 돌릴 수는 없지만 인구 요소가 전쟁 발발에 영향을 끼친 점만은 확실하다. 보스니아-헤르체고비나 전쟁 기간 폭력 사태가 일어난 지역을 면밀히 연구한 바에 따르면 1961년부터 1991년 사이에 세르비아계 인구 비율이 줄어든 지역들에서 주로 전투가 벌어졌다. 그러나 결국에는 보스니아의 이슬람교도와 알바니아인의 출산율도 급격하게 하락했다. 현재 (세르비아인, 이슬람교도, 크로아티아인을 포함한) 보스니아-헤르체고비나의 출산율은 몰도바와 더불어 유럽에서 가장 낮은 축에 속한다. 또한 코소보의 합계 출산율도 대체 출산율을 간신히 유지하는 수준이다.

요약하면 구 유고슬라비아는 종교나 민족별로 다양한 시기에 일어나는 불균등한 인구 전환이 정국 불안정을 초래한다는 점을 단적으로 보여주는 사례다.

Part 3

유럽을 넘어 전 세계에 몰아친 인구 물결

8

일본, 중국 그리고 동아시아 국가
: 인구 대국들의 고령화

The Human Tide

24세의 알렉세이 노비코프Aleksey Novikov는 러시아 남부 출신의 농민으로 1905년 5월에 전함 오리올Oryol을 타고 동해에 들어서고 있었다. 그는 정치적인 이유로 과거 황실 해군에서 퇴출되었지만 1904년에 전쟁이 일어나자 군대에 복귀할 수 있었다. 함대는 1904년 10월에 발트해를 출발하여 6개월여 만에 목적지에 도착했다. 극동 지역에 도착한 노비코프와 그의 동지들은 일본 해군과 싸웠으나 그들의 책략과 군사력을 이겨낼 수 없었다. 일본 해군은 러시아 함대를 무력화시켰고 전함 여러 대를 침몰시켰지만 자신들은 '사격 연습을 할 때보다도' 더 적은 피해를 입었다. 노비코프는 운이 좋았다. 비교적 짧은 기간 전쟁 포로로 잡혀 있다가 러시아로 돌아가서 다시 혁명 활동에 뛰어들었고 나중에는 작가가 되었다. 러시아는 일본과의 전쟁에서 전함 8대와 소형 선박 여러 대를 잃었고, 약 7만여 명의 병사가 목숨을 잃었다. 일본군의 피해는 그에 비하면 매우 적었다.

전쟁의 결과는 예상과 달랐다. 그 전까지 유럽인들은 의심할 여지없이 지구의 주인이었고 선택하는 곳마다 의지를 관철하여 제국을 확장할 수 있었다. 영국군이 보어인을 제압하느라 어려움을 겪기는 했지만 보어인은 아프리카에서 수 세대 동안 뿌리를 내렸다고는 해도 결국 유럽 계통이었다. 유럽인들은 유럽계가 아닌 사람들은 자신들의 지배에 저항할 수도, 자신들을 이길 수도 없다고 생각했다. 독일 황제 빌헬름 2세는 자기 사촌인 러시아 황제 니콜라이 2세에게 일본을 공격하여 기독교 신앙과 백인을 수호하라고 부추겼다. 그러나 전쟁의 결과는 예상과 달랐고 빌헬름 2세와 다른 유럽 지도자들에게 '황색 재앙'에 대한 불안감을 불러일으켰다.

러일 전쟁은 러시아인뿐만 아니라 자신들이 선천적으로 우월하기 때문에 영원히 세계를 지배하리라 믿었던 유럽인 모두에게 충격을 주었다. 일본의 승리는 인구와는 큰 상관이 없었다. 그 당시 러시아의 인구 규모는 일본을 앞섰다. 승리의 원인은 일본의 전략이었다. 그럼에도 인구 요소가 전혀 작용하지 않은 것은 아니었다. 일본은 강국으로 떠오르고 있었고 일본 국민은 유럽계가 아닌 이들 중에서는 처음으로 맬서스의 덫을 탈출했다. 육군과 해군의 근대화와 더불어 산업 근대화 덕분에 일본은 러시아보다 더 강력한 함대를 구축할 수 있었다. 일본은 근대화에 진입한 바로 그때에 일종의 인구 도약과 인구 팽창뿐 아니라 그 결과물인 유럽식 발전을 경험했다. 비유럽계로서는 최초로 전근대적인 인구 구조에서 탈피한 나라가 근대에 들어서 최초로 유럽의 강대국을 묵사발로 만든 것은 우연의 일치가 아니었다.

일본, 중국, 그 이외 동아시아 국가, 동남아시아는 현재 세계 인구의 3분의 1 정도가 거주하고 있으며, 유럽이나 북미와 동일한 변혁을 연쇄적으로 경험한 지역이다. 변혁의 선구자는 일본이었다. 익히 접했을 법한 이야기일 것이다. 그 이외에도 이 지역의 일본과 중국은 인구학적으로 유례를 찾아볼 수 없는 과정을 겪었다. 일본은 비유럽계로는 최초로 맬서스의 덫을 탈출하여 인구 전환으로 돌입했으며 현재 세계에서 인구의 연령이 가장 높다. 중국은 세계 역사상 그 어느 나라보다도 많은 인구를 보유하고 있다. 두 나라 모두 서구 세계와 접촉하기 이전에는 고대부터 이어져 내려온 오랜 관습과 복잡한 사회 제도를 유지하고 있었다. 서구 세계와의 만남은 두 나라에 변혁을 몰고 왔고 그 가운데서도 인구가 큰 변화를 겪었다.

일본의 인구 성장

일본이 어떻게 해서 서구에 도전할 정도로 성장하게 되었는지는 논쟁이 끊이지 않는 주제다. '인구 전환'을 들먹이는 것은 유럽 중심주의 모형을 비유럽인들에게 억지로 끼워 맞추는 식이라는 주장도 있다. 즉, 유럽식 경제, 사회 조직이 도입될 때까지 인구 측면에서 (아니면 그 이외 다른 측면에서도) 크게 주목할 만한 사건이 일어나지 않았다고 주장하는 격이다. 어떤 면에서 정당한 비판이기는 하지만 이것은 세계 다른 지역뿐만 아니라 유럽도 마찬가지다. 유럽은 19세기 훨씬 이전부터 인구의 부침을 겪었다. 특히 흑사병으로 유럽 대륙의 인구는 수백 년 동안 정체되었다. 그러나 중요한 점은 인구 전환이 있기까지 아무 일도 일어나지 않았다기보다 그 정의가 무엇이든 근대화가 시작된 이후에야 인구가 대체로 일정하고 예측 가능한 경로를 따라가기 시작했다는 사실이다. 적어도 한동안은 그러했다. 19세기 중반에 일본이 갑자기 세계 다른 지역과 교류를 재개한 것은 길고 복잡한 역사 과정의 산물이었고 일본의 인구도 마찬가지라고 할 수 있다. 그러나 그렇다고 해서 19세기 후반과 20세기 초반에 일본을 휩쓴 도시화와 산업화 물결이 일본 역사에서 획기적인 사건이었다는 사실을 외면할 필요는 없다.

그보다 앞선 시기의 일본 인구를 파악하기 어려운 이유 중에는 데이터의 문제가 있다. 산업 시대 이전에 대다수 지역에서 그러했듯이 20세기 초반 이전의 일본의 인구 데이터는 불완전한 편이며 미심쩍은 부분이 많다. 그럼에도 대략적인 윤곽 몇 가지는 분명하다. 일본의 인구는 정치가 안정되고 농업 혁신이 일어난 17세기 초반 도쿠가와 시대에 처음으로 성장하기 시작했다. 실제로 일본 인구는 16세기 후반과 17세기 초반 상당 기간 동안에 연평균 1%대로 성장한 것으로 추정된다. 같은 시기에 세계의 다른 지역은 대부분 인구 면에서 뒷걸음질치고 있었다. 중국은 명 왕조에서 청 왕조로 넘어가는 과정에서 분열을 겪었고 유럽은 30년 전쟁의 참상을 경험하고 있었다. 영국제도는 청교도 혁명에 휘말렸으며 막 자리를 잡기 시작한 영국의 북미 대륙 식민지는 인구적으로 여전히 취약했다. 일본의 17세기는 그와 대조적으로 평안하고 순조로웠으며 그 결과 인구가 성장했다. 그러나 17세기 중반부터 일본의 인구는 2,600~3,300만 명 사이에서 정체되었다. 1721년부터 1846년까지 100년이 넘는 기간 동안의 최초 추정치를 최대한 낮게 잡고 마지막 추정치를 최대한 높게 잡더라도 일본의 인구 성장률은 5%를 넘지 않았던 것으로 보인다.

일본 인구의 오랜 정체에 대해서는 국내 안정과 전쟁 부재 때문에 식량난과 질병 같은 맬서스식 인구 억제 요소가 두루 작용했을 가능성이 있으며 일본 인구가 18세기 초까지 인구 상한선의 가장자리에 있었다는 해석이 있다. 이러한 해석대로라면 일본 인구는 생산 한계에 도달할 정도로 불어났고 그로 인해 일본인들은 맬서스의 덫을 빠져나오지 못했을 것이다. 다른 해석에 따르면 일본인들의 생활수준은 맬서스가 말한 최저 생계유지 수준보다 높았다고 한다. 다시 말해 생계유지 수준이 더 낮았더라면 더 많은 인구를 부양할 수 있었겠지만 그렇지 않았기 때문에 주로 영아 살해와 낙태 등의 사회 관습을 통해 인구를 억제했다는 해석이다. (영아 살해와 낙태

라니 성직자였던 맬서스라면 동의하지 않았을 법한 인구 억제 수단이다. 그는 공동체가 기아와 궁핍의 극한으로 치닫는 것을 회피하려는 경향이 있다는 점은 인정했다. 그러나 도덕적으로 용인 가능한 수단은 정절과 늦은 결혼을 통한 성적 금욕뿐이라고 보았다.) 때로는 태어난 아기 가운데 10%나 20%까지도 살해당했으리라 추정된다. 이를 입증하는 근거는 성별 선택 낙태가 가능하지 않았던 시대에 나타난 남녀 인구의 성비 불균형이다. **18세기에 일본 동부의 일부 지역에서는 영아 살해를 어린 벼를 뽑거나 솎아낸다는 뜻의 마비키**まびき**라는 말로 불렀다. 특정 상황에서는 마비키가 사실상 의무로 강요되기도 했다. 자녀를 많이 낳은 부모는 사회 질서에 반하는 존재로 낙인 찍혔고, 개처럼 새끼를 친다는 비난을 받았다. 농촌의 어느 부유한 상인은 점을 쳐서 살려야 할 아기와 죽여야 할 아기를 결정한 다음에 자기 손으로 아기를 죽인 과정을 일기로 남겼다.**

이러한 상황과 남아 있는 자료를 감안할 때 영아 살해를 출산율 하락과 완전히 분리하기란 어렵다. 낙태 역시 인구 조절 수단으로 흔하게 이용되다가 1870년부터 점진적으로 금지되었으며 1882년부터는 본격적으로 불법화되었다. 그 후로 얼마만큼 낙태가 이루어졌는지는 확실치 않다. 또한 낙태와 영아 살해 이외에도 금욕과 별거가 17세기 후반과 18세기의 일본에서 '저출산 문화'를 조성하는 데 역할을 담당한 것으로 보인다. 성적 금욕이나 피임법에 의한 산아 제한과 낙태나 영아 살해에 의한 산아 제한 가운데 어떤 것이 만연했는지 정확히 알아내기란 어렵다. 어떻든 간에 일본인들이 무슨 수단을 동원해서라도 가능한 한 다산을 피했으며 그 덕분에 형편이 나아지고 조금이나마 돈을 절약할 수 있었다는 해석이 옳다고 한다면 그러한 면에서 일본은 18세기 잉글랜드와 비슷하다고 할 수 있다.

1868년에 쇄국 정책이 종말을 맞이하고 메이지 유신으로 왕정복고가 이루어지자 봉건주의 타파와 근대 국가의 탄생으로 불릴 만한 일들이 뒤따랐다. 처음에는 산업 발전과 인구 발전(인구 전환을 통한 발전)의 속도가 더뎠으나 19세기 후반과 20세기 초반부터 가속화되었다. 이 시기의 공식 자료를 보면 1875년부터 1920년까지 출생률이 1,000명당 25.4명에서 35.7명으로 상승했음을 알 수 있다. 1875년에 출생률이 이미 1,000명당 30명을 넘어서서 심지어 36명 남짓이었다는 기록도 있다. 사망률도 상승한 것으로 나타난다. 반면에 다른 자료에 따르면 사망률은 하락하고 있었는데, 이는 인구 전환의 초기 단계에 예상되는 결과에 부합한다. 실제로도 사망률이 하락했을 가능성이 더 크다. 산업화 초기에 일본 도시의 생활환경이 아무리 형편없었다 한들 농민의 생활환경은 그보다도 더 열악했을 것이다. 따라서 갈수록 많은 일본인들이 읍과 도시에 거주하게 됨에 따라 일본인들의 수명이 늘어나기 시작했을 가능성이 크다.

이러한 인구 성장의 근본적인 원인이 무엇인지는 확실치 않지만 오랫동안 2,600~3,300만 명 사이에 정체되었던 인구가 적어도 1920년까지는 성장했다는 사실만큼은 분명하다. 일본의 인구는 1914년까지 5,200만 명으로 늘어났고 1924년에는 5,800만 명을 넘어섰다. 영국의 산업 약진이 한창이었던 19세기 후반에 일본의 인구 성

장률은 연평균 1% 남짓이었다. 1915년의 연간 인구 성장률은 1.5%에 가까웠다. 이는 그보다 몇 년 전에 러시아가 달성한 성장률에 맞먹는 수치다. 그러다가 1920년대 후반에 이르러 일본의 연평균 인구 성장률은 1.5%를 웃도는 수준에 이르렀다.

제1차 세계대전 이전 수십 년 동안에 일본에 방문한 서양인 여행자나 주재원이 남긴 회고록과 편지는 다루어진 내용뿐만 아니라 다루어지지 않은 내용 측면에서도 흥미로운 사실을 드러낸다. 이러한 유형의 글을 많이 남긴 외교관의 아내나 선교사들은 일본의 꽃꽂이와 신사를 묘사하고 사찰과 산의 경치에 찬사를 보냈다. 그러나 그 당시에 일본에서 진행 중인 일들이 수 세대 전에 영국이 경험한 것과 유사하다는 점에 주목한 사람은 거의 없었다. 외국인들의 일본 생활 수기는 당연히 인종에 대한 충격적인 고정관념으로 가득했다. 도쿄제국대학의 일본어와 문헌학 명예 교수였던 만큼 다른 이들보다 일본의 상황에 한층 더 정통했던 배질 홀 체임벌린Basil Hall Chamberlain은 독자들이 좋아할 만한 자개 화병이나 게이샤 이야기를 다루는 대신 일본의 경제 발전과 산업 발전에 대한 기록을 남겼다.

> 지난 30년 동안에 이루어진 최고의 진보는 산업 발전이다. 광산이 개발되었고 공장이 세워졌으며 새로운 제조업이 시작되었다. 현재 일본의 석탄은 동양 전역에서 유명하다. 구리와 안티몬은 대부분 수출된다. (……) 과거에는 외국에서 수입되었던 물건 상당수가 이제 국내에서 생산된다.

그는 저비용과 숙련된 노동력을 감안할 때 "유능한 사업가들의 지휘를 받는 한 일본 산업의 미래는 밝을 수밖에 없다"라고 진단했다. 체임벌린 이외에 일본의 신속한 현대화를 알아차린 인물로는 언론인이자 공학자로 활동했던 스태퍼드 랜섬Stafford Ransome이 있다. 랜섬은 1899년에 "일본인들은 놀라운 적응력을 발휘하여 서구식 제조업을 신속하게 받아들였다"고 기록했다.

> 현대적인 공장이 일본 전역 여기저기를 메우고 있다. (……) 현재 오사카는 완전한 산업 도시로 빠르게 발전해나가는 중이라고들 한다. 내가 들은 바에 의하면 오사카를 영국인들이 일본의 맨체스터로, 스코틀랜드인들이 일본의 글래스고로, 프랑스인들이 일본의 릴로, 독일인들이 일본의 함부르크로, 미국인들이 일본의 시카고로 부르는 까닭이 그 때문임은 의심할 여지가 없다.

산업과 영향력은 일본의 인구 성장과 밀접한 관계에 있었다. 앵글로색슨 인구의 성장으로 영국과 미국이 엄청난 우위를 확보하여 세계 대부분을 지배할 수 있었듯이 일본은 인구의 힘과 (인구의 힘 없이는 지속 불가능한) 산업 역량을 두루 갖춘 덕분에 (특히 러일 전쟁 이후에) 유럽인들에게 '강대국'으로 인정받는 위치로 올라갔다. 근대화와 개혁은 1904~1905년의 러일 전쟁에서 일본이 큰 승리를 거두는 데 결정적인 역할을 했다. 이를 통해 근대화가 앵글로색슨인이나 다른 유럽인만의 고유한 인종적인 장점 때문이라는 생각은 잘

못되었으며 인구 규모와 경제적·산업적 영향력이 결합된 결과라는 사실을 알 수 있다. 인구 성장과 경제적·산업적 영향력이 없었다면 일본은 침략적인 팽창주의를 추구하지 못했을 것이다. 그러한 요소 덕분에 일본은 러시아를 무찌르고 중국을 제압했으며 동남아시아 대부분을 점령했고 대영제국뿐만 아니라 미국과도 맞붙었고 (잠시 동안이기는 하지만) 인도 국경 지역에서 태평양 한가운데까지 제국주의 세력을 확대했다. 일본이 인구가 훨씬 더 많은 중국의 많은 지역을 정복하고 지배한 것을 보면 인구 말고도 다른 요소가 작용했음을 알 수 있다. 일본이 인구 대국 중국을 무너뜨릴 수 있었던 까닭은 인구 역동성에 산업 역동성이 결합된 덕분이기도 하다.

1920년에 최초의 현대적인 인구 조사가 시행되고 데이터 수집 방식이 개선된 이후에는 명확한 그림이 그려졌다. 즉, 도시화 확산에 수반되는 점진적인 출생률 하락과 급격한 사망률 하락이 인구 이론에 따라 인구 급증으로 이어진 사실을 알 수 있었다. 인구 성장의 원동력은 개선된 경제 상황이었지만 그 당시에 일본에서 이루어진 담론을 보면 인구 과잉에 대한 호들갑스러운 우려 또한 나타난다. 일본의 경작지 대비 인구 밀도는 세계에서 가장 높다. 이것이 1930년대 일본의 제국주의적 팽창의 동기이자 근거였을 것이다. 그러나 일본의 해외 이주는 (팽창을 거듭했던 제국 내부에서의 이주든 제국 바깥으로의 이주든) 소규모로 이루어졌다. 1960년대까지 북미와 호주의 이민 규제가 완화되지 않았기 때문이기도 하지만 만주국과 같은 일본 점령지로의 해외 이주 역시 일본 국내 인구의 전체적인 규모에 이렇다 할 영향을 끼치지 못했다. 일본의 해외 이주는 연간 1만 건을 넘는 일이 드물었다. 당시 인구 성장률에 비하면 미미한 수치다. (더욱이 제1차 세계대전 직전 유럽의 해외 이민율과 비교하면 새 발의 피다.) 그뿐만 아니라 1930년대까지도 일본에 사는 조선인이 한반도에 사는 일본인보다 더 많았다. 결국 만주국은 일본의 캐나다가 될 운명이 아니었다. 일본인이 대규모로 정착하는 터전이 되지도, 넘쳐나는 인구를 흡수하지도, 본국의 곡창지대 역할을 하지도 못했던 것이다.

제국주의 일본은 딜레마, 수사법, 정책 면에서 나치 독일과 여러모로 흡사했다. 인구 팽창의 원동력은 산업화였고 갈수록 불어나는 인구의 식량 가운데 공산품 수출 대금으로 수입된 농산물의 비중이 점점 더 증가했다. 1920년대 후반에는 쌀 소비량의 7분의 1 정도가 수입으로 충당되었다. 국제 교역에 의존할 수밖에 없는 상황이었고 국수주의자들은 자급자족하기는커녕 대외 의존도가 높아지는 상황을 싫어했다. 독일과 마찬가지로 일본의 국수주의자들은 자국 인구가 먹을 식량을 자급자족으로 해결하려면 더 많은 영토가 필요하다고 주장했다. 일본의 영국 주재 대사와 미국 주재 대사는 자신들의 주재국에 일본이 인구 성장 때문에 제국주의적 팽창이 필요하다는 논리를 내세웠다. 특히 미국 주재 대사는 미국 국민이 일본의 인구 성장 추세를 감안하여 "그들의 생존에 더 많은 땅이 절대적으로 필요"하다는 사실을 인식해야 한다고 주장했다.

그러나 일본의 제국주의자들은 추가 영토를 정복했을 때 나치 독일과 마찬가지로 인구 과잉에 시달리는 본국에서 이주자를 데려와서 그곳을 채우기가 어렵다는 사실을 깨달았다. **히틀러는 우크라이나를 독일의 곡창지대로 전환하겠다는 야심을 품었고 일본은 미국을 향해 자기들도 뻗어나갈 '대서부'가 필요하다고 호소했지만 두 나라는 인구 팽창과 영토 팽창을 함께 달성한 앵글로색슨 모형을 실현하지 못했다.** 한편으로 일본과 독일은 국내의 인구 압력이라는 긴급 사태를 해외 팽창의 근거로 삼았지만 반면에 출산 장려 정책을 통해 인구 압력을 조장하기도 했다. 일본은 1941년에서 1960년대 초까지 인구를 1억 명으로 증대한다는 목표를 세우고 금전적인 유인책을 제공하는 식의 노골적인 출산 장려 정책을 시행하기 시작했다. 2년 후에 일본 총리는 1억 인구 목표가 일본의 존속과 번영에 반드시 필요하다고 말했다.

일본의 산업, 인구, 제국주의적 도약은 이미 오래 전부터 기존 강대국들의 반발을 사고 있었다. 1885년 독일 황제 빌헬름 2세는 '황색 재앙'이라는 표현을 썼고 그로부터 3년 후에는 러시아의 전쟁부 장관이 일본과 중국 육군의 징집 능력에 우려를 표명했다. 또한 영국의 시사 잡지 《스펙테이터Spectator》는 "중국을 장악했을 뿐 아니라 자국 육군과 해군을 조직한 일본 군부"가 걱정된다는 글을 실었다. 같은 해에 영국 총리는 "엄청난 힘을 지닌 강대국들이 해가 갈수록 더 큰 힘을 얻고 있다"면서 우려를 드러냈다. 이 가운데 전적으로 인구 요소를 지목한 발언은 없으며 중국과 일본의 규모를 동일시한 점은 있지만 이 모든 발언은 동아시아가 제기하는 위협의 근원으로 인구 역동성을 인식하고 있음을 시사했다. 영국은 일본의 해군을 키워 경쟁국인 러시아의 대항마로 이용하기 위해 일본과 조약을 체결했다. 러시아는 일본과 지리적으로 가까운 특성과 동아시아의 노른자위 땅에 대한 야심으로 일본과 대립하고 전쟁을 벌이는 식으로 대응했다가 패배했다. 어떻든 간에 일본의 인구 도약과 경제성장으로 인한 위협의 인식은 일본의 산업적·군사적 전진과 결합되어 1900년부터 1945년까지 동아시아-태평양과 국제 사회와의 관계를 결정지었다.

유럽이 그랬듯이 일본의 산업 발전은 인구 팽창과 관련이 있었다. 일본의 제국주의적 팽창과 그에 이은 전쟁 역시 인구 팽창에서 비롯된 추진력과 자원 없이는 있을 수 없는 일이었다. **300만 명에 달한 일본의 전쟁 사상자는 개인과 역사의 비극을 상징하지만 인구학적으로는 인구 성장이 3~4년 동안 최대치로 이루어질 때의 인구에 맞먹었다. 그러나 일본이 패배하여 산업적으로나 정신적으로나 황폐한 상태로 추락했던 1945년에도 일본 인구는 여전히 세계 최대 규모에 속했다.** (승전국이라고는 하지만 어마어마한 인명 손실과 물질적 손해를 입은) 러시아와 마찬가지로 일본은 제2차 세계대전이 끝났을 때 강력한 인구 관성demographic momentum(출산율이 하락해도 이전의 인구 성장에 따른 청소년층의 규모에 힘입어 인구가 계속해서 성장하는 현상 - 역주)이라는 결정적인 이점 하나는 얻을 수 있었다. 인구 관성은 얼마 전까지 인구 팽창을 경험할 때 발생한다.

전후 일본 — 세계 최고령 국가가 되기까지

제2차 세계대전 직후에 일본은 놀라운 베이비붐을 경험했다. 절대적인 기준으로나 미국과 서유럽에 비해서나 일본의 베이비붐은 강력한 기세로 일어났다는 점에서도 눈에 띄었지만 기간이 짧다는 점에서는 한층 더 두드러졌다. 1930년대 후반에 1,000명당 30명 아래로 떨어진 출생률은 전쟁이 끝난 후인 1947년에 34.3명으로 올라갔다. (신뢰성 있는 데이터가 존재하는) 이 시기에 일본의 출산율은 같은 전후 시대 서구의 출산율을 훌쩍 웃도는 4.5명 정도였지만 곧이어 급속도로 추락했다. 1950년대 후반에 이미 3명으로 떨어진 상태였고 그 이후 1960년대에는 2명으로 떨어졌다. 1960년대부터 1970년대 중반까지 미약하나마 상승세가 나타났으나 출산율은 결코 2명을 훌쩍 넘기지 못했고 1970년대 중반 이후에는 다시 하락세로 돌아서서 느리고 꾸준히 떨어졌다. 21세기 초반에는 여성 한 명당 자녀 1.3명을 기록하여 전과 비교할 수 없이 낮은 수준에 이르렀다. 가장 최근에 나온 유엔 데이터에 따르면 일본의 출산율은 현재 다소 회복되고 있지만 지극히 미미한 폭으로 상승하고 있어 합계출산율이 여전히 1.5명에 미치지 못한다.

무슨 일이 일어난 것일까? 항상 그렇듯이 출산율이 이 정도로 하락한 원인을 정확히 규명하기란 불가능하다. 그러나 다른 나라의 경우와 마찬가지로 일본의 낮은 출산율은 소득 상승, 도시화, 여성의 교육 증가뿐만 아니라 무엇보다도 3차 교육(대학과 그 이후의 교육 - 역주)을 받는 여성의 증가와 상관관계가 있다. 일본 여성의 대학 진학률은 1955년에 남성의 3분의 1에 불과한 5% 미만이었으나 40년 후에는 50%를 넘어 남성의 대학 진학률을 앞섰다. 이러한 요소가 직장 여성과 가족에 대한 전통적인 가치관과 결합될 때 나타나는 현상은 앞서 알아보았듯이 저출산이다. (영국의 혼외 출생자 비율이 50%에 가까운 데 반해 일본은 2% 정도에 불과하다.) 현재 일본의 출산율은 대체 출산율보다는 훨씬 아래지만 남유럽과 동유럽 각국에서 관찰되는 출산율보다는 약간 더 높은 편이다. 전반적으로 일본의 출산율 변화는 패턴 면에서 서구와 비슷하지만 인구 소용돌이가 가속화된다는 이론대로 그 속도는 훨씬 더 빠르다.

저출산의 원인을 확실하게 규명하기란 당연히 불가능하다. 그렇지만 주목할 만한 일화적 근거는 다수 존재한다. 고베대학교의 인구학과 교수는 다음과 같은 의견을 제시했다.

> 독신인 사람은 적합한 결혼 상대를 찾기가 어렵다. 결혼한 부부가 둘 다 일을 하면 아기를 갖기가 쉽지 않다. 시간과 에너지가 남아 있지 않기 때문이다. 부부가 아기를 원하면 어느 한 쪽이 (일반적으로는 아내가) 계속해서 일을 하느냐 아니면 일을 그만두고 아기를 갖느냐 하는 선택의 기로에 선다. 이때에 상충 관계(어느 것을 얻으면 반드시 다른 것을 희생해야 하는 경제 관계. '트레이드오프'라고도 함 - 역주)가 발생한다.

유럽의 사례가 입증하듯이 여성 교육과 해방의 시대에는 출산이 여성의 노동시장 편입과 그 안에서의 성장에 도움이 되지 않는다. 그러므로 직업적인 요구와 출산 및 양육을 병행할 수 없는 나라에서는 출산율이 낮게 나타날 수밖에 없다. 따라서 세계경제포럼World Economic Forum이 선진국 가운데 직장생활을 하는 남녀의 경제적 불평등이 가장 심각한 나라 가운데 하나로 일본을 지속적으로 꼽는 것은 그리 놀라운 일이 아니다. 도쿄 출신의 32세 여성 토미타는 일본 여성이라면 흔히 겪었을 법한 경험을 털어놓았다.

> 3년 전에 남자친구가 결혼하자고 했다. 나는 내 일이 더 중요하다는 생각이 들어 결혼 신청을 거절했다. 그 이후로 데이트에 흥미를 잃었다. 장래에 대한 이야기가 나오니 거북해졌다. (……) 상사들은 결혼한 여자는 임신을 할 것이라고 단정 짓기 때문에 결혼한 여자는 퇴사해야 한다. 결국 자기 수입도 없는 전업주부가 되어야 한다. 나 같은 여자들이 할 선택은 아니다.

실제로 성관계와 연애를 기피하고 컴퓨터 게임처럼 혼자 즐길 수 있는 일들을 택하는 일본 젊은이들이 점점 더 늘어나고 있다는 연구 결과들이 있다.

출산율 하락과 초저출산 이외에도 일본 인구와 관련하여 주목할 만한 특성은 제2차 세계대전 이후로 기대수명이 지속적으로 연장되고 있다는 점이다. 1950년대 초에도 이미 출생 당시의 기대수명이 60년을 웃돌았다. 35년 남짓이었던 19세기의 기대수명에 비하면 상당한 진전이었다. 도시화와 산업화의 확산으로 일본인들의 영양, 식품 저장 기술, 주거 환경, 의료 수준이 향상됨에 따라 기대수명은 계속해서 올라갔다. 주요 사망 원인이 전염병에서 만성 퇴행성 질환으로 바뀌었다. 오늘날 일본의 기대수명은 83세를 넘어섰다. 유엔 회원국 가운데 가장 높은 기대수명이다. 또한 유엔의 준회원 지역까지 포함하면 홍콩(84세)을 제외하고는 일본처럼 기대수명이 높은 나라가 없으며 일본과 홍콩의 기대수명 차이도 크지 않다. 게다가 일본의 기대수명은 미국보다 5년 가까이 높다. 세계에서 가장 장수하는 축에 속하는 일본 여성의 기대수명은 지난 160년 동안 해마다 3개월씩 늘고 있다. (곧이어 다루겠지만) 여러 가지 인구 문제에도 불구하고 일본이 인구 면에서 보기 드문 위업을 달성했다는 사실은 인정해야 한다. 일본의 영아 사망률은 1,000명당 2명으로 세계에서 가장 낮다. 3명인 프랑스와 독일, 6명인 미국과 비교하더라도 엄청나게 낮은 수치다.

출생률은 떨어진 반면에 지속적인 기대수명 연장으로 사망률이 하락하면서 일본은 장기적인 인구 성장을 경험했다. 처음에는 전형적인 인구 관성의 사례로 보였다. 청년 인구의 출산율이 장기간의 인구 대체 수준에 미치지는 않았지만 절대치 기준으로 높았던 반면에 노년층이 상대적으로 적어 사망률이 낮게 나타났기 때문이다. 그러나 어느 시점에 이르자 인구 관성 효과는 더 이상 인구 성장의 원동력으로 작용하지 않았다. 그 대신에 중장년층이 수명을 연장하는 데 성공한 것이 일본 인구 성장의 원동력이 되었다. 추가되는 인구(출생자)는 점점 더 줄어들었지만 사망하는 인구 역시 갈수록 줄어들었다.

21세기에 들어서도 일본의 인구는 낮은 출생률에도 불구하고 계속해서 성장했지만 둔화된 성장률을 보였다. 전후 시대에서 1970년대 후반에 이르기까지 연평균 인구 성장률이 1% 넘게 유지되다가 1980년대와 1990년대에 연이어 절반으로 줄어들었다. 21세기 첫 10년 동안에 일본의 인구 성장률은 전후 수준의 10분의 1에 불과했고 전체 인구는 2012년에 1억 2,800만 명 남짓으로 정점을 찍었다. 이 시점에 자연 감소한 인구(사망자 숫자에서 출생자 숫자를 뺀 인구이며 이민자 숫자는 감안하지 않은 것)는 연간 20만 명이 넘었지만 미미한 순 이민율net immigration(인구 유입분과 유출분의 차이 - 역주) 때문에 실질적인 하락은 그보다 약간 더 완만하게 이루어졌다. 21세기 중반에 이르면 일본의 인구는 현재의 3분의 2 수준도 안 되는 8,000만 명대로 감소할 가능성이 크다. 유엔의 예측에 따르면 일본은 21세기 말까지 인구의 3분의 1을 상실하게 된다. 이러한 인구 감소 추세는 이제 막 시작 단계에 불과하지만 수십 년 동안 형성된 것이다. 일본 정부는 1989년의 출산율이 1966년보다도 낮은 것에 충격을 받았다. 1966년은 일본 점성술에서 불길하다고 하는 '적(赤)말띠'의 해여서 출산율이 유례없이 큰 폭으로 하락한 때다.

일본은 여러 면에서 다른 나라와 다르다. 미국과 서유럽은 앞으로의 인구 감소를 메우기 위해 제3세계 인구(서유럽의 경우에는 동유럽 인구)를 유입함에 따라 인구의 인종 구성에 그 영향이 나타나고 있다. 반면에 일본은 최근 몇 년 새에 얼마 안 되는 이민자들이 유입되기는 했지만 이민자 유입을 진지하게 고려하지 않고 있다.

일본과 서구의 극명한 차이가 이민과 관련이 있다면 일본과 러시아의 차이는 기대수명과 관련이 있다. 러시아의 인구 감소는 좀처럼 떨어질 줄 모르는 높은 사망률과 낮은 출산율의 결합으로 앞당겨지고 있다. 반면에 일본의 인구 감소는 지속적으로 연장되고 있는 기대수명이 낮은 출산율의 영향을 상쇄함에 따라 지연되고 있다. 일본이 기대수명을 지속적으로 연장하는 데 성공하지 못하면 일본의 인구 감소 속도는 더 빨라질 것이다. 따라서 일본은 여전히 인종적인 동질성을 유지하고 있지만 날이 갈수록 고령화하고 있다.

일본의 사례가 유달리 흥미로운 까닭은 저출산과 인구 고령화가 동시에 존재하는 사회의 모습을 우리에게 보여주기 때문이다. 그러한 점에서 일본은 선구자라 할 수 있다. 유럽과 영국보다 시기적으로는 뒤처졌지만 더 빠른 속도로 인구 전환을 겪었다. 특히 고령화의 영역에서 그러한 면이 두드러진다. 세계 인구 성장률이 둔화하고 있을 뿐 아니라 반전될 가능성에 직면한 오늘날 인구 고령화는 불가피한 현상이다. 오늘날 일본의 중위 연령은 46세를 넘어섰다. 그에 따라 일본은 이탈리아, 독일과 함께 세계에서 인구의 나이가 가장 많은 나라로 꼽히며 심지어 미국보다는 9세 가까이 많다. 일본의 인구는 기록이 시작된 이래 가장 빠른 속도로 고령화하고 있다. **1950년에 20명 중 한 명이었던 65세 넘는 인구가 2005년에 5명 중 한**

명으로 성장했다. 2005년에서 2015년 사이에 전체 인구는 정체 상태에 머물렀지만 100세 이상의 인구는 3배 가까이 성장했다.

고령화는 유럽에서도 일어나고 있지만 일본에서 더 강력한 효과를 냈다. 불가리아와 이탈리아에서는 인구 격감이 농촌 마을을 중심으로 일어나고 있는 반면에 일본에서는 일부 도시 근교에서 일어나고 있다. 근교의 인구 격감은 곧이어 물리적 쇠퇴physical decay라는 문제로 이어질 것이다. 일본에는 이미 800만 채의 빈집이 있다. 어느 부동산 중개업자는 "도쿄는 디트로이트 같은 곳들로 둘러싸이게 될 것이다"라고 한탄했다. 농촌 상황이 더 나쁘리라는 것은 예상 가능한 일이다. 한때 학교가 서 있던 땅에 이제는 늑대뿐만이 아니라 곰까지 돌아다니고 있다. 몇 명 안 되는 마을 아이들이 학교를 다니려면 버스를 타고 먼 길을 가야 한다. 예로부터 소가족이 대세인 데다가 다수가 아이를 낳지 않음에 따라 집에서 고독사하는 노인이 최대 30만 명에 달하는 것으로 추정된다. 사망 몇 주 혹은 몇 달 후에 발견된 시신을 수습하고 고인이 살던 집을 소독하는 일을 전문으로 하는 산업이 성장을 거듭하고 있을 정도다.

일본 인구의 급격한 고령화는 심각한 경제 문제를 초래하고 있다. 산업혁명의 상황에 비추어볼 때 경제학과 인구의 관계는 양방향으로 작용한다. 인구 변화는 경제 발전에 영향을 주고 경제 발전은 인구 변화에 영향을 준다는 뜻이다. 서구와 마찬가지로 일본에서도 경제 팽창과 인구 팽창이 거의 동시에 이루어졌으며 인구 성장, 생산성 개선, 1인당 소득의 증가로 국내총생산이 확대되었다.

서구에 문호를 개방한 1868년 이후에도 그러했고 인구 급성장에도 불구하고 출산율이 하락하면서 노동시장 참여율이 높아짐에 따라 인구 배당금demographic dividend(출산율 하락으로 인구 부양 부담이 낮아질 때 얻는 경제 성장 효과 - 역주)을 거두어들인 1945년 이후에도 그러했다. 놀랍게도 일본의 경제 역동성이 줄어들기 시작한 때는 노동 연령 인구의 비중이 정점에 달한 때와 정확히 일치한다.

2004년에 대폭 개정된 일본의 연금제도는 현재 유례없는 압박을 받고 있다. 고령 인구 역시 (무엇보다도 요양보호사로 일할 이민자가 부족한 탓에) 요양 보호와 의료비용 지출로 큰 압박에 시달린다. 일본이 세계 최고령 국가이자 고령화 속도가 가장 빠른 나라라는 사실과 2015년에 국내총생산 대비 국채 비율이 OECD 국가 중에서 단연코 가장 높은 248%에 이르렀고 150%인 그리스와 이탈리아를 한참 앞선다는 사실 사이에는 관계가 있는 것으로 보인다.

경제뿐만 아니라 정치 역시 고령화의 영향을 받는다. 우리는 앞서 인구 성장과 일본의 제2차 세계대전 참전으로 이어진 침략적인 제국주의 사이에 연관성이 있음을 살펴보았다. 일본은 1945년에 패전을 겪은 후에 대체로 평화주의적인 정책을 추구하면서 방위 측면에서 미국의 비호를 받았고 독일과 마찬가지로 방위 지출과 해외 파병을 회피해왔다. 2005년에 일본의 방위 지출은 국내총생산의 1%에 불과했다. 참고로 같은 해에 미국은 국내총생산의 4%, 영국과 프랑스는 각각 2.5%를 방위에 썼다. 그러나 서구 시각에서 보면 일본의 평화주의는 군사 행위보다는 경제 활동과 관련이 있다.

1990년대 초까지 일본 경제와 재정이 세계에서 가장 탄탄하다고 주장하는 논문들이 쏟아져 나왔다. 그러나 그 이후 서구 경제보다 높은 성과를 내던 일본 경제가 서구 경제에 뒤처지게 되면서 그 같은 주장이 나오는 일이 현저히 줄어들었다.

일본이 곧 세계 경제를 정복하리라는 두려움이 최고조에 달했던 1970년대와 1980년대 초반에 일본 인구는 미국의 절반을 조금 웃돌았다. 일본의 위협이란 주제가 대중의 담론에서 자취를 감춘 것으로 보이는 2015년에 일본 인구는 미국의 40% 정도였으며 그마저도 계속해서 하락하는 추세다. 일본은 제한적으로나마 군사 정책에 변화를 시도하고 있지만 여전히 미국에 방위를 의존하다시피 한다. 과거에는 냉전을 구실로 삼았지만 현재는 주로 중국으로부터 위협을 느낀다는 명분을 내세우고 있다. 일본의 인구와 국운 사이에는 떼려야 뗄 수 없는 관계가 존재하는 것으로 보인다. 문제는 팽창의 시대를 오래 전에 지나쳐온 현재에 일본이 갈수록 심화되는 인구 고령화와 이제부터의 인구 후퇴에 어떻게 대응하느냐다. 이 분야의 선구자인 일본의 정책은 다른 국가에도 교훈을 남길 것이다.

중국 — 사상 최초로 10억 명을 돌파하기까지와 그 이후

중국은 하천을 다스리기 위해 역사상 가장 큰 규모의 토목공사를 여러 차례 진행했다. 그에 따라 수백만 명이 식수와 전력을 얻었으나 그 과정에서 수백만 명이 살던 곳에서 쫓겨나기도 했다. 중국은 인구 물결을 다스리기 위해서도 역사상 가장 대단한 (결과적으로 헛된) 수고를 감수했다. 전혀 놀랍지 않은 사실이다.

중국은 앞으로 인도에 추월당한다고는 하지만 오래 전부터 인구 규모로 다른 나라를 앞섰다. 1인당 소득으로는 그렇지 않지만 일부 척도로는 경제 규모 역시 이미 미국을 추월했다. 세계 1위의 인구 대국인 중국은 오랫동안 잠자는 거인으로 불렸지만 지난 수십 년 동안에 완전히 잠에서 깨어나 규모, 범위, 속도 면에서 세계적으로 유례없는 현대화를 이루어냈다. 대략 15억 명의 엄청난 인구는 지금의 중국을 있게 한 일등공신이자 중국이 현재 위치에 도달하는 데 중추적인 역할을 담당했다.

중국은 국가 정통성과 국민이 고대부터 끊어지지 않고 이어져 내려왔다는 점에서 유럽과는 차별화된다. 유럽에서 나라가 탄생한 때는 중국 최초의 국가가 탄생한 시기보다 적어도 1,000년은 뒤처진다. **중국은 1980년대 초에 최초로 인구 10억 명 지표를 돌파한 나라다. 경제 상황이 현저히 나빠지지 않는 한 중국이 정치적·경제적으로**

세계 주요 국가 자리를 유지할 수밖에 없는 이유는 인구 규모 덕분이다. 15세기 이후로 해외에 군대를 파견하지 않았음에도 다른 나라에 정복당하지 않았던 이유도 인구 규모와 뛰어난 기술 덕분이었다. 새로운 왕조들이 나타났다가 사라졌지만 (만주족이 세운 청나라처럼) 이민족이 세운 왕조조차도 사실상 중국의 체제와 문화에 흡수되었다.

그러나 19세기에 이르자 중국은 여전히 인구 대국이었음에도 인구 측면에서든 산업 측면에서든 유럽과 같은 역동적인 추진력을 발휘하여 앞으로 나아가지 못했다. 게다가 두 차례의 아편전쟁(1839~1842, 1856~1860)과 외세의 의화단 운동 진압(1899~1900) 같은 희생을 치러야 했다. 어째서 이렇게 되었는가는 그 자체로 방대한 문헌이 존재할 정도로 흥미로운 주제다. 일본은 중국에 비하면 피라미였지만 1894년부터 중국을 대신하여 한국(조선)을 식민지로 삼고 대만을 다스리는 데 성공했다. 그뿐만 아니라 1930년대에는 중국의 상당 부분을 점령하고 통제했다. 그 원동력은 절대적인 인구 우위가 아니라 인구 역동성과 경제 역동성이었다. 그러나 중국은 규모와 산업 발전을 조화시킬 수 있게 되자 다시 한 번 세계 강대국의 문턱에 서게 되었고 인구 규모가 더 작은 강대국들의 패권을 위협할 만한 국가로 떠올랐다. (1970년대까지의) 인구 도약은 (1980년대부터의) 산업 발전에 앞서 달성되었다. 인구와 산업의 추진력이 결합되자 중국은 다시 국제무대의 중심에 설 수 있었다. 중국의 역사적 위치와 역할은 상당 부분 놀라운 인구 경로 덕분이다.

일본의 경우에는 1945년을 '행동 개시 시간zero hour'으로 볼 수 있다. 1945년은 히로시마와 나가사키 원폭 이후에 일본이 연합국의 손에 패배한 해다. 그때부터 일본은 독일처럼 미국이 세운 새로운 국제 질서 안에서 전쟁의 파편을 딛고 재건에 나서야 했다. 중국의 경우에는 내전이 끝나고 중화인민공화국이 설립된 1949년을 출발점으로 보는 편이 좀 더 타당하다. (그뿐만 아니라 1949년은 어느 정도 신뢰할 만한 인구 데이터가 나오기 시작한 해이기도 하다.) 그러나 중국의 인구와 인구가 역사 속에서 담당한 역할을 이해하기 위해서는 그보다 앞선 시대로 거슬러 올라가야 한다.

근대 이전 중국의 인구를 이해하는 데 방해가 되는 요소는 명확한 데이터의 부족이다. 왕조 전환으로 단절된 때도 있었지만 국가로서의 연속성을 유지해온 중국은 18세기 중반부터 공식적인 인구 데이터를 수집해왔다. 그 이전에도 신뢰도가 떨어지기는 하지만 14세기 후반의 명나라 초기부터는 공식 자료에 근거한 인구 추정치 데이터를 갖고 있었다. 이때의 추정치와 그 이전의 추정치를 비교해보면 중국의 인구는 서력기원Common Era 초기부터 17세기 중반까지 6,000만 명 정도를 유지하며 정체되어 있었다. 맬서스주의자들은 이 시기 동안에 기근, 유행병, 전쟁이 출현할 때마다 인구가 줄어들었다가 다시 일종의 자연적인 한계로 보이는 수준까지 성장하는 일이 다섯 차례 정도 되풀이되었다는 사실을 밝혀냈다.

그때의 중국은 장기간에 걸쳐 흥망성쇠를 겪었지만 1,500년 이상 앞으로 나아가지 못하고 정체되어 있었다는 점에서 서유럽과 크게 달랐다. 그러나 이것을 '후진성'의 징표로 보아서는 안 된다.

과거부터 현재까지 대부분의 기간 동안에 중국은 세계에서 가장 앞선 기술을 소유한 나라 가운데 하나였기 때문이다. 따라서 중국의 인구를 다른 관점으로 고찰해볼 필요가 있다. 즉, 중국이 관개 기술과 벼농사 기법을 습득하고 이러한 농업 시스템이 부양할 수 있는 선까지 인구 밀도를 이루어내어 서구보다 훨씬 더 일찍 맬서스가 말한 자연적인 한계에 도달했거나 그 가까이까지 갔다는 뜻이다. 실제로 맬서스는 제약을 받지 않은 채로 부양 가능한 한도까지 최대한 인구를 늘려 고통과 굶주림의 한계에 이른 사회의 전형이 중국이라고 주장했다.

정확히 언제 어떤 이유로 중국의 인구 도약이 일어났는지는 확실하지 않다. 그러나 17세기 중반에서 18세기 중반 사이에 인구 성장의 기세가 커진 것으로 보인다. 중국 인구가 4억 3,000만 명에 이르렀던 1850년은 일본 인구가 정체되었던 시기와 정확히 일치한다. 중국 인구가 200년 내내 연평균 1% 넘는 비율로 성장했다는 뜻이다. 그 당시 중국의 생활수준이 매우 낮았음에도 이 같은 인구 도약이 일어난 까닭은 자본투자, 관개 시설, 비료 사용의 확대 등을 통해 농업이 강화되면서 농업 생산성이 높아지고 인구를 부양할 식량이 증가했기 때문이다. 중국 각 시대의 인구 추정치는 문헌이 일부 존재함에도 불구하고 여전히 불확실하다. 일부 인구 추정치에 근거하여 계산해보면 1650~1929년까지의 연평균 인구 성장률이 0.5%를 간신히 넘는 것으로 나온다. 19세기에 영국의 인구 성장률이 꺾인 까닭은 대량 해외 이민 때문이었지만 중국은 그러한 일을 겪지 않았음에도 고작 그 정도의 인구 성장률밖에 달성하지 못했다는 이야기다. 물론 다른 아시아 지역으로 이민을 떠난 중국인들도 일부 있었지만 만주를 '해외'로 치더라도 1940년에 해외에 거주한 중국인의 숫자는 대략 2,000만 명 정도에 지나지 않았다. 그러나 말라야 Malaya와 같이 중국인이 국내 인구의 5%를 차지했던 지역들이 있었음을 감안하면 중국인들이 현지 인구 사이에서 상당한 존재감을 드러낸 지역도 있었을 것이다. 중국의 인구 성장률은 19세기 중반부터 둔화하여 1850년부터 1947년까지 0.25%대를 유지한 것으로 보인다. 이때의 인구 둔화에는 2,000만 명의 목숨을 앗아간 태평천국의 난이 부분적으로나마 작용했다.

200년 동안의 인구 팽창에 이어 100년 동안의 둔화를 뒷받침할 출산율과 사망률 데이터가 불분명하기는 하지만 적어도 현대 기준으로 보면 그 기간 내내 출산율과 사망률이 높았음이 확실하다. 최근까지는 중국이 일본보다 맬서스주의자들과 인구 전환 이론 신봉자들이 상정한 근대 이전의 표준에 더 가깝다는 것이 통설이었다. 그러나 일부 역사학자들이 중국도 일본처럼 영아 살해 풍습 등의 몇 가지 수단을 통해 상한선 밑으로 인구를 억제하는 데 성공하여 맬서스가 말한 최소 생활수준을 넘어섰다는 이론을 제기하면서 오늘날에는 그러한 통설도 흔들리고 있다.

마오쩌둥의 집권기인 25여 년 동안에 일어난 중국의 인구 변화는 지극히 일관성 없는 인구 정책을 펼친 정권이 상황을 극단으로 몰고 간 결과물이었다. 마르크스주의자들은 인구 규모가 사회제도에 의해 인위적으로 억제될 수 있다는 인구 이론을 내세웠다. 마르크스주의 이론에 따르면 인민이 봉건주의나 자본주의의 속박에서 풀려나는 순간에 사회주의가 밀물처럼 등장하여 개인의 생활수준이 향상되고 절대적인 숫자 측면에서 인구 번영이 일어난다. **마오쩌둥은 1949년에 중국에 인구가 많은 것은 좋은 일이며 인구를 부양할 방법을 찾을 수 있을 뿐 아니라 "세상의 만물 중에서 사람이 가장 고귀하다"라고 말했다. 그의 발언은 전통적인 마르크스주의와 반맬서스주의에 부합했다.**

마오쩌둥의 말이 인구 성장을 유발했든지, 아니면 단순히 우연의 일치였든지, 당시 중국은 사망률이 하락한 반면에 출산율은 여성 한 명당 6명 가까이로 높은 수준을 유지했으며 인구가 급속도로 팽창했다. 1950년에는 인구 성장률이 3%에 가까워져 과거의 연평균 인구 성장률을 크게 웃돌았다. 이는 인구 물결이 유럽과 북미를 벗어나 다른 지역으로 몰아쳤을 때 그 강도를 더해갔음을 입증한다. 이에 대해 일각에서는 경고의 목소리가 나왔다. 특히 1952년 인구 조사의 결과로 1947년에 4억 7,000만 명에 불과했던 중국 인구가 6억 명을 넘어섰다는 사실이 알려지면서 경고의 목소리는 더욱 커졌다. 연평균 5%라는 믿기 어려운 성장률을 나타내기 때문에 이 수치가 부정확할 가능성도 있지만 그럼에도 중국 정부는 발 빠르게 정책을 수정했다. 출산을 장려하는 발언은 줄어들었고 피임기구가 흔해졌으며 1957년부터 좀 더 '개방적인' 시각으로 산아 제한을 고려하기 시작했다. 그리고 그 해에 낙태가 합법화되었다.

"세상 만물 중에 사람이 가장 고귀하다." - 마오쩌둥

산아 제한 정책은 1958년에 다시 한 번 바뀌었다. 마오쩌둥이 "인구가 많은 것은 여전히 좋은 일"이라 주장했으며 인구 억제는 '우파'다운 행위라고 비난받았기 때문이다. 이러한 정책 변화는 부분적으로 대약진 운동의 배경이 되었다. 이 운동은 경제적으로나 인구학적으로나 그 명칭이 내포하는 뜻과 정반대 결과를 초래했다. 빠른 현대화를 위해 무모한 정책이 연이어 추진됨에 따라 중국은 뒷걸음칠 수밖에 없었다. 인구가 이 시기까지 숫자적으로 도약한 것만큼은 사실이지만 곡물 생산량이 30% 정도 감소하고 그 결과로 대기근이 일어나면서 생활수준이 역행했다. 마오쩌둥의 무모한 성격과 인명 경시 사상은 공산주의 진영이 승리할 수만 있다면 핵전쟁을 불사하겠다는 그의 각오에서 뚜렷이 드러났다. 그는 다음

과 같은 글을 통해 자신의 생각을 드러냈다.

> 전쟁이 터지면 얼마나 많은 사람이 죽을지 생각해보자. 지금 전 세계에는 27억 명이 있고, 그 가운데 3분의 1이 목숨을 잃을 수도 있다. (……) 최악의 사태가 발생하여 (전 세계 인구의) 절반이 목숨을 잃더라도 여전히 절반은 살아남게 되어 있다. 그 대신 제국주의는 완전히 사라지고 사회주의 세상이 올 것이다. 어차피 몇 년 지나면 세계 인구가 다시 27억 명으로 회복될 것이 분명하다.

중국이 1950년대에 시행한 농업 집단화나 '잉여' 곡물의 강제 수매 등의 농업정책은 여러모로 소련의 스탈린이 시행한 정책과 비슷했다. 당연히 그 결과도 같았다. 인구 팽창을 이끈 어마어마한 추진력과 대약진 운동의 실패에 따른 국민의 굶주림이 충돌한 것이다. 출산 장려로 되돌아가고 있던 인구 정책에도 불구하고 1958년에 6명 가까이던 출산율이 불과 3년 만에 3명 남짓으로 떨어진 것은 그 시대의 비참한 생활환경을 반영한 것이며, 그에 대한 반격이라고 볼 수 있다.

경제 대혼란의 시대가 끝나자 출산율은 다시 5~6명으로 솟구쳤다. 중국이 마오쩌둥이 초래한 황폐화에서 벗어나 빠른 속도로 회복한 비결은 높은 인구 성장률이었다. 그러나 그 사실도 이미 굶주림을 겪은 국민들에게는 큰 위안이 되지 못했다. 대참사가 휩쓸고 지나간 후 한때 활기찼던 농촌에는 그 흔적이 뚜렷이 남아 있었다. "으스스하고 비정상적인 침묵이 농촌에 내려앉았다. 징발되지 않은 돼지 몇 마리마저 굶주림과 병으로 죽었다. 닭과 오리는 이미 오래 전에 잡아 먹혔다"는 기록이 있다.

대약진 운동과 그 후에 일어난 문화대혁명이 참화를 불러일으키기는 했지만 그 때문에 발생한 인명 손실도 중국의 인구 물결을 억제하지는 못했다. 스탈린 치하의 러시아가 20~30년 전에 그러했듯이 내재된 인구 관성이 너무도 강력해서 인구는 지속적으로 늘어났다. 1950년에 5억 명 남짓이던 인구는 1967년까지 7억 5,000만 명 가까이로 성장했다. 1960년대에 들어선 이후에도 6명대를 웃돌던 출산율과 1930년부터 1950년까지 20년 동안에 45년 미만에서 60년 넘는 수준으로 연장된 기대수명(즉, 사망률의 하락) 덕분이었다.

그러나 1970년부터 상황이 바뀌기 시작했다. 기대수명은 계속해서 연장되었지만 출산율은 10년도 안 되어 3명 미만으로 떨어졌다. 실제로 중국의 1970년대는 중국 역사상 가장 특이한 시대로서 인구 물결이 뒤늦게 칠수록 물결이 더 큰 강도로 높아졌다가 빠르게 낮아진다는 것을 또 한 차례 입증했다. 선두주자인 영국은 출산율이 대략 6명에서 3명까지 절반으로 떨어지는 데 걸린 시간이 중국의 5배였고 러시아는 최소한 2배 더 오래 걸렸다. 출산율의 급격한 하락은 도시화와 여성 교육의 증가로 대표되는 사회 변화와 정책적인 방침이 어우러진 결과였다. 예를 들어 1981년에 도시의 출산율은 농촌 지역의 절반에도 미치지 못했다. 따라서 도시화가 확대될수록 중국의 출산율은 하락할 수밖에 없었다. 마오쩌둥은 출산 장려를 철회했으며 그가 죽고 문화대혁명이라는 대혼란의 시대가 끝나자 피임기구가 좀 더 널리 보급되었다. 이후 1970년대에 일어난 가족 규모의 축소와 사회구조의 현대화를 통해 중국이 그 다음에 어떤 단계로 나아갈 것인지 짐작할 수 있다. 중국은 세계 경제로의 편입, 대대적이고 초고속으로 이루어진 산업화, 인류 역사상 전례가 없으며 (중국의 규모를 감안할 때) 앞으로도 일어날 법하지 않은 전면적인 현대화를 이루어냈다.

마오쩌둥 이후의 중국 — 한 자녀 정책

1976년, 마오쩌둥 사망 이후 중국은 인구 억제를 핵심 목표로 당당하게 내세운 '현대화' 정책을 추구해나가기 시작했다. 공산당 중앙위원회 위원장과 총서기를 지낸 후야오방胡耀邦은 1978년에 "인구 문제가 가장 중요한 문제다"라고 공표했다. 중국 공산당은 사회주의가 풍요를 창출하기 때문에 인구를 억제할 필요가 없다는 마르크스주의 인구 이론에서 탈피하여 인구 계획이 합리적인 계획 경제의 일환으로 간주되어야 한다는 주장을 받아들였다. 국무원 부총리였던 천무화陳慕華는 "인구 성장이 물질의 증가에 발맞춰 이루어지려면 출산을 규제할 수 있어야 한다"고 주장했다. 가족계획과 관련된 표어도 "두 명이 딱 좋다"에서 "하나가 최고다"로 바뀌었다.

중국은 1979년부터 2015년까지 권고, 금전적 유인책, 집과 일자리를 빼앗는 등의 처벌 등으로 이루어진 '한 자녀 정책'을 노골적으로 추진했다. 해당 정책은 1980년에 법제화되었으며 1980년부터 1984년까지 시행되었다. 정책이 시행되는 동안 어떤 경우에는 직접적인 강요가 이루어지기도 했고, 소수민족 등과 같이 예외가 적용된 경우도 있었다. 때로는 규제가 다소 느슨해진 때도 있었는데, 예를 들어 부부 모두 외동인 경우에는 예외로 인정받았다. 초기에 이 정책은 농촌 지역에서 극심한 반발을 불러일으켰다. 농민들이 농지를 돌려받은 상황에서 한 자녀 정책은 노동력 공급 면에서 농민들의 이익에 반하는 정책이었기 때문이다. **현재 중국의 출산율은 1.2~1.5명 정도이며 수도 베이징의 출산율은 고작 0.75명이다.**

중국의 출산 추세와 다른 나라의 추세를 비교해보면, 사실 한 자녀 정책은 불필요한 조치였음을 알 수 있다. 첫 번째 근거는 정책과 상관없이 출산율이 이미 하락세를 보이고 있었다는 것이다. 1981년에 한 자녀 정책이 갓 시행되었을 때 중국 인구는 10억 명을 넘어섰다. 다른 나라뿐만 아니라 중국 지도자들이 보기에도 놀랍고 두려울 정도로 어마어마한 숫자였다. 그러나 그 당시는 출산율이 이미 10년에 걸쳐 6명에서 3명으로 하락하고 있을 때였다. 출산율 하락 추세가 급격하고도 뚜렷하게 나타나기 시작한 해는 1970년이었기 때문에 한 자녀 정책의 시행이 출산율 하락의 주된 원인이 아님은 분명했다. 다른 나라와 마찬가지로 중국의 인구 성장률도 둔화하고 있었다. 연평균 1.4%로서 여전히 높기는 했지만 10여 년 전의 3%에

중국은 인구 억제를 '현대화'의 주요 과제로 삼아 반강제적인 한자녀 정책을 펼쳤다.

비하면 절반 수준이었다. 이와 같이 중국 사회는 국가의 강압적인 개입 없이도 자체적인 동력에 의해 인구 문제를 해결하고 있었다.

한 자녀 정책이 불필요했다는 두 번째 근거는 각국 간의 비교에서 찾을 수 있다. 중국의 실질적인 출산율 추이는 강압적인 하향식 출산 억제 정책이 시행되지 않았던 동아시아나 동남아시아의 다른 나라와 크게 다르지 않았다. 마오쩌둥에게 반기를 든 국민당 정적들이 장악한 대만에서는 1970년대 중반에 출산율이 중국보다 약간 높은 3명대로 떨어졌다. (놀랍지 않은 일이었다. 마오쩌둥의 폭정을 겪지 않은 대만은 좀 더 빠른 속도로 현대화를 이루어냈다.) 1990년대 후반에 대만의 출산율은 1.5~2명으로 떨어졌다. 강압적인 하향식 출산 억제 정책 없이도 출산율이 중국과 비슷한 정도로 하락한 것이다. 마찬가지로 한국도 1970년대 후반에 합계 출산율이 3명에 이르렀다가 1990년대 후반에 1.5명으로 떨어졌다. 따라서 중국에서 한 자녀 정책이 시행되던 당시에 한국과 대만(을 비롯하여 중국을 제외한 아시아 나라들)의 출산율은 강제적인 정책 없이도 중국과 비슷한 수준에서 출발하여 비슷하거나 한층 더 큰 폭으로 하락했다. (비교를 해보면 타당한 근거를 한 가지 더 찾을 수 있다. 말레이시아의 화교 인구 역시 강압적인 정책 없이도 중국과 마찬가지로 1.5명대의 출산율을 보인다.)

인구 물결은 전문가나 특별한 정책을 통해 조절할 수 있는 흐름이 아니다. 인구는 스스로 방향을 찾아내며 가장 효과적인 방법으로 제어해나간다. 예를 들어, 교육을 받고 피임기구를 입수할 수 있는 기회가 주어지면 대부분의 사람들은 출산에 대해서만큼은 자신에게 이득이 될 뿐 아니라 사회의 요구에도 부합하는 결정을 내릴 수 있다. 특히 여성은 한층 더 그러한 경향이 있다. 애덤 스미스Adam Smith의 보이지 않는 손은 경제뿐 아니라 인구에도 작용한다. 지식이 있고 스스로 판단할 능력이 되는 사람은 그대로 내버려 두어도 자신에게 이득이자 사회에도 이득이 되는 결정을 내리는 것이다. 적어도 출산율이 하락할 필요가 있을 때는 그렇다. 그러나 애덤 스미스와 이념적으로 대립되는 중국의 마르크스주의자들은 그 사실을 인정하지 않았다. 한 자녀 정책은 중국의 농업과 산업을 파괴한 대약진 운동의 인구학적 결과물이라 할 수 있다. "해당 조치는 공산당이 충분히 노력을 기울이면 모든 문제가 해결될 수 있다는 레닌주의 이론을 지침으로 삼았다."

이와 같은 하향식 정책에 대해 알아볼 때는 통계가 전달하는 큰 그림 안에 숨어 있는 개개인의 비극을 간과해서는 안 된다. 당시 중국에서 전문가들은 아이 둘은 낳아야 한다고 주장했다가 일자리를 잃었다. 낙태 시술 건수는 연간 2,000만 건이 훨씬 넘었는데 그 중에는 자발적이지 않은 경우도 많았다. 다음은 가족이나 새로 태어날 아이가 받을 모든 불이익에도 불구하고 둘째를 낳으려고 한 어느 중국 여성에게 일어난 일이다.

> 2014년 3월에 가족계획위원회 사람 6~7명이 우리 집에 강제로 밀고 들어왔다. 그들은 두 사람에게 우리 집을 감시하게 했다. 다른 4명은 나를 끌고 나와 문간에 대기하고 있던 차에 태웠다. 속수무책으로 지켜보고 있던 내 어머니는 다른 차를 타고 병원으로 나를 따라오셨다. 그날 오후에 병원에서 의사가 유산을 일으키는 옥시토신oxytocin 약물을 내 배에 주사했다. (……) 그 후에 의사가 통증이 멎을 거라고 말하면서 주사 한 대를 더 놓았다. 하지만 통증은 멎지 않았다. 의사들이 내 자궁을 긁어내는 수술을 할 때 믿기 어려울 정도로 큰 고통이 찾아왔다. 나는 수술대 위에 누워 몸이 갈라지고 부서지는 고통을 느꼈다. 울음을 멈출 수 없었다. 내 아기는 세상에 나와서 나를 "엄마"라고 부를 기회를 얻지 못했다. 소리 한 번 낼 기회조차 얻지 못하고 정부에 의해서 생명을 빼앗겼다. (……)

중국의 인구 롤러코스터

중국은 중화인민공화국의 건국 이래로 거대한 인구 규모와 빠르게 상승했다가 급격한 하락으로 돌아선 출산율 때문에 이례적인 경로를 걷고 있다. 무자비하고 일관성 없는 정책은 논외로 하고 중국의 인구는 사망률 하락, 인구 성장, 출산율 하락, 인구 정체라는 전형적인 순서를 거쳤다. 45년 미만이던 기대수명이 1950년 이후에 해마다 6개월 가까이 연장되어 75년을 넘어섰다. 그 정도의 기대수명 연장은 중국 경제의 고속 성장과 생활수준의 향상만큼이나 경이로운 데다가 그 두 가지 성과와도 분명 밀접한 연관이 있는 업적이다. 지금 단계에서 그 같은 변화가 중국의 미래에 시사하는 바가 무엇인지 정확히 알기란 어렵지만 몇 가지 기조를 읽어내는 것은 가능하다. 특히 고령화 추세가 중국 경제에 끼칠 영향, 중국의 가족구조, 중국이 '인구 정점'에 도달할 시점을 어느 정도 예측할 수 있다. 그러나 그에 앞서 당연한 이야기를 한 번 더 강조하고자 한다. 경제 문제를 비롯한 세계 문제에서 중국이 중요한 영향력을 행사하느냐는 인구 규모에 달려 있다는 사실이다. 다른 나라들도 각각 중국에 상응하거나 그에 가깝게 빠른 속도로 경제 성장을 이루었지만 중국이 움직일 때 세계가 주목하는 까닭은 10억 명이 훌쩍 넘는 거대한 인구 때문이다.

중국은 빠르게 고령화하고 있다. 출산율 하락과 기대수명의 연장에서 충분히 예상 가능한 일이었다. 중국 국민의 중위 연령은 중화인민공화국이 수립된 이후 40여 년 동안 20대에 머물렀다. 그러나 21세기 첫 15년 동안에 중국의 중위 연령은 7년 높아졌다. 영국과 미국이 경험한 것보다 3배 빠른 고령화 속도이며 이러한 추세는 앞으로도 지속될 것이다. 1975년부터 2050년까지 60세를 넘는 중국 인구는 7배 성장할 것으로 예상되는 반면에 14세 미만 인구는 절반 정도로 줄어들 전망이다. 2030년경에 전체 인구 대비 60세 이상 인구의 비중은 미국 수준을 넘어설 것이다.

중국의 노동 연령 인구는 전체 인구에서 차지하는 비중뿐만이 아니라 절대적인 수치로도 이미 감소세로 돌아섰다. 21세기 나머지 기간 동안에 중국 인구가 계속해서 거대한 규모를 유지하리라는 것은 분명하다. 그러나 지금 중국은 경제 성장의 원동력 가운데 하나(노동력 성장을 뒷받침하는 인구 성장)가 작동을 멈추기 직전에 이르렀다. 따라서 미래에는 노동 생산성의 향상을 경제 성장의 원동력으로 삼아야 할 텐데 과연 중국 경제가 노동 생산성 향상만으로 기대한 만큼의 성장률을 달성할 수 있을지는 의문의 여지가 있다. 고령 인구가 증가하는 상황에서 중국이 연금 문제에 어떻게 대응할지부터 확실하지 않다.

한편 중국 가정은 고령화되고 도시화되었을 뿐 아니라 여성보다 남성이 훨씬 많은 성비 불균형을 보인다. 한 자녀 정책이 태아 성별 검사로 성별 선택 낙태가 용이해진 상황과 결합하여 여아 100명당 남아 120명이라는 불균형한 성비로 이어진 것이다. 가부장적인 사회에서 성별 선택 낙태는 대부분 가족의 압력에 의해 일어난다. 특히 농촌에서 그러한 경향이 강하게 나타난다. 어느 여성은 이렇게 말한다. "나는 시부모님을 비난하지 않는다. 그분들의 생각이 일반적이었기 때문이다. 중국에는 '잘난 아들을 낳으면 팔자가 핀다'는 속담이 있다. 남자들이 힘도 더 세고 일도 더 많이 하기 때문이다."

중국의 남아 선호 사상은 여러 가지 문제를 발생시킨다. 첫째, 남성들이 나중에 결혼하기가 어려워진다. 중국의 전체 인구를 감안할 때 남성의 결혼 문제는 외국에서 신부를 대대적으로 수입해오지 않는 한 해소될 수 없다. 둘째, 대체 출산율이 올라간다. 여성이 인구의 절반에도 미치지 못하면 개별 여성이 대체로 전보다 많은 자녀를 낳아야 전체 인구가 현재 수준을 유지할 수 있다. 현재 유엔에 따르면 1.5명 정도이고 중국 자체 통계에 따르면 1.2명인 중국의 합계 출산율은 성비 불균형이 없는 나라에 비해 대체 출산율에 한참 못 미친다. 성비 문제뿐만 아니라 중국은 형제자매는 물론 사촌도 점점 더 희귀해지는 나라가 되었다. 그 결과 부모와 양쪽 조부모의 과도한 애정과 관심으로 응석받이로 자라나는 외동아이가 증가했다. 물론 외동아이의 숫자가 중국과 비슷하거나 그보다 더 많은 나라는 동아시아, 남유럽, 동유럽에 수없이 많다. 그러나 중국 특유의 성비 불균형과 역사적인 이유를 감안할 때 '소황제小皇帝'라는 표현이 중국에서 생겨난 것은 그리 놀라운 일이 아니다.

갈수록 고령화 속도가 빨라지고 남성의 비율이 과도하게 높아지고는 있지만 어쨌든 중국의 인구는 계속해서 성장하고 있다. 다만 20세기에 비해서는 성장률이 현저하게 둔화되는 추세다. 뿐만 아니라 중국은 세계 최대의 인구 대국이지만 그 자리를 오랫동안 유지하지는 못할 전망이다. 1970년대 초반에 중국 인구는 인도보다 50%가량 더 많았지만 2015년에 중국과 인도의 인구 격차는 7% 미만으로 낮아졌다. 중국의 한 자녀 정책이 최근에 완화되기는 했지만 출생률에는 별다른 영향을 끼치지 못한 것으로 보인다. 생각해보면 당연한 일이다. 동아시아 국가 전반이 대체 출산율보다 낮은 출산율을 보이고 있는 가운데 중국인들이라고 해서 출산에 대한 사고방식과 관행이 다른 동아시아 국가와 크게 다를 이유가 없기 때문이다.

인도 역시 강압적인 하향식 정책을 시행했으나 인도의 정책은 훨씬 덜 조직적이었고 시행 기간도 짧았다. 더욱이 인도는 산업화와 도시화에서도 중국에 뒤처진다. 중국 인구의 절반이 도시에 거주하는 데 비해 인도는 인구의 3분의 1 정도가 도시에 거주한다. 결과적으로 출산율이 하락하는 추세이긴 하지만 인도 여성의 평균 자녀 수는 중국 여성보다 한 명 정도 더 많다. 유엔이 중간 출산율을 토대로 산출한 출산율 전망에 따르면 인도 인구는 2020년대 중반에 중국을 넘어서게 될 것으로 예상된다. 유엔은 중국 인구가 2030년에 15억 명대를 조금 밑도는 수준에서 정점에 달한 이후 하락할 것이라고 전망했다. 인구는 (인종 갈등의 상황이라면 몰라도) 국가 대항 경기가 아니다. 그러나 중국 앞에 어떠한 미래가 기다리고 있든 중국의 운명은 특유의 인구 구조, 규모, 특징에 상당 부분 좌우

될 가능성이 크다. 중국은 앞으로 세계 최대 인구 대국으로서의 지위를 상실할 전망이지만 현재도 이미 빠른 속도로 고령화되고 있는데다가 중간 소득 국가에 머무르고 있다.

아시아 다른 나라들의 인구 물결

일본과 중국은 근대 이후 세계무대에서 연이어 주인공으로 활약하고 인구 면에서 선구자 역할을 했다. 그러나 두 나라의 변화무쌍한 인구 성장률에도 불구하고 1960년대 중반 이후에 동아시아와 동남아시아를 통틀어 2위의 인구 대국이 된 나라는 일본이 아니라 현재 인구가 2억 5,000만 명을 웃도는 인도네시아다. 한국, 미얀마, 베트남, 필리핀, 태국 등 동아시아와 동남아시아의 나머지 5개국은 각 5,000만 명 이상의 인구를 보유하고 있다. (해당 국가들과 인도네시아를 합쳐 아시아 6개국으로 통칭하기로 한다.) 아시아 6개국의 인구를 모두 합하면 미국 인구의 2배를 한참 웃도는 8억 명에 이른다.

아시아 6개국 인구의 규모를 통해 매우 놀라운 사실 두 가지를 알 수 있다. 첫째, 20세기 중반 이후로 인구가 놀라운 속도로 성장했다는 점이다. 1950년에 아시아 6개국의 인구는 모두 합하여 2억 명에도 미치지 못했지만 2015년까지 4배 가까이 늘어났다. 65년에 걸쳐 포괄적으로 2% 넘는 연평균 성장률을 보였다는 뜻이다. 아시아 6개국의 인구 성장률은 1960년대 초반 연평균 3% 가까이로 정점에 달했지만 현재는 그 절반에도 못 미치고 있으며 심지어 하락하는 추세다. 둘째로 영아 사망률을 비롯한 사망률이 급격하게 하락했다. 한국의 사례를 살펴보자. **한국 전쟁 직후에 50년 미만이던 기대수명이 30년 만에 약 70년으로 연장되었다. 게다가 1950년 이후로 첫돌을 넘기지 못하는 영아의 숫자가 1,000명당 138명에서 3명으로 급격히 감소했다. 같은 기간 동안에 한국 여성이 평균적으로 낳는 자녀 수는 6명에서 1.25명에도 못 미치는 수준으로 감소했다. 이와 같은 출산율 급락으로 한국은 일본과 같은 패턴의 인구 문제를 겪고 있다.** 1980년 이후로 한국의 취학 아동 숫자는 절반 가까이 줄어들었다.

아시아 6개국 가운데 나머지 나라들은 한국만큼 부유하지는 않지만 한국과 비슷한 인구 패턴을 따르고 있다. 예를 들어 태국 국민의 기대수명은 미국보다 고작 4년 낮은 데다가 출산율도 더 낮다. (1950년대 초반만 해도 태국의 기대수명은 미국보다 20년 가까이 짧았으며 출산율은 미국의 2배에 가까웠다.) 태국에서는 자녀를 낳지 않는 것이 일반적이다. 특히 도시 지역에서 그러한 경향이 두드러진다. 이러한 현상의 원인은 아시아 다른 나라에서와 마찬가지로 여성 해방 정신과 연관이 있는 것으로 추정된다. 태국의 일간지 《방콕 포스트 Bangkok Post》는 54세 여성 바라폰과 29세인 조카 메이가 커피숍에서 주고받는 대화를 기사에 실었다. 바라폰은 "난 집도 있고 자동차도 있고 학력도 높아. 더 이상 뭐가 필요해? 내 인생은 완벽해"라고 말한다. 배우자는 있지만 아이는 없는 조카 메이도 비슷한 말을 한다.

"아이 하나 키우려면 너무 많은 돈이 들어가요. 아이들을 최고로 키울 수 없다면 아예 낳지 않을래요."

한국의 중위 연령은 1950년 이후 현재까지 20세에서 40세로 이미 2배 높아졌으며 유엔의 예측에 따르면 2040년에는 50세에 이를 전망이다. 태국은 한국보다 경제적으로 훨씬 더 뒤처져 있지만 중위 연령 측면에서는 한국에 크게 뒤지지 않는다. 최근 수십 년 동안에 경제가 성장하고는 있지만 인구는 그보다 더 빠른 속도로 성장하고 있기 때문에 태국은 고소득 국가가 되기도 전에 고령화부터 겪을 가능성이 큰 나라 중 하나다.

인구 물결은 20세기 대부분의 기간 동안에 아시아 전역에서 최고조로 몰아친 이후에 최근 수십 년 동안에 급격하게 잦아들고 있다. 이는 전 세계 대부분의 지역이 겪고 있는 현상이다. 앵글로색슨인들과 다른 유럽인들은 인구 전환의 초기 팽창 국면을 독점하지 못했듯이 가족 규모 축소가 사회의 고령화와 궁극적인 인구 감소로 이어지는 후기 국면도 독점하지 못했다.

현재 동아시아는 평화의 혜택을 누리고 있으며 대부분 인구 감소로 인해 사회 화합이 촉진된 상태다. 그러나 이 평화는 현재의 안정과 미래의 가능성을 맞바꾸었다는 점에서 그리고 중동과 북아프리카처럼 인구 발전 면에서 뒤처진 지역이 아직까지 존재한다는 점에서 불안정한 균형 상태에 있다고 할 수 있다.

9

중동과 북아프리카 : 인구 불안정

The Human Tide

2010년 12월 17일, 튀니지 길거리에서 과일을 팔던 26세 청년 모하메드 부아지지Mohamed Bouazizi는 자신의 몸에 불을 붙였다. 먹고 살기 위해 안간힘을 썼지만 부패한 경찰 때문에 그 노력이 좌절되자 부조리하고 관료주의적인 체제에 저항하고자 극단적인 선택을 한 것이다. 그의 분노와 좌절감은 같은 감정을 느끼고 있던 수많은 사람들에게 커다란 반향을 불러일으켰으며, 희망에 찬 시민들이 희망이 없는 정권에 저항하여 연달아 시위를 벌인 '아랍의 봄'의 도화선이 되었다. 이 반정부 시위로 튀니지, 리비아, 이집트, 예멘의 정권이 무너졌으며 시리아와 바레인 정권의 안위도 크게 위협을 받았다. 그러나 아랍의 봄은 바라마지 않던 민주화나 자유화 대신에 반발, 혼란, 내전이라는 무질서한 상황으로 이어졌다.

아랍의 봄은 끝났을지 몰라도 그로 인해 생겨난 불안정성은 지역 전체에 여전히 파장을 일으키고 있다. 그러나 부아지지의 저항에서 비롯된 사태의 전개를 보면 과거와 명확한 단절이 일어났음을 알 수 있다. 부연 설명을 하자면 과거에 중동과 북아프리카는 노쇠하고 좀처럼 바뀌지 않고 장기집권 중인 통치자들 때문에 정체된 상태였다. 리비아의 무아마르 카다피Muammar Gaddafi, 이집트의 호스니 무바라크Hosni Mubarak, 모로코나 카타르의 왕실 같은 이 지역의 통치 세력은 수십 년 동안 민주주의도 도입하지 않고 국민에 대한 책임도 외면한 채 자국을 지배해왔다. 이처럼 대서양에서 페르시아만에 이르는 지역의 정권들은 변화나 발전 없이 해마다 노쇠해가는 군주나 대통령을 내세워 백성 위에 군림하고 있었지만 사회 이면에서는 빠른 변화가 일어나고 있었다. 특히 그러한 사회 변화의 중요한 특징은 인구와 관련이 있었다.

해당 지역에서 예멘만큼 이러한 현상을 극명하게 나타내는 나라는 없다. **알리 압둘라 살레Ali Abdullah Saleh가 1978년에 권좌에 올랐을 때 예멘의 전체 인구는 (그 당시만 해도 살레의 통치 범위가 아니었던 남예멘까지 포함하여) 750만 명이었다. 그가 축출된 2012년에 예멘 인구는 2,550만 명에 달했다. 1990년대에 들어서 예멘의 인구 성장률은 놀랍게도 연평균 5%에 이르렀다. 인구가 100년 동안에 100배 넘게 성장할 때 가능한 성장률이다.** 예멘의 인구 성장은 이민 같은 외부 유입 요인 없이 사망률을 웃도는 출생률 같은 순전히 자연적인 원인에 의해 발생했다. 예멘은 이민자들이 선호하는 목적지가 아니었다. 오히려 그 반대였다. 예나 지금이나 경제적·사회적으로 낙후된 상태를 면치 못하여 최근까지 자국 인구를 해외로 내보낼 여력조차 없었다. 그 결과 예멘 국민은 가난하고 옴짝달싹 못하는 상황에 이르렀다. 남유럽과 동유럽 사람들이 19세기 후반에 미국에 밀려든 것에서 알 수 있듯이 대륙 간 이민뿐만 아니라 국경 간 이민은 번영과 현대화가 어느 정도 이루어진 때에야 본격적으로 시작되는 법이다. 예멘의 인구 성장률에 비하면 영국이 19세기에 달성했던 4배 가까운 인구 성장률은 아무것도 아니다. 1990년에 예멘의 중위 연령은 겨우 14세였다.

예멘은 급격해질 대로 급격해진 인구 추세 가운데서도 극단적인 양상을 보이고 있지만 이 지역에서 벌어지고 있는 현상을 가장 상징적으로 보여주는 나라다. 1950년에 이집트 인구는 독일 인구의 3분의 1에도 미치지 못했지만 현재는 독일 인구를 추월했다. 이 지역의 대부분의 나라들은 인구의 중위 연령이 30세 미만이며 수단이나 이라크같이 인구의 중위 연령이 20세 미만인 나라도 있지만 대부분의 경우 중위 연령이 빠르게 상승하고 있다. 이처럼 급격한 인구학적 변화가 이 지역의 정세에 어떻게 작용하고 있는지 정확하게 규명할 수는 없지만 어떠한 형태로든 작용한다는 것만은 의심할 여지가 없다. **그처럼 젊고 역동적인 인구가 사회에 어떤 식으로든 영향을 끼치지 않았으리라 생각하기란 어렵기 때문이다. 인구 물결을 경험하고도 과거와 같은 상태를 유지할 수 있는 나라는 없다. 급격하게 증가**

한 청년 인구는 주변에서 일어나는 모든 일에 어떻게든 영향을 미친다. 적어도 현대 세계에서는 독재 정권이 젊고 역동적이며 급격히 증가하는 인구를 내리누르며 영원히 버티고 있을 수 없다.

인구 충격

여느 지역과 마찬가지로 중동에서도 전쟁과 기근 때는 인구가 줄어들었으며 호시절에는 인구가 성장했다. 그러나 중동은 현대화 과정에 돌입하고 나서야 불규칙적인 경로를 벗어나 다른 곳에서처럼 인구가 일정한 경로를 따르기 시작했다. 중동 대부분의 지역은 제1차 세계대전이 끝날 때까지도 여전히 오스만 투르크의 지배를 받았지만 그 후 유럽 제국들의 침략으로 이집트와 북아프리카는 영국, 프랑스, 이탈리아에 점령되었으며 오스만 제국은 점점 더 독일인들의 세력권 안으로 들어갔다. 유럽의 중동 지역 진출은 이 지역 대부분에서 인구 전환의 출발점이 되었다.

중동과 북아프리카 역시 데이터가 불완전한 편이지만 오스만 제국의 인구 조사는 놀랍게도 영국이나 미국과 비슷한 1831년에 시작되었다. 그러나 오스만 제국의 기록은 한계가 있었다. 데이터 수집의 목적이 군대에 동원할 수 있는 병력을 파악하기 위한 것이었고 그에 따라 인구 조사가 징집 대상인 이슬람교도 남성 위주로 이루어졌기 때문이다. 게다가 인구 데이터 수집은 중앙의 명확한 지시 없이 이루어지는 일이 많았기 때문에 일관성의 문제도 있었다. 그럼에도 오스만 제국의 초기 인구 통계는 최소한의 인구 기초 추정치를 산출하는 데 유용한 근거 자료가 된다.

19세기 오스만 제국의 인구를 파악하는 작업은 제국의 국경이 대개 축소되는 쪽으로 자주 바뀌었기 때문에 한층 더 어려워진다. 오스만 제국에 속해 있던 세르비아나 불가리아 같은 발칸 반도의 신생 기독교 국가들이 이슬람의 지배에서 벗어나기 위해 독립운동을 벌였다. 게다가 캅카스를 노리는 러시아, 제국을 확장하려는 영국, 프랑스, 이탈리아 등 여러 세력이 오스만 제국의 영토를 노리고 압박해왔기 때문에 오스만 제국은 영토를 유지하기가 힘들었다. 그러나 국경이 크게 변하지 않은 1884년에서 1906년 사이의 인구조사를 토대로 산출한 데이터에 따르면 그 기간 동안 전체 인구가 1,700만 명에서 2,100만 명으로 증가하여 연평균 1%를 약간 밑도는 비율로 성장했음을 알 수 있다.

미국과 자치령으로 인구가 대량으로 빠져나갔음에도 19세기 내내 그 정도 성장률을 유지한 영국과는 대조적으로 오스만 제국은 상당수의 이민자 유입에 힘입어 인구 성장을 달성한 것으로 보인다. 특히 20세기 초에 무려 500만 명에 달하는 이슬람교도가 캅카스와 발칸 반도에서 피신하여 오스만 제국으로 들어왔다. 이때 유입된 난민들은 러시아와 신생 발칸 국가들을 포함한 기독교 세력의 영토 확장을 피해서 도망나온 사람들이었다. 오스만 제국을 공격한 기독교 국가들이 오늘날로 치면 인종 청소나 종교 청소로 불릴 정도로 잔인하게 이슬람교를 핍박했기 때문이다. 난민들은 퇴각하는 군대와 함께 나날이 축소되고 있던 이슬람 제국 오스만의 영토 안으로 숨어들어 그곳의 인구 성장에 기여했다. 러시아와 세르비아 등이 이슬람 지역으로 진격하면서 이슬람 인구를 말살했을 때 드러낸 비정상적인 잔인함은 이제 거의 잊힌 일이 되고 말았지만 러시아가 캅카스로 세력을 확장했을 때 그 지역 이슬람 인구 가운데 90%가 학살되거나 추방된 것으로 추정된다. 이때 피신한 이슬람교도들의 자손을 체르케스인Circassian이라고 하는데 이들은 아직까지도 중동과 그 이외 지역에 흩어져 살고 있다.

오스만 제국도 기독교인들을 핍박하기는 마찬가지였다. 제1차 세계대전 당시 아나톨리아 동부에서 일어난 아르메니아인 대학살은 100만 명 넘는 기독교도 아르메니아인들이 몰살당한 사건으로 이슬람 지배 세력인 오스만이 자행한 일련의 학살 가운데서도 가장 대대적이고 잔인했다. 이 추악한 행위의 대부분은 수도 이스탄불의 통치자들의 후원과 지도 아래 현지에 사는 쿠르드인들이 저질렀다. 학살 후에는 대개 그러하듯 여성을 강간하고 노예로 삼는 일이 뒤따랐고, 살아남은 사람들에 대한 강제 동화와 개종 절차가 이어졌다. 곧이어 오스만 제국을 계승한 터키 역시 오스만 제국의 붕괴 직후에 그리스가 침공해오자 그리스 군을 무찌른 것도 모자라 아나톨리아 서부의 그리스인들을 대상으로 아르메니아인 대학살 때와 비슷한 학살, 추방, 강제 동화 등의 보복 조치를 단행했다.

이슬람교도들이 발칸 반도와 캅카스에서 오스만 제국으로 유입되던 때에 북아프리카에서는 그와는 다른 이유로 유럽인들이 유입되고 있었다. 유럽인들은 (1830년에 시작된) 프랑스의 북아프리카 정복 직후에 알제리로 이주하기 시작했고 그 후 프랑스 제국에 편입된 튀니지로도 들어왔다. 1900년경에 알제리에는 50만 명 넘는 유럽인들이 거주했는데 그 가운데 40%는 프랑스가 아닌 다른 남유럽 국가 출신이었다. 1911년에 튀니지에는 이탈리아계를 주류로 한 유럽인 20만 명 정도가 살고 있었다. 그 당시만 해도 유럽인들이 점점 더 많이 밀려들어와 미국과 대영제국 일부 지역에서 그러했듯이 그 지역의 인종 구성에 필연적이고 돌이킬 수 없는 변화를 일으킬 것처럼 보였을지도 모르겠다. 그러나 남아프리카의 경우와 마찬가지로 북아프리카에서도 그러한 일은 일어나지 않았다. 인구학적으로 유럽인의 유입은 너무 미미했고 너무 뒤늦게 이루어졌다. 유럽인들이 유입되던 당시는 이미 토착민들 사이에서 첫 번째 인구 물결이 일어나 인구가 증가하고 있었다. 1941년에 알제리에 거주하고 있던 유럽인은 100만 명 정도로 100여 년 전 프랑스 침공 당시의 토착민 숫자와 비슷했다. 그러나 그때 토착 주민인 이슬람교도의 숫자는 650만 명으로 증가한 상태였다.

제국주의가 이 지역에 입힌 피해는 현재까지도 비난의 대상이 되고 있으며 오스만 제국이 발칸 반도에 입힌 피해만큼이나 유달리 오랫동안 작용하여 회복되지 않고 있다. 그러나 인구학적으로 봤을 때는 오히려 유럽 식민주의가 북아프리카 현지 주민의 인구 폭발을 자극하여 인구 성장에 기여했다. 그에 따라 유럽이 지배를 지속할 수 없는 인구 상황이 조성되었고, 결과적으로 유럽 식민주의는 이 지역에서 몰락하고 말았다. 21세기에 알제리에 남아 있는 유럽인은 거의 없는 반면에 프랑스에는 상당수의 북아프리카인이 살고 있다. 프랑스가 북아프리카를 정복했을 당시만 해도 유럽인들이 영원토록 승승장구할 것 같았기 때문에 그러한 인구 결과가 나타나리라고는 예상하지 못했을 것이다. 알제리가 프랑스의 지배에서 해방된 것에는 당연히 많은 요소가 작용했지만 무엇보다도 토착민의 인구 급증으로 유럽계 정착민이 알제리를 계속해서 지배할 수 없었던 것이 제일 컸다. 알제리뿐만 아니라 남아프리카나 짐바브웨에서도 똑같은 일이 일어났다. 드골 장군은 토착 알제리인과 이민 유럽인의 비율이 9 대 1이 될 때를 프랑스가 철수해야 할 시기로 간주했다.

유럽의 제국주의 의지 상실, 식민지 주민의 자신감 확대, 인구 변화 사이에 직접적인 연관이 있는지 입증하기는 어렵지만 탄탄한 정황 증거는 존재한다. 제1차 세계대전 이후에 유럽의 강대국들은 중동과 그 이외 몇몇 지역을 식민지가 아닌 국제연맹 위임통치령League of Nations Mandate으로 받았다. 이것은 인구 요소로 인한 결과라기보다는 미국 대통령 우드로 윌슨의 민족 자결주의 원칙에 따른 것이지만 전쟁 이후의 유럽을 자세히 고찰해보면 제국에 대한 정서가 바뀐 것을 알 수 있다.

그 당시에 중동과 북아프리카 사회는 막 전환을 시작했다. 출산율과 사망률은 여전히 높았고 (물론 얼마 후에 사망률이 하락하면서 인구 성장이 가속화되었지만) 전통적인 맬서스의 덫이 인구 발달을 억제하고 있는 상황이었다. 1866~1868년에 일어난 기근으로 북아프리카 주민 30만 명이 목숨을 잃었고 알제리에서는 전간기 동안에 주기적으로 창궐한 유행병 때문에 1,000명당 20명도 안 되던 연평균 사망률이 35명을 돌파했다. 알베르 카뮈Albert Camus의 소설《페스트La Peste(흑사병)》는 전쟁 직후의 알제리를 배경으로 하는데 실제 내용은 훨씬 전에 일어난 콜레라 대유행 당시의 상황을 묘사한 것으로 보인다. 그렇다고는 해도 페스트를 과거에 완전히 사라진 질병으로 생각해서는 안 된다. 2003년까지도 카뮈 소설의 무대인 알제리 오랑에서는 10건 이상의 선 페스트bubonic plague가 발생했다.

오스만 제국의 붕괴 이후에 그 지역에서 가장 많은 인구를 보유한 나라가 된 이집트는 당시 해당 지역의 인구 역학이 여전히 전근대적이었음을 단적으로 보여주는 사례다. 1800년 이집트의 인구는 대략 300~400만 명이었는데 1300년은 물론 서기 1년의 인구에서 거의 성장하지 않은 것으로 보인다. 그러나 19세기를 지나면서 이집트 인구는 2배 넘게 성장했다. 1930년대에는 16~19세 여성의 3분의 1 가까이가 결혼을 할 정도로 사람들이 일찍 결혼했다. (그 시대 같은 연령대의 서유럽 여성에 비해 5배 넘는 비율이다.) 게다가 1,000명당 40명 넘는 출생률이 꾸준히 유지되었다. 사망률은 오르락내리락했으며 여전히 주기적으로 콜레라가 창궐하여 인구에 영향을 미쳤지만 그 영향력도 약해지고 있었다. 부실한 식생활, 열악한 주거 환경과 위생 시설 때문에 사람들의 건강 수준은 여전히 낮았다. 그러나 제한적이고 기초적이긴 했지만 근대화의 영향은 인구 성장을 유발하기에 충분했다. 이집트 인구는 실질적인 인구 유입이나 유출 없이 20세기 전반기에 2배로 불어났다. 이 정도면 연평균 1%의 성장률로 영국이 19세기에 경험한 것과 비슷한 수치다.

20세기 중반부터 단편적이고 일관성 없이 이루어지던 이 지역의 근대화가 좀 더 일관되고 균일하며 강력하게 이루어지기 시작하면서 인구 물결이 힘을 얻었다. 서민들은 여전히 궁핍했지만 교통, 교육, 의료시설의 지속적인 발전은 이곳에서도 다른 곳과 비슷한 효과를 발휘했다. 그 결과 100년도 더 전에 영국에서 처음 관찰되었으며 그 후 전 세계가 답습했거나 답습하고 있는 인구 전환 패턴이 이곳에서도 반복되었다. 그러나 그 속도는 훨씬 더 빨랐다.

영아 사망률은 언제나 무슨 일이 일어났는지를 정확하게 보여주는 척도다. 북아프리카 전체의 영아 사망률은 1950년부터 2017년까지 20%에서 3% 미만으로 떨어졌다. 중동과 북아프리카를 통틀어 가장 가난한 나라인 예멘의 영아 사망률조차도 같은 기간 동안에 25%에서 5% 미만으로 떨어졌다. 그리고 기대수명이 눈에 띄게 늘어났다. (예를 들어 리비아 국민은 20세기 중반까지 평균적으로 30대 중반을 넘기지 못했지만 현재는 70대 초반까지 장수한다.) 한편 인구 전환을 겪는 나라의 전형적인 특징대로 처음에는 출산율이 그대로 유지되었다. 이라크와 사우디아라비아의 여성들은 1980년대에 들어서도 평균적으로 6명의 자녀를 낳았다.

그 결과 다른 곳에서 나타난 패턴대로 인구 규모가 급증하고 사회가 극도로 젊어졌다. 1950년에 2,000만 명이던 이집트 인구는 빠른 속도로 1억 명에 가까워지고 있으며 900만 명이던 알제리 인구는 대규모 인구가 프랑스로 빠져나갔음에도 불구하고 같은 기간 동안에 4,000만 명을 넘을 정도로 성장했다. 즉, 반세기 조금 넘는 기간 동안에 인구가 4~5배 성장한 셈이다. 중동과 북아프리카를 포함하여 전후 개발도상국들의 인구가 4배 성장한 데 걸린 시간은 잉글랜드의 절반이었다. 다시 한 번 말하자면 인구 전환은 뒤늦게 일어날수록 훨씬 더 급격한 인구 성장률의 상승으로 이어지는 경향이 있다. 이러한 경향을 '후발주자의 우위last mover advantage'로 본다면 최초로 인구 전환에 돌입한 유럽 국가들이 결국에는 후발주자들에게 인구 면에서 추월당하리라는 점을 짐작할 수 있다.

그러나 **중동에서도 다른 곳에서와 마찬가지로 인구 물결의 힘이 잦아들기 시작했다. 중동 사회의 도시화가 진행되고 문해율이 높아짐에 따라 출산율이 급격히 하락하고 있다. 1970년대까지도 6명을 낳았던 이집트 여성들의 현재 평균 자녀 수는 3명이다. 리비아 여성들의 평균 자녀 수도 1970년대에는 7.5명이었지만 오늘날에는 2.5명도 낳지 않는다.** 예멘의 출산율도 1980년대 이후 절반으로 줄어들었다. 출산율이 가장 많이 하락한 곳은 이란이다. 이곳의 출산율은 이슬람 혁명 초반만 해도 6명을 훌쩍 웃돌았으나 불과 20년 만에 2명 미만으로 떨어졌다. 출산율의 유지와 그에 이은 급락, 기대수명 연장, 인구 급증은 중동과 북아프리카를 뒤흔들고 있는 정세 변화의 원인인 동시에 그 결과이기도 하다.

이슬람, 석유 그리고 정책 — 중동과 북아프리카의 인구 성장 원동력

생활수준의 향상으로 영아 사망률과 기대수명이 크게 개선되고 초기에 높게 유지되던 출산율이 도시 거주자와 교육받은 여성의 증가로 하락한 상황을 보면 중동의 인구 전환이 서구나 아시아와 비슷하다고 생각할 수도 있다. 그러나 중동의 인구 전환은 다른 지역과 근본적으로 다르며 고유한 특징을 갖고 있다.

우선 이슬람교가 매우 중요한 역할을 담당한다. 이슬람 인구는 이교도와 가까이 살거나 인구 대부분이 이슬람교를 믿지 않는 국가에서 소수자로 살았을 때 상대적으로 높은 출산율을 보였다. 소련 말기에 그러했고 발칸 반도, 이스라엘, 동남아시아뿐만 아니라 인도와 남아시아에서도 그러한 경향을 나타냈다. 인도에서는 이슬람교도의 출생률이 힌두교도보다 항상 높은 수준을 유지하고 있으며 남아시아 그 이외 지역에서도 파키스탄인의 출생률이 인도인을 앞지른다. 이슬람 인구를 대량으로 받아들인 서유럽 국가도 마찬가지다. 결과적으로 이슬람 사회와 이슬람이라는 종교 자체에 출산 장려주의가 내재해 있다는 느낌이 들 수도 있다. 이 같은 생각은 1910년대에 프랑스인들이 독일인들의 다산 능력을 두려워하고, 독일인들은 러시아인을 비롯한 슬라브인의 인구 성장을 우려했던 상황을 떠올리게 한다. 그러나 현재 독일과 러시아는 모두 매우 낮은 출산율을 보이면서 영속적인 다산 능력을 타고나지 않은 것으로 판명되었다. 현재의 출산율과 인구 성장률을 어떤 나라나 민족 집단의 영구적인 특징으로 간주하는 경향이 있지만 인구는 예상을 초월할 때가 많다. 특정 인종이나 민족이 언제까지나 자녀를 많이 낳거나 전혀 낳지 못하는 일은 없으며 문화가 바뀌지 않는 일도 없다. 상황이 바뀌면 인구도 변화한다.

따라서 높은 출산율을 이슬람교만의 고유한 특징이라고 주장해서는 안 된다. 성경이 그러하듯이 쿠란Quran과 하디스Hadith에도 출산을 장려하는 발언들이 나온다. "내가 나라 앞에서 너희의 많은 숫자를 자랑할 수 있도록 다정하고 아이를 낳을 수 있는 사람과 결혼하라." 쿠란은 이슬람 이전의 사회 관행이던 영아 살해를 금지했다. "가난을 이유로 너희 자식을 죽이지 말라. 우리가 너희와 너희 자식들에게 먹을 것을 제공한다. 부끄러운 짓은 공개적으로든 은밀하게든 할 생각도 하지 말라. 알라가 신성하게 창조하신 생명을 빼앗지 말라." 그러나 대부분의 해석본에 따르면 쿠란은 피임기구의 사용을 금지하지는 않는다. 또한 임신 초기 몇 달 동안의 낙태는 대체로 허용된다. 하디스에 나오는 어느 선지자는 이렇게 말한다.

> 우리 모두는 40일 동안 (……) 조그만 씨앗으로 존재한다. 그런 다음에 추가로 40일 동안 핏덩이 형태로 유지된다. 그리고 다시 40일 동안 살덩이 형태로 존재한다. 그러고 나서 천사가 나타나서 태아에게 영혼(생명)을 불어넣는다.

물론 1960년대에 파키스탄의 강경파인 데오반디Deobandi가 산아 제한을 금지한 때도 있었지만 이것은 매우 드문 경우에 해당한다. (신도들이 실제로 따랐든 따르지 않았든) 산아 제한 금지를 교리로 내세운 로마가톨릭교회와는 달리 이슬람권의 주요 종교 당국이 전면적으로 산아 제한을 금지한 일은 거의 없었다. 오히려 1937년에 이미 인구 팽창을 우려한 이집트의 대大무프티Grand Mufti(이슬람 율법을 해석하는 무프티 중에서도 가장 높은 지위 - 역주)가 피임기구를 허용하는 파트와fatwa(대무프티가 이슬람 율법을 해석하고 자기 의견을 덧붙인 일종의 칙령 - 역주)를 내렸을 정도다.

그러나 일부 이슬람 사회에는 분명 다산을 유도하는 특징이 존재한다. 이슬람권의 일부 지역에서 나타나는 여성 교육에 대한 거부감과 그에 따른 높은 여성 문맹률은 높은 출산율과 연관이 있다. 혼외 출생이 극히 드문 사회에서는 사실혼 관계에 있는 여성이 자녀를 낳지 않을 가능성이 높지만 일부다처제가 시행되는 사회에서는 사실혼 관계에 있는 여성이 자녀를 낳지 않을 가능성이 줄어든다. 그런데 대부분의 이슬람권에서는 일부다처제가 허용된다. 여성의 이른 결혼도 다산을 유도하는 경향이 있다. 실제로 아랍권을 통틀어 여성들의 평균 초혼 연령은 여전히 낮은 편이다. 한편 모로코와 튀니지에서는 아직도 여성의 노동 참여율이 세계 평균의 절반에도 미치지 못하며 이집트의 여성 노동 참여율은 세계 평균의 3분의 1을 밑돈다. 여성의 낮은 노동 참여율 역시 높은 출산율과 상관관계에 있다.

따라서 출산 장려주의는 이슬람이라는 종교 자체보다는 이슬람권의 문화와 관련이 있는 것으로 보인다. 이슬람 여러 지역에서 정권 차원의 가족계획 보급 활동이 지지부진하게 이루어지는 이유 역시 그 때문일지도 모른다. 예를 들어 이집트에서는 1970년대 초반 연구를 통해 가족계획 진료소를 찾은 경험이 있는 기혼여성이 10명 중 한 명꼴에 불과하다는 사실이 밝혀졌다. 그 당시 피임 수단을 가장 쉽게 입수할 수 있는 곳이 가족계획 진료소였음에도 그러했다. 그러나 이란의 가족계획 정책은 도입되자마자 엄청난 효력을 발휘했다. 이란의 출산율이 얼마만큼 급속도로 떨어졌는지는 앞서 언급한 바 있다. 어떻게든 일어날 일이었겠지만 이란 공화국 정부가 출산율 하락을 촉진한 것은 분명하다.

사실 이란은 중국과 비슷한 인구 정책을 펼쳤다는 점에서 흥미로운 사례다. 1979년에 권력을 잡은 호메이니 정권은 마오쩌둥이 그랬듯이 원래는 출산을 장려하는 쪽이었으며 마오쩌둥과 마찬가지로 출산 장려주의를 이념의 근간으로 삼았다. 국왕이 추진하던 가족계획 정책은 부분적으로 중단되었고 1980년에 이라크와의 전쟁이 벌어지면서 혼인 가능 연령이 낮아졌다. 이미 높은 출산율이 소폭 더 올라갔으며 1980년대 말이 되자 물라Mullah(이슬람의 법과 교리에 정통한 성직자 - 역주)들이 인구 급성장에 두려움을 느끼기 시작했다. 산아 제한을 허용하는 파트와가 발부되었으며, 가족계획 정책이 다시 도입되고 확대되었다. 중동 최초로 국가 지원 콘돔 제조 공장이 설립되었다. 21세기 초에 이르기까지 출산율이 2명 아래로 떨어질 정도로 정책의 효과는 강력했다. 현재는 이란 정부도 중국과 마찬가지로 가족계획을 재고하기 시작했다. 이란의 최고 지도자 알리 하메네이Ali Khamenei는 인구 고령화와 낮은 출산율 때문에 "두려움에 몸을 떤다"고 말하는가 하면 출산 병동 무료 이용, 출산 휴가 연장, 무료 정관수술의 폐지와 금지 등의 14개 항목으로 구성된 출산 촉진 정책을 단계적으로 도입하고 있다.

그러나 여성의 문해율이 높아지고 교육수준이 향상되었으며 도시화가 확산된 가운데 정부가 180도로 달라진 정책을 시행한다고 해서 이란 여성의 선택에 실질적인 영향을 줄지는 의문이다. 가장 최근에 나온 유엔 데이터에 따르면 이란의 출산율은 러시아보다 그리 높지 않으며 대체 출산율에 미치지 못하는 수준인 데다가 하락하는 추세다. 도시에 사는 이란 젊은이들이 부모가 되기를 기피하는 까닭은 경제적·정치적 동기 때문이다. 테헤란에 사는 어느 중산층 여성은 "아이를 낳기 위해 일을 그만두면 우리가 사는 집의 임대료를 어떻게 감당하겠어요?"라고 푸념했다. 최근에 대학을 졸업했으며 정부에 불만이 많은 젊은이는 "이런 지옥에 내 자식을 밀어넣고 싶지는 않아요"라고 한탄했다. 그런가 하면 어떤 사람은 두 차례의 불법 낙태 경험을 털어놓으면서 "우리는 진심으로 아기를 낳을 생각이 없어요"라고 말했다. 그러나 이란 젊은이들이 일본의 젊은이들처럼 이른 결혼과 출산을 보수주의, 종교 광신, 자유롭지 못한 삶과 연결 짓는 데는 경제적·정치적 고민 이외에 문화적인 측면도 작용했을 것이다. 이슬람 사회도 제2차 인구 전환의 영향에서 자유로울 수는 없다. 즉, 출산의 선택이 순전히 물질적인 형편보다는 개인의 가치관과 선호도에 좌우되며 많은 사람이 다른 계획을 우선시하여 부모가 되는 일을 완전히 포기한다는 뜻이다.

중동 전반의 출산율은 2명 넘는 수준을 유지하고 있으며 (예를 들어 이집트와 알제리의 경우) 최근 몇 년 동안은 상승하기까지 하고 있다. 그러나 이란뿐 아니라 출산율이 1.75명 미만으로 이란보다도 훨씬 낮은 레바논에서는 원래부터 낮은 출산율이 놀라운 속도로 더 하락하고 있다. 이곳에서도 종교적인 요소가 작용하는 것으로 보인다. 중동 전 지역에서 기독교도는 이슬람교도보다 자녀를 덜 낳는 경향이 있는데, 레바논은 기독교도 비율이 단연코 가장 높은 나라다. 최근 몇 년 동안 레바논의 출산율이 급격하게 하락한 원인으로는 초혼 연령의 상승과 피임기구 이용 증가가 꼽힌다. 그뿐만 아니라 다른 지역보다 여전히 뒤처지기는 했지만 여성의 교육수준 향상도 원인으로 지목된다. 도시화 역시 작용했다. 이처럼 이 지역의 출산율 하락은 전혀 특이한 현상이 아니다. 출산율 하락에 영향을 미치는 요소가 뒤늦게 작용했을 뿐이다.

종교 이념과 정부 정책 이외에도 페르시아 만의 풍부한 석유 역시 원인으로 작용한다. 석유 수익이 중동의 모든 국가에 고르게 분산되지는 않지만 산유국이 아닌 나라들도 일자리와 송금 수익의 형태로 석유의 혜택을 입었다. 따라서 1970년대와 1980년대까지의 높은 출산율은 석유 생산이 뒷받침했을 가능성이 크다. 산유국은 특이하고 편향된 인구 추이를 보였다. 산유국의 출산율은 높은 편이지만 하락하는 추세이며 (예를 들어 1980년대 초반 이후로 사우디아라비아의 출산율은 7명 넘는 수준에서 3명 미만으로 떨어졌으며) 비교적 양질의 의료서비스 덕분에 기대수명이 길다. (예를 들어 1950년 이후로 아랍 에미리트UAE의 기대수명은 45년 미만에서 75년을 넘는 수준으로 연장되었다.) 그러나 인구 측면에서 가장 놀라운 일은 이민자의 유입이었다. 이들 대부분은 저임금을 받는 저숙련 노동자였다. 예를 들어 제2차 세계대전 종전 이후에 인구 2만 5,000명이던 카타르의 현재 인구는 250만 명으로 성장했다. 이 정도의 인구 성장은 자연 성장으로는 달성하기 어려운 수치로서 노동자의 이민에 의한 것이었다. 실제로 카타르 인구 가운데 토착민은 20%도 되지 않는다.

중동에서도 인구 성장에 관여하는 기본적인 힘(사망률 하락 가운데서도 영아 사망률의 하락과 지속적으로 높은 출산율)이 작용하기는 했지만 그 힘은 다른 지역에서 비롯되었고 작용 방식도 달랐다. 다시 말해 다른 사회에 비해 '외생적'인 힘이 크게 작용했으며, 그것은 서구의 원조 프로그램을 통해서든 석유 호황에 힘입은 지역 내 자금 이동을 통해서든 대규모로 발생했다. 오늘날 이집트는 미국과 사우디아라비아의 원조를 통해 자국민의 식량 일부를 충당하고 있다. 이와 같은 외부로부터의 자금 지원과 의료 및 기타 복지 정책 없이 이집트인들의 기대수명이 70년 넘는 수준으로 연장되기란 어려웠을 것이다.

그러다 보니 이 지역의 인구 구조에는 영국이나 중국과 같이 인구를 비롯한 여러 방면에서 자력으로 성장한 나라에서는 찾아볼 수 없는 취약성이 나타나고 있다. 사우디아라비아가 지원을 중단해야 할 정도로 유가가 급락하거나 이집트와 미국의 관계가 나빠지면 이집트의 인구는 위험에 처할 수밖에 없다. 이제까지 지중해 너머로 이루어진 이주는 앞으로 닥칠 일의 전조였을지도 모르며 결과적으로는 이주가 해결책이 될 가능성도 있다.

굶주리고 자포자기한 이집트 인구 1억 명이 지중해 해안에서 대기하는 상황이 되면 유럽이 이제까지 겪은 이민 사태 정도는 아무것도 아닐 정도로 엄청난 위기가 찾아올 것이다.

인구 압력과 폭발

국가 정책이 어떻게 추진되든 인구는 사회 외부에서 내부로 투입되어 일방적으로 영향을 미치는 요소가 아니다. 그보다는 사회 자체에서 발생하며 대개 환경을 원인으로 하고 환경에 의해 형성된다. 그럼에도 인구 패턴에서 이 세계가 돌아가는 방식과 사건이 전개되는 양상까지의 인과 관계를 찾아낼 수 있다. 인구 물결은 역사의 경로를 결정하지는 않지만 영향을 주며 인구의 양상이 달랐다면 역사적으로 다른 결과가 나타났으리라고 예상할 수 있다. 중동과 북아프리카의 사회·경제적 실패와 인구를 분리해서 생각할 수는 없다. 실제로 수많은 지역에서 인구는 정치적 붕괴의 원인이 되었다. 인구가 젊고 빠른 속도로 늘어나는 곳은 국가가 붕괴되고 내전을 겪을 가능성이 좀 더 크다. 특히 인구가 경제에 성공적으로 통합되지 못하고 사회에 생산적인 기여를 할 기회를 얻기 힘들 때 그 가능성은 더 커진다.

중동과 북아프리카는 특히 정치 불안, 민주주의와 인권 부재, 사회·경제 발전의 실패에서 비롯된 문제를 무수하게 겪고 있다. 그 가운데서도 산유국들은 자국민에게 높은 생활수준, 사회복지, 의료 서비스를 제공할 능력이 있음에도 불구하고 낮은 교육 성취도와 노동 생산성을 보이고 있다. 이 지역의 문제점과 실패 원인을 낱낱이 살펴보는 것은 중요한 일이다. 그러나 그처럼 민감한 사한을 논하기에 앞서 세 가지 사항을 지적하고 넘어갈 필요가 있다. 첫째, 중동과 북아프리카의 문제는 어느 정도 인구에서 비롯된다는 점이다. 그렇다고 지극히 간단한 해법이 있다고 말하려는 것은 아니다. 서구식 정치 경제 제도는 도입된 곳마다 실패로 끝났다. 둘째, 이 지역에 만연한 음모론들은 하나같이 신빙성이 없는 것들이지만 이 지역에 대한 외부의 개입이 지나치게 빈번하게 이루어졌고 대체로 무용지물이었다는 점만은 부인할 수 없다. 마지막으로 중동과 북아프리카의 실패를 종교 문화의 탓으로만 돌려서는 안 된다는 점이다. 역사를 돌이켜보면 이슬람은 여러 시대에 걸쳐 가장 혁신적이고 번영하는 사회의 토대를 이룬 적이 있었다.

중동과 북아프리카의 지역 내 소득 격차는 어마어마하다. 1인당 소득 기준으로 따져보았을 때 이 지역의 일부 국가는 순전히 석유 수출 덕분에 세계에서 가장 부유한 축에 든다. 특히 카타르는 석유 수출 규모와 상대적으로 적은 인구 덕분에 1인당 국민소득이 가장 높은 나라 가운데 하나다. 그러나 이 지역 전반의 성공과 실패 여부를 단순히 소득이라는 잣대만으로 가늠할 수는 없다. 더욱이 순수하게 경제학적인 측면에서도 아랍권은 내세울 것이 거의 없다. 유가가 급등하기 이전인 1999년에는 아랍권 전체의 경제 규모가 스페인 한 곳의 경제 규모에 미치지 못할 정도였다. 터키가 최근 몇 년 동안 비교적 뛰어난 경제성과를 거두고 있기는 하지만 기껏해야 중간 소득 국가에 불과하다. 그뿐만 아니라 이란은 국제사회와의 대결과 그에 따른 제재 조치 때문에 경제 발전에 차질을 빚고 있다.

원유와 가스의 대규모 생산에서 발생하는 소득과 같은 우연의 산물을 감안하여 사회·경제 발전을 분석하는 한 가지 방법은 소득이 비슷한 타국과의 인적 개발 수준을 비교하는 것이다. 2002년에 진행된 연구에 따르면 가난한 나라든 최고로 잘사는 나라든 상관없이 아랍 국가 중 절대 다수가 소득이 비슷한 다른 나라에 비해 인적 개발 수준이 낮았다. 인적 개발 수준의 척도인 인적 개발 지수Human Development Index는 교육, 건강, 소득에 가중치를 둔다는 점에서 다소 결함이 있을 수는 있지만 개별 지표를 하나하나 살펴보더라도 같은 결과가 나온다. 일단 전반적인 실업률 때문이든 여성의 낮은 취업률 때문이든 노동시장 참여율이 낮다. 아랍권의 인구 대비 취업률은 세계 어느 지역보다도 낮은 46%에 머물러 있다. 이 지역의 1인당 물 소비량은 세계 평균치의 20%이며 특히 예멘의 경우에는 2%에 불과해서 낮은 생활수준을 짐작케 한다. 건조한 지역이기 때문에 물 소비량이 낮을 수밖에 없다는 반론이 있을 수도 있지만 이제까지 다른 나라의 건조 지대의 물 부족 문제는 성공적으로 해결되어왔다. 예를 들어 미국의 남서부와 이스라엘의 물 부족 문제는 보존, 재활용, 담수화를 통해 (전자의 경우에는 그리 지속 가능하지 않은 방향으로, 후자의 경우에는 좀 더 지속 가능한 방향으로) 해결된 바 있다.

물 불안정성이 문제이듯이 식량의 불안정성도 문제다. 이 지역은 전반적으로 전체 곡물 공급량의 절반 이상을 수입에 의존하고 있다. 참고로 전 세계 곡물 수입 의존도는 15%다. 그러한 이유에서 중동과 북아프리카는 식량 자급자족 능력이 가장 떨어지는 지역에 속한다. 잘 알려져 있듯이 이집트는 한때 로마제국의 곡창지대였지만 현재는 원래부터 많은 데다가 지속적으로 불어나는 인구를 먹여 살리기 위해 식량 수입에 과도하게 의존하고 있다. 이집트가 식량을 자급자족하지 못하는 까닭은 대규모 인구의 지속적인 성장뿐만 아니라 낮은 노동생산성 때문이다.

교육적으로도 아랍권은 미미한 성과만을 거두었으며 특히 여성 교육 측면에서 그러한 경향이 두드러진다. 문해율이 크게 상승하기는 했지만 아랍 각국의 여성 문해율은 21세기 초반에도 동아시아와 중남미 같은 지역보다 크게 뒤처졌다. 이러한 경향은 남성 대비 여성 경제활동 인구의 비율에 그대로 반영되어 현재 중동은 해당 지표에서 세계 최하위를 기록하고 있다. 게다가 아랍의 고등 교육 기관 가운데 학술적인 성과를 거두는 곳은 거의 없다. 세계 대학 학술 순위Academic Ranking of World Universities에 따르면 이스라엘의 4개

고등 교육 기관이 상위 200위권에 진입한 데 반하여 아랍권에서는 1개 기관만이 진입한 상황이다. 1987년부터 취합된 데이터에 따르면 '자주 인용되는' 학술 논문 가운데 이집트의 논문이 차지하는 비중은 이스라엘의 2,000분의 1에 불과했다. 산유 부국인 쿠웨이트조차도 자주 인용되는 학술 논문의 비중이 이스라엘의 70분의 1을 밑돌았다.

항상 그러하듯이 이러한 불운의 원인은 인구만이 아니다. 민주주의 제도가 확립되지 않은 지역 대부분에서 석유는 기업가 정신보다는 지대 추구(기존의 부에서 나오는 임대 수익에만 의존하여 새로운 부를 창출하지 않는 것 - 역주) 문화를 조성함으로써 저주를 내렸다. 석유와 같이 막대하고 손쉽게 활용 가능한 부의 원천이 국가의 통제를 받는 곳에서는 기업을 설립하거나 실질적인 가치가 있는 서비스를 제공하기보다 원유 수송관에 쉽게 접근할 수 있는 위치를 차지하는 것이 큰돈을 벌기에 가장 유리한 방법이다. 이처럼 상층부에 조성된 부패 문화는 아래로 내려와 사회의 전반적인 경향이 된다. 중동과 북아프리카는 여러 차례 강대국의 각축장이 되었으며 특히 냉전 시대에는 외부 세력이 개입하여 자기들의 분부에 따를 각오가 되어 있는 독재 정권들을 지원했다.

불운의 원인을 찾기 위해 내부로 눈을 돌리면 중동의 극심한 여성혐오 경향이 발전을 저해한 요소임을 분명히 알 수 있다. 여성의 발전을 허용하지 않는 사회가 발전하는 일은 드물다. 최근까지 사우디아라비아에서는 여성이 운전하는 것은 둘째 치고 집 밖으로

나갈 때조차 남성의 승낙을 받아야 했다. 이러한 상황에서 여성이 성공할 수 있는 방법을 찾기란 어렵다. 이것은 인구와 밀접한 관계가 있다. 인구 성장과 인류 발전의 근원에는 자신의 몸과 출산에 대해 결정권을 지닌 여성이 존재하는 법이다. 이를 거부하는 문화의 인구는 발전하지 못할 가능성이 크다.

중동과 북아프리카의 인구는 유별나게 젊고 인구 성장률도 이례적으로 빠르다. 그러나 이 지역과 인구학적으로 비슷한 나라들은 빠른 경제 성장과 사회 발전을 경험했다. 예를 들어 중국은 경제 도약기에 인구가 빠르게 성장했다. 정상적인 상황에서는 인구 성장이 경제적 성장을 가져온다. 그러나 중동의 상황은 그렇지 못하다. 앞서 언급한 중동의 불운 가운데 몇 가지는 부분적으로나마 인구 압력을 원인으로 한다고 볼 수 있다. 물 부족 문제가 어느 정도 해결되기는 했지만 중동의 인구가 좀 더 적었더라면 기존 수자원만으로도 충분했을 것이다. 마찬가지로 농업 생산성을 지금보다 훨씬 더 높이는 것이 바람직하기는 하지만 인구가 좀 더 적었다면 현재의 농업 생산성으로도 국민들에게 좀 더 많은 식량을 제공할 수 있었을 것이다. 교육의 실패에는 많은 원인이 있지만 그중에서도 취학 연령 인구의 급증과 대학 연령 인구의 수요를 따라가기 어려운 점도 중요한 원인으로 꼽힌다.

마찬가지로 인구 성장이 수요를 창출할 수 있지만 시장, 무역, 교육 등의 다른 시스템이 제대로 작동하지 않을 때는 노동인구가 수용 수준 이상으로 증가하여 고용 문제가 발생한다. 교육 성취도가 낮고 자본 투자가 부족할 때는 지속적으로 증가하는 인구를 생산적인 방식으로 노동력에 편입시키기가 어려워지는 것이다. 2002년 유엔 보고서에 따르면 6세에서 15세 사이의 아랍권 어린이 1,000만 명이 학교에 다니지 않는 것으로 추정되었다. 그 어린이들이 모두 성인이 된 현재 이들이 점점 더 세계화되고 있는 경제에 적응하기는 어려워 보인다.

'청소년 인구 팽창'은 높은 실업률로 이어지고 사회 혼란과 폭력을 유발한다. 중동에서는 청소년 인구 폭증이 이슬람 원리주의의 팽창을 불러왔다. 사실 이슬람 원리주의 자체가 인구학적 요소에서 비롯되었다고 볼 수 있다. 이슬람을 비롯한 모든 종교에서 나타나는 강한 믿음과 출산율 사이에는 분명한 연관성이 있다. 좀 더 독실한 인구 집단이 계속해서 자녀를 낳는다면 다른 요소와 마찬가지로 인구 역시 이슬람 원리주의는 물론 지하드 운동Jihadism(이슬람 원리주의자들의 무장 투쟁 - 역주)을 지속적으로 팽창시키는 원동력이 될 것이다. 다시 말해 인구는 이 지역의 사회적·경제적 문제의 유일한 원인은 아니지만 문제를 악화시키는 원인 중 하나임은 분명하다.

이 지역의 인구 문제는 가족계획 정책의 실패에서 비롯되었다고 할 수도 있다. 중동과 북아프리카 대부분의 국가에서 출산율이 하락하고는 있지만 여전히 높은 편이며 일부 국가에서는 하락세가 반전되어 지난 10여 년 동안 오히려 상승했다. 무엇보다도 피임법이 보편적으로 이용되지 않고 있다. 모로코에서는 가임 연령대 기혼 여성 가운데 3분의 2가 피임법을 이용하는 반면에 이라크와 수단에서는 피임법을 이용하는 여성이 각각 절반과 10분의 1 미만에 불과하다.

중동 아랍권은 경제적인 발전에 실패했을 뿐만 아니라 정치적인 발전에도 실패했다. 독재 정권의 지배를 받으면서 국민들은 권리와 인권을 대부분 박탈당했으며, 좀 더 최근에는 일부 국가에서 독재 정권이 무너지고 사회가 혼돈과 내전에 빠져들었다. 현재처럼 불안정성이 극도로 고조되기 이전에도 전 세계 무장 분쟁의 20%가 세계 인구의 6%를 차지하는 이 지역에서 일어났다. 비난하려거나 정치적 상황을 설명하려는 의도에서 이러한 이야기를 하는 것은 아니다. 비난은 이미 쏟아질 만큼 쏟아졌다. 그보다는 인류의 갈등이 부분적으로나마 인구학적 원인에서 비롯된다는 것을 설명하려는 것이다.

이 지역에서 인구는 경제 발전과 사회 발전의 실패를 조장했을 뿐만 아니라 무질서한 정치 상황에도 일조했다. 불안정과 갈등이 인구 추세와 관련이 있음을 입증하는 근거는 매우 많다. 특히 '청소년 인구 팽창'이 정치 폭동의 위험성을 증대시킨다는 것은 이미 널리 알려진 사실이다. **10대에서 20대 초중반 사이의 남성 인구의 비중이 크면 폭동의 가능성이 커진다. 일본과 독일처럼 인구의 나이가 가장 많은 국가들이 가장 평화로운 반면에 예멘과 콩고 민주공화국처럼 인구의 나이가 가장 젊은 나라들이 가장 큰 갈등과 분열을 겪고 있는 것은 결코 우연이 아니다. 이를 감안한다면 중동 아랍권이 최근 몇 년 동안에 수많은 폭동과 갈등의 중심지가 된 것은 당연한 일이다. 그 이전에 그와**

같은 사태를 피할 수 있었던 까닭은 순전히 유례를 찾아볼 수 없을 정도로 가혹한 독재 정권의 탄압 때문이었을 것이다. 이민으로 내부에서 받는 압박을 어느 정도 해소할 수는 있겠지만 대개 문제를 외부로 퍼뜨리는 결과만 가져올 뿐이다. 세계 다른 지역은 알카에다al-Qaida나 이슬람 국가ISIS 같은 테러 조직이 추구하는 무정부주의적인 테러 행위 없이도 인구 전환을 감당했다.

정치적인 실패의 원인을 인구 숫자에 있다고 단정지을 수는 없지만 어느 정도 밀접한 관계에 있음은 분명하다. 젊고 지속적으로 성장하는 인구가 없었다면 중동과 북아프리카가 현재처럼 폭력이 난무하는 상황에 처하지는 않았을 것이다. 유럽 전역의 어마어마한 인구 팽창이 없었다면 그로부터 50년 후에 제1차 세계대전이라는 대량 학살이 일어나지 않았을 것이다. 마찬가지로 수십 년 동안 중동 이슬람 문화권의 인구가 폭발적으로 증가하지 않았다면 9·11 테러와 마드리드와 런던의 테러뿐만 아니라 예멘과 시리아 등의 폭동 또한 일어나지 않았을지도 모른다. 세계에서 가장 불안정한 이 지역의 인구 성장률은 1980년부터 2010년까지 30년 동안 전 세계 인구 성장률보다 1% 가까이 높은 수준을 유지했다. 1980년만 해도 중동 아랍권의 15~24세 인구의 비중은 전 세계 수준과 같았다. 그러나 30년 후에는 그 비중이 전 세계 수준보다 15% 높아졌다.

특히 시리아 내전은 정치 분쟁이나 종교 분쟁인 동시에 인구 분쟁이라고 할 수 있다. 프랑스에서 독립한 1947년에 시리아의 인구는 300만 명에 불과했다. 그로부터 60년이 흘러 내전이 일어나기 직전에 시리아의 인구는 2,000만 명을 넘어섰다. 이러한 인구 폭발의 원인은 늘 그러하듯이 사망률 급락과 지속적으로 높은 출산율이었다. 그러나 인구 폭발이 어떠한 결과를 초래했는지 정확하게 파악하기란 쉽지 않다. 다만 시리아가 가뭄에 시달리던 21세기 초반 수십만 명이 농촌을 떠났을 때 어떠한 일이 일어났는지에 주목할 필요가 있다. 이들은 다마스쿠스 등의 도시로 향했으나 의심 많은 정부의 저지를 받아 그 외곽 지역에 자리를 잡을 수밖에 없었다. 정부가 이주자들을 막아선 가장 큰 까닭은 이주자 대다수가 이슬람의 주류인 수니파였기 때문이다. 시리아는 인구의 다수를 차지하는 수니파가 아니라 (기독교도, 알라위파Alawites, 드루즈교도Druze 등의) 소수파들이 군과 정부 요직을 장악하고 있었다. 이처럼 가난하고 소외된 수니파 집단이 수도 다마스쿠스의 외곽에 자리 잡으면서 소수파 인구의 비율이 과도하게 높았던 다마스쿠스 등의 도시 인구 구성이 바뀌기 시작했고 폭동이 일어날 조건이 갖춰졌다. 그 이후 일어난 내전의 원인을 지구 온난화로 인한 가뭄과 식량 부족 때문이라고 주장하는 이들이 많으며 실제로 기후 조건 역시 의심할 여지없이 부분적인 원인이기는 하지만 그에 앞서 수십 년 동안 시리아의 인구 규모가 폭증하지 않았다면 내전은 결코 일어날 수 없었을 것이다.

다른 곳에서와 마찬가지로 시리아에서도 인과관계가 양방향으로 작용하고 있다. 인구가 시리아 내전의 발생에 영향을 끼쳤듯이 내전 역시 시리아의 인구 구조에 영향을 주고 있다. 대략 인구의 25%가 나라를 탈출했으며 추가로 25%가 자국에서 살 곳을 잃었다. 시리아 정부가 수니파 숫자를 줄이는 등 특정 지역의 민족별 인구 구성을 의도적으로 바꾸려고 한다는 의혹도 생겨나고 있다. 한편 내전으로 충격적인 인명 손실이 발생하고 있지만 (해외 이민과는 달리) 인명 손실 자체가 시리아 인구에 통계적으로 의미 있는 영향을 끼치는 일은 없었다. 이 책의 후반부를 쓰는 현재 시점까지 시리아 내전으로 발생한 사망자는 대략 50만 명으로 추정되는데 이 수치는 최근 시리아의 1년 치 인구 성장분과 맞먹는다. 인구 손실이 빠르게 채워진다고 해서 개개인의 고통이 사라지는 것은 아니지만 이러한 사실을 통해 인구 물결이 최고조에 이를 때는 아무리 끔찍한 대학살로도 그 물결을 멈출 수는 없다는 것을 알 수 있다. 그저 물결의 속도가 늦춰질 뿐이다.

청소년 인구가 빠르게 성장할 때 그중에서 교육수준이 낮고 정치적으로 소외되었으며 세계 경제에 참여하지 못하는 청소년의 비중이 크면 불안정이 초래되기 십상이다. 요르단의 청소년 정책을 담당하는 어느 여성은 이렇게 말한다. "청소년의 교육과 경제 기회를 가로막는 장벽이 갈수록 늘어나고 있으며 청소년이 사회 생활과 시민 생활에 참여할 수 있는 기회도 극히 드물다. 청소년은 점점 더 소외되고 있으며 무기력감과 좌절감에 시달린다." 경제가 발전하지 않는 곳에서는 대학 졸업자가 일자리를 찾기 힘든 법이다. 2014년에 갓 대학을 졸업한 사람 가운데 34%가 실업 상태였다. 반면에 초등학교만 졸업한 사람 중에서는 실업자가 2%에 불과했다. 일자리가 없는 대졸자들은 대개 도시에 거주하는데 이들은 활동가가 되기

쉬우며 교육수준이 낮은 농장 일꾼들에 비해 정치적인 혼란을 빚을 가능성이 크다.

점점 더 성장하고 있는 이 지역의 청소년 인구는 (2010년 이후의 정치 불안정이 입증하듯이) 자신들의 좌절감을 안으로 돌리고 있을 뿐 아니라 밖으로도 표출하고 있다. 그 결과로 발생한 현상이 바로 유럽으로의 거대한 이주 행렬이다. 정치 불안정이 심각하고 직업 시장에 진입하려는 이들은 빠르게 증가하고 있지만 기회가 부족한 나라들에서 이주자들이 쏟아져 나오고 있다. 2015년에 35만 명 이상의 시리아 난민이 유럽연합으로 향했으며 아프가니스탄에서도 15만 명 이상이 탈출했다. 그해 4분기에만 50만 명에 가까운 난민들이 독일에 망명을 신청했다. 뿌리 깊은 인구 문제에서 비롯된 난민 행렬은 유럽의 인구 구조에 지대한 영향을 끼칠 것이다. 최근 몇 년 동안 텔레비전 화면에는 발칸 반도를 거쳐 독일로 들어가려는 사람들이나 지중해를 건너 이탈리아로 입국하려는 사람들의 행렬이 가득하다. 이러한 이주자들은 대개 인구의 나이가 적고 출산율이 높은 나라 출신이며 대부분 인구의 나이가 많고 출산율이 낮은 나라로 향한다. 물론 이주의 원인은 여러 가지가 있으며 수세기에 걸쳐 다양한 방면에서 발생했을 것이다. 그러나 이주자들이 인구의 나이가 적고 기회가 열려 있지 않거나 비슷한 인구 집단이 너무 커서 경쟁이 과도해진 사회를 떠난다는 것만큼은 분명하다.

중동 이슬람 문화권에서 일어나는 일이 세계 전체에 끼치는 영향은 점점 더 커져간다. 1970년에 이슬람 인구는 전 세계 인구의

세계 인구 중 이슬람 인구 비율(1990~2030) (단위: 백억 명)

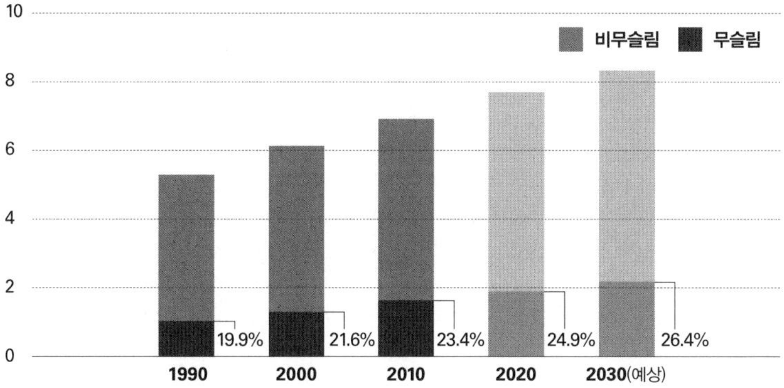

출처: 퓨 리서치 센터 포럼 자료

15%였다. 2010년에 이슬람 인구의 비율은 23% 정도로 높아졌으며 21세기 중반에 이르면 30% 안팎에 달할 것으로 예상된다. 그렇게 되면 이슬람교가 기독교를 밀어내고 세계 최대 종교 자리를 차지하게 될 가능성이 크다.

아랍과 이스라엘 — 인구 분쟁

지역 곳곳에서 폭동이 시작된 2010년 말까지 중동의 분쟁은 주로 이스라엘과 팔레스타인을 비롯한 아랍 이웃들 사이에서 벌어졌다.

예를 들어 2009년에 남아프리카 공화국의 데즈먼드 투투Desmond Tutu 주교는 다음과 같이 말했다.

> "이스라엘-팔레스타인 문제에 대한 해결책이 없는 한, 다른 모든 문제를 포기할 수밖에 없다. 핵 비무장을 포기하게 될 수도 있다. 테러와의 전쟁에 승리하겠다는 생각을 포기해야 할 수도 있다. 언젠가 진정 평화롭고 우호적으로 협력하리라는 믿음을 포기해야 할 수도 있다. 이것이 바로 문제다. 모든 것은 우리 손에 달려 있다."

이스라엘과 팔레스타인의 분쟁이 서구에서 과도한 관심의 대상이 되는 데는 몇 가지 이유가 있다. 첫째, 시오니즘 운동은 애당초 유럽의 유대인들이 유럽의 반유대주의에 대응하여 일으킨 운동인 만큼 유럽 역사와 밀접한 관계가 있다. 둘째로 중동 각국의 정권들은 매우 오랫동안 사회를 효과적으로 장악하고 있는 것처럼 보였고 중동 각국에서는 정치적으로 아무런 일도 일어나지 않는 듯 보였기 때문에 관심의 초점이 이스라엘과 팔레스타인의 문제로 쏠린 것이다. 셋째, 일반적으로 분쟁은 문화와 출신이 서로 판이한 사람들 사이에서 나타난다. 서구의 뉴스 매체 소비자들이 보기에는 이를테면 수니파와 시아파나 드루즈와 마론파Maronites(시리아 기독교의 한 교파 - 역주) 사이의 분쟁보다 이스라엘과 팔레스타인의 분쟁이 좀 더 이해하기 쉬울 것이다. 마지막으로 좀 냉소적이지만 현실적인 이야기를 해보겠다. 서구 기자들 입장에서는 1960년대 초반 예멘 내전이나 유혈이 난무하고 위험천만했던 1980년대의 이란-이라크 전쟁을 보도하는 것보다 예루살렘의 안락한 아메리칸 콜로니 호텔에서 요르단 강 서안 지구West Bank의 충돌 상황을 보도하거나 가자에 있는 국경으로 짧은 거리를 이동하며 기사를 쓰는 편이 훨씬 더 편하고 안전하게 느껴졌을 것이다. 한마디로 중동 다른 지역보다 이스라엘과 팔레스타인에서 언론이 좀 더 자유롭게 활동할 수 있었던 것이다.

이스라엘-팔레스타인 분쟁은 중동의 다른 지역에서 일어난 훨씬 더 참혹한 분쟁에 비하면 적은 사상자를 냈음에도 불구하고 서구 언론에 대서특필되는 경향이 있었다. 1950년 이후로 이스라엘과 관련된 분쟁에서 사망한 사람은 최대한 정확하게 추정하여 5만 명 정도로 그중 이스라엘인과 이슬람인의 비율은 대략 1 대 2 정도였다. 이스라엘-팔레스타인 분쟁에서 사망한 이슬람교도는 현재 시리아, 리비아, 예멘에서 벌어지고 있는 유혈 사태 이전까지로 잡아도 20세기 중반 이후의 분쟁에서 사망한 이슬람교도의 1%에 불과하다. 그럼에도 이스라엘-팔레스타인 분쟁은 중동의 대표적인 분쟁으로 인식되었다.

이집트에서 혁명과 폭동이 일어나고 리비아에서 시위가 발생하고 시리아와 이라크에서 내전이 벌어지면서 ISIS가 출현한 가운데 이스라엘-팔레스타인 분쟁은 다소 관심에서 멀어진 감이 있다. 어쨌든 우리의 목적을 위해서는 이스라엘-팔레스타인 분쟁에 대해 알아볼 필요가 있다. 이스라엘-팔레스타인 분쟁이야말로 이제까지 알아본 어떤 분쟁보다도 한층 더 인구와 뿌리 깊은 관계가 있기 때문이다. 팔레스타인 위임 통치령이 선언되고 그에 이어 유대인이 이스라엘로 대량 유입된 사건, 유대인과 팔레스타인인의 출생률, 1967년 6일 전쟁에서 이스라엘이 점령한 영역 등의 세 가지 관점에서 이스라엘-팔레스타인 분쟁을 살펴보자.

유대인 이민이 그 어느 때보다도 큰 규모로 이루어지지 않았다면 이스라엘이라는 나라는 존재하지 않았을 것이다. 유대인들은 처음에는 오스만 제국의 영토였던 팔레스타인에, 그 이후에는 영국의 위임통치령이 된 팔레스타인으로, 그러다가 1948년 이스라엘이 건국된 이후에는 이스라엘 땅으로 밀려들었다. 이러한 인구 이동에는 '밀어내는' 요소와 '끌어당기는' 요소가 존재했다. 팔레스타인에 유대 민족 국가를 세우려는 시오니즘, 원래 살던 지역의 반유대주의와 탄압 등이 유대인의 이주에 작용했다. 제1차 세계대전 이전에는 팔레스타인에 6만 명 정도의 유대인이 살고 있었는데 일부는 갓 이주한 시오니스트들이었고 일부는 수세기에 걸쳐 조금씩 유입된 유대교도들의 후손이었다. 이들 중 상당수는 전쟁으로 터전을 잃었지만 밸푸어 선언Balfour Declaration, 로잔 조약Treaty of Lausanne, 영국의 위임통치 덕분에 팔레스타인의 유대인 공동체인 이슈브Yishuv는 원상태로 복귀할 수 있었다. 제1차 세계대전과 제2차 세계대전 사이에 팔레스타인에는 먼저 동유럽 출신의 유대인 이민 행렬이 이어지더니 그 후 1933년부터는 독일의 나치 박해에서 탈출한 유대인들이 몰려들어왔다. 1925년에 유대인 이민자의 숫자는 3만 명을 웃돌았고 1935년에는 6만 명을 넘어섰다. 1925년과 1935년은 전간기 동안 이민 행렬이 각각 정점을 찍은 때다.

이 대목에서 홀로코스트에 대해 짚고 넘어갈 필요가 있다. 유대인의 비극인 홀로코스트는 인구 관점에서 볼 때 현대에 일어난 전쟁과 재난으로는 인구 물결을 근본적으로 뒤집을 수 없다는 원칙을 깬 사건이다. 우리는 유럽 인구가 제1차 세계대전이 일어난 1910년대에도 그 이전에 비해 완만하나마 계속해서 성장했으며 스탈린과 마오쩌둥 치하에서 인간이 초래한 기근과 박해에도 불구하고 러시아와 중국의 인구가 지속적으로 성장했다는 사실을 살펴보았다. 이와는 대조적으로 효율적인 사형 집행인이 비교적 작은 인구 집단을 선별하여 모조리 학살할 때는 파괴적인 인구 충격이 발생할 수 있다. **1939년에 유럽에는 950만 명의 유대인이 있었지만 1945년에는 380만 명으로 줄어들었다. 현재 전 세계적으로 유대인 숫자는 여전히 홀로코스트 이전 수준에 미치지 못하며 세계 인구 가운데 유대인의 비율은 150명당 한 명 정도에서 750명당 한 명 정도로 떨어졌다.**

유대인들은 점점 더 궁지에 몰렸지만 아랍인들의 반발이 거세어지자 영국은 정책을 전환하고 유대인 이민을 제한하는 조치를 취했다. 그럼에도 영국의 팔레스타인 위임 통치령에서는 제1차 세계대전 이후부터 1948년까지 유대인 인구가 10배 성장했다. 1948년 새로 탄생한 이스라엘은 이민 유입을 우선 과제로 삼았고 건국 5년 내에 유대인 인구를 2배 넘게 늘렸다. 유럽의 난민 수용소에서 첫 번째 이민 행렬이 시작되었고 그런 다음에 유대인이 차별과 박해는 물론 때로 추방을 당하기도 하는 아랍 국가들로부터 이민이 이어졌다. 현재 모로코에 남아 있는 유대인의 숫자는 가장 많던 1940년대 수준의 1% 정도다. 한때 아랍 각국에는 수만 명에서 수십만 명에 이르는 유대인들이 살고 있었지만 현재는 한 명도 남아 있지 않다. 좀 더 최근에는 러시아와 구소련 국가에 살던 유대인들이 이스라엘로 이주하고 있다. 1990년에는 소련에 살던 20만 명에 가까운 유대인들이 이스라엘로 이주했으며 1968년부터 1992년까지 소련과 구소련 국가에서는 전체 유대인들 중 4분의 3가량이 이스라엘로 이주했다. **이스라엘의 인구는 제1차 세계대전 종전에서 1948년 건국에 이르기까지 6만 명에서 60만 명으로 성장했으며 이후 다시 10배 성장하여 현재는 600만 명을 넘어섰다.** 이와 같이 전 세계적으로 유대인 인구는 절대적으로나 상대적으로나 크게 감소했지만 이스라엘에서는 기하급수적으로 성장했다.

지금까지 살펴본 숫자만으로도 이민이 이스라엘의 생명줄이었으며 이민 없이는 이 나라가 생존과 번영은 둘째 치고 수립조차 될 수 없었으리라는 사실이 분명하게 드러난다. 유대인의 이스라엘 이민을 뜻하는 알리야Aliyah는 시오니즘을 추진하는 데 있어서 필수조건이었다. 무엇보다도 팔레스타인인의 출생률이 이례적으로 높은 상황에서 이스라엘에는 탄탄한 인구 기반이 필요했다. 이스라엘은 유대인을 다수로 유지해야 한다는 목표를 언제나 노골적으로 드러냈다. 이스라엘의 레비 에슈콜Levi Eshkol 총리는 "이곳이든 어디에서든 우리가 소수가 되는 일을 막아야 한다"고 선언했다. 이스라엘의 초대 총리인 다비드 벤구리온David Ben-Gurion도 숫자에 집착했다. "이민 유입 없이는 이 나라가 든든한 기반 위에 올라설 수 없을 뿐 아니라 이 나라의 사명이 완수될 수 없을 것이며 구원의 이상도 실현되지 못할 것이다"라고 말했다.

1948~1949년의 이스라엘 독립 전쟁 동안에 일어난 팔레스타인 아랍인들의 대탈출이 시오니스트의 사전 계획이었는지 우연이었는지는 아직도 역사학계의 논쟁거리다. 그러나 논란 많은 이 사건의 실체가 무엇이든 대규모 아랍인 인구가 이스라엘의 영토를 빠져나가지 않았다면 이스라엘이 국가를 세우기란 어려웠을 것이라는 사실에는 변함이 없다. 마찬가지로 수십만 명의 유대인이 이라크, 모로코, 예멘 등의 아랍 국가에서 빠져나와서 이주하지 않았다면 이스라엘은 생존하기 어려웠을 것이다. 특히 이스라엘은 유럽의 유대인들을 구제하기 위해 건국된 나라인데 이들 중 많은 수가 이스라엘로 오지 못하고 학살된 이후에는 아랍 각국에서 밀려들어온 유대인의 중요성이 한층 더 커졌다. 밸푸어 선언 이후에 이민이 유입되지 않았다면 이스라엘의 유대인 인구는 현재처럼 600만 명을 넘기기는커녕 기껏해야 25만 명 정도에 그쳤으리라 추정된다. 인구 25만 명으로는 이스라엘이라는 나라가 탄생하지 못했을 가능성이 크며 탄생했다 해도 살아남지 못했을 것이다.

그 이외에도 인구 관점으로 볼 때 아랍과 이스라엘의 분쟁에서 눈길을 끄는 점은 출산율이다. 어떤 집단 전반의 출산율이 어떤 이유로 특정한 수준을 나타내는지 규명하기란 쉬운 일이 아니다. 일반적으로 가장 좋은 방법은 그 집단의 출산율과 다른 유사한 집단의 출산율을 비교하고 그 지도자들의 발언을 살펴보며 출산 선택의 배후 논리를 파악하고자 하는 인구 연구를 검토하는 것이다. 이 방법을 적용하면 **팔레스타인과 이스라엘이 유별나게 높은 출산율을 보이고 있는 까닭은 상당 부분 분쟁과 '경쟁적인 번식competitive breeding' 때문임을 알 수 있다. 팔레스타인 인구는 이스라엘 내에서뿐만 아니라 요르단 강 서안 지구와 가자 지구에서도 빠른 속도로 성장했다. 1960년대 초에 이스라엘의 아랍계 여성들의 평균 자녀 수는 9명 이상이었다.** 이스라엘의 아랍계 인구는 1948~1949년 전쟁 직후에 15만 명 남짓이다가 이후 40년 동안 연평균 4% 넘게 성장하여 80만 명을 넘어섰다. 21세기 초반에도 (거의 모든 여성이 글을 읽고 쓸 줄 아는) 가자와 요르단 강 서안 지구의 출산율은 여전히 5명 정도로 (여성 문해율이 50% 미만인) 모로코의 2배다.

이처럼 높은 출산율에는 부분적으로나마 이스라엘과의 분쟁뿐만 아니라 빠르게 성장하고 있는 유대인 인구에 대한 경쟁 심리가 작용하고 있다. 야세르 아라파트Yasser Arafat(팔레스타인 자치 정부와 팔레스타인 해방 기구의 초대 수반 - 역주)는 이스라엘과의 인구 경쟁을 부추겼다고 전해진다. 한편 하마스Hamas(이스라엘에 저항하는 이슬람 무장 단체 - 역주)는 팔레스타인 사람들이 "무자비한 인구 전쟁"에 참전하고 있다고 말했다. 이스라엘의 어느 인구학자는 아랍 학교의 교장을 만났을 때 그가 생식기를 가리키면서 "이 부분이 우리의 유일한 무기"라고 말했다고 회고한다.

그 이외에도 위의 지역에서 팔레스타인 인구가 성장한 원인으로는 기대수명의 급격한 연장과 영아 사망률의 하락을 꼽을 수 있다. 6일 전쟁 당시에 점령된 지역의 영아 사망률은 1,000명당 100명 정도였다. 이스라엘의 점령 이후 어떠한 일이 일어났는지는 정확히 모르겠지만 영아 사망률은 급격하게 하락하여 현재 중동 전반의 평균보다 낮은 1,000명당 20명에 머무르고 있다. 같은 기간 동안 기대수명은 약 55년에서 경제 상황이 좋지 못한 영국 도시나 미국의 가난한 주와 비슷한 75년으로 연장되었다. 이것은 이 지역이 일종의 현대화를 경험했기 때문에 나타난 현상이다. 예를 들어 1967년 이전에는 가자 지구나 요르단 강 서안 지구에 대학이 한 군데도 없었지만 오늘날에는 6개 대학이 존재한다.

그러나 팔레스타인의 출산율은 최근 몇 년 동안에 급속도로 떨어지고 있다. 현재 이스라엘 내의 아랍계 여성이나 서안 지구의 아랍계 여성은 평균적으로 3명 정도의 자녀를 낳는다. 가자 지구만이 이보다 약간 더 높은 출산율을 보이고 있다. 분쟁 때문에 대가족이 장려되면서 하락이 늦춰졌을 뿐 대체로 일반적인 패턴의 출산율이다. 이스라엘의 유대인 출산율은 좀 더 특이한 패턴을 따른다. 초기에 팔레스타인으로 이주한 시오니스트들은 대부분 이미 인구 전환을 겪은 동유럽 출신 유대인들이었다. 1948년 이후에 이스라엘로 이주하여 이들과 합류한 중동 출신 유대인들의 출생률도 급속도로 하락하여 현대 사회에서 '정상'으로 간주되는 수준에 이르렀다. **이스라엘의 유대인 출산율은 1990년대 중반에 2.5명에 달했으나 그때**

를 정점으로 하락세로 돌아섰다. 그러나 이후 다시 상승하여 현재 이스라엘 유대인 여성의 출산율은 3명 정도이며 이스라엘 태생 여성의 출산율은 3.5명에 가깝다. 한마디로 이곳의 여성들은 선진국 그 어느 나라보다도 최소한 한 명 더 많은 자녀를 낳는다. 출산율이 선진국 평균보다 50% 높은 셈이다.

이스라엘의 높은 출산율은 대개 초정통파 유대교도들의 유별나게 높은 출산율 때문이지만 세속파 유대교도의 출산율도 높은 편이다. 높은 출산율이 분쟁에 대한 대응책인지는 확실하게 입증할 수 없지만 이스라엘을 제외하면 유대인 인구가 수백만 명으로 가장 많은 미국의 유대인 출생률이 모든 민족 가운데 가장 낮은 축에 속한다는 사실은 주목할 만하다. 그렇다면 이스라엘 유대인들의 높은 출산율은 유대교나 민족성 자체보다는 이스라엘 내 유대인의 구체적인 상황 때문일 가능성이 크며 이는 현대화 수준이 비슷한 다른 국가에 비해 이스라엘이 공동체적인 특성이 강하고 개인주의가 덜한 사회임을 나타낸다. 또한 전쟁에서 자녀를 잃을지도 모른다는 두려움을 반영하는 것일 수도 있다. 초정통파 유대인인 하레디의 출산율은 거주 지역과 상관없이 남달리 높게 나타난다. 이들은 이스라엘의 출산율 상승에 크게 기여해왔다. 하레디들은 대가족을 위신의 문제로 생각한다. 그러나 앞서 언급했듯이 이스라엘의 유대인들은 종파에 상관없이 높은 출산율을 보인다. 현재 이스라엘의 가장 큰 인구 관련 과제는 유대인을 다수로 (적어도 6일 전쟁이 일어난 1967년 수준을) 유지하는 일이 아니라 하레디 인구의 증가에 발맞춰 경제 성장을 유지하는 일이다. 이들이 현대식 교육을 거부하며 남성의 경우에는 대부분 취직을 하기보다는 일평생 공부만 하려 든다는 사실을 감안할 때 결코 쉬운 일이 아니다.

이스라엘의 페미니스트와 대가족을 기피하거나 가족 자체를 원치 않는 여성들은 출산 장려 문화가 사회 깊숙이 뿌리를 내리고 있다고 지적한다. 사회학자인 라리사 레메닉Larissa Remennick은 "자녀 출산과 양육은 이스라엘의 국민 스포츠다. (……) 이 나라에서는 교육과 직업 등의 성과와 상관없이 여성이라면 누구든 기본적으로 자식을 낳고 싶어 해야 한다"고 지적했다. 자녀를 원하지 않는 여성들을 위한 페이스북 페이지를 운영하고 있는 어느 여성은 "유치원에서부터 고등학교와 군대를 거쳐 결혼과 출산까지 직진해야 하는 이 나라에서 어머니가 되고 싶지 않은 사람들의 삶은 참으로 힘들다"라고 하소연한다.

유대인 이민자가 대량으로 유입되고 유대인 출산율이 다시 상승하지 않는 한 이스라엘은 국가를 유지하는 데 크나큰 어려움을 겪게 되어 있다. 이스라엘은 팔레스타인과 출산율 경쟁을 벌였지만 가자 지구와 서안 지구에서는 인구 면에서 확실하게 밀려 손을 쓸 수 없는 상황에 내몰리게 되었다. 이스라엘인 대다수는 이념이나 안보를 이유로 두 지구를 이스라엘에 병합하기를 원했다. 그러나 이제까지 (이념적 중요성이 각별한) 예루살렘과 (시리아계 드루즈 인구만이 드문드문 사는) 골란 고원을 제외하면 병합은 이루어지지 않았다. 이스라엘이 그 두 지구와 주민들을 완전히 병합하게 된다면 아랍계 인구 비중이 높아져 유대인 인구와 숫자 면에서 균형을 이루게 될 수밖에 없다. 이것은 유대인 시오니스트들이 항상 중요한 목표로 생각해온 다수 민족의 위치를 빼앗기거나 머지않아 빼앗길 수 있다는 뜻이다. 게다가 이스라엘은 스스로를 민주주의 국가라 자부하는 만큼 두 지구를 병합하고 나면 아랍계 주민들에게도 동등하게 시민권을 제공해야 할 텐데, 그럴 준비가 안 되어 있는 것 같다. 따라서 이스라엘은 요르단 강 서안 지구를 '점거' 상태로 유지하고 있으며, 가자 지구에서는 완전히 철수하고 영공과 국경 지대를 통제하고만 있다.

가자와 요르단 강 서안 지구의 형세에서 인구는 한 부분을 차지할 뿐이다. (이념, 경제, 안보 관련 문제도 두드러진다.) 그러나 인구가 두 지구에 매우 중대한 영향을 미쳤음에도 불구하고 그 중요성이 간과되기 일쑤다. 1967년 6일 전쟁 승리 이후에 이스라엘의 총리 대행이던 이갈 알론Yigal Allon은 인구 밀도가 비교적 높은 요르단 강 서안 지구의 서부를 요르단에 내어주고 그 대신에 인구 밀도가 희박한 요르단 계곡을 병합하자고 제안했다. 아랍 인구가 적고 면적이 넓은 영토를 확보하자는 이야기였다. 그의 제안은 이스라엘의 공식 정책으로 채택되지는 않았지만 초기 유대인 정착촌의 위치를 요르단 계곡으로 정하는 데 결정적인 역할을 했다. 이스라엘이 팔레스타인과 오슬로 협정Oslo Accord을 체결했을 때 팔레스타인이 통치할 지역과 이스라엘이 통치를 유지할 지역의 국경선은 대체로 알론의 계획에 따라 아랍 지구에 세워진 유대인 정착촌을 감안하여 정해졌다. 아리엘 샤론Ariel Sharon(전임 총리)은 요르단 강 서안 지구에 분리장벽을 지어 이스라엘에 유리한 국경선을 세우려고 했지만 공식적인 국경으로 인정받지 못했다. 샤론은 분리 장벽을 유대인 인구를 지키는 데 필요한 최소한의 보안 장치로 여겼다고 한다.

가자 지구의 인구 역시 그곳의 운명을 가늠하는 중요한 요소다. 아리엘 샤론은 처음에는 가자 지구에 유대인 정착촌을 세우려고 했지만 몇 달 동안의 팔레스타인 인구 성장률이 유대인 인구 전체의 성장률에 맞먹기 때문에 팔레스타인 인구를 흡수하는 것은 불가능하다는 지적을 받고 포기했다. 가자 지구는 이스라엘이 장악한 땅의 1% 정도에 불과하므로 샤론은 그곳을 선뜻 포기할 수 있었으며, 100만 명 넘는 팔레스타인 사람들을 직접 지배하는 데 따르는 부담감에서도 해방되었다. 2005년 가자 지구 철수 당시에 그 점을 크게 고려했을 것이다. 이스라엘이 계속해서 통치하는 지역(1967년 전쟁 이전의 이스라엘 영토, 요르단 강 서안 지구 일대, 골란 고원)에서 팔레스타인 인구가 다수를 차지할 가능성은 거의 없다. 특히 서안 지구의 경우 팔레스타인 인구가 유대인 인구보다 숫자면에서 앞서고 있기는 하지만 출산율 면에서는 유대인의 출산율보다 더 낮은 데다가 하락하는 추세다. 그러나 그럼에도 불구하고 팔레스타인 인구의 정확한 숫자, 비중, 미래 추정치는 인구 경쟁 문제에 있어 중요한 요소로 수많은 논란을 낳고 있다. 과반수를 차지할 가능성이 있든 없든 간에 팔레스타인의 아랍계 인구는 현재 이스라엘이 통치하는 지역에서 계속해서 큰 규모를 유지할 것임이 분명하다.

거듭 강조하지만 인구는 보이지 않는 손으로 작용한다. 팔레스타인 사람들의 인티파다Intifada(이스라엘에 대한 저항 봉기 - 역주)가 시작된 1987년에 가자와 요르단 강 서안 지구에 사는 팔레스타인 사람들의 중위 연령은 겨우 15세였다. 21세기 초반에 제2차 인티파다가 일어났을 때도 이들의 중위 연령은 그리 높아지지 않았다. 그런데 현재 팔레스타인 자치령의 중위 연령은 20세를 넘어섰으며 21세기 중반에는 30세에 가까워질 전망이다. 더 이상은 인티파다가 일어날 수 없다고 주장하려는 것은 아니지만 인티파다가 일어날 때마다 흐지부지되는 경향이 있다는 사실에 주목할 필요가 있다. 세계 다른 지역과 비교해볼 때 20세는 여전히 낮은 중위 연령이다. 게다가 팔레스타인에는 권리를 박탈당한 것에 분노하여 언제라도 들고 일어날 젊은이들이 무수하다. 그러나 **사회의 인구 나이가 높을수록 저항이 일어날 가능성은 줄어든다. 앞으로 팔레스타인 사람들이 자신의 주장을 내세우기 위해 달리 어떤 수단에 의존할지는 확실치 않지만 딸린 식구가 없으며 잃을 것이 없는 젊은이들이 나서게 마련인 폭동이나 폭력에 계속해서 의존할 가능성은 적어 보인다.** 향후 25년간 이스라엘과 팔레스타인의 인구는 거의 비슷해질 가능성이 크며 그 결과 교착 상태가 지속될 것이다.

중동과 북아프리카의 미래는 인구학적으로 봤을 때 매우 비관적일 가능성이 높다. 청소년 인구가 급증하면서 엄청난 불안정성을 불러일으킬 것으로 보이기 때문이다. 그러나 청소년 인구도 생산적으로 활용될 수만 있다면 파괴적인 영향을 끼치지 않을 수도 있다.

모로코에서 이란에 이르는 중동 국가들의 출산율 급락은 이 지역에서도 규범과 기대가 서서히 변화하고 있음을 시사한다. 유럽도 인구 연령이 오늘날의 중동과 비슷했을 때에는 대륙이 폭력과 전쟁으로 황폐했다. 중동 역시 인구 구조가 유럽과 비슷해진다면 오늘날의 유럽처럼 평화를 누리게 될 가능성이 크다. 그리고 그러한 미래는 생각했던 것보다 훨씬 더 빠르게 실현될지도 모른다.

10

하늘 아래 새로운 것은 없다?
: 최종 한계선과 미래 전망

The Human Tide

인구 물결은 지구 전역에서 일어났다는 점에서 굉장히 특이한 현상이다. 처음에는 영국제도와 그곳에서 파생된 북미 지역과 호주 사람들에게만 일어난 현상으로 보였다. 그러다가 좀 더 범위가 넓어져 유럽인들만의 현상처럼 여겨졌다. 그러나 20세기 후반부에 들어서 인구 물결이 지역별로 다른 시기에 일어나면서 큰 차이가 생기기는 했지만 인종, 민족, 종교, 대륙과 거의 상관없이 전 세계 사람들에게서 나타나는 현상이라는 사실이 입증되었다. 중남미와 남아시아라는 광활하고 복잡한 완전히 다른 두 지역을 살펴보면 인구 물결이 전 세계적인 현상임을 확실히 알 수 있다. 두 지역은 각각 고유하고 특징적인 역사를 지니고 있지만 최근 들어서 비슷한 인구 패턴을 보인다. 이제 우리에게 완전히 익숙한 인구 패턴이다.

한편 아프리카 사하라 사막 이남에서는 인구학적인 최종 한계선이 나타난다. 드넓은 이 지역에서는 지구에서 마지막으로 인구 전환이 진행되는 중이다. 아프리카 사하라 사막 이남의 인구 전환이 어떠한 속도로 진행되느냐는 전 지구의 미래에 막대한 영향을 끼칠 것이다. 그곳의 인구 전환이 결국에는 완성되리라는 점은 거의 확실하게 예측할 수 있지만 현재 단계에서 그 정확한 시기는 분명하지 않다.

하늘 아래 새로운 것은 없다 ― 라틴아메리카

라틴아메리카는 남미, 중미, 카리브 해 연안 등의 (적어도 인구 측면에서만큼은) 상당히 다른 하위 지역 세 군데로 나눌 수 있다. 세 곳은 지리적으로뿐만 아니라 문화적으로도 서로 이질적이므로 따로따로 고찰해볼 필요가 있다. 단, 그 과정에서 각각의 상대적인 비중을 간과해서는 안 된다. 2015년에 남미 인구는 4억 명이 넘었으며 중미 인구는 1억 7,000만 명 남짓이었지만 카리브 해 연안의 인구는 4,000만 명을 약간 웃도는 정도에 불과했다.

라틴아메리카의 출산율 패턴은 손쓸 새도 없이 밀물처럼 밀려들었다가 썰물 빠지듯 잦아들었다는 점에서 놀랍기 그지없다. 제

2차 세계대전이 끝난 후에 3개 하위 지역 모두가 5~7명으로 예상을 벗어나지 않는 출산율을 보였다. 2017년에 3개 하위 지역의 출산율은 2명에서 2.5명 사이였다. '푸에르토리코, 사랑스러운 섬이여, 언제나 허리케인이 불어오고 언제나 인구가 넘쳐나는 곳'이라는 노래가 담긴 뮤지컬 〈웨스트사이드 스토리West Side Story〉가 초연한 1957년에 미국의 카리브 해 자치령인 푸에르토리코 여성들의 평균 자녀 수는 5명에 가까웠다. 현재 이곳의 출산율은 1.5명이다. (실제로 출산율이 높던 1950년대 후반에도 미국 본토로의 대규모 이민 때문에 인구는 늘어나지 않았다.)

기대수명의 연장과 영아 사망률의 하락은 모든 사회가 가능한 한 달성하려고 하는 목표다. 자신의 생명을 유지하고 죽음의 순간을 늦추며 자식을 비롯해 자신에게 가장 가깝고 소중한 이들의 생명을 지키려는 욕구는 생물학적 임무이자 인간의 본능이다. 적어도 그러한 면에서 인간은 상당히 동질적이다. 이러한 본능을 내재한 생물종만이 생존할 수 있고 번성할 수 있다. 그러나 자연은 번식의 욕구를 조절한다. (많은 이가 자식을 원하지만) 모두가 그러한 것은 아니다. 그럼에도 대다수가 성관계를 원한다. 인류가 성관계와 출산을 분리하여 임신을 유발하지 않고도 성을 즐기는 방법을 알아냈을 때 출산은 선택의 문제가 되었다. 생물학적인 욕구가 아니더라도 사람들은 자녀 수를 제한하는 방법을 깨우치면 대개 이를 실천에 옮긴다. 특히 자녀의 높은 생존율이 보장될 때는 한층 더 그러한 경향이 있다. 그러한 점에서 중남미와 카리브 해도 예외가 아니다. 1950년에는 이 지역의 신생아 1,000명당 128명이 첫돌까지 살지 못했다. 그러나 가장 최근에 나온 데이터에 따르면 그 숫자가 꾸준히 감소하여 1,000명당 20명 미만에 이르렀다. (영아 사망률이 가장 낮은 선진국의 5~6배로) 여전히 높기는 하지만 이러한 감소는 당연한 일로 치부하기보다는 분명 이례적인 변화로서 축하해야 할 일이다. 20세기 중반에 전반적으로 50년이던 이 지역의 기대수명은 현재 75년 정도로 연장되었다.

라틴아메리카의 대다수 국가가 문해율이나 1인당 소득 면에서 뒤처지기는 했지만 이 지역이 제2차 세계대전 이후 60년 동안 '낙후된 상태'에서 '현대적인 상태'로 이동했다고 단정짓는 것은 지나치게 단순한 시각이다. 아르헨티나는 20세기 중반만 해도 그에 앞선 70년 동안 유럽으로부터 상당한 규모의 이민자와 투자가 줄을 이은 덕분에 이미 여러모로 선진적이고 현대적인 나라였다. 그러나 1950년에 가장 선진적이던 나라가 가장 더딘 발전을 보였고 그때 가장 후진적이던 나라가 가장 큰 발전을 이룩했다. 아르헨티나의 기대수명은 1950년 이후로 10년 정도 연장되었을 뿐이다. 이를 통해 아르헨티나가 1950년에 이미 기대수명이 높았을 뿐 아니라 그 이후로 크나큰 정치적·경제적 어려움을 겪었다는 사실을 알 수 있다. (그럼에도 아르헨티나의 기대수명은 미국보다 불과 4년 낮은 75년으로 그리 나쁜 수준은 아니다.) 반면에 온두라스와 과테말라처럼 낮은 지점에서 출발한 나라들은 좀 더 극적인 발전을 이루어서 같은 기간 동안에 기대수명을 30년 정도 연장했다.

지방 차원의 데이터보다는 전국 차원의 데이터가 좀 더 입수하기 쉽고 균일한 편이다. 전국 차원의 데이터를 속속들이 파헤치지 않으면 중요한 정보를 놓치기 쉽다. 브라질은 면적으로나 인구로나 라틴아메리카에서 가장 크다는 점에서 주목할 만하며 별도로 알아볼 가치가 있는 나라다. 브라질 인구는 라틴아메리카 전체 인구의 3분의 1, 남미 인구의 절반 정도에 해당한다. 게다가 브라질은 유럽인들이 많이 사는 경제적으로 발달한 지역과 북동부를 중심으로 한 아프리카계 주민이 대다수인 유달리 낙후된 지역이 공존한다는 점에서도 면밀한 관찰이 필요한 나라다. 그런데 낙후된 북동부 지역에서도 출산율이 전반적으로 하락하고 있다는 점이 눈길을 끈다. 1960년대 초에 북동부 여성들은 대개 전국 평균 자녀 수인 6명보다 1.5명 가까이 더 많은 자녀를 낳았지만, 1990년대 초에는 전국 평균(2.5명)보다 한 명 더 많은 자녀를 낳는 데 그쳤다. 이와 같이 인구 전환을 거치면서 나라 간의 격차뿐만 아니라 같은 나라 안에서의 격차도 줄어들었다.

브라질의 점진적인 도시화는 라틴아메리카의 다른 나라에서도 그러했듯이 출산율 하락으로 이어졌다. 이미 1950년대 초에 리우 같은 도시 지역의 출산율은 전국 평균의 4분의 1에도 미치지 못했다. 브라질의 도시화가 진행됨에 따라 (세계 다른 지역에서와 마찬가지로) 도시의 (낮은) 출산율이 보편적인 것이 되었다. 황제 시대의 독일뿐만 아니라 마오쩌둥 시대의 중국에서도 나타난 경향이었다. 21세기 초에 이미 브라질 면적의 75%가 도시였다. 이처럼 급격한 도시화는 (브라질의 지역 내 우위를 감안하면 불가피한 일이나 다름없지만) 이곳에서뿐만 아니라 전 세계 각국에서도 전형적으로 나타난 패턴이었다. 브라질의 인구 전환은 경제 발전과 더불어 일어났으며, 출산율은 급속도로 떨어졌지만 기대수명은 높은 수준의 경제 번영이 찾아오기 한참 전부터 이미 연장되었다.

브라질의 출산율이 하락한 직접적인 원인은 늘 그렇듯이 피임기구 사용과 낙태의 증가로 보인다. (갈수록 흔들리는 결혼 패턴 때문이기도 할 것이다.) 물론 연속극을 비롯하여 소가족을 현대성의 상징으로 묘사하고 유행시키는 대중매체의 이용이 증가한 것도 사회학적으로 자주 거론되는 원인이다. 텔레비전이 출산율을 떨어뜨리는 것은 '사람들이 저녁 시간에 할 일이 생겨서' 성행위의 빈도가 줄어들었기 때문이 아니다. 그런 일이 있다고는 해도 그로 인해 출산율이 현저하게 떨어지지는 않는다. 여성이 일생동안 6~7번 임신하는 데는 시기만 적절히 맞춘다면 극히 적은 성관계로도 충분하다. 텔레비전은 적절한 시점에 전혀 다른 생활의 모습을 보여줌으로써 더 나은 삶을 누리고 싶은 열망을 불러일으킨다. 텔레비전은 교육만큼이나 출산에 강력한 영향을 끼친다. 이러한 영향력은 개인뿐만 아니라 사회적으로도 큰 변화를 일으킬 수 있다. 브라질에서 진행된 연구에 따르면 사회·경제적으로 지위가 낮은 집단의 경우 텔레비전 연속극 시청이 출산율에 상당한 영향을 끼친다.

과거에는 상당한 물질적·교육적 발전이 이루어져야 출산율이 하락했다. 그러나 최근 들어서는 적은 비용을 들이고도 출산율을 손쉽게 떨어뜨릴 수 있다. 물론 여성에게 교육의 기회와 훌륭한 직업 기회를 제공하는 편이 훨씬 더 바람직하며 그 경우에는 (예외가 언제나 존재한다는 사실을 감안하더라도) 전체적인 출산율만큼은 반드시 떨어지게 되어 있다. 그러나 당장 출산율을 떨어뜨리는 것만이 목표라면 피임기구를 보급하고 소가족을 긍정적으로 묘사한 텔레비전 드라마를 보여주는 식으로 훨씬 더 적은 비용을 들이고도 그 목표를 달성할 수 있을 듯하다. 교육받은 여성이 6명 넘는 자녀를 낳을 가능성은 거의 없지만 교육수준이 낮다 하더라도 자동차와 냉장고를 사들이고 싶어 하는 여성은 많을 것이기 때문이다. 결과적으로 태국이나 브라질처럼 상대적으로 가난한 나라에서도 합계 출산율이 대체 출산율 아래로 떨어지고 있다. 이러한 회오리바람은 경제 발전 속도를 추월할 정도로 속도를 더해가고 있으며 그 결과 일부 저소득 국가나 중간 소득 국가의 출산율이 고소득 국가에서 나타날 법한 수준에 가까워지고 있다.

쿠바는 이러한 회오리바람에 좀 더 빠른 속도로 휩싸였다가 빠져나온 나라다. 과거의 저출산 정책 때문에 쿠바 여성들은 혁명 이전에는 4명이 안 되는 자녀를 낳았다. 이후 1959년 사회주의 정권인 카스트로 정부가 들어서면서 낙태를 단속했기 때문에 출산율이 크게 높아졌지만 그러한 상승세는 얼마 후에 하락세로 돌아섰다. 1970년대 후반에 쿠바의 출산율은 대체 출산율과 같아졌으며 현재는 1.5명 남짓으로 유럽과 동아시아에서 출산율이 가장 낮은 나라와 비슷한 수준이다. 처음부터 출산율이 낮았던 까닭은 쿠바의 경제 발전 수준이 인근 국가에 비해 높았던 데다가 쿠바 인구가 그 지역 대다수 국가에 비해 주로 유럽계 인구로 이루어졌던 데서 찾을 수 있다. (마찬가지로 20세기 중반에 상대적으로 낮은 출산율을 보였던 아르헨티나와 우루과이 인구의 유럽계 인구 비중 역시 중요하게 고려해야 할 사항이다.) 카스트로 정권은 낙태 단속을 완화했을 뿐 아니라 1970년대 중반부터 피임기구의 보급을 확대했다. 낙태에 대해 일관되지 못한 접근법을 취했다는 점에서 카스트로 정권은 소련 및 중국과 비슷하다. 초기에 이들은 (자본주의만이 늘어나는 인구를 경제적 궁핍 속으로 몰아넣는다는 마르크스 이론을 따라) 풍요로운 사회주의 미래를 꿈꾸었지만 훗날 좀 더 현실적인 방향으로 돌아섰다. 그 원인은 여성의 결정권에 대한 신념이 강화되어서일 수도, 인구 팽창을 우려해서일 수도, 저렴한 피임기구를 선호해서일 수도 있다. 놀랍게도 현재 쿠바와 독일 여성의 출산율은 거의 같다. 이를 통해 가난한 나라의 국민이라고 해서 반드시 대가족을 꾸리지만은 않는다는 사실을 알 수 있다.

갈수록 연장되는 기대수명과 높은 상태에서 하락하고 있는 출산율을 통해 라틴아메리카는 인구 폭발을 경험한 후 다시 인구 성장률이 감소할 것으로 예상되었으며 실제로도 그런 일이 일어났다. 1950년 이후 중남미와 카리브 해 연안의 인구는 1억 5,000만 명 남짓에서 6억 명 정도로 4배 가까이 성장했다. 1960년대에 3%에 달했던 연평균 성장률이 하락하여 현재는 1%에 머무르고 있다. 인구가 25년마다 2배씩 성장하다가 70년마다 2배씩 성장하는 정도로 속도가 느려진 셈이다. 라틴아메리카에서도 출산율 하락 속도가 좀 더 느리고 기대수명이 좀 더 큰 폭으로 연장되는 나라들은 다른 곳보다 더 빠른 인구 성장률을 보이고 있다. 과테말라가 대표적인 사례다. 1950년 이후로 과테말라 인구는 5배 넘게 증가했다. 그러나 이곳에서도 출산율이 (지역 기준으로 보면 여전히 높은 편이지만) 7명에서 3명으로 떨어지고 연평균 인구 성장률이 50년 동안 3%에서 2%로 하락할 정도로 성장률 둔화 추세가 뚜렷해지고 있다. 라틴아메리카의 중위 연령은 10대에서 30대 가까이로 치솟았다.

멕시코는 여러 면에서 라틴아메리카의 전형이지만 미국과 가까운 위치 때문에 앞서 살펴보았듯이 인구학적으로 좀 더 많은 주목과 논평의 대상이 된다. 1970년대 초에 멕시코 여성은 평균적으로 7명에 가까운 자녀를 낳았다. 이 때문에 '끊임없이 자녀를 낳는' 히스패닉의 이미지가 탄생했다. (120년 전과는 크게 다른 상황이었다. 120년 전에 미국이 멕시코의 절반을 병합했을 때만 해도 그곳에는 주민이 거의 없었으며 그 때문에 일부는 멕시코인도 미국 원주민처럼 양키 집단 앞에서 사라지리라 예측하기도 했다.) 멕시코인들은 숫자가 크게 불어남에 따라 오만한 손짓으로 내쫓을 수 있는 대상이 아니라 두려움의 대상이 되었다. 그렇게 된 까닭은 멕시코 여성들이 전보다 더 많은 자녀를 낳았을 뿐 아니라 더 많은 아이들이 살아남고 기대수명이 올라갔기 때문이다. 결과적으로 멕시코 인구는 과거에 그들을 위협했던 미국의 인구만큼이나 급속도로 성장했다.

멕시코인의 대대적인 미국 이주는 가난하고 젊은 나라 옆에 상대적으로 부유하고 고령인 국가가 있을 때 나타나게 마련인 현상이다. 젊은이들은 경제적 기회를 찾아나서며 어떤 면으로는 공장, 농장, 정원, 노인 요양원 등 좀 더 많은 일손을 필요로 하는 노년층의 수요에 이끌려 이동한다. 그러나 멕시코인이 미국으로 대거 이주하던 시대는 막바지를 향해 가고 있다. 멕시코의 경제 전망이 호전됨에 따라 2012년경부터는 미국으로 이주하는 멕시코인보다 미국을 떠나 고향으로 돌아오는 멕시코인이 많아졌다. 멕시코로 귀환한 사람의 말을 들어보자.

> 멕시코는 앞날이 밝은 나라다. 나는 내 딸의 장래를 위해서는 멕시코가 낫다고 본다. 아이는 의대에 가고 싶어 하는데 멕시코에 있는 대학에 입학하면 비용 면에서 유리하다. (……) 아이가 멕시코에 살아야 하겠다고 결심하든 말든 그것은 아이가 선택할 일이다.

멕시코의 생활수준 향상은 인구 구조의 변화와 관련이 있다. 멕시코는 출산율이 하락할 때 따라오는 인구 배당금의 덕을 보고 있다. 경제가 어떻든 간에 멕시코의 청년 인구는 더 이상 성장하지 않고 있다. 따라서 트럼프 미국 대통령이 최근까지 멕시코인의 미국 입국을 막겠다며 내세운 멕시코 장벽이 필요할지는 의문의 여지가 많다.

남아시아의 인구

이 책에서 말하는 남아시아는 인도 아대륙을 뜻하며 편의상 인도, 파키스탄, 방글라데시뿐만 아니라 아프가니스탄까지 포함한다. 이곳은 전 인류의 25%에 육박하며 라틴아메리카 전체 인구의 3배에 달하는 17억 5,000만 명의 터전이다. 남아시아의 지형적인 면적뿐만 아니라 인구에서 인도가 차지하는 비중은 브라질이 라틴아메리카에서 차지하는 비중보다 훨씬 더 크다. **인도 인구는 13억 3,000만 명이며 2020년대 어느 시점에는 중국을 앞질러 세계 최대 규모에 이르리라 전망된다.** 인도 인구가 이미 중국을 추월했다는 주장도 있다. (최근까지 가난에 시달린 나라의 막대한 인구를 산출하는 데는 어느 정도 불확실성이 따를 수밖에 없다. 그러나 2027년 이전까지는 인도가 중국을 앞지르고 세계에서 가장 인구가 많은 나라로 등극할 일이 없다는 것이 대다수의 의견이다.)

남아시아 인구의 어마어마한 팽창은 유럽 같은 강대국의 지배에서 벗어나 독립한 이후에 일어난 일로 세계 대부분의 지역에 비해 뒤늦게 시작되었다. 1891년부터 1921년까지 영국령 인도의 인구 성장률은 고작 연평균 0.25% 정도였다. 1920년대에는 인구가 감소하기도 했다. 영국의 식민 지배가 끝나기까지 기근 같은 환경적 요소가 인구에 계속해서 중요한 영향을 끼쳤다. 그러나 영국의 식민 지배가 끝날 때쯤에는 인구 성장세가 자리 잡았고 그 이후로 인구는 4배 가까이 성장했다.

남아시아와 라틴아메리카의 중요한 차이는 종교적 다양성에 있으며, 이는 인구와도 관련이 있다. 최근에는 복음주의 개신교가 브라질과 과테말라 등의 나라에서 교세를 확장하고 있다지만 라틴아메리카에서는 주민 대다수가 로마가톨릭교도이거나 적어도 로마가톨릭교회의 전통에 익숙하다. 반면에 남아시아는 종교적으로 좀 더 다양하다. 국민의 80% 정도가 힌두교도인 인도에는 이슬람 인구가 현재도 많으며 계속해서 성장하는 추세인 데다가 시크교 같은 소수 종교 신도들도 있다. 아프가니스탄, 파키스탄, 방글라데시는 국민 절대 다수가 이슬람교도인 반면에 스리랑카에서는 국민 다수가 불교를 믿는다. 이와 같은 종교적 다양성은 종교와 출산율 사이에 연관성이 있는 지역에서 중요한 역할을 한다.

남아시아의 인구 변화는 대부분 종교의 차이에서 그 원인을 찾을 수 있다. 영국으로부터 독립한 1947년 직후에 아프가니스탄의 이슬람 여성들은 인도보다 1.5명 더 많은 자녀를 낳았으며 파키스탄의 이슬람 여성들은 인도보다 0.5명 더 많은 자녀를 낳았다. 독립 이후로 인도의 출산율은 여성 한 명당 6명 가까이에서 2.5명에 불과한 수준으로 꾸준히 하락했다.

제국주의 시대 말기에 '모범적인 식민지'로 꼽혔으며 인도 아대륙의 다른 나라에 비해 경제적으로 발달한 스리랑카는 그 이전부터 출산율 하락을 경험했으며 20세기의 마지막 25년을 통틀어 2.5명을 밑도는 출산율을 보였다. 스리랑카가 인구 전환을 경험한 최초의 개발도상국인데다가 출산율이 대체 출산율 아래로 떨어지고 그 이후로도 계속해서 하락하고 있는 선진국과 달리 대체 출산율 수준의 출산율을 유지하고 있다는 사실에 주목할 필요가 있다. 스리랑카는 출산율이 대체 출산율에 도달하면 그 아래로 떨어지는 경우가 많기는 하지만 반드시 그렇지만은 않다는 것을 입증하는 사례다. 그러한 점에서 스리랑카는 중요한 선례가 될 수 있다. 세계가 궁극적인 인구 대감소를 경험하지 않으려면 각국이 대체 출산율에 도달한 다음에도 그 아래로 떨어지지 않고 그 수준을 유지하고 있는 나라의 선례를 따라야 하기 때문이다. 스리랑카는 여러 가지 문제를 안고 있긴 하지만 인구학적으로는 모범적인 국가라 할 수 있다. 적어도 현상 유지를 목표로 하는 나라로서는 본보기가 된다. 스리랑카의 출산율은 거의 30년 동안 2명을 조금 웃도는 수준을 유지하여 인구학적으로 경제학자들의 '골디락스Goldilocks(경제 성장률은 높은 편이지만 물가 상승률이 낮아서 너무 과열되지도, 침체되지도 않은 경기가 나타나는 상황 - 역주)' 시나리오에 맞먹는 상황에 이르렀다. 인구 성장 속도가 너무 빠르지도, 너무 느리지도 않다는 뜻이다.

남아시아의 이슬람 3개국은 각각 다른 운명을 경험하고 있다. 방글라데시는 파키스탄으로부터 독립한 1970년대 초부터 널리 알려진 여성 중심 정책을 통해 출산율을 7명 가까이에서 2.5명 미만으로 떨어뜨림으로써 출산율 하락을 이룬 이슬람 국가의 성공 사례로 꼽힌다. 이러한 성과는 우연히 이루어졌다기보다는 가족계획 진료소의 도입과 (예외 없이 여성으로 이루어진) 가족계획 상담자들의 마을 방문 덕분이다. 출산율 하락과 더불어 방글라데시는 극빈 상태에서 벗어났으며 불과 30년 만에 10% 넘던 영아 사망률을 3% 정도로 떨어뜨리는 데 성공했다. 장기적으로 방글라데시의 인구는 안정적인 수준에 이르겠지만 2억 명에 도달하는 21세기 중반까지는 계속해서 증가할 것이다.

방글라데시가 분리해 나온 파키스탄의 출산율은 방글라데시에 비해 하락폭이 크지 않으며 하락 속도도 더딘 편이지만 그럼에도 1970년대 중반부터 6.6명에서 3.6명 정도로 꽤 큰 폭으로 하락했다. 상당한 폭으로 하락한 수치이기는 하지만 아프리카 이외의 개발도상국 기준으로 보면 높은 편이다. 이처럼 높은 출산율의 원인은 무엇보다도 파키스탄 종교 지도자의 상당수가 피임에 반대하는 데서 찾을 수 있는데 앞서 언급했듯이 피임 반대가 이슬람권의 일반적인 현상은 아니다.

아프가니스탄은 제2차 세계대전 직후에 이 지역에서 가장 높은 출산율을 기록했으며 소련 침공과 철수는 물론 무자헤딘과 탈레반의 출현에도 아랑곳하지 않고 세기가 바뀔 때까지 그 추세를 유지했다. 아프가니스탄의 출산율은 21세기 초반에 이르러서야 하락하기 시작했는데 나토 점령과 그 이후에 시행된 사회복지 프로그램 때문인 것으로 보인다. 출산율 하락은 상당히 빠른 속도로 이루어졌지만 아직까지는 단기적인 현상에 불과하다. 유엔의 가장 최신 데이터에 따르면 아프가니스탄은 높은 수준의 출산율을 보이는 나라로서 여성 한 명당 자녀 수가 5명을 웃돈다. 아프가니스탄 여성은 중동에서 출산율이 가장 높은 예멘보다 한 명 가까이 더 많은 자녀를 낳는 셈이다. 좀 더 최근에 나온 데이터는 아프가니스탄의 출산율이 급속도로 떨어져 현재 5명을 밑돌 가능성도 있음을 시사한다. 앞서 보았듯이 이슬람 자체가 출산을 장려하는 종교는 아니지만 전통적인 이슬람 사회는 출산율 하락을 유독 뒤늦게 경험하는 것으로 보인다. 그럼에도 다른 곳과 마찬가지로 이슬람 국가 역시 결국에는 출산율이 하락하는 지점에 도달하게 된다.

인도의 출산율은 지역적 차이가 두드러진다. 출산율이 가장 높은 곳은 북부 힌두교 지대의 가장 가난한 주들이며 가장 낮은 곳은 여성 교육을 중시하는 케랄라 등의 남부 지역의 주들이다. 케랄라와 타밀 나두의 출산율은 이미 대체 출산율 아래로 떨어졌다. 종교적인 차이도 존재한다. 파키스탄과 아프가니스탄이 인도보다 높은 출산율을 보이듯이 인도 내의 이슬람교도 역시 다수인 힌두교도보다 더 많은 자녀를 낳는다. 신빙성은 떨어지지만 1999년 데이터에서는 인도 이슬람교도의 출산율이 힌두교도보다 2.5명 넘게 높은 것으로 나오기도 했다. 출산율 격차는 전보다 크게 줄어들긴 했지만 여전히 상당하다. 인도의 이슬람 인구의 성장률은 둔화하고 있지만 인구 전체의 성장률보다는 여전히 0.5배 더 높으며 인구 대비 이슬람 인구의 비율은 2001년부터 2011년까지 13.4%에서 14.2%로 상승을 거듭하고 있다. 독립 당시와 그 이후에 인도와 파키스탄 사이에 혼란스럽고 폭력적인 대규모 인구 전환이 이루어질 때만 해도 이슬람 인구의 비율은 10%에 미치지 못했다. 힌두교도에 비해 높은 이슬람교도의 출산율과 이슬람 인구 비율의 상승은 인도에서 논쟁을 불러일으키는 주제이며 때로는 공동체 간의 갈등을 부추기는 데 이용되기도 한다. 2015년에 모디 총리 내각은 2001년 이후로 이슬람 인구가 인도 전체 인구보다 빠른 속도로 성장했다는 종교 인구 조사 결과를 공개하여 논란을 불러일으켰다. 모디 총리의 정적들은 그가 자신의 정치적 입지를 강화하기 위해 다수인 힌두교도 사이에서 인구에 대한 불안감을 조성하려 했다고 비난했다.

인도의 출산율이 전반적으로 하락한 까닭은 경제 발전, 여성 문해율 상승, 도시화 등의 일반적인 원인 때문이기도 하지만 (인도와 미국 양측) 정부가 강압적인 인구 억제를 조장한 점도 작용했다. 인도는 세계 최초로 가족계획을 공공 정책의 일환으로 추진한 나라 가운데 하나였다. 인도는 법적인 혼인 연령을 상향 조정했을 뿐만 아니라 지역 정치인들이 전국적인 차원에서 자신의 영향력을 강화하려는 목적으로 인구 성장을 부추기지 못하도록 인구 성장과 상관없이 선거구별 의원 숫자를 고정하는 등의 정책을 시행했다. 1970년대에 인디라 간디 총리와 아들 산자이 간디의 집권기에는 자발적인 불임수술을 권장하는 캠페인이 시행되는 등 도를 넘어서기도 했다. 불임수술의 남발은 국가 비상사태(인디라 간디 총리가 영구 집권을 위해 1975년부터 1977년까지 22개월 동안 헌정을 중단하고 반대파를 투옥한 사건 - 역주) 당시의 가장 악명 높은 월권행위 가운데 하나였다. 불과 1년 동안에 600만 명이 넘는 남성이 정관수술을 받았고 그 가운데 2,000명이 잘못된 수술로 목숨을 잃었다. 1975년 중반부터

1977년 중반까지 남녀 1,100만 명이 불임수술을 받았다. 어떤 지역에서는 불임수술을 거부한 농민이 물을 공급받지 못했다고도 한다. 불임수술을 받지 않으려는 교사들에게 월급이 지급되지 않은 지역도 있었다. 이러한 강제적인 조치로 캠페인의 신용이 떨어진 것이 가족계획 정책이 실패한 주요 원인이었다.

이 같은 월권행위는 여러 지역에서 이루어졌지만 오래 지속되지는 않았다. 1977년에 비상사태가 해제되었고 인디라 간디의 인도 국민 회의Congress Party는 강제 불임 사태 등의 문제 때문에 집권당 자리에서 밀려났다. 그러나 인도의 출산율은 중국의 한 자녀 정책 때와 마찬가지로 강제 불임 사태 이전이나 그 당시나 그 이후에나 꾸준히 하락하고 있었다. (앞서 알아보았듯이 이러한 하락세가 반전되는 일은 없을 것이다.) 중국, 인도, 방글라데시 등의 나라가 전달하는 교훈은 같다. 여성 교육과 경제 발전이라는 바람직한 성과 없이도 사람들은 자발적인 선택권이 주어지면 자녀를 덜 낳는 경향이 있다. 강압은 무자비할 뿐 아니라 치명적이기까지 하며 불필요하다.

남아시아의 기대수명 역시 비슷한 패턴을 따르고 있다. 독립 이후 30대 중반 정도로 예상되던 인도 국민의 수명은 현재 60대 후반까지 연장되었다. 인도의 기대수명은 아직도 세계 평균보다는 낮지만 장족의 발전을 보였다. 이를 통해 인도의 공중보건, 개인위생, 식생활이 여전히 미비하기는 하지만 개선되고 있음을 알 수 있다. 독립 당시에 인도보다 약간 높았던 파키스탄의 기대수명은 현재 인도보다 다소 아래이지만 주목을 끌 정도로 연장되었다. 1950년대 초까지 30년도 되지 않던 아프가니스탄의 기대수명도 현재는 60년을 넘어섰다. 아프가니스탄처럼 지난 40년 넘게 폭력과 학살에 시달린 나라도 물질적인 환경이 어느 정도 개선되기만 하면 기대수명을 획기적으로 끌어올릴 수 있다는 뜻이다. 아프가니스탄 역시 인구 물결의 힘을 입증하는 사례다.

이처럼 압도적인 수의 남아시아 인구는 영국이 맬서스의 덫에서 빠져나왔을 때처럼 세계 역사와 권력 구도에 분명한 영향을 미치고 있다. 인도는 중국과 마찬가지로 아무리 인구수가 많다고 해도 가난과 정체에서 벗어나지 못하는 한 국제적인 영향력을 거의 발휘할 수 없다. 인도는 처음으로 지속 가능한 경제 성장을 도모함으로써 경제 초강대국을 향해 빠르게 달려가고 있다. 여전히 가난하지만 급속도로 성장하고 있는 인구 덕분에 인도는 세계 경제 성장에서 점점 더 큰 몫을 담당하고 있다. 중국의 인구 배당금이 소멸되고 있는 반면에 인도는 곧 출산율 하락에 따른 인구 배당금을 누릴 것으로 보인다. 인도와 중국은 인구 억제를 위해 무자비하고 불필요한 강제 조치를 단행했을 뿐만 아니라 여성에게 선택권을 허용하는 합리적인 조치도 시행했다. 중국이 노동인구 감소와 인구 고령화 등의 난국을 앞둔 가운데 인도는 상대적으로 느린 경제 성장 속도와 문화 때문에 오랜 기간 동안 인구 배당금을 누릴 전망이다.

아프리카 사하라 사막 이남 — 최후의 한계선

인구 물결은 가끔씩 예고 없이 방향을 튼다. 그럼에도 대부분 인구 물결의 경로는 충분히 예측 가능하다. 역사를 장기적인 관점에서 보면 현재는 거의 전 지구적인 현상처럼 보이는 맬서스의 덫 탈출이야말로 예상을 완전히 벗어나는 일이었다. 더욱이 국제적인 책임을 떠맡은 선진국들이 최빈국들까지도 맬서스 덫에서 탈출시키기 위해 원조를 제공하고 있다. 맬서스의 덫에서 빠져나오는 즉시 (다시 말해 사망률이 빠르게 하락하고 인구가 빠른 속도로 성장하면) 상당히 규격화된 과정이 시작된다. 출산율이 대체 출산율을 향해 하락하는 것이다. 그 다음에 어떤 일이 일어날지는 전혀 알 수 없다. 예를 들어 개인 선택에 따른 제2차 인구 전환, 개인주의, 대체 출산율을 밑도는 출산율 등이 정말로 전 지구적인 현상이 될지는 확실하지 않다. 19세기 초의 맬서스나 제1차 세계대전 직전에 출생률 하락이 보편적인 현상이 될 줄 모르고 자국의 출생률 하락을 한탄했던 영국인들처럼 우리가 사건과 너무 가까이 있어서 새롭게 떠오르는 패턴이 보이지 않을 수도 있다. 때를 막론하고 역사에서 가장 중요한 요소는 각기 다른 사회와 문화권이 인구 전환의 어느 단계를 거치고 있느냐다.

다시 말해 인구 발전은 다양한 극장에서 다양한 시간대에 상영하는 영화와 비슷하다. 일부 극장에서는 아직 상영이 끝나지 않왔지만 언젠가는 끝나게 되어 있다. 이러한 이론이 적어도 세계 대부분의 지역에 적용되는 것으로 보인다. 영국의 출산율은 1870년대부터 제1차 세계대전 직전까지 6명대에서 3명대로 떨어졌다. 인도에서도 같은 일이 20세기 중반부터 후반까지 비슷한 기간 동안에 일어났는데 20세기 후반에 인구 전환을 거친 대다수 국가에 비하면 출산율이 느린 속도로 하락한 편이다. 일반적으로 출산율이 뒤늦게 하락할수록 속도는 더 빨랐지만 인도의 사례에서 알 수 있듯이 항상 그렇지만은 않다. 한편 각국이 사망률을 떨어뜨리는 기법, 기술, 정책을 신속하고도 비교적 저렴하게 도입할 수 있게 됨에 따라 기대수명이 훨씬 더 빠른 속도로 올라가고 있다.

아프리카 사하라 사막 이남은 인구 전환의 최종 한계선이다. 2017년에 유엔이 발표한 데이터로 그 사실을 확인할 수 있다. 출산율이 4명을 웃도는 48개 국가와 준국가 가운데 7개를 제외하면 모두가 아프리카 사하라 사막 이남에 있다. 또한 출산율이 가장 높은 10개국 가운데 9개국이 아프리카에 있다. 또한 기대수명이 가장 낮은 30개국 전부가 아프리카 사하라 사막 이남에 있다. 그뿐만 아니라 영아 사망률이 가장 높으며 중위 연령이 가장 낮은 30개국 가운데 28개국도 이곳에 있다. 아프리카 사하라 사막 이남의 인구는 세계 전체 인구보다 2배 더 빠른 속도로 성장하고 있다. 이러한 데이터는 무작위로 뽑아낸 것이 아니다. 이제까지 이 책의 주장에 수긍한 독자라면 매우 명확한 패턴의 일부를 인식할 수 있을 것이다. 아프리카 사하라 사막 이남은 지속적으로 높은 출산율, 여전히 낮지만 빠르게 올라가고 있는 기대수명, 출생 증가, 사망 감소, 인구 팽창 등에서 알 수 있듯이 전반적으로 인구 전환의 초기 단계에 있다. 그뿐만 아니라 현재 인구 회오리바람이 가장 맹위를 떨치는 곳이 바로 이 지역이다.

이 책은 이제까지 '아프리카 사하라 사막 이남'에 대해 언급할 때 조심스러운 태도를 취했다. 앞서 보았듯이 지중해 연안에 있는 북아프리카 국가들의 상황은 매우 다르기 때문이다. 또한 아프리카 사하라 사막 이남에서도 상황은 제각각이다. 일단 남아프리카 공화국(이하 남아공)은 독자적인 유형으로 분류된다. 수많은 문제에도 불구하고 이 나라는 물리적 인프라와 정치제도를 겸비하고 있어 아프리카 대륙에서 여전히 선망의 대상이다. 무엇이 원인이고 무엇이 결과인지는 확실치 않지만 남아공의 인구는 남아공의 발전 상황과 궤를 같이 한다. 출산율은 아프리카 대륙 평균의 절반 수준인 2.5명 정도다. 남아공의 영아 사망률은 1,000명당 40명 바로 아래로 여전히 높지만 60명에 달하는 아프리카 대륙의 평균 영아 사망률에 비하면 훨씬 더 양호하다. 중위 연령은 약 26세로서 대륙 평균보다 5세 더 많다. 아프리카 남부의 다른 나라들도 남아공보다 크게 뒤처지는 편은 아니다. 보츠와나는 3명 미만의 출산율을, 레소토와 스와질란드는 각각 3명 약간 넘는 출산율을 보인다. 남아공 정부는 과거부터 현재까지 무상 제공과 선택에 초점을 둔 산아 제한 정책을 우선 과제로 추진하고 있다. 이러한 정책은 아프리카 대륙 전체에 모범 답안을 제시하며 그 덕분에 남아공은 다른 수많은 문제에도 불구하고 주체 못할 정도로 청년 인구가 급증하여 경제 자원이 부족해지는 문제만큼은 겪지 않을 것으로 보인다.

그러나 한편으로 남아공은 기대에 미치지 못하는 모습을 보인다. 남아공의 기대수명은 60년 바로 아래로서 아프리카 사하라 사막 이남의 평균보다 조금 더 높은 데 불과하다. 남아공이 같은 지역의 다른 나라에 비해 영아 사망률을 큰 폭으로 떨어뜨린 사실을 생각하면 예상 밖의 일이다. 그 원인은 에이즈AIDS(후천 면역 결핍증)다. 아프리카 대부분이 에이즈에 시달리고 있지만 남아공은 유독 큰 타격을 받았다. 남아공의 기대수명은 오늘날보다 1980년대 후반이 더 높았다. (물론 그 이후로 계속해서 내려갔다가 최근 다시 올라가고 있기는 하다.)

어느 보고서에 따르면 2013년에 남아공 여학생의 30% 가까이가 HIV(에이즈를 일으키는 바이러스 - 역주) 양성 반응을 보였다고 한다. 현재는 HIV를 치료하고 에이즈 발병을 예방하는 의약품이 과거보다 훨씬 더 저렴해졌지만 최근까지 이 지역에서 이러한 약품이 널리 보급되지 않은 까닭은 비용 문제 때문만이 아니었다. 남아공의 전임 대통령 타보 음베키Thabo Mbeki는 에이즈와 HIV의 연관성을 부정하면서 비정통적인 에이즈 정책을 취했다. 음베키가 퇴임한 후 HIV에 감염된 이들에 대한 항바이러스제의 사용량이 2배 넘게 증가했으며 그 결과 기대수명이 느리게나마 점점 더 올라가고 있다. 항바이러스제 보급은 제이콥 주마Jacob Zuma가 남긴 것 중에서는 그나마 괜찮은 업적으로 꼽힌다. 그러나 항바이러스제 보급이 기대수명의 연장에 도움을 주기는 했지만 아직도 갈 길은 멀다. 남아공의 5,500만 인구 가운데 700만 명이 HIV 양성으로 추정되며 매주 수천 명이 HIV에 감염되고 있다.

남아공의 이웃 보츠와나가 에이즈 때문에 입는 타격은 나라 규모를 감안할 때 치명적이다. 이곳의 기대수명은 1980년대 후반에 60년을 웃돌았으나 21세기 초에 이르러 50년 아래로 떨어졌으며 현재 성인 4명 중 한 명이 에이즈 보균자다. 보츠와나 정부는 조지 W. 부시 행정부 당시의 미국을 비롯한 세계 각국의 경제 원조에 힘입어 이 문제를 적극적이고 성공적으로 해결해나가고 있다. 매주 장례식이 끊이지 않았던 어느 작은 마을의 주민은 다음과 같은 상황을 전했다. "기운이 하나도 없던 사람들이 이제는 대부분 기운을 차리기 시작해서 몸을 가눌 수 있게 되었다. 걷지도 못하던 사람들이 이제는 마을 주위를 걸어다닐 정도다." 과거에는 인구 물결이 대량 학살의 상황에서 오히려 자체적인 추진력을 얻어 유지되는 일이 많았는데 오늘날에는 국제사회의 개입 덕분에 힘을 얻고 있다.

아프리카의 그 이외 나라에서는 출산 패턴이 그리 바람직하지 않은 방향으로 전개되고 있다. 전반적으로 40년 전보다는 훨씬 더 높아지기는 했지만 피임기구 이용률이 세계 최하위권에 머물러 있다. 그러나 일부 국가는 출산율을 떨어뜨리는 데 혁혁한 성과를 올리고 있다. 에티오피아 여성 한 명당 자녀 수는 1980년보다 3명 가까이 감소했지만 여전히 4명이 넘는다. 케냐는 출산율이 8명을 넘어섰던 1960년대 후반 이후로 출산율을 절반으로 떨어뜨렸다. 그러나 케냐의 출산율은 현재도 4명을 약간 웃돈다. 항상 그렇듯이 이 지역에서도 피임기구가 보급된 곳에서는 도시화와 자기계발 욕구의 상승으로 피임기구 사용이 늘어나고 있다. 케냐의 어느 교외 주민은 이렇게 말한다.

> 생계비용이 올라갔기 때문에 지금 있는 아이들 정도만 부양할 수 있을 것 같다. 아이를 더 낳으면 늘어난 아이를 키우는 데 필요한 것들을 제공해주는 직장에 다닐 수 없다. 내가 가족계획을 결심한 까닭도 그 때문이다. 가족계획을 해야 내 아이들을 키울 수 있다.

100년 전의 영국과 50년 전의 푸에르토리코에서 출산율이 떨어졌을 때와 아주 비슷한 상황이다.

케냐는 아프리카 여성이 여느 여성 집단보다도 아이를 더 많이 낳는다는 통념에서 빠른 속도로 탈피하고 있는 대표적인 사례다. 현대화의 혜택이 적당히 제공되고 여성이 산아 제한의 수단을 이용할 수 있는 곳에서는 가족 규모의 패턴이 바뀐다. 유니세프UNICEF는 케냐의 18~24세 여성 문해율이 80%를 넘어섰다고 보고했다. 글을 읽고 쓸 줄 아는 여성은 지나치게 많은 자녀를 낳지 않으려 할 뿐 아니라 그 방법을 깨우칠 가능성이 크다.

이와 대조적으로 아프리카 다른 나라에서는 출산율 하락이 지지부진하게 이루어지고 있다. 나이지리아는 이 지역에서 인구가 단연 가장 많은 나라라는 점에서 중요하다. 나이지리아의 출산율은 느리게 하락하고는 있지만 여전히 6명 바로 아래에 머물러 있다. 우간다도 마찬가지다. 한편 콩고 민주공화국은 (이 넓고 혼란스러운 나라에서 나오는 데이터가 믿을 만하다면) 아직도 6명 넘는 출산율을 유지하고 있다.

일반적으로 출산율이 추가로 하락하기 전에 영아 사망률이 떨어지고 기대수명이 올라간다는 점을 생각하면 이 지역 대부분의 나라에서 영아 사망률과 기대수명이 호전되고 있는 것은 분명 희소식이다. 2010년대에 들어서도 영아 사망률이 1,000명당 60명에 달한다니 충격적으로 느껴지지만 그 정도면 1950년대 영아 사망률의 3분의 1 수준이며 현재 그 아래로 빠르게 떨어지고 있다. 영아 사망률이 가장 높은 시에라리온과 중앙아프리카 공화국에서는 출생자 1,000명당 94명이 첫돌을 넘기지 못한다. 이러한 상황에서 현재 수준에 만족하라고 조언하는 것은 적절치 않으며 생명을 구할 수 있는 조치를 빠짐없이 취해야 하는 것도 옳다. 그러나 최하위권 국가의 영아 사망률조차 러시아의 1950년 영아 사망률보다는 낮다는 사실은 주목할 만하다. 아프리카 사하라 사막 이남의 기대수명은 아직도 60년에 미치지 못하지만 역시나 20세기 중반 러시아의 기대수명과 비슷하며, 그 시대 같은 지역의 기대수명에서 20년 더 연장된 수준이다.

높은 출산율과 영아 사망률 하락을 감안하면 아프리카가 젊은 대륙이라는 사실이 전혀 놀랍지 않다. **아프리카 사하라 사막 이남의 중위 연령은 18세 정도로 60년째 거의 바뀌지 않고 있다.** 기대수명이 연장되고 있는 점을 생각하면 놀라운 일이지만 최근의 인구 성장은 노년층은 줄어든 반면에 어린이 생존율의 개선으로 청소년층이 늘어나고 있다는 사실을 고려해야 한다. 아프리카의 중위 연령은 유럽의 절반에도 미치지 못한다. 이처럼 낮은 중위 연령은 축복이 될 수도, 저주가 될 수도 있다. 인구 대비 청소년의 비중이 크면 중동에서 그러하듯이 정치 불안이 일어날 수 있지만 영국과 독일에서 러시아와 중국에 이르는 여러 나라에서 입증되었듯이 역동성과 경제 성장률이 촉진될 수도 있다. 아프리카는 수많은 국가와 다양한 문화로 이루어진 만큼 이 두 가지 결과와 그 이외의 결과까지 골고루 경험할 가능성이 크다. 지금도 아프리카 대륙의 젊은 인구는 르완다와 코트디부아르 등 세계에서 가장 빠른 속도로 성장하고 있는 일부 국가에서 경제 성장의 원동력 역할을 하고 있다. 그와 동시에 아프리카는 세계에서 가장 파괴적인 (게다가 언론의 주목을 받지 못하는) 전쟁을 경험하고 있다. 숫자는 정확하지는 않지만 최근에 일어난 콩고 민주공화국의 내전에서 500~600만 명이 목숨을 잃은 것으로 추산된다. 분쟁이 잠잠해진 듯도 싶지만 이 책을 쓰는 현재까지도 상황이 안정될 기미는 없다.

어떻든 간에 아프리카의 인구 폭발은 인구 물결의 역사에서도 놀라운 사례다. **지난 40년 동안 세계에서 가장 큰 화젯거리가 중국의 경제 성장이라면 향후 40년 동안의 가장 큰 화젯거리는 아프리카의 인구 성장이 될 것이다. 아프리카의 인구 성장도 다른 지역과 같은 요소에서 비롯되지만 아프리카의 출산율이 얼마나 빠른 속도로 하락하느냐가**

1800년 이래로 인구 역사에서 가장 큰 변수로 작용할 것이다. 지금부터 지구 대부분의 지역에서 상황이 어떻게 전개될지는 (예기치 못한 충격이 발생하지 않는 한) 거의 확실하게 장담할 수 있다. 기대수명은 아직도 짧은 지역(세계적으로 거의 유일하게 60년을 밑도는 아프리카 사하라 사막 이남)을 중심으로 꾸준히 길어질 테고 출산율이 대체 출산율 밑으로 떨어지거나 그 수준에 수렴할 전망이다. 지역적으로는 세부적인 인구 통계의 중요성이 커질 것이다. 이스라엘과 팔레스타인의 출산율이 분쟁의 결과를 판가름할지도 모르며 히스패닉의 출산율이 미국 주류 인종의 출산율에 수렴하면 소수 인종인 히스패닉 인구가 얼마만큼 성장할지 짐작할 수 있을 것이다. 전 세계적인 관점에서 보면 인구의 미래는 거의 확실하다. 그러나 아프리카의 상황은 그렇지 않다. 이곳에서 거대하고 불가피한 인구 관성이 발생하면 (재난이 일어나지 않는 한) 출산율이 급속도로 하락하더라도 여전히 수많은 젊은 여성이 자녀를 낳을 뿐만 아니라 자연적인 원인으로 죽는 노인이 줄어들어 인구가 엄청나게 성장할 가능성이 크다. 그뿐만 아니라 아프리카의 출산율이 하락하는 속도에 따라 지구 최대의 인구가 결정될 것이다.

아프리카 사하라 사막 이남의 인구는 1950년대부터 현재까지 1억 8,000만 명 정도에서 10억 명 가까이로 5배 넘게 증가했다. 그 이전에 아프리카가 인구 부족에 시달린 까닭이 거주하기 어려운 지형뿐만 아니라 수세기에 걸친 아랍의 노예무역과 그보다 기간은 짧지만 훨씬 더 극심했던 유럽 및 미국의 노예 매매 때문이라는 것은 강력한 증거로 뒷받침된다. **대서양 노예무역으로 끌려간 사람들만도 1,200만 명으로 추산된다. 아랍의 노예무역으로는 훨씬 더 낮게 잡은 추정치도 존재하지만 무려 1,400만 명에 달하는 사람들이 끌려간 것으로 보인다. 1950년에 아프리카 전체 인구가 유럽 인구의 절반에 훨씬 못 미쳤다는 사실을 알게 되면 놀랄 수밖에 없다. 더욱이 아프리카의 크기가 유럽의 3배라는 점까지 생각하면 놀라움은 배가 된다.** 오늘날 아프리카 인구는 유럽의 3분의 1을 한참 넘어서며 유럽 인구가 줄어드는 동안 2100년까지 4배 더 성장할 가능성이 크다. 적어도 유엔의 예측에 따르면 그렇다. 많은 부분이 아프리카의 출생률 하락 속도와 이민 유입에 좌우될 것이다.

이처럼 경이로운 인구 성장을 경험한 나라 가운데서도 나이지리아는 특수한 사례다. 현재 나이지리아 인구는 1억 8,000만 명 정도로 20세기 중반 아프리카 사하라 사막 이남의 전체 인구에 맞먹는다. 1960년에 영국에서 독립할 때만 해도 나이지리아 인구는 식민 지배국 영국의 인구보다 적은 4,500만 명 정도였지만 현재는 영국보다 3배 가까이 많다. 유엔은 중간 출산율 전망을 통해 21세기 말에는 나이지리아 인구가 약 8억 명에 도달할 것이라고 추정했다. 유엔의 추정이 맞는다면 전 세계 인구 가운데 나이지리아 인구의 비중은 150년 동안에 1.5%에서 7%로 상승하는 셈이다.

한편 나이지리아는 빠른 속도로 도시화되고 있다. 최대 도시 라고스는 1970년부터 45년 동안 인구 150만 명에서 2,000만 명 넘는 도시로 성장했다. 선진국 기준으로 보면 이 거대 도시에서의 삶은 아프리카 다른 대도시의 경우와 마찬가지로 매력적이지 못하다. 어느 특파원의 이야기를 들어보자.

> 라고스 석호지대潟湖地帶를 끼고 있는 부둣가 빈민굴 바로 위로 파랗고 매캐한 연기가 두텁게 깔려 있어 해가 뜨고 지는 것을 알기 어렵다. 녹슨 판잣집 지붕에 달라붙어 있는 이 인공적인 안개는 수많은 생선 훈제용 오두막에서 흘러나온다. 생선 훈제는 빈민가 경제의 원동력이다. 섬과 육지 사이의 통근자들이 날마다 지나다니는 교량에 서면 도시 곳곳에 뻗어 있는 가난의 광경이 한눈에 펼쳐진다.

그러나 도시의 열악한 환경에도 불구하고 농촌의 저소득층이 농촌의 훨씬 더 극심한 가난을 피하여 지속적으로 도시로 몰려들고 있다. 식민지 벽촌이었던 이곳이 21세기의 동이 틀 무렵 인구 측면에서 제국의 수도를 앞지르리라고 예상한 이는 거의 없었을 것이다. 라고스는 인구 면에서 아프리카뿐 아니라 개발도상국 곳곳에 흩어져 있는 거대 도시 중에서도 단연 선두에 있으며 최근의 엄청난 인구 성장으로 농촌이 흡수하지 못하는 인구가 발생했기 때문에 존재할 수 있게 된 도시다.

인도나 중국의 사례에서 알 수 있듯이 인구가 그 정도 규모로 성장한 나라라도 경제적으로 뒤처지면 세계무대에서 중요한 영향력을 발휘할 수 없다. 나이지리아는 여러 도전과제를 안고 있지만 경제가 들썩이고 있는 것만은 분명하다. 석유 강국인 점도 경제를 일으키는 데 도움이 되었다. 물론 석유는 지대 추구 의식과 사회 각계각층과 경제의 부패를 조장한다는 점에서 저주가 되고 있긴 하다. 아프리카 최대 경제가 남아공 경제냐 나이지리아 경제냐는 확실치 않지만 사용된 평가 방식, 기준 환율, 정확한 산출 시점에 따라 답이 달라질 수 있다. 그럼에도 나이지리아가 적어도 지역 내 초강대국으로 떠오를 가능성이 있다는 점은 분명하다. 항상 그렇듯이 인구는 운명의 산물만은 아니다. 나이지리아 인구의 미래는 상당 부분 나이지리아의 활력과 창의력이 경제 발전에 집중되는지 여부와 부패가 발전을 가로막는지 여부에 달려 있다. 나이지리아는 유엔 평화유지 활동의 주요 공여국이면서도 예전부터 대규모의 군사 예산을 보유하고 있는데 대부분은 국내 이슬람교도의 위협에 대응하기 위한 용도다. 국내적으로는 항상 안보 위협과 분단 가능성을 안고 있으며 실제로 1960년대 비아프라 전쟁 때는 분단될 위기에 놓였다. 나이지리아 인구가 어마어마하게 성장하리라는 것은 거의 확실시된다. 인구 팽창 덕분에 나이지리아가 지역과 세계에서 큰 역할을 담당할 가능성을 얻게 되리라는 점도 확실하다. 나이지리아가 그러한 가능성을 실현할 수 있는지 여부는 이 지역의 미래에 크나큰 영향을 끼칠 것이다.

되돌아보면 인구 변화는 지역을 차례로 강타하는 회오리바람처럼 보인다. 그 회오리바람은 전반적인 사회·경제 발전과 동시에 몰아치거나 그에 앞서 발생한다. 이러한 관점에 비추어 볼 때 아프리카의 운명도 그 이외 모든 지역과 비슷하리라 확신한다. 실제로 아프리카 북부와 남부에서는 벌써부터 그 조짐이 나타나고 있다. 그러나 역사는 미래에 대한 믿을 만한 길잡이가 되지 못한다. 그렇다 해도 인구 패턴으로 볼 때 아프리카 대부분의 지역에서 1단계와 2단계를 지나가고 있음이 분명하며 거의 모든 곳에서 3단계가 시작되었다. 아프리카의 부모들도 여느 부모와 마찬가지로 자신의 자녀가 생존하고 자기 자신의 수명이 최대한 연장되기를 간절히 바란다. 이들 역시 적절한 물질적 자원만 갖춰지면 이제까지 다른 사람들이 그러했듯이 목표를 달성하는 데 전념할 가능성이 크다. 도시화 확산, 교육수준 향상, 가족계획의 보급이 이루어지면 아프리카 여성들도 칠레, 중국, 베트남, 베네수엘라 등의 다른 지역 여성들이 그러했듯이 더 이상 자녀를 6~7명씩 낳지 않으려 할 것이다. 그러나 그 과정이 가속화된다 하더라도 아프리카에는 엄청난 인구 관성이 기다리고 있다. 수십 년에 걸쳐 출산율 하락과 인구 성장이 동반된다는 뜻이다. 과거의 높은 출산율 때문에 젊은 여성들이 대규모 코호트를 형성함에 따라 개별적으로는 어머니보다 자녀를 덜 낳더라도 총체적으로는 출산율이 높은 수준을 유지할 것으로 보인다. 고령 인구가 전체 인구에서 차지하는 비중이 상대적으로 작고 장수하는 사람들이 늘어나고 있기 때문에 사망률도 낮아질 전망이다. 결과적으로 출생률이 사망률을 크게 앞지름에 따라 출산율이 하락하더라도 아프리카의 인구는 계속해서 불어날 가능성이 크다.

미래의 빛깔

인구의 미래는 회색과 녹색이 진해지며 흰색이 줄어드는 상황으로 요약될 수 있다. '회색이 진해지는' 상황부터 알아보자. 출생률 하락과 기대수명 상승을 통해 사회가 차례로 고령화되고 있다. 인구 고령화는 출산율이 하락하고 기대수명이 상승하는 지역에서 잇따라 관찰되는 현상이다. 세계 인구의 중위 연령은 이미 1960년 이후로 7년 정도 올라간 상황이다. 선진국에서는 같은 기간 동안에 10년 넘게 상승한 반면에 동아시아는 전체적으로 16년 상승했다. 특히 한국의 중위 연령은 놀랍게도 22년이나 올랐다. 한편 아프리카 사하라 사막 이남을 제외하면 과거 60년 동안에 중위 연령이 상승하지 않은 나라나 지역이 거의 없다. 그러나 고령화는 이제 막 시작한 것에 불과하다.

유엔의 중기 전망에 따르면 21세기 말에는 전 세계 중위 연령이 현재보다 12세 많아져 40세를 넘어선다고 한다. 연령 기준으로 정중앙에 위치한 사람의 나이가 1960년부터 2100년까지 20세에서 40세 위로 2배 많아진다는 뜻이다. 중위 연령이 기록적으로 상승할 나라로는 (현재 18세에서 2100년에 43세에 이르게 될) 에티오피아와 (현재는 20세를 간신히 넘지만 2100년에 47세에 가까워질 것으로 보이는) 시리아가 있다. 폴란드에서 스리랑카와 일본에 이르는 많은 나라의 중위 연령이 50세를 넘어설 것이다. 21세기 말에 이르면 리비아의 중위 연령이 현재의 일본 정도로 올라갈 것으로 추정된다. 역사상 이처럼 인구의 나이가 많은 사회는 없었다. 앞서 언급한 레너드 번스타인의 뮤지컬 〈웨스트사이드 스토리〉가 초연한 1957년에는 (물론 뮤지컬의 배경인 뉴욕이 아니라 푸에르토리코 현지에 살던) 푸에르토리코인의 중위 연령이 18세 정도였다. 그런데 2100년이 되면 55세에 육박할 가능성이 크다. 미래의 번스타인이 연령 대표성을 정확하게 반영하려면 뮤지컬의 배경을 갱단이 설치는 뒷골목보다는 노인 요양원으로 정해야 할 것이다.

이처럼 두드러진 고령화가 세계에 어떠한 영향을 줄지 정확하게 예측하기는 불가능하지만 중위 연령이 (1960년처럼) 20세 정도인 세상과 (2100년처럼) 40세 넘는 사회가 속속들이 다르리라는 점은 분명하다. 그 까닭은 앞으로 일어날 정치, 경제, 기술의 변화뿐만이 아니라 인구 고령화 그 자체 때문이다. 고령화는 긍정적인 변화와 부정적인 변화를 두루 가져올 것이다. 낙관적으로 보면 세계는 좀 더 평화롭고 준법정신이 투철한 곳이 될 가능성이 크다. 앞서 보았듯이 사회의 청소년 비중과 그 안의 폭력 및 범죄 사이에는 강력한 상관관계가 성립한다. 물론 젊은 사회라고 해서 모두 범죄와 전쟁에 휩싸이는 것은 아니지만 나이든 사회는 대부분 평화롭다. 노년층이 무기를 휘두르거나 범죄자가 될 가능성도 적지만 젊은이들이 희귀한 곳에서는 젊은이의 가치가 올라가고 젊은이에 대해 더 집중적인 투자가 이루어지게 마련이다. 아들 하나만 둔 여성은 아들 여럿을 둔 여성보다는 아들에게 실질적인 적이나 가상의 적에 대항하여 무기를 들라고 부추길 가능성이 덜하다.

반면에 인구의 나이가 많은 사회는 덜 역동적이고 덜 혁신적이며 좀처럼 위험을 감수하려 하지 않을 가능성이 있다. 노년 인구는 주식보다는 우량 채권처럼 안전한 투자 상품을 보유하려는 경향이 있다. 이러한 투자 성향은 금융시장과 실물 경제에 차례로 영향을 끼칠 것이다. 노인 1인 가구에 적합한 주거지의 수요는 늘어나는 반면에 대가족용 주거지의 수요가 줄어듦에 따라 부동산 수요도 바뀔 수밖에 없다. 선진국 대부분에서는 이미 인구 고령화의 영향이 작용하고 있으며 그 영향은 전 세계로 확산될 전망이다.

중위 연령이 사회 전반의 나이를 반영하는 한편 가장 큰 주목을 끄는 것은 고령 인구의 성장이다. 그 까닭은 국가 차원의 노령 연금 제도가 발달한 선진국의 사회복지 제도가 고령 인구의 성장으로 압박을 받을 수 있기 때문이다. 이러한 상황은 앞서 언급한 '부양비'라는 용어로 표현된다. 일본의 부양비는 그리 멀지 않은 2050년에 1 대 1에 가까워질 전망이다. 서유럽의 부양비는 일본보다는 낮다고 해도 2050년이 되면 2005년보다 2배 높아질 것이다. 상당한 개혁이 일어나지 않는 한 2050년까지 선진국 전반의 연금이 국내총생산에서 차지하는 비중은 2배로 성장하리라 예상되며 고령 인구의 공공 의료 수요가 증가하면 이미 예산 부족에 시달리는 데다가 국내총생산 대비 채무 비율이 과도하게 높아 재정 문제를 겪을 가능성이 크다.

게다가 '초고령층'이 급증하리라 예상된다. 현재 영국에는

85세 넘는 인구가 140만 명에 달하며, 베이비붐 세대가 고령에서 초고령으로 진입함에 따라 이러한 수치는 20년 후 2배로, 30년 후에는 3배로 늘어날 전망이다. 어떤 사람은 우리에게 익숙한 제2차 세계대전 이후의 복지제도가 폰지 사기(다단계 금융 사기 - 역주)와 유사한 속성을 지니고 있다고 주장한다. 둘 다 나중 세대 근로자가 이전 세대 근로자보다 많아야 한다는 것이다. 현재와 같이 세금수입으로 지탱되는 노령 연금에는 확실히 그러한 속성이 있다. 따라서 사회가 고령화되면 복지제도가 언제까지나 현재와 같은 형태를 유지할 수 없다. 그와 동시에 자신을 부양해줄 자녀를 낳지 않는 사람이 늘어남에 따라 국가에 대한 의존도도 증가할 것이다. 영국의 2017년 총선은 '사회적 돌봄'이라는 사안을 둘러싼 대결이었다. 즉, 노인들에 대한 1일 요양 보호 비용의 문제가 총선의 쟁점으로 떠오른 것이다. 고령층이 전체 인구에서 차지하는 비중이 작았던 때라면 이러한 사안이 그토록 큰 관심을 불러일으키지 못했을 것이다.

국가가 노령 연금을 지급하는 선진국에서도 고령화는 문제가 되지만 개발도상국에서는 한층 더 심각한 영향을 초래할 것이다. 개발도상국들은 고소득 국가로 올라서기도 전에 늘어나는 노인 인구 문제를 해결해야 하기 때문이다. 선진국이라면 자국의 이민법이 허락하는 한 어떤 식으로든 재정을 마련하여 태국과 필리핀 같은 나라의 젊은 노동자를 데려와서 노인 보호를 맡길 수 있다. 그러나 인구 고령화를 겪는 개발도상국은 그러한 호사를 누릴 형편이 안 된다. 태국의 중위 연령은 21세기 중반에 50세에 이를 전망인데 태국이 수십 년 내에 종합적인 노인 요양 서비스를 시행할 수 있을 정도로 발전할 가능성은 적다. **과거에는 운 좋게 노년까지 생존하는 극소수가 자녀 여럿의 돌봄을 받았다. 돌보아줄 자녀가 더 이상 존재하지 않고 국가가 그 공백을 메우지 못하면 노인들이 보살핌을 받지 못하고 방치된 채로 죽어가는 현상이 전 세계적으로 보편적인 현상이 될 수밖에 없다. 유일한 희망은 기술이다. 이 분야의 선두주자가 (현재 세계 최고령 국가인) 일본이라는 사실은 그리 놀랄 일이 아니다. 일본은 기본적인 노인 간호를 제공하고 말동무 역할을 하며 심지어 반려동물 노릇까지 하는 로봇을 개발하고 있다.**

이변이 없는 한 세계는 점점 더 회색으로 변해갈 것이다. 더불어 점점 더 녹색으로 변할 가능성도 다분하다. 지구의 녹색화는 지구를 망가뜨리는 인구 폭증이 여전히 진행 중이라는 통념에 위배되는 현상이다. 인류의 개체수가 급증하고 생활수준이 크게 향상하면서 환경 피해가 막심했다는 데는 의심할 여지가 없다. 인류는 생활공간과 농경을 위해 지구를 점점 더 잠식해나갔다. 게다가 현대인의 생활방식은 환경을 훼손하는 물질을 다량으로 배출한다. 탄소 배출은 지구 인구의 생활수준뿐 아니라 인구 규모 자체와도 함수관계에 있다. 그 때문인지 선진국 등의 일부 환경 운동가들은 자녀를 덜 낳으라고 조언하기도 한다. 반면에 인류의 창의력과 기술은 그러한 악영향을 제한하거나 심지어 되돌리는 역할을 했으며 실제로는 훨씬 더 큰 역할을 할 가능성이 있다. (전 세계적으로 지난 40여 년 동안에 연평균 2%대에서 1%대로) 인구 성장률이 둔화함에 따라 좀 더 청정한 지구를 만들 기회가 나타나고 있다. 비록 세계 인구는 지속적으로 성장하겠지만 21세기 말에는 0%에 가까운 성장률로 둔화할 것으로 예상된다. 그렇다고 해서 인류의 혁신 속도까지 둔화할 필요는 없다. 인류의 평균 연령은 올라가겠지만 인구의 숫자 역시 성장할 것이며 십중팔구 인류는 더 많은 교육을 받고 더 탄탄한 인맥을 쌓으며 정보에 훨씬 더 손쉽게 접근하게 될 것이다. 즉, 적절한 자원 배분과 투자만 이루어지면 헥타르 당 수확량이 인구 성장 속도를 앞지르는 일이 인구 성장 속도가 더 빨랐을 때보다 한층 더 용이해진다. 인류가 현재보다 더 잘 먹고 산다 하더라도 수확량을 높이면 남는 토지를 자연 상태로 되돌릴 수 있으며 좀 더 청정한 환경에서 살 수 있다는 뜻이다.

그 이외 자원도 마찬가지다. 기술이 발전하여 자원 효율이 인구보다 더 빠른 속도로 증가하면 고연비 자동차라든가 식량 저장과 운송의 개선 같은 방식으로 지속 가능성이 강화될 가능성이 있다. 일본에서 불가리아에 이르기까지 인구 감소가 시작된 곳에서는 자연이 빠르게 공백 상태로 이동하고 있다. 현재 아프리카의 출산율이 예상보다 더 느린 속도로 떨어지고 있기 때문에 **유엔은 세계 인구가 금세기 후반까지 지속적으로 증가하여 110억 명을 넘어설 것으로 전망한다. 그러나 그때부터는 인구 성장 속도가 오늘날의 10분의 1 수준과 1960년대 후반 및 1970년대 후반의 20분의 1 수준으로 떨어져 인구가 대체로 안정될 것으로 예상한다. 이 책의 앞부분에도 나오지만 인구는 처음에는 느린 속도로 털털거리다가 무시무시하게 속도를 올리더**

니 최근 들어 큰 폭으로 감속한 자동차에 비유할 수 있다. 그 자동차는 금세기를 지나면서 서서히 멈출 가능성이 크다.

미래에 흰색이 줄어든다는 예측은 어느 정도 확신할 수 있다. 앵글로색슨인 사이에서 시작된 인구 대폭발이 다른 유럽인들에게로 확산되면서 전 세계 백인 인구는 19세기 초반부터 20세기 중반까지 절대 수치와 상대 수치 면에서 이례적으로 팽창했다. 백인 인구의 팽창은 세계 정치에 커다란 변화를 가져왔다. 인구 팽창 없이 유럽의 제국주의가 그처럼 광범위하게 뻗어나가거나 전 세계에 크나큰 영향을 주었으리라고 생각하기는 어렵다. 그러나 사망률 하락과 높은 출산율 지속이 앵글로색슨인이나 다른 유럽 계통 사람들만의 전유물은 아니었다. 최근까지도 세계에서 가장 출산율이 낮으며 인구의 나이가 가장 많고 인구 성장 속도가 가장 느린 나라들은 유럽에 있다. 현대에 들어서 인구 감소가 처음으로 뚜렷하게 나타난 지역도 유럽이었다. 좀 더 최근에는 동북아시아의 인구가 유럽을 따라잡기 시작했으며 일부 척도로는 이미 유럽을 추월한 상태다. 머지않아 다른 지역도 그 뒤를 따를 것이 분명하다. 앞서 알아보았듯이 태국 여성들은 이미 영국 여성들보다 자녀를 덜 낳는다. 다만 태국은 앞으로 어느 정도의 '인구 관성'의 이점을 누릴 수 있다.

일부 비유럽인들이 유럽식 소가족 형태를 수용한다 하더라도 인구 관성은 앞으로 얼마 동안 강력한 힘을 발휘할 것이다. 앞서 여러 문명권의 사례에서 보았듯이 인구 관성은 뒤늦게 찾아올수록 그 힘이 더 막강한 경향이 있다. 예를 들어 20세기 특정 시점의 인구 성장률은 19세기 전반에 걸쳐 영국이 달성한 인구 성장률보다 더 높았다. 세계 인구 가운데 백인의 비중이 줄어들고 있으며 그러한 추세가 앞으로도 이어지리라는 뜻이다. 인구 전환을 가장 일찍이 경험한 인구가 가장 낮은 성장률을 기록하고 세계 인구에서 차지하는 비중이 줄어들게 되어 있다는 점에서 '선두주자의 열세first mover disadvantage'라고도 할 수 있다.

유럽 계통 인구의 감소는 대륙별 감소와 국가별 감소 등 두 가지 차원으로 나누어 살펴볼 수 있다. 우선 대륙별 감소부터 살펴본다면 유럽의 제국주의 시대가 막을 내린 1950년에는 유럽 대륙의 인구가 인류의 22% 정도를 차지했다. 여기에 백인이 절대 다수인 캐나다, 호주, 뉴질랜드, 미국의 인구까지 더하면 그 비중은 29%에 달했다. 65년이 흐른 후에는 전 세계 인구에서 유럽 백인이 차지하는 비중은 10%로, 백인의 절대 다수인 지역의 인구 비중은 15%로 줄어들었다. 유엔은 중간 전망을 통해 금세기 말에는 이 두 가지 수치가 각각 6%와 11%로 낮아질 것이라고 예측했다. 유럽에는 이미 인구 감소를 경험하고 있거나 이민자 유입이 없었다면 인구 감소를 경험했을 나라들이 많다. 유엔의 전망이 정확하다면 불가리아와 몰도바는 21세기 말까지 인구의 절반을 잃게 되며 라트비아의 상황도 크게 다르지 않을 것이다. 독일과 이탈리아는 각각 인구의 10%, 20%를 상실할 것으로 보인다.

그뿐만 아니라 국가별로도 백인 인구의 비중이 줄어들고 있다. 현재 영국 내 이민자와 이민자의 자손 대다수가 유럽 계통이기는 하지만 21세기 중반에 이르면 '백인 영국인'의 비중이 영국 전체 인구의 60%에 지나지 않게 된다. 1965년과 2005년에 각각 85%와 67%였던 미국의 백인 인구 비중은 21세기 중반까지 50% 아래로 크게 줄어들 전망이다. 두 나라 모두 '혼혈' 비중이 커지고 계속해서 빠르게 증가할 것으로 보인다.

앵글로색슨인과 좀 더 넓게는 유럽인의 세계가 19세기 중반부터 빠르고 지속적인 인구 팽창의 실험실 역할을 했던 것처럼 이 나라들이 인종적·민족적·국가적 정체성 측면에서 한층 더 유동적인 세계의 본보기를 제시할 것이다. 미국의 이탈리아계 국민이 '백인'으로 불리는 반면에 스페인계 국민의 일부가 '비백인 히스패닉'으로 불리는 데는 절대적인 이유가 없다. 미국의 히스패닉 인구 상당수가 스페인인과 토착민의 혼혈인 것은 사실이지만 이탈리아의 시칠리아 사람 역시 부분적으로는 비유럽 계통일 가능성이 있다. 언제나 그렇듯이 절대적인 구분법은 없다.

백인의 상대적인 비중이 감소하고 있는 이면에서는 아프리카 인구의 비중 증가가 있으며, 이 같은 추세는 앞으로도 지속될 것이다. 수백 년 동안의 소외, 식민화, 노예 생활이 이제 막 끝난 20세기 중반에는 아프리카 사하라 사막 이남의 사람들이 지구 인구의 10%도 차지하지 못했지만 21세기 말에 이르면 25%를 차지할 것으로 보인다. 아프리카가 계속해서 가난하고 젊은 한 유럽 이주에 대한 압력이 강력하게 작용할 것이다. 현재까지 아프리카의 인구 성장은 대부분 읍과 도시로 쏟아져 들어오는 사람들 때문에 발생하는 것으로 추정된다. 그러나 경제적 번영이 어느 수준을 넘어서면 가까운 대도시보다는 멀리 떨어진 곳으로 이주해야 경제적 구원의 가능성이 커진다.

상상을 초월하는 미래

지난 수세기 동안에 세계는 굉장한 속도로 변화했다. 그리고 그 속도는 한층 더 빨라지고 있다. 이러한 현상은 대부분 기술 때문이기는 하지만 인구와도 관련이 있다. 기술과 인구는 상호의존적이기 때문이다. 유럽 계통 인구가 폭발적으로 성장하지 않았다면 유럽의 세계 지배는 상상할 수 없는 일이었다. 마찬가지로 유럽 계통 인구가 감소하면 전 세계가 그 영향을 받을 수밖에 없다. 당장은 한때 '흰색'이었지만 지금은 갈수록 다양한 빛깔로 변화하고 있는 나라들 내부에서 여파가 나타나고 있다. 그러나 어느 시점에 이르면 숫자의 중요성 때문이든 경제력과 관련된 문제 때문이든 국제 환경도 영향을 받게 되어 있다.

그러나 역사는 예측을 허용하지 않는다. 100년 전의 런던 시민이라면 한때 영국인들만의 도시나 다름없었던 런던이 국제적인 모습으로 변화하고 대영제국이 더 이상 존재하지 않으리라고 상상조차 하지 못했을 것이다. 마찬가지로 그 시대의 파리 시민이 북아프리카 인구에 흔적조차 남기지 못한 채로 알제리에서의 실험이 끝났을 뿐 아니라 자기가 사는 도시에서 북아프리카인의 비중이 커지리라고는 예상하지 못했을 것이다. 어떤 면에서 미래의 인구 추세는 이미 진행 중이다. 전 지구적인 유행병이나 대량 이주가 없는 한 우리는 2050년에 나이지리아나 노르웨이에 얼마만큼 많은 50세 인구가 살지 예측할 수 있다. 그러나 여전히 예기치 못한 일들이 닥칠 가능성은 언제나 존재하며 과학 기술이 그 원인이 될 수도 있다. 오랜 기간 유효했던 맬서스 법칙을 이중으로 깨부순 요소는 과학 기술이었다. 인류가 새로운 운송 수단과 식량 재배 방식을 사용하여 광활하고 새로운 영역을 개척함에 따라 제한적인 토지에서 인류가 먹을 식량을 기하급수적으로 생산하는 일이 가능해졌다. 또한 자연적인 욕구를 억누를 필요없이 사람들의 선택에 맡기면 인구 성장을 저렴하고 손쉽게 억제할 수 있다는 사실도 밝혀졌다.

미래의 과학 기술이 지금으로서는 상상하기 어려운 방식으로 인구를 재편할 수도 있다. 고령화를 되돌릴 수 있고 사람들이 수백 년 동안 사는 일이 가능해지면 세계의 인구는 어떠한 모습을 하게 될까? 출산율에는 어떠한 영향이 미칠까? 출생과 성관계가 완전히 분리되면 어떻게 될까? 복제 인간이나 맞춤 아기를 자유롭게 주문할 수 있게 되면 어떠한 상황이 펼쳐질까? 기술 말고 순전히 인구학적인 전개 양상이 나타나고 있는데, 이러한 양상만으로도 예측할 수 없는 결과가 나타날 수도 있다. 예를 들어 남아프리카가 출산율 하락에 빠른 속도로 다가가고 있다는 관측이 있는데 이러한 현상이 예상보다 훨씬 더 빨리 아프리카 사하라 사막 이남 전역으로 확산되어 아프리카의 인구 거품을 꺼뜨릴 수도 있다. 유럽의 여러 나라에서는 예측을 깨고 출산율이 조금씩 올라가고 있으며 이러한 추세는 '시간' 효과가 끝난 후에도 이어질 가능성이 있다. 이스라엘 여성들이 자녀를 3명 낳는다면 영국이나 미국 여성들이라고 그러지 말라는 법은 없다. 출산율 상승은 영국과 미국에 지대한 영향을 끼칠 것이다. 한편 미국과 영국에서는 기대수명 증가세가 꺾이기 시작했음을 암시하는 조짐이 하나둘씩 나타나고 있다. 치매뿐만 아니라 당뇨병 같이 윤택한 생활에서 비롯되는 질병이 주범으로 지목된다. 2011년 이후로 영국 남성과 여성의 기대수명은 각각 1년과 1년 반씩 줄어들었다. 일시적인 변동일 수도, 다시 한 번 앵글로색슨이 선도하는 새로운 추세의 시작일 수도 있다.

사회의 동향도 인구에 예기치 못한 영향을 줄 수 있다. 적정한 행운이 따르고 시기만 잘 맞추면 잦은 성관계 없이도 대가족을 만들어낼 수 있다. 따라서 성관계에 대한 관심이 전반적으로 사그라졌다고 해서 출산율이 떨어지리라는 법은 없다. 그러나 일본에서 출현한 '초식남녀(다른 사람과의 연애나 성관계에 관심이 없어 보이는 젊은이)' 현상은 보편적인 저출산 문화의 단면일지도 모른다. 성관계와 연애에 대해 시들해지는 현상이 서구 젊은이들 사이에서도 갈수록 확산되고 있음을 뒷받침하는 근거들이 있다. 인구 데이터는 여전히 '남성'과 '여성'으로 나뉘어 산출되지만 성 소수자가 증가하면 인구는 물론 인구 산출 방식에도 엄청난 변화가 나타날 가능성이 크다.

미래에 어떤 일이 기다리든 한 가지 확실한 점이 있다. 과거에 그러했듯이 인구와 인류의 운명은 앞으로도 떼려야 뗄 수 없는 관계를 맺을 것이다. 출생과 사망, 결혼과 이주가 우리 삶에서 가장 중요한 사건으로 남아 있는 한 인구는 역사의 경로를 결정할 것이다.

부록 I

기대수명 산출 방법

The Human Tide

기대수명은 어떤 사회의 구성원들이 얼마만큼 오래 사는지를 가장 정확하게 나타내는 척도다. 다른 사회보다 인구의 나이가 더 많으며 모든 조건이 동일할 때 사망률(전체 인구 중 사망자 수)이 더 높은 사회가 있다는 사실을 산출에 감안하기 때문이다. 출생시 기대되는 평균 생존연수를 의미하는 기대수명은 17세기 영국의 보험업계에서 처음으로 사용된 예측치다. 기대수명을 계산하려면 우선 모든 0~1세 인구 가운데 그 해에 사망한 0~1세 인구의 비율을 구해야 한다. 여기에 모든 1~2세 인구 중에서 그 해에 사망한 1~2세 인구의 비율을 더한다. 누적 비율이 50%에 이를 때까지 이 같은 과정을 계속하다 보면 그 해의 출생 당시 기대수명이 산출된다. 영아 사망률과 아동 사망률이 높은 나라에서는 비율이 금세 높아져서 곧 50%에 도달한다. 그렇기 때문에 높은 영아 사망률은 곧 낮은 기대수명을 뜻하며 영아 사망률 하락은 기대수명의 연장으로 이어진다. 청년층은 물론 중년층의 죽음조차 흔치 않은 경우에는 위의 과정을 한참 더 계속해야 50% 지표에 다다르게 된다.

그러한 의미에서 기대수명은 어떤 사람이 기대하는 생존 가능 햇수라기보다 특정 연령 코호트의 특정 연도 사망자 숫자와 그에 따른 사망 확률을 감안할 때 기대할 수 있는 생존 가능 햇수다.

일반적으로 기대수명은 남녀로 나뉘어 발표되지만 남녀를 종합한 전체 인구 수치로 발표될 때도 많다. 성별로 구분하는 접근법은 인구통계학자가 기대수명의 성별 차이를 밝혀내는 데 도움을 준다. 예를 들어 러시아에서는 성별 차이가 유독 크다. 일반적으로 남성의 기대수명이 여성보다 더 짧은 것은 사실이지만 러시아에서는 과거부터 그 차이가 유달리 두드러졌으며 앞으로도 좁혀지지 않을 전망이다. 어떤 사회의 기대수명을 성별로 구분하여 조사하면 그 사회에 대한 중요한 정보를 알아낼 수 있다. 러시아의 경우에는 남성이 여성보다 훨씬 더 이른 나이에 죽는다는 사실을 파악한 후에 성별에 따른 생활방식, 알코올 소비량, 자살률을 점검하면 낮은 기대수명의 사회적 원인을 좀 더 심층적으로 이해할 수 있게 된다.

〈표 2〉는 2015년 싱가포르의 생명표로 A열은 그 해가 시작할 때의 연령을 보여주며 B열은 그 해 동안에 사망한 특정 연령 인구의 비율을 보여준다. 2015년 1월 1일에 0~1세였던 싱가포르 인

구 가운데 2015년 12월 31일까지 1년 동안에 사망한 이들의 비율은 0.25%도 되지 않았다. (정확하게는 0.214%였다.) 한편 그 해 첫 날에 90세였던 싱가포르 인구 가운데 해가 끝나기 전에 사망한 이들의 비율은 12%를 웃돌았다. C열은 이러한 개별 확률의 누적 수치를 보여준다. 0~1세 인구의 사망 확률이 0.214%이고 1~2세 인구의 사망 확률이 0.012%라면 0~2세 인구의 사망 확률은 0.226%가 된다. C열의 확률은 우리가 각 연령 코호트의 사망자 비율을 더할 때마다 높아진다. 81세까지의 모든 연령 코호트를 추가하면 50%에 약간 못 미치는 값이 산출된다. 여기에 82세의 코호트를 하나 더 추가하면 50% 조금 넘는 값이 나온다. 따라서 싱가포르인들은 출생 당시에 81세까지 생존할 것으로 '기대'할 수 있다. 물론 싱가포르의 신생아는 사는 동안에 기대수명의 연장을 경험하여 그보다 더 오래 살 가능성도 있다. 다시 말해서 '기대수명'은 미래 연도의 경험이 우리가 주목하는 특정 연도의 경험과 동일할 때에만 기대할 수 있는 수치다.

그뿐만 아니라 좀 더 많은 나이일 때의 기대수명도 알아볼 수 있다. 2015년에 70세였던 싱가포르인이 1~2세는 물론 70세가 되기 전에 사망할 일은 없다. 따라서 70세의 기대수명을 구하려면 다시 계산을 시작해야 한다. 이때 B열의 확률을 더하되 70세 이전의 확률은 제외해야 한다. 그렇게 하여 산출된 결과가 D열이다. 결과에 따르면 70세 인구의 기대수명은 83세로 현재 나이보다 13세 더 높다.

〈표 2〉 싱가포르의 기대수명: 2015년 남녀 합산 수치

A	B	C	D
연령	사망 확률	0세부터의 누적 확률	70세부터의 누적 확률
0	0.214	0.214	
1	0.012	0.226	
2	0.012	0.238	
3	0.011	0.249	
4	0.009	0.258	
5	0.007	0.265	
6	0.005	0.27	
7	0.005	0.275	
8	0.005	0.28	
9	0.006	0.286	
10	0.007	0.293	
11	0.008	0.301	
12	0.009	0.31	
13	0.011	0.321	
14	0.013	0.334	
15	0.016	0.35	
16	0018	0.368	
17	0.02	0.388	
18	0.021	0.409	
19	0.022	0.431	
20	0.023	0.454	
21	0.024	0.478	
22	0.024	0502	
23	0.025	0.527	
24	0.025	0.552	
25	0.026	0.578	
26	0.026	0.604	
27	0.027	0.631	
28	0.029	0.66	
29	0.03	0.69	
30	0.032	0.722	

31	0.034	0.756
32	0.036	0.792
33	0.039	0.831
34	0.041	0.872
35	0.043	0.915
36	0.046	0.961
37	0.051	1.012
38	0.057	1.069
39	0.065	1.134
40	0.073	1.207
41	0.082	1.289
42	0.091	1.38
43	0.101	1.481
44	0.112	1.593
45	0.122	1.715
46	0.134	1.849
47	0.148	1.997
48	0.165	2.162
49	0.184	2.346
50	0.204	2.55
51	0.25	2.8
52	0.249	3.049
53	0.281	3.33
54	0.316	3.646
55	0.353	3.999
56	0.39	4.389
57	0.428	4.817
58	0.468	5.285
59	0.508	5.793
60	0.549	6.342
61	0.593	6.935
62	0.646	7.581
63	0.711	8.292
64	0.783	9.075
65	0.857	9.932

66	0.937	10.869	
67	1.037	11.906	
68	1.169	13.075	
69	1.319	14.394	
70	1.474	15.868	1.474
71	1.636	17.504	3.11
72	1.826	19.33	4.936
73	2.057	21.387	6.993
74	2.313	23.7	9.306
75	2.575	26.275	11.881
76	2.847	29.122	14.728
77	3.158	32.28	17.886
78	3.526	35.806	21.412
79	3.926	39.732	25.338
80	4.33	44.062	29.668
81	4.746	48.808	34.414
82	5.222	54.03	39.636
83	5.809		45.445
84	6.504		51.949
85	7.233		
86	8.032		
87	8.907		
88	9.863		
89	10.905		
90	12.039		
91	13.271		
92	14.606		
93	16.048		
94	17.604		
95	19.278		
96	21.073		
97	22.994		
98	25.044		
99	27.226		
100+	100		

부록 II

합계 출산율 산출 방법

The Human Tide

출생률은 인구 중에서 출생자가 차지하는 비중을 나타내는 수치이지만 다른 인구 집단보다 가임기 여성이 더 많으며 그에 따라 인구 규모 대비 더 많은 아기가 탄생하는 인구 집단이 있다는 사실을 감안하지 않는다. 특정 코호트의 완결 출산율은 (특정 연도나 특정한 10년 동안에 태어난 여성들이 생애 동안에 낳는 평균 자녀 수로서) 과거의 출산율을 알아내는 데 매우 중요한 역할을 하지만 한참 전에 일어난 일에 대해서만 알려주며 현재 상황에 대한 현실적인 정보를 제공하지 않는다는 점에서 한계가 있다. 여러 사회의 출산율을 비교하거나 현재의 출산율을 최근 몇 년 동안의 출산율과 비교하기에 가장 적합한 지표는 합계 출산율TFR이다.

합계 출산율은 특정 연도나 시대에 여성들이 낳은 아기의 숫자를 알아본 다음에 여성 한 명이 그 해나 그 시대 여성 사이에서 일반적인 출산 경험을 할 때 낳을 법한 자녀 수를 계산하여 산출한다.

일반적으로 임신 가능 연령은 15세에서 45세나 50세까지로 간주된다. (물론 이러한 연령 범주를 벗어난 출산 사례도 있지만 대부분의 사회에서는 이를 통계학적으로 무의미한 것으로 친다.) 15세 미만의 소녀들이 자녀를 낳는 경우는 극도로 낙후된 나라에 국한되기 때문이다. 또한 출산 기술이 발전하고 있기는 해도 위의 상한 연령보다 나이가 더 많은 여성들의 출산은 인구통계학자들이 고려하지 않아도 될 정도로 극히 드물다.

일반적으로 우리는 특정 연령 집단에 속한 여성들의 출산 경험을 살펴본다. 데이터로서 유용하기 때문이다. 〈표 3〉은 1997년부터 2000년까지의 평균적인 연도에 이집트에서 일어난 상황을 보여준다. 그 해에 15~19세 이집트 여성이 자녀를 낳을 확률은 1분의 0.051이고 이를 백분율로 환산하면 5.1%다. 그렇다면 그 해에 15~19세 여성 100명당 자녀 수는 5명을 조금 웃돈다. 그러므로 그 기간 동안의 일반적인 출산 경험을 한 15~19세 여성이 같은 기간 동안에 자녀 한 명을 낳을 확률은 4분의 1이었다. (즉, 0.051에 5를 곱하면 0.255가 나오는데 이는 백분율로 25.5%다.) 오른쪽 열은 중간 열을 5로 곱하여 얻은 수치다. 우리가 알아보는 것이 5년 동안의 연간 출산 건수이기 때문이다.

20대 초반의 여성이 그 해에 자녀 한 명을 낳을 확률은 1분의

0.196이었다. 20대 초반 여성 100명당 평균적인 해에 낳은 자녀 수가 20명에 가까웠다는 뜻이다. (정확히 말하면 19.6명이다.) 이러한 확률을 감안하면 5년 동안 해마다 그러한 경험을 하는 20대 초반 여성은 그 기간 동안에 자녀 한 명을 낳았을 가능성이 있다. 0.196에 5를 곱하면 0.98이 나오기 때문이다. 20대 후반에는 그 확률이 1의 0.208, 즉 20%로 좀 더 높아져서 20대 후반 여성들이 20대 후반 동안에 평균적으로 자녀 한 명을 더 낳으리라는 것을 알 수 있다.

오른쪽 열의 모든 숫자를 더하면 3.505명이 나오며 끝수를 떼어내는 식으로 약산하면 3.5명이 된다. 특정 연도에 다른 연령대 여성 사이에서 일반적인 경험을 하는 여성이 자녀 3.5명을 낳는다는 뜻이다. 이러한 여성 10명이면 자녀 수는 35명에 이르는 것이다.

〈표 3〉 1997~2000년 평균 연도의 이집트 출산율

연령 범위	1년에 여성 한 명에게서 태어난 자녀 수	그 기간 동안에 태어날 가능성이 있는 자녀 수
15~19	0.051	0.255
20~24	0.196	0.980
25~29	0.208	1.040
30~34	0.147	0.735
35~39	0.075	0.375
40~45	0.024	0.120
45~49	0.004	0.020
합계 출산율		3.505

감사의 말

The Human Tide

내가 이 책을 쓰는 동안 닉 로콕Nick Lowcock은 격려를 아끼지 않았으며 깊은 통찰을 제공해주었다. 에릭 코프만Eric Kaufmann 교수는 내게 지혜를 나눠주고 지원을 아끼지 않은 소중한 분이다. 토비 먼디Toby Mundy에게도 큰 감사를 전한다. 그의 탐구심과 전문성 덕분에 책의 결말을 볼 수 있었다. 여러 방면에서 도움을 준 데이비드 굿하트David Goodhart에게는 아무리 감사를 해도 모자라다. 조 지그먼드Joe Zigmond, 존 머리John Murray 출판사의 팀, 퍼블릭 어페어스Public Affairs 출판사의 클라이브 프리들Clive Priddle과 함께 일할 수 있어 즐거웠다. 30년 전에 내가 옥스퍼드대학교 코퍼스 크리스티Corpus Christ 칼리지에 다닐 때 명강사였던 브라이언 해리슨Brian Harrison 경이 검토와 논평 작업을 맡아 꼼꼼하고 시의적절한 조언을 해주었다. 시간을 내어 책의 초고나 구상에 대해 읽고 의견을 준 다니엘 베네딕Daniel Benedyk, 마이클 린드Michael Lind, 클레어 몰런드Claire Morland, 소냐 몰런드Sonia Morland, 이안 프라이스Ian Price, 조너선 린홀드Jonathan Rynhold, 마이클 벵기어Michael Wegier 등에게 감사를 전한다. 애석하게도 고인이 된 내 친구 앤서니 D. 스미스Anthony D. Smith 교수와 이 책의 초안에 대해 상의하는 영광을 누릴 수 있어서 행복했다. 그는 언제나 그랬듯이 내게 영감을 주었다. 보험계리인의 시각으로 기대수명 부록 부분을 친절하게 검토해준 마이클 캘런Michael Callan에게도 감사한다. 두말할 나위도 없이 오류가 있다면 모두 내 잘못 때문이다.

마지막으로 나의 어머니 잉그리드 몰런드Ingrid Morland, 아내 클레어 몰런드 그리고 우리의 조그만 인구 물결인 소냐, 줄리엣, 애덤 몰런드에게 감사하며 이 책을 바친다.

참고문헌

The Human Tide

Note: The websites referenced in this section have all been accessed during the period 2012–18.

Academic Ranking of World Universities, 2013, http://www.shanghairanking. com/ARWU2013.html

Anderson, Barbara A., and Silver, Brian D., 'Growth and Diversity of the Population of the Soviet Union', *Annals of the American Academy of Political and Social Sciences*, 510, 1990, pp. 155–7

Anderson, Charles H., *White Protestant Americans: From National Origins to Religious Group*, Englewood Cliffs, NJ, Prentice-Hall, 1970

Anderson, Michael, 'Population Change in North Western Europe 1750– 1850', in Anderson (ed.), *British Population History*, pp. 191–280

Anderson, Michael (ed.), *British Population History: From the Black Death to the Present Day*, Cambridge University Press, 1996

Andrillon, Henri, *L'Expansion de L'Allemagne: ses causes, ses formes et ses conséquences*, Paris, Librairie Marcel Rivière, 1914

Armstrong, Alan, *Farmworkers in England and Wales: A Social and Economic History 1770–1980*, Ames, Iowa State University Press, 1988

Australian Bureau of Statistics, *Cultural Diversity in Australia – Reflecting a Nation: Stories from the 2011 Census*, 2012–13, http://www.abs.gov.au/ausstats/abs.nsf/Lookup/2071.0main+features902012-2013

Baer, Gabriel (trans. Szoke, Hanna), *Population and Society in the Arab East*, London, Routledge, Kegan & Paul, 1964

Baines, Dudley, and Woods, Robert, *Population and Regional Development*, Cambridge University Press, 2004

Bashford, Alison, and Chaplin, Joyce E., *The New Worlds of Thomas Malthus: Rereading the Principle of Population*, Princeton University Press, 2016

Beinart, William, *Twentieth-Century South Africa*, Oxford University Press, 2001

Berghahn, V. R., *Imperial Germany 1871–1914: Economy, Society, Culture and Politics*, New York, Berghahn, 1994

Bertillon, Jacques, *La Dépopulation de la France: ses conséquences, ses causes et mesures à prendre pour le combattre*, Paris, Libraire Félix Alcan, 1911

Besmeres, John F., *Socialist Population Politics: The Political Implications of Demographic Trends in the USSR and Eastern Europe*, White Plains, NY, M. E. Sharpe, 1980

Bhrolgháin, Marie Ní, and Dyson, Tim, 'On Causation in Demography: Issues and Illustrations', *Population and Development Review*, 33 (1), 2007, pp. 1–36

Bird, Kai, *Crossing Mandelbaum Gate: Coming of Age Between the Arabs and Israelis*, New York, Simon & Schuster, 2010

Bishara, Marwan, *The Invisible Arab*, New York, Nation Books, 2012

Bookman, Milica Zarkovic, *The Demographic Struggle for Power*, London, Frank Cass, 1997

Borrie, W. D., *Population Trends and Policies: A Study in Australian and World Demography*, Sydney, Wellington and London, Australian Publishing Company, 1948

Botev, Nikolai, 'The Ethnic Composition of Families in Russia in 1989: Insights into Soviet "Nationalities Policy"', *Population and Development Review*, 28 (4), 2002, pp. 681–706

Boverat, Fernand, *Patriotisme et paternité*, Paris, Bernard Grosset, 1913

Braudel, Fernand (trans. Richard Mayne), *A History of Civilizations*, New York and London, Penguin, 1993

Bremmer, Ian, *The J Curve: A New Way to Understand Why Nations Rise and Fall*, New York, Simon & Schuster, 2006

Brett, C. E. B., 'The Georgian Town: Belfast Around 1800', in Beckett, J. C., and Glassock, R.

E. (eds), *Belfast: The Origin and Growth of an Industrial City*, London, BBC Books, 1967, pp. 67–77

Brezhnev, Leonid, and Tikhonov, Nikolai, 'On Pronatalist Policies in the Soviet Union', *Population and Development Review*, 7 (2), 1981, pp. 372–4

Brimelow, Peter, 'Time to Rethink Immigration?', in Capaldi (ed.), *Immigration*, pp. 33–61

Brouard, Sylvain, and Tiberj, Vincent (trans. Fredette, Jennifer), *As French as Everyone Else? A Survey of French Citizens of Maghrebin, African and Turkish Origin*, Philadelphia, Temple University Press, 2011

Buckley, Mary, 'Glasnost and the Women Question', in Edmonson, Linda (ed.), *Women and Society in Russia and the Soviet Union*, Cambridge University Press, 1992, pp. 202–26

Byron, Margaret, *Post-War Caribbean Migration to Britain: The Unfinished Cycle*, Aldershot, Avebury, 1994

Cairo Demographic Centre, *Fertility Trends and Differentials in Arab Countries*, Cairo, 1971

Caldwell, Christopher, *Reflections on the Revolution in Europe: Immigration, Islam and the West*, London, Allen Lane, 2009

Camisciole, Elisa, *Reproducing the French Race: Integration, Intimacy, and Embodiment in the Early Twentieth Century*, Durham, NC, Duke University Press, 2009

Canadian Encyclopaedia, Edmonton, Hurtig, 1985

Capaldi, Nicholas (ed.), *Immigration: Debating the Issues*, Amherst, NY, Prometheus Books, 1997

Carey, John, *The Intellectuals and the Masses: Pride and Prejudice among the Literary Intelligentsia, 1880–1939*, London, Faber & Faber, 1991

Ceterchi, Ioan, Zlatescu, Victor, Copil, Dan, and Anca, Peter, *Law and Population Growth in Romania*, Bucharest, Legislative Council of the Socialist Republic of Romania, 1974

Chamberlain, B. H., *Things Japanese*, London, Trench, Trübner, 1890

Charlwood, Don, *The Long Farewell*, Ringwood, Australia, Allen Lane, 1981

Cho, Lee-Jay, 'Population Dynamics and Policy in China', in Poston, Dudley L., and Yauckey, David (eds), *The Population of Modern China*, New York and London, Plenum Press, 1992, pp. 59–82

Clements, Barbara Evans, *A History of Women in Russia from the Earliest Times to the Present*, Bloomington, Indiana University Press, 2012

Coale, Ansley J., Anderson, Barbara A., and Härm, Erna, *Human Fertility in Russia since the Nineteenth Century*, Princeton University Press, 2015

Cole, Allan B., 'Japan's Population Problems in War and Peace', *Pacific Affairs*, 16 (4), 1943, pp. 397–417

Coleman, David, 'Projections of the Ethnic Minority Populations in the United Kingdom 2006–2056', *Population and Development Review*, 36 (3),

2010, pp. 441–86

Committee on Population and Demography, *Levels and Recent Trends in Fertility and Mortality in Brazil*, Washington DC, National Academy Press, 1983

Connell, K. H., *The Population of Ireland 1750–1845*, Cambridge University Press, 1950

Cornell, Laurel L., 'Infanticide in Early Modern Japan? Demography, Culture and Population Growth', in Smitka, Michael (ed.), *Japanese Economic History 1600–1960: Historical Demography and Labor Markets in Prewar Japan*, New York and London, Garland, 1998

Corsini, Carlo A., and Viazzo, Pierre Paolo (eds), *The Decline of Infant Mortality in Europe 1800–1950: Four National Case Studies*, Florence, UNICEF, 1993

Cossart, P., 'Public Gatherings in France During the French Revolution: The Club as a Legitimate Venue for Popular Collective Participation in Public Debate 1791–1794', *Annales Historiques de la Révolution Française*, 331, 2003, pp. 57–77

Coulmas, Florian, *Population Decline and Ageing in Japan: The Social Consequences*, Abingdon, Routledge, 2007

Cox, Harold, *The Problem of Population*, London, Jonathan Cape, 1922

Croker, Richard, *The Boomer Century 1946–2046: How America's Most Influential Generation Changed Everything*, New York and Boston, Springboard Press, 2007

Cyrus, Norbert, and Vogel, Dita, 'Germany', in Triandafyllidou, Anna, and Gropas, Ruby (eds), *European Immigration: A Sourcebook*, Aldershot, Ashgate, 2007, pp. 127–40

Davies, Pete, *Catching Cold: 1918's Forgotten Tragedy and the Scientific Hunt for the Virus that Caused It*, London, Michael Joseph, 1999

Dennery, Etienne (trans. Peile, John), *Asia's Teeming Millions and its Problems for the West*, London, Jonathan Cape, 1931

Desai, P. B., *Size and Sex Composition of Population in India 1901–1961*, London, Asia Publishing House, 1969

De Tocqueville, Alexis, *Democracy in America*, New York, George Adlard, 1839

Diamond, Jared, *Guns, Germs and Steel: The Fates of Human Societies*, New York, W. W. Norton, 2005

Diamond, Michael, *Lesser Breeds: Racial Attitudes in Popular British Culture 1890–1940*, London and New York, Anthem Press, 2006

Dikötter, Frank, *Mao's Great Famine: A History of China's Most Devastating Catastrophe 1958–1962*, London, Bloomsbury, 2010

Djerassi, Karl, *This Man's Pill: Reflections on the 50th Birthday of the Pill*, Oxford University Press, 2001

Drixler, Fabian, *Makibi: Infanticide and Population Growth in Eastern Japan 1660–1950*, Berkeley, University of California Press, 2013

Düvell, Frank, 'U.K.', in Triandafyllidou, Anna, and Gropas, Ruby (eds), *European Immigration: A Sourcebook*, Aldershot, Ashgate, 2007

East, Edward M., *Mankind at the Crossroad*, New York and London, Charles Scribner's Sons, 1924

Easterlin, Richard E., *The American Baby Boom in Historical Perspective*, New York, National Bureau of Economic Research, 1962

Eberstadt, Nicholas, *Russia's Demographic Disaster*, Washington DC, American Enterprise Institute, 2009, http://www.aei.org/article/society-and-culture/citizenship/russias-demographic-disaster/

——, 'The Dying Bear: Russia's Demographic Disaster', *Foreign Affairs*, November/December 2011, http://www.foreignaffairs.com/articles/136511/nicholas-eberstadt/the-dying-bear

Edmondson, Linda (ed.), *Women and Society in Russia and the Soviet Union*, Cambridge University Press, 1992

Ehrlich, Paul, *The Population Bomb*, New York, Ballantyne Books, 1968

Ehrman, Richard, *Why Europe Needs to Get Younger*, London, Policy Exchange, 2009

Elliott, Marianne, *The Catholics of Ulster*, London, Allen Lane and Penguin, 2000

Embassy of the Russian Federation to the United Kingdom, 'Population Data', http://www.rusemb.org.uk/russianpopulation/

English, Stephen, *The Field Campaigns of Alexander the Great*, Barnsley, Pen & Sword Military, 2011

Fairbank, John King, and Goldman, Merce, *China: A New History*, Cambridge, MA, Belknap Press, 2006

Fargues, Philippe, 'Protracted National Conflict and Fertility Change: Palestinians and Israelis in the Twentieth Century', *Population and Development Review*, 26 (3), 2000, pp. 441–82

——, 'Demography, Migration and Revolt: The West's Mediterranean Challenge', in Merlini, Cesare, and Roy, Olivier (eds), *Arab Society in Revolt: The West's Mediterranean*

Challenge, Washington DC, Brookings Institution Press, 2012, pp. 17–46
Fearon, James D., and Laitin, David D., 'Sons of the Soil, Migrants and Civil War', *World Development*, 39 (2), 2010, pp. 199–211
Fenby, Jonathan, *The History of Modern France from the Revolution to the Present day*, London, Simon & Schuster, 2015
Ferro, Marc (trans. Stone, Nicole), *The Great War 1914–1918*, London, Routledge and Kegan Paul, 1973
Figes, Orlando, *A People's Tragedy: The Russian Revolution 1891–1924*, London, Pimlico, 1997
Financial Times, 'Putin's Hopes for a Rising Birth Rate are Not Shared by Experts', 1 March 2013, https://www.ft.com/content/1dcce460-4ab6-11e2-9650-00144feab49a?mhq5j=e2
Floud, Roderick, and Johnson, Paul (eds), *The Cambridge Economic History of Modern Britain*, vol. 1, *Industrialisation 1700–1860*, Cambridge University Press, 1997
Foner, Nancy, *From Ellis Island to JFK: New York's Two Great Waves of Immigration*, New Haven, CT, Yale University Press, 2000
Freedom House, 'Map of Freedom', 1997, http://www.freedomhouse.org/sites/default/files/MapofFreedom2014.pdf
French, Marilyn, *The Women's Room*, London, André Deutsch, 1978
Gaidar, Yegor (trans. Bouis, Antonia W.), *Russia: A Long View*, Cambridge, MA, MIT Press, 2012
Gaquin, Deidre A., and Dunn, Gwenavere W. (eds), *The Who, What and Where of America: Understanding the American Community Survey*, Lanham, MD, Bernan Press, 2012
Garrett, Edith, Reid, Alice, Schürer, Kevin, and Szreter, Simon, *Changing Family Size in England and Wales: Place, Class and Demography 1891–1911*, Cambridge University Press, 2001
Gatrell, Peter, *Government, Industry and Rearmament in Russia 1900–1914: The Last Arguments of Tsarism*, Cambridge University Press, 1994
——, *Russia's First World War: A Social and Economic History*, Harlow, Pearson Longman, 2005
Geping, Qu, and Jinchang, Li, *Population and the Environment in China*, Boulder, CA, Lynne Rienner, 1994
Gerstle, Gary, *American Crucible: Race and Nation in the Twentieth Century*, Princeton University Press, 2001
Genovese, Eugene D., *The Political Economy of Slavery: Studies in the Political Economy of*

Slavery, Middletown, CT, Wesleyan University Press, 1989

Goldberg, P. J. P., *Medieval England: A Social History 1250–1550*, London, Hodder Arnold, 2004

Goldman, Wendy Z., *Women, the State and Revolution: Soviet Family Policy and Social Life 1917–1935*, Cambridge, Cambridge University Press, 1993

Goldschneider, Calvin, 'The Embeddedness of the Arab-Jewish Conflict in the State of Israel: Demographic and Sociological Implications', in Reich, Bernard, and Kieval, Gershon R., *Israeli Politics in the 1990s: Key Domestic and Foreign Policy Factors*, New York, Westport and London, Greenwood Press, 1991, pp. 111–32

Goodhart, David, *The British Dream: Successes and Failures of Post-War Immigration*, London, Atlantic Books, 2013

Gorbachev, Mikhail, *Memoirs*, London and New York, Doubleday, 1996

Grant, Madison, *The Passing of the Great Race or the Racial Basis of Modern European History*, New York, Charles Scribner's Sons, 1919

Gratton, Brian, 'Demography and Immigration Restriction in American History', in Goldstone, Jack A., Kaufmann, Eric P., and Toft, Monica Duffy (eds), *Political Demography: How Population Changes are Reshaping International Security and National Politics*, Boulder, CO, Paradigm Publishers, 2012, pp. 159–79

Gray, Francis Du Plessix, *Soviet Women: Walking the Tightrope*, New York and London, Doubleday, 1990

Greenhalgh, Susan, *Just One Child: Science and Policy in Deng's China*, Berkeley and London, University of California Press, 2008

Haas, Mark L., 'America's Golden Years? U.S. Security in an Aging World', in Goldstone, Jack A., Kaufmann, Eric P., and Toft, Monica Duffy (eds), *Political Demography: How Population Changes are Reshaping International Security and National Politics*, Boulder, CO, Paradigm Publishers, 2012, pp. 49–62

Hacohen, Dvora (trans. Brand, Gila), *Immigrants in Turmoil: Mass Immigration to Israel and its Repercussions in the 1950s and After*, New York, Syracuse University Press, 2003

Haggard, H. Rider, 'Imperial and Racial Aspects', in Marchant, James (ed.), *The Control of Parenthood*, London and New York, G. P. Putnam's & Sons, 1920

Harvey, Robert, *The War of Wars: The Epic Struggle between Britain and France 1789–1815*, London, Constable & Robinson, 2006

Haynes, Michael, and Husan, Rumy, *A Century of State Murder: Death and Policy in*

Twentieth-Century Russia, London, Pluto Press, 2003

Hirschman, Charles, 'Population and Society: Historical Trends and Future Prospects', in Calhoun, Craig, Rojek, Chris, and Turner, Bryan (eds), *The Sage Handbook of Sociology*, London, Sage, 2005, pp. 381–402

Hitchcock, Tim, '"Unlawfully Begotten on her Body": Illegitimacy and the Parish Poor in St Luke's Chelsea', in Hitchcock, Tim, King, Peter, and Sharpe, Pamela (eds), *Chronicling Poverty: The Voices and Strategies of the English Poor, 1640–1840*, Basingstoke, Macmillan, 1997, pp. 70–86

Hitler, Adolf (trans. Cameron, Norman, and Stevens, W. H.), *Table Talk*, London, Weidenfeld & Nicolson, 1953

Ho, Ping-Ti, *Studies in the Population of China 1368–1953*, Cambridge, MA, Harvard University Press, 1959

Hollerbach, Paula E., and Diaz-Briquets, Sergio, *Fertility Determinants in Cuba*, Washington DC, National Academy Press, 1983

Horowitz, Donald, *Ethnic Groups in Conflict*, Berkeley, University of California Press, 1985

Horsman, Reginald, *Race and Manifest Destiny: The Origins of American Racial Anglo-Saxonism*, Cambridge, MA, Harvard University Press, 1981

Hufton, Olwen H., *The Poor of Eighteenth-Century France 1750–1789*, Oxford, Clarendon Press, 1974

Huntington, Samuel P., *The Third Wave: Democratisation in the Late Twentieth Century*, Norman, University of Oklahoma Press, 1992

——, *The Clash of Civilizations and the Remaking of the World Order*, London, Free Press and Simon & Schuster, 1996, 2002

Iliffe, John, *Africans: The History of a Continent*, Cambridge University Press, 1995

Ishii, Ryoichi, *Population Pressure and Economic Life in Japan*, London, P. S. King & Son, 1937

Iyer, Sriya, 'Religion and the Decision to Use Contraception in India', *Journal for the Scientific Study of Religion*, December 2002, pp. 711–22

Jackson, Richard, and Howe, Neil, *The Graying of the Great Powers*, Washington DC, Center for Strategic and International Studies, 2008

Jackson, Richard, Nakashima, Keisuke, and Howe, Neil, *China's Long March to Retirement Reform: The Graying of the Middle Kingdom Revisited*, Prudential, NJ, Center for Strategic and International Studies, 2009

Jacques, Martin, *When China Rules the World*, London, Allen Lane, 2009

Japan Times, 'Japan's Fertility Rate Logs 16-Year High, Hitting 1.41', 6 June 2013, http://www.japantimes.co.jp/news/2013/06/06/national/japans-fertility-rate-logs-16-year-high-hitting-1-41/#.U6qo4LFnBso

Johnson, Niall, *Britain and the 1918–19 Influenza Pandemic: A Dark Epilogue*, London and New York, Routledge, 2006

Jones, Clive, *Soviet–Jewish Aliyah 1989–1993: Impact and Implications*, London, Frank Cass, 1996

Jones, Ellen, and Grupp, Fred W., *Modernization, Value Change and Fertility in the Soviet Union*, Cambridge University Press, 1987

Jones, Gavin W., and Karim, Mehtab S., *Islam, the State and Population*, London, Hurst, 2005

Judah, Tim, *The Serbs: History, Myth and the Destruction of Yugoslavia*, New Haven, CT, Yale University Press, 1997

Kaa, D. J. van de, *Europe's Second Demographic Transition*, Washington DC, Population Reference Bureau, 1987

Kalbach, Warren E., and McVey, Wayne, *The Demographic Bases of Canadian Society*, Toronto, McGraw Hill Ryerson, 1979

Kanaaneh, Rhoda Ann, *Birthing the Nation: Strategies of Palestinian Women in Israel*, Berkeley, University of California Press, 2002

Karpat, Kemal H., *Ottoman Population 1830–1914: Demography and Social Characteristics*, Madison, University of Wisconsin Press, 1985

Kaufmann, Eric, 'Ethnic or Civic Nation? Theorizing the American Case',

Canadian Review of Studies in Nationalism, 27 (1/2), 2000, pp. 133–55

——, *The Rise and Fall of Anglo-America*, Cambridge, MA, Harvard University Press, 2004

——, *Shall the Religious Inherit the Earth? Demography and Politics in the Twenty-First Century*, London, Profile Books, 2010

Kaufmann, Eric, and Oded, Haklai, 'Dominant Ethnicity: From Minority to Majority', *Nations and Nationalism*, 14 (4), 2008, pp. 743–67

Kaufmann, Florian K., *Mexican Labor Migrants and U.S. Immigration Policies: From Sojourner to Emigrant?*, El Paso, LFB Scholarly Publishing, 2011

Keegan, John, *The First World War*, London, Hutchinson, 1999

——, *The American Civil War*, London, Vintage, 2010

Kévorkian, Raymond, *The Armenian Genocide: A Complete History*, New York, I. B. Tauris, 2011

King, Leslie, 'Demographic Trends, Pro-natalism and Nationalist Ideologies', *Ethnic and Racial Studies*, 25 (3), 2002, pp. 367–89

Kirk, Dudley, *Europe's Population in the Interwar Years*, Princeton, NJ, League of Nations Office of Population Research, 1946

Klein, Herbert S., *A Population History of the United States*, Cambridge University Press, 2004

Klopp, Brett, *German Multiculturalism: Immigration, Integration and the Transformation of Citizenship*, Westport, CT, Praeger, 2002

Knight, John, and Traphagan, John W., 'The Study of Family in Japan: Integrating Anthropological and Demographic Approaches', in Traphagan, John W., and Knight, John (eds), *Demographic Changes and the Family in Japan's Aging Society*, Albany, University of New York Press, 2003, pp. 3–26

Kraut, Alan M., *The Huddled Masses: The Immigrant in America*, Arlington Heights, IL, Harlan Davidson, 1982

La Ferrara, Eliana, Chong, Alberto, and Duryea, Suzanne, 'Soap Operas and Fertility: Evidence from Brazil', *America Economic Journal: Applied Economics*, 4 (4), 2008, pp. 1–31

Leroy-Beaulieu, Paul, *La question de la population*, Paris, Libraire Félix Alcan, 1928

Lewis, Robert A., Rowland, Richard H., and Clem, Ralph S., *Nationalist and Population Change in Russia and the U.S.S.R.: An Evaluation of Census Data 1897–1976*, New York, Praeger, 1976

Lieven, Dominic, *Towards the Flame: Empire, War and the End of Tsarist Russia*, London, Penguin, 2015

Lipman, V. D., *A History of Jews in Britain since 1858*, Leicester University Press, 1990

Livi-Bacci, Massimo, *The Population of Europe*, Oxford, Blackwell, 2000

——, *A Concise History of World Population*, Chichester, Wiley-Blackwell, 2012, 2017

Luce, Edward, *The Retreat of Western Liberalism*, London, Little, Brown, 2017

Lustick, Ian S., 'What Counts is the Counting: Statistical Manipulation as a Solution to Israel's "Demographic Problem"', *Middle East Journal*, 67 (2), 2013, pp. 185–205

Lutz, Wolfgang, Scherbov, Sergei, and Volkov, Andrei, *Demographic Trends and Patterns in the Soviet Union before 1991*, London and New York, Routledge, 1994

McCleary, G. F., *The Menace of British Depopulation*, London, Allen & Unwin, 1937

——, *Population: Today's Question*, London, Allen & Unwin, 1938

——, *Race Suicide?*, London, Allen & Unwin, 1945

Macfarlane, Alan, *The Savage Wars of Peace: England, Japan and the Malthusian Trap*, Oxford, Blackwell, 1997

MacKellar, Landis, Ermolieva, Tatiana, Hoclacher, David, and Mayhew, Leslie, *The Economic Impact of Population Ageing in Japan*, Cheltenham, Edward Elgar, 2004

McLaren, Angus, *Birth Control in Nineteenth Century England*, London, Croom Helm, 1978

McNeill, William, *Plagues and People*, Oxford, Basil Blackwell, 1976

Macunovich, Diane J., *Birth Quake: The Baby Boom and its Aftershock*, Chicago University Press, 2002

Maddison, Angus, *Phases of Capitalist Development*, Oxford University Press, 1982

Mahdi, Mushin, *Ibn Khaldun's Philosophy of History*, Abingdon, Routledge, 2016

Malthus, Thomas, *The Works of Thomas Robert Malthus*, vol. 1, *An Essay onthe Principle of Population*, London, William Pickering, 1986

Maluccio, John, and Duncan, Thomas, *Contraception and Fertility in Zimbabwe: Family Planning Services and Education Make a Difference*, Santa Monica, Rand Corporation, 1997

Marshall, Alex, *The Russian General Staff and Asia 1800–1917*, London and New York, Routledge, 2006

Marshall, Monty G., and Gurr, Ted Robert, *Peace and Conflict: A Global Survey of Armed Conflicts, Self-Determination Movements and Democracy*, Centre for International Development and Conflict Management, University of Maryland, 2005

Martin, George, 'Brazil's Fertility Decline 1965–1995: A Fresh Look at Key Factors', in Martine, George, Das Gupta, Monica, and Chen, Lincoln C., *Reproductive Change in India and Brazil*, Oxford University Press, 1998, pp. 169–207

Meacham, Carl, and Graybeal, Michael, *Diminishing Mexican Immigration into the United States*, Lanham, MD, Rowman & Littlefield, 2013

Merk, Frederick, *Manifest Destiny and Mission in American History*, New York, Alfred A. Knopf, 1963

Ming, Su Wen (ed.), *Population and Other Problems*, Beijing Review Special Features Series, 1981

Mirkin, Barry, *Arab Spring: Demographics in a Region in Transition*, United Nations Development Programme, 2013, https://www.yumpu.com/en/document/view/48347156/arab-spring-demographics-in-a-region-in-transition-arab-human-

Mokyr, Joel, 'Accounting for the Industrial Revolution', in Floud, Roderick, and Johnson, Paul (eds), *The Cambridge Economic History of Modern Britain*, vol. 1, *Industrialisation*

1700–1860, Cambridge University Press, 2004, pp. 1–27
Money, Leo Chiozza, *The Peril of the White*, London, W. Collins & Sons, 1925
Moreton, Matilda, 'The Death of the Russia Village', *ODR*, 3 July 2012, https://www.opendemocracy.net/od-r ussia/matilda-moreton/death-of-russian-village
Morland, Paul, 'Defusing the Demographic Scare', *Ha'aretz*, 8 May 2009, https://www.haaretz.com/1.5049876
——, 'Israel's Fast Evolving Demography', *Jerusalem Post*, 21 July 2013, https://ww w.jpost.com/Opinion/Op-Ed-Contributors/Israels-fast-evolving-demography-320574
——, 'Israeli Women Do It By Numbers', *Jewish Chronicle*, 7 April 2014, http://www.thejc.com/comment-and-debate/essays/117247/israeli-women-do-it-numbers
——, *Demographic Engineering: Population Strategies in Ethnic Conflict*, Farnham, Ashgate, 2014, 2016, 2018
Mouton, Michelle, *From Nurturing the Nation to Purifying the Volk: Weimar and Nazi Family Policy 1918–1945*, Cambridge University Press, 2007
Mullen, Richard, and Munson, James, *Victoria, Portrait of a Queen*, London, BBC Books, 1987
Müller, Rita, and Schraut, Sylvia, 'Women's Influence on Fertility and Mortality During the Industrialisation of Stuttgart 1830–1910', in Janssens, Angélique (ed.), *Gendering the Fertility Decline in the Western World*, Bern, Peter Lang, 2007, pp. 237–73
Myrskylä, Mikko, Goldstein, Joshua R., and Cheng, Yen Hsin Alice, 'New Cohort Fertility Forecasts for the Developed World: Rises, Falls and Reversals', *Population and Development Review*, 39 (1), 2013, pp. 31–56
Nakamura, James I., and Miyamoto, Matao, 'Social Structure and Population Change: A Comparative Study of Tokugawa Japan and Ch'ing China', *Economic and Cultural Change*, 30 (2), 1982, pp. 229–69
National Birth-Rate Commission, *The Declining Birth Rate: Its Causes and Effects*, London, Chapman & Hall, 1916
Navarro, Armando, *The Immigration Crisis*, Lanham, MD, Altamira Press, 2009
Neillands, Robin, *The Hundred Years War*, London and New York, Routledge, 1990
Noin, Daniel, and Woods, Robert (eds), *The Changing Population of Europe*, Oxford, Blackwell, 1993
Novikoff-Priboy, A. (trans. Paul, Eden and Cedar), *Tsushima*, London, Allen & Unwin, 1936
Obuchi, Hiroshi, 'Demographic Transition in the Process of Japanese Industrialization', in Smitka, Michael (ed.), *Japanese Economic History 1600–1960: Historical Demography*

and Labor Markets in Prewar Japan, New York and London, Garland, 1998, pp. 167–99

Offer, Avner, *The First World War: An Agrarian Interpretation*, Oxford, Clarendon Press, 1989

Office for National Statistics (ONS), 'Ethnicity and National Identity in England and Wales: 2011', 2012, http://www.ons.gov.uk/ons/rel/census/2011-census/key-statistics-for-local-authorities-in-england-and-wales/rpt-ethnicity.html

Ogawa, Naohiro, Mason, Andrew, and Chawla, Amonthep, 'Japan's Unprecedented Aging and Changing Intergeneration Transfer', in Takatoshi, Ito, and Rose, Andrew K. (eds), *The Economic Consequences of Demographic Change in East Asia*, University of Chicago Press, 2009, pp. 131–66

Okie, Howard Pitcher, *America and the German Peril*, London, William Heinemann, 1915

Omran, Abdel-Rahim, *Population in the Arab World*, London, Croom Helm, 1980

Osterhammel, Jürgen, *The Transformation of the World: A Global History of the Nineteenth Century*, Princeton University Press, 2014

Paddock, Troy R. E., *Creating the Russian Peril: Education, the Public Sphere and National Identity in Imperial Germany 1890–1914*, Rochester, NY, Camden House, 2010

Passell, Jeffrey S., and Cohn, D'vera, *US Population Projections: 2005–2010*, Pew Research Center Hispanic Trends Project, 2008, http://www. pewhispanic.org/2008/02/11/us-population-projections-2005-2050/

Passell, Jeffrey S., Cohn, D'Vera, and Gonzalez-Barrera Ana, *Net Migration from Mexico Falls to Zero and Perhaps Less*, Pew Research Center Hispanic Trends Project, 2012, http://www.pewhispanic.org/2012/04/23/net-migration-from-mexico-falls-to-zero-and-perhaps-less/

Pearce, Fred, *Peoplequake: Mass Migration, Ageing Nations and the Coming Population Crash*, London, Eden Project Books, 2010

Pearlman, Moshe, *Ben Gurion Looks Back in Talks with Moshe Pearlman*, London, Weidenfeld & Nicolson, 1965

Pearson, Charles S., *On the Cusp: From Population Boom to Bust*, Oxford University Press, 2015

Pedersen, John, Randall, Sara, and Khawaja, Marwan (eds), *Growing Fast: The Palestinian Population in the West Bank and Gaza Strip*, Oslo, FAFO, 2001

Pelham, Nicolas, *Holy Lands: Reviving Pluralism in the Middle East*, New York, Columbia Global Reports, 2016

Perelli-Harris, Brienna, and Isupova, Olga, 'Crisis and Control: Russia's Dramatic Fertility Decline and Efforts to Increase It', in Buchanan, Ann, and Rotkirch, Anna (eds), *Fertility Rates and Population Decline: No Time for Children?*, Basingstoke, Palgrave Macmillan, 2013, pp. 141–56

Peritz, Eric, and Baras, Mario, *Studies in the Fertility of Israel*, Jerusalem, Hebrew University Press, 1992

Pew Research Center, *Religious Composition by Country 2010–2050*, 2015, http://www.pewfor um.org/2015/04/02/religious-projection-table/2050/number/all/

Pinker, Steven, *The Better Angels of Our Nature: The Decline of Violence in History and its Causes*, London, Allen Lane, 2011

Pogson, Ambrose, *Germany and its Trade*, London and New York, Harper & Bros., 1905

Pomeranz, Kenneth, *The Great Divergence: China, Europe and the Making of the Modern World*, Princeton University Press, 2000

Poston, Dudley L., Jr, and Bouvier, Leon F., *Population and Society: An Introduction to Demography*, Cambridge University Press, 2010

Potter, David S. (ed.), *A Companion to the Roman Empire*, Chichester, Wiley-Blackwell, 2010

Putin, Vladimir, 'Vladimir Putin on Raising Russia's Birth Rate', *Population and Development Review*, 32 (2), 2006, pp. 385–9

Qobil, Rustam, 'Moscow's Muslims Find No Room in the Mosque', BBC Uzbek Service, 22 March 2012, http://www.bbc.co.uk/news/world-europe-17436481

Quinlan, Sean M., *The Great Nation in Decline: Sex, Modernity and Health Crises in Revolutionary France c. 1750–1850*, Aldershot, Ashgate, 2007

Ransome, Stafford, *Japan in Transition: The Comparative Study of the Progress, Policy and Methods of the Japanese since their War with China*, London, Harper Bros., 1899

Rashid, Saharani Abdul, Ghani, Puzziawati Ab, Daud, Noorizam, et al., 'Fertility Dynamics in Malaysia: Comparison of Malay, Chinese and Indian Ethics', *Proceedings of INTCESS2016 3rd International Conference on Education and Social Sciences*, 8–10 February 2016, Istanbul, Turkey, https://pdfs.semanticscholar.org/0355/29de3c6a18e9ab357ad33e6764520e8 d1e26.pdf

Reggiani, Andreas H., 'Procreating France: The Politics of Demography, 1919–1945', *French Historical Studies*, vol. 19, no. 3, 1996, pp. 725–54

Reich, Emil, *Germany's Swelled Head*, London, Andrew Melrose, 1914

Reinhard, Marcel R., *Histoire de la population mondiale de 1700 à 1948*, Paris, Éditions Domat-Montchrestien, 1949

Riddell, Katrina, *Islam and the Securitisation of Population Policies: Muslim States and Sustainability*, Farnham, Ashgate, 2009

Riezler, Kurt, *Tagebücher, Aufsätze, Dokumente*, Göttingen, Vandenhoeck & Ruprecht, 1972

Roediger, D. R., *The Wages of Whiteness: Race and the Making of the American Working Class*, New York and London, Verso, 1991

Rozanova, Marya S., 'Migration Process, Tolerance and Migration Policy in Contemporary Russia', in Popson, Nancy (ed.), *Demography, Migration and Tolerance: Comparing the Russian, Ukrainian and U.S. Experience*, Washington DC, Woodrow Wilson International Center for Scholars, 2010, pp. 36–64

Saito, Hiroshi, *Japan's Policy and Purposes: Selections from Recent Addresses and Writings*, Boston, Marshall Jones, 1935

Schierbrand, Wolf von, *Russia, Her Strength and Her Weakness: A Study of the Present Conditions of the Russian Empire, with an Analysis of its Resources and a Forecast of its Future*, New York and London, G. P. Putnam's Sons, 1904

Schuck, Peter H., 'Alien Ruminations', in Capaldi (ed.), *Immigration*, pp. 62–113

Seeley, J. R., *The Expansion of England: Two Courses of Lectures*, London, Macmillan, 1883

Segal, Ronald, *Islam's Black Slaves: The History of Africa's Other Black Diaspora*, London, Atlantic Books, 2001

Sen, Ragini, *We the Billion: A Social Psychological Perspective on India's Population*, Thousand Oaks, CA, Sage, 2003

Shaw, Stanford J., 'The Ottoman Census System and Population 1831–1914', *International Journal of Middle East Studies*, 9, 1978, pp. 325–38

Sherwood, Joan, *Poverty in Eighteenth Century Spain: Women and Children of the Inclusa*, University of Toronto Press, 1988

Sigmund, Anna Maria, *Die Frauen der Nazis*, Munich, Wilhelm Heyne, 1998

Slack, Andrew J., and Doyon, Roy R. L., 'Population Dynamics and Susceptibility for Ethnic Conflict: The Case of Bosnia and Herzegovina', *Journal for Peace Research*, 28 (2), 1998, pp. 139–61

Smith, James P., and Edmonston, Barry (eds), *The New Americans: Economic, Demographic and Fiscal Effects of Immigration*, Washington DC, National Academy Press, 2007

Smitka, Michael (ed.), *Japanese Economic History 1600–1960: Historical Demography and Labor Markets in Prewar Japan*, New York and London, Garland, 1998

Snyder, Timothy, *Bloodlands: Europe Between Hitler and Stalin*, London, The Bodley Head, 2010

Soloway, Richard Allen, *Birth Control and the Population Question in England, 1877–1930*, Chapel Hill, University of North Carolina Press, 1982

Sporton, Deborah, 'Fertility: The Lowest Level in the World', in Noin, Daniel, and Woods, Robert (eds), *The Changing Population of Europe*, Oxford, Blackwell, pp. 49–61

Statistics Canada, *Women in Canada: A Gender-Based Statistical Report*, 2011, http://www.statcan.gc.ca/pub/89-503-x/89-503-x2010001-eng.pdf

Statistics New Zealand, *Demographic Trends: 2011*, 2012, http://stats.govt.nz/browse_for_stats/population/estimates_and_projections/demographic-trends-2012.aspx

——, *Major Ethnic Groups in New Zealand*, 2013, http://www.stats.govt.nz/Census/2013-census/profile-and-summary-reports/infographic-culture-identity.aspx

Stockwell, Edward G., *Population and People*, Chicago, Quadrangle Books, 1968

Stoddard, Lothrop, *The Rising Tide of Color Against White World-Supremacy*, New York, Charles Scribner's Sons, 1920

Stolper, Gustav, *The German Economy 1870 to the Present*, London, Weidenfeld & Nicolson, 1967

Stone, Norman, *World War Two: A Short History*, London, Allen Lane, 2013

Sunak, Rishi, and Rajeswaran, Sarath, *A Portrait of Modern Britain*, London, Policy Exchange, 2014

Suny, Ronald Grigor, *They Can Live in the Desert but Nowhere Else: A History of the Armenian Genocide*, Princeton University Press, 2015

'Sydney', 'The White Australia Policy', *Foreign Affairs*, 4 (1), 1925, pp. 97–111

Szayna, Thomas S., *The Ethnic Factor in the Soviet Armed Forces: The Muslim Element*, Santa Monica, CA, Rand Corporation, 1992

Szporluk, Roman, *Russia, Ukraine and the Breakup of the Soviet Union*, Stanford, CA, Hoover Institution Press, 2000

Tabutin, Dominique, 'Les Relations entre pauvreté et fécondité dans les Pays du Sud et en Afrique-Sub-Saharienne – bilan et explications', in Ferry, Benoît, *L'Afrique face à ses défis démographiques: un avenir incertain*, Paris, Agence Française de Développement, 2007, pp. 253–88

Tarver, James D., *The Demography of Africa*, Westport, CT, Praeger, 1996

Tauber, Irene B., *The Population of Japan*, Princeton University Press, 1958

Teitelbaum, Michael, *The British Fertility Decline: Demographic Transition in the Crucible of the Industrial Revolution*, Princeton University Press, 1984

——, 'U.S. Population Growth in International Perspective', in Westoff (ed.), *Towards the*

End, pp. 69–95

Tessler, Mark, *A History of the Israeli-Palestinian Conflict*, Bloomington, Indiana University Press, 2009

Thomas, Antony, *Rhodes*, London, BBC Books, 1996

Thompson, Leonard, *A History of South Africa*, New Haven, CT, Yale University Press, 2001

Thompson, Warren S., and Whelpton, P. K., *Population Trends in the United States*, New York, McGraw Hill, 1933

Tien, H. Yuan, *China's Strategic Demographic Initiative*, Westport, CT, Praeger, 1991

Tolischus, Otto D., *Through Japanese Eyes*, New York, Reynal & Hitchcock, 1945

Tooze, Adam, *The Deluge: The Great War and the Making of the Global Order 1916–1931*, London, Penguin, 2014

Townsend, Charles, *Ireland in the Twentieth Century*, London, Edward Arnold, 1999

Trading Economics, https://tradingeconomics.com/japan/government-debt-to-gdp

Tranter, N. L., *Population since the Industrial Revolution: The Case of England and Wales*, London, Croom Helm, 1973

Udjo, Eric O., 'Fertility Levels, Differentials and Trends', in Zuberi, Tukufu, Sibanda, Amson, and Udjo, Eric, *The Demography of South Africa*, Armonk, NY and London, M. E. Sharpe, 2005, pp. 40–64

United Nations Development Programme, *Arab Human Development Report 2002: Creating Opportunities for Future Generations*, 2002, http://www. arab-hdr.org/Reports/2005/2005.aspx

——, *The Arab Human Development Report 2005: Towards the Rise of Women in the Arab World*, 2006, http://www.arab-hdr.org/Reports/2005/2005.aspx

——, *Arab Development Challenges Report: Towards the Developmental State in the Arab Region*, 2011, http://carnegieeurope.eu/2012/05/11/undp-s-arab-development-challenges-report-2011-towards-developmental-state-in-arab-region-event-3664

——, *The Arab Development Report 2016: Youth and the Prospects for Human Development in a Changing Reality*, 2016, http://www.arabstates.undp. org/content/rbas/en/home/library/huma_development/arab-human-development-report-2016--youth-and-the-prospects-for-.html

United Nations Economic and Social Commission for Western Asia,

Population and Development Report – Second Issue: The Demographic Window – An Opportunity for Development in the Arab Countries, 2005, http://www. arab-hdr.org/Reports/2005/2005.aspx

United Nations Population Division, 2010 and 2012 Revisions, http://esa. un.org/unpd/wpp/Excel-Data/population.htm

United Nations Social Indicators: Literacy, 2012, http://unstats.un.org/unsd/demographic/products/socind/

United Nations World Population Year, *The Population of New Zealand*, n.p., Cicred Series, 1974

Urdal, Henrik, *The Clash of Generations?: Youth Bulges and Political Violence*, New York, United Nations Department of Economic and Social Affairs, Population Division, 2006, http://www.un.org/esa/population/publications/expertpapers/Urdal_Expert%20Paper.pdf

Waters, Mary C., and Ueda, Reed, *The New Americans: A Guide to Immigration Since 1965*, Cambridge, MA, Harvard University Press, 2007

Weber, Cynthia, and Goodman, Ann, 'The Demographic Policy Debate in the USSR', *Population and Development Review*, 7 (2), 1981, pp. 279–95

Westoff, Charles F. (ed.), *Towards the End of Population Growth in America*, Englewood Cliffs, NJ, Prentice Hall, 1972

Westoff, Charles F., and Jones, Elise F., 'The End of "Catholic" Fertility', *Demography*, 16 (2), 1979, pp. 209–17

White, Tyrene, *China's Longest Campaign: Birth Planning in the People's Republic 1949–2005*, Ithaca, NY, Cornell University Press, 2006

Wilcox, Walter F., *Studies in American Demography*, Ithaca, NY, Cornell University Press, 1940

Wilkinson, H. L., *The World's Population Problems and a White Australia*, Westminster, London, P. S. King & Son, 1930

Willetts, David, *The Pinch: How the Babyboomers Stole Their Children's Future – and Why They Should Give it Back*, London, Atlantic, 2010

Wilson, Peter H., *Europe's Tragedy: A New History of the Thirty Years War*, London, Penguin, 2010

Winckler, Onn, 'How Many Qatari Nationals are There?', *Middle East Quarterly*, Spring 2015

Winter, Jay, 'Demography', in Horne, John (ed.), *A Companion to World War One*, Chichester, Wiley-Blackwell, 2012, pp. 248–62

Wood, Clive, and Suitters, Beryl, *The Fight for Acceptance: A History of Contraception*, Aylesbury, Medical and Technical Publishing, 1970

Woods, Robert, 'The Population of Britain in the Nineteenth Century', in Anderson (ed.),

British Population History, pp. 283–358

Woods, Robert, Williams, Naomi, and Galley, Chris, 'Infant Mortality in England 1550–1950: Problems in the Identification of Long Term Trends and Geographical and Social Variations', in Corsini, Carlo A., and Viazzo, Pierre Paolo (eds), *The Decline of Infant Mortality in Europe 1800–1950: Four National Case Studies*, Florence, UNICEF, 1993, pp. 35–51

Woolf, Leonard, *Sowing: An Autobiography of the Years 1880–1904*, London, Hogarth Press, 1960

Woycke, James, *Birth Control in Germany 1871–1933*, London and New York, Routledge, 1988

Wrigley, E. A., *Poverty, Progress and Population*, Cambridge University Press, 2004

Wrigley, E. A., and Schofield, R. S., *The Population History of England 1541– 1871: A Reconstruction*, London, Edward Arnold, 1981

Wrigley, E. A., Davies, R. S., Oeppen, J. E., and Schofield, R. S., *English Population History from Family Reconstitution 1580–1837*, Cambridge University Press, 1997

Zakharov, Sergei, 'Russian Federation: From the First to the Second Demographic Transition', *Demographic Research*, 19 (24), 2008, pp. 907–72

Zubrin, Robert, *Merchants of Despair: Radical Environmentalists, Criminal Pseudo-Scientists and the Fatal Cult of Antihumanism*, London and New York, New Atlantis Books, 2012

Zweig, Stefan (trans. Bell, Anthea), *The World of Yesterday: Memoirs of a European*, London, Pushkin Press, 2014

인구가 바꾼 역동의 세계사

강대국을 만드는 힘은 어디에서 오는가

초판 1쇄 발행 2024년 5월 17일

지은이 폴 몰런드
옮긴이 서정아
펴낸이 성의현
펴낸곳 (주)미래의창

편집 김성옥 · 정보라
디자인 공미향

출판 신고 2019년 10월 28일 제2019-000291호
주소 서울시 마포구 잔다리로 62-1 미래의창빌딩(서교동 376-15, 5층)
전화 070-8693-1719 **팩스** 0507-0301-1585
홈페이지 www.miraebook.co.kr
ISBN 979-11-93638-25-5 03900

※ 책값은 뒤표지에 있습니다.